imaginist

想象另一种可能

理
想
国
imaginist

天才的编辑

麦克斯·珀金斯与一个文学时代

A. Scott Berg

[美] A. 司各特·伯格 ———— 著

彭伦 ———— 译

九州出版社
JIUZHOUPRESS

图书在版编目(CIP)数据

天才的编辑：麦克斯·珀金斯与一个文学时代 /
(美) A. 司各特·伯格著；彭伦译. -- 北京：九州出版
社，2024.6. -- ISBN 978-7-5225-2954-7

Ⅰ. K837.125.6
中国国家版本馆 CIP 数据核字第 2024U23Z56 号

MAX PERKINS: EDITOR OF GENIUS by A. Scott Berg
Copyright © 1978 by A. Scott Berg
All rights reserved including the rights of reproduction in whole or in part in any form.

著作权合同登记图字：01-2024-2792

天才的编辑：麦克斯·珀金斯与一个文学时代

作　　者	[美] A. 司各特·伯格 著　彭伦 译
责任编辑	周　春
出版发行	九州出版社
地　　址	北京市西城区阜外大街甲35号（100037）
发行电话	（010）68992190/3/5/6
网　　址	www.jiuzhoupress.com
印　　刷	山东韵杰文化科技有限公司
开　　本	880毫米×1230毫米　1/32
印　　张	18.625
字　　数	460千
版　　次	2024年6月第1版
印　　次	2024年7月第1次印刷
书　　号	ISBN 978-7-5225-2954-7
定　　价	108.00元

★ 版权所有　侵权必究 ★

献给我的朋友卡洛斯·贝克
献给我的母亲芭芭拉·伯格、父亲理查德·伯格

目录

第一部

1 真材实料 — 005
2 天堂 — 013
3 出身 — 031
4 扩展 — 057
5 新居 — 083
6 伙伴 — 117
7 有个性的人 — 147
8 一点真诚的帮助 — 169

第二部

9 信心危机 — 197
10 良师 — 217
11 悲恸 — 239
12 两性 — 263
13 战胜时代 — 295

第三部

 14 重返家园 333

 15 关键时刻 355

 16 信 385

 17 悲伤的告别 417

 18 迎着悲风 435

第四部

 19 万物有时 461

 20 凋 零 499

 21 灰黑色的肖像 523

 22 投帽子 555

致谢 581

于是他飘泊在冷漠的人群中,
成为暗影中的光,是一点明斑。
落上阴郁的景色,也是个精灵。
追求真理,却象"传道者"一样兴叹。

——雪莱《十四行诗·无题》[1]

---

[1] 引自查良铮译文。

第一部

1

真材实料

1946年3月一个下雨的傍晚，六点刚过，一位瘦长的灰发男子坐在他最爱去的丽兹酒吧，喝下最后一滴马提尼酒。几杯下肚，他觉得这点酒精已经足以让自己有勇气面对即将到来的考验，于是结了账，站起身，穿上外衣，戴上帽子。一手提着装满材料的公文包，一手打着雨伞，他走出酒吧，大步迈进滂沱大雨中的曼哈顿中区。他一路向西，朝几个街区远的第43街一个沿街小屋走去。

此刻，三十位年轻男女正在屋里等他。他们是道布尔戴出版社总编辑肯尼思·D. 麦考米克（Kenneth D. McCormick）在纽约大学开设的一门图书出版进修课程的学生。他们都渴望在出版界求得立足之地，参加这个每周一次的讨论班正是为了多一些这样的机会。大多数上课的时候，总会有几个人迟到，但是今晚，麦考米克发现，每个学生都已经在六点整准时就座。麦考米克知道为什么。今晚讲座的主题是编辑图书，他已经说服当下美国最受尊敬、最有影响的图书编辑，来"就这个话题说几句"。

对于大众来说，麦克斯韦尔·埃瓦茨·珀金斯（Maxwell Evarts

Perkins）并不为人所知，但是在图书出版界，他可是个大人物，是一种偶像。因为他是一位完美的编辑。年轻的时候，他曾发现F. 司各特·菲茨杰拉德（F. Scott Fitzgerald）、欧内斯特·海明威（Ernest Hemingway）、托马斯·沃尔夫（Thomas Wolfe）等多位年轻的伟大天才，将自己一辈子的事业献给了他们，挑战上几代已经固定下来的文学品位，掀起了一场美国文学的革命。他只效力于一家出版社——查尔斯·斯克里伯纳出版社（Charles Scribner's Sons），工作了三十六年，在此期间，没有一家出版社的编辑能像他那样发现这么多才华横溢的作家，出版他们的作品。麦考米克班上的好几个学生都跟他说过，正是因为有珀金斯这么出色的榜样，他们才立志投身出版业。

麦考米克用手掌拍了拍面前的可折叠式课桌示意全班安静，然后以描述编辑的工作性质为开场白，开始这一课的讲解。他说，编辑的工作，并不像过去那样还主要局限在检查拼写和标点符号，而是得知道要出版什么，怎样获得书稿，怎样帮助它获得尽可能多的读者。总而言之，麦考米克说，麦克斯·珀金斯是无法超越的。他具有非常独到、极其敏锐的判断力，又以激发作者写出其最佳作品的能力而闻名。对他的作者们而言，他更像一个朋友，而不是苛刻的工头。他全方位地帮助他们。如果需要，他会帮助他们确定作品的结构；给书起标题，构思情节；他可以是心理分析师、失恋者顾问、婚姻法律师、职业规划师，或者借款人。在他之前，几乎没有一个编辑对书稿做了那么多工作，然而他总是坚守自己的信条："书属于作者。"

麦考米克认为，在某些方面，珀金斯好像不适合这个职业：他拼写很差，标点乱用，至于阅读，连他自己都承认"慢得像头牛"。但是，他对待文学就像对待生死。他曾经写信给托马斯·沃尔夫说："没有什么能比一本书更重要的了。"

因为珀金斯是他这个时代的卓越编辑，因为他的许多作者都是名人，也因为珀金斯本人有点古怪，于是坊间不断流传着他的许多传说，大部分都是有事实依据的。就以下这些事情，肯尼思·D.麦考米克班上人人都听过一种以上的说法：珀金斯如何发现司各特·菲茨杰拉德；司各特的妻子泽尔达·菲茨杰拉德（Zelda Fitzgerald）如何开着司各特的车载着这位编辑栽进长岛海峡；珀金斯如何说服斯克里伯纳出版社借给菲茨杰拉德成千上万块钱，将他从崩溃边缘拉了回来。据说珀金斯没有看过稿就答应欧内斯特·海明威出版他的第一部小说《太阳照样升起》，等到拿到稿子，又不得不为了保住他的工作而拼命处理其中粗俗的文字。还有一个人们津津乐道的故事是，珀金斯为了海明威第二部小说《永别了，武器》中的那些脏话而和极端保守的老板查尔斯·斯克里伯纳对抗。据说珀金斯随手把"屎""操""尿"等词写在台历上，没注意到台历上的题头"今日事"。老斯克里伯纳看到台历上写的这些字，对珀金斯说如果连这些事情都需要提醒自己，那他可就麻烦了。

还有许多珀金斯的故事讲他如何对付托马斯·沃尔夫粗糙的文字和火爆的脾气。据说一米九八的大个子沃尔夫是身子抵着冰箱写他的小说《时间与河流》的，他把冰箱顶当写字台，每写完一页，读也不读就扔进一只木板箱。最后，据说是三条彪形大汉用手推车把满载稿子的箱子送到珀金斯跟前，他再把这堆一口气发泄出来的东西整理成书。麦考米克班上的人也都听说过麦克斯韦尔·珀金斯著名的帽子，那是一顶饱经风霜的浅顶软呢帽，无论在室内还是外出，他都成天戴着，临睡觉才摘下来。

麦考米克正说着，这位传奇人物走进了43街的屋子。麦考米克一抬头，看见后门口弓身进来的高大身影，连忙打断自己没说完的话，欢迎来客。学生们转过身，才第一次见到了这位美国最卓越的编辑。

他现在六十一岁，身高一米七八，体重六十八公斤。手中拿的伞似乎没有发挥什么作用——他身上滴着水，帽子低垂盖着耳朵。珀金斯脸色略泛红，令他狭长脸庞上的特征显得柔和一些。他的脸以那只高挺的红鼻子为基准线，一直红到鼻尖，鼻尖和鼻翼的曲线像鸟喙。眼睛是浅蓝色的。沃尔夫曾写道，这双眼睛"充满了奇怪的、雾蒙蒙的光，仿佛能从中看到遥远的海上气象，是快速帆船上去中国数月的新英格兰水手的眼睛，好像有什么东西淹没其中"。

珀金斯脱下湿答答的雨衣，露出没有熨烫的三件套芝麻呢西装。然后两眼视线向上，摘下帽子，脑袋上金属灰色的头发直直地向后梳，额头中央露出 V 字发际线。麦克斯·珀金斯并不怎么在意自己给别人什么印象，同样在这个夜晚，他不在意给人的第一印象好像是一个从佛蒙特州到城里来谈生意的磨粉商人，穿着周日的衣服却淋湿了雨。他走到教室前面，似乎有点不知所措，尤其是听到肯尼思·麦考米克这样介绍他："美国编辑中的元老。"

珀金斯过去从未在这样的人群面前发言。他每年都会收到数十个邀请，但都拒绝了。首要的原因，是他有点耳聋，尽量避免面对人群。另外，他坚信，图书编辑不应该引人注目；他觉得，编辑的公众知名度可能会影响读者对作者的信任感，也会影响作者的自信心。而且，在麦考米克邀请之前，珀金斯从未觉得讨论他的职业生涯有什么意义。作为出版业内才能出众、受人爱戴的楷模，肯尼思·麦考米克本身也和珀金斯一样，坚持编辑自我隐形的职业操守，所以他的邀请很难拒绝。又或许珀金斯感觉到疲劳和悲哀已经大大消磨了他的寿命，他最好还是把他所知道的东西传授下去，趁一切还不太晚。

珀金斯两根拇指舒服地勾着马甲的袖孔，用他那略带粗粝但温文尔雅的声音开始了今晚的讲座，脸没有完全正对听众："你们必须记住的第一件事是，编辑并不给一本书增添东西。他最多只是作者的仆人。不要觉得自己很重要,因为编辑充其量是在释放能量。他什么也没有创造。"珀金斯承认他曾给一些当时不知道写什么的作者出过题目让他们写,但他强调,这样的作品通常都不是这些作者最好的,虽然它们有时候很畅销,甚至获得很好的口碑。"一个作家最好的作品,"他说,"完完全全来自他自己。"他提醒学生们,不要试图把编辑个人的观点强加于作者的书中,也不要把他的风格变得不像他自己的。"做法很简单,"他说,"如果你要编一本马克·吐温的书,就不要把他变成莎士比亚,或者相反,把莎士比亚变成马克·吐温。因为最终,编辑从作者身上获得的,只能跟作者从编辑身上获得的一样多。"

珀金斯用一种耳背的人特有的空洞的声音小心翼翼地说着,仿佛他也惊讶于自己的声音。听众一开始听他说话挺费劲,但过了几分钟就完全平静下来,听得清他的每一个音节。他们专心坐着听这位如此与众不同的编辑讲述他工作中遇到的种种激动人心的挑战——寻找被他反复称为"真材实料"(the real thing)的作品。

最后,珀金斯总结完他准备好的讲座内容,肯尼思·麦考米克就问学生们有什么问题。第一个问题:"你和F.司各特·菲茨杰拉德一起怎样工作?"

珀金斯想了片刻,脸上掠过一丝淡淡的笑容。他答道:"司各特永远都是一位绅士。有时候他需要支持——要头脑清醒——但是他的写作非常丰富,理应得到支持。"珀金斯接着说,菲茨杰拉德的书比较容易编辑,因为他对自己的作品力求完美,希望它站得住脚。但是,"司各特对批评特别敏感。他可以接受批评,但是做他的编辑,你得对自己提出的任何建议有把握"。

话题转到欧内斯特·海明威。珀金斯说海明威在写作开始阶段需要帮助,即使到成名后,"因为他写东西就像他的生活一样大胆鲁莽"。珀金斯相信,海明威的写作展现了他笔下的主人公的品质,"在压力下的风度"。他说,海明威比较容易过度修改,矫枉过正。"他曾告诉我,《永别了,武器》的某些部分他写过五十遍,"珀金斯说,"当作者要破坏他作品中的本色时,这就是编辑应该介入的时机。但别介入得太早,一刻都不能早。"

珀金斯还讲述了他给厄斯金·考德威尔编书的一些故事,然后评点了几位他编过的畅销女性小说家,包括泰勒·考德威尔、玛西娅·达文波特和玛乔丽·金南·罗林斯。学生们一开始不太敢提出敏感的话题,但最后还是问到珀金斯疏远了的已故作家托马斯·沃尔夫。当晚剩下时间所提的问题大都围绕着珀金斯与沃尔夫的密切联系,这是他职业生涯中付出心血最多的作家。多年来,沃尔夫那些磅礴淹漫的小说盛传是沃尔夫和珀金斯共同创作的。"汤姆,"他说,"是一个才华横溢的人,是天才。那种才华之大,正如他对美国的看法一样,一本书或者一辈子都无法承载他所有想表达的东西。"当沃尔夫把自己的世界融入小说中,珀金斯觉得有责任为他设置一些篇幅和形式上的界限。他说:"这些务实的写作惯例,沃尔夫自己是不会停下来考虑的。"

"但是沃尔夫能愉快地接受你的建议吗?"有人问。

在这个晚上,珀金斯头一次大笑起来。他说到在他与沃尔夫交往的中期,有一次他试图说服沃尔夫把《时间与河流》中的一大段内容全部删掉。"那是一个炎热的深夜,我们在办公室改稿。我把我的意见跟他说清楚,然后默默坐下来,继续读稿子。"珀金斯知道沃尔夫最后肯定会同意删改,因为从写作艺术的角度,删改是合情合理的。但是沃尔夫可没那么容易屈服。他不以为然地把头一仰,坐在椅子上摇摇晃晃,两眼在珀金斯基本没什么装饰的办公室里四处乱转。"我继续读稿子读了至少十五分钟,"麦克斯说,"但是我很清楚汤姆在干什么——知道他最后的视线落在办公室的一角。那里挂着我的帽子和大衣,在帽子下,挂着一条用响尾蛇皮做的七节响尾蛇玩具。"那是玛乔丽·金南·罗林斯送的礼物。"啊哈,"沃尔夫叫道,"一个编辑的肖像!"开完这个小玩笑,沃尔夫同意了珀金斯的删稿意见。

由于珀金斯耳背,当天晚上这些未来的出版人提出的问题有几个还不得不重复了几遍。在他的发言中有长长的、令人困惑的沉默。他流利地回答了问题,但其间他的思绪似乎在成百上千段回忆中飘荡。多年以后,麦考米克回忆说:"麦克斯好像进入了他个人思考的世界里,寻找着内在的、私人的联系,仿佛进了一个小房间,然后关上身后的门。"总而言之,这样的表现令人难忘,全班学生都被深深吸引住了。他们眼见着他从几个小时以前蹒跚冒雨而来的新英格兰乡下人,变成了他们想象中的那个传奇。

九点刚过,麦考米克提醒珀金斯时间,以免他误了回家的火车。显然,众人都舍不得他停下。他还没有提到与小说家舍伍德·安德森、J. P. 马昆德、莫里·卡拉汉、汉密尔顿·巴索的交往,还没有提到传记作家道格拉斯·索瑟尔、弗里曼、埃德蒙·威尔逊、艾伦·泰特、艾丽丝·罗斯福·朗沃思或南希·赫尔。他来不及讲讲约瑟夫·斯坦利·彭内尔了。他认为彭内尔的小说《罗姆·汉克斯》是他近年来编辑的最佳作品。他也没有时间讲讲新作者,譬如说艾伦·佩顿、詹姆斯·琼斯,他正在编他们两位的书稿。不过,珀金斯无疑觉得自己已经说得太多。他抄起帽子,在头上扣紧,穿上雨衣,转身背对满堂站起身热烈鼓掌的听众,像最初进来时那样,不动声色地走了出去。

雨还下得很大。他打着黑伞,费力地朝中央火车站走去。这辈子他从未在公开场合说这么多关于自己的话。

到达康涅狄格州新迦南镇的家中已是深夜,珀金斯发现他五个女儿中的老大这天傍晚来看他,并且一直在家里等着。她注意到父亲似乎有些伤感,问他怎么了。

"今晚我做了一个讲座,他们称我是'美国编辑中的元老',"他解释道,"当他们称你是元老的时候,就说明你完了。"

"哦,爸爸,这并不说明你完了,"她反驳,"这只说明你到达了巅峰。"

"不,"珀金斯肯定地说,"这说明我完了。"

* * *

这天是 3 月 26 日。二十六年前的 3 月 26 日,发生了一件事,由此拉开了麦克斯韦尔·珀金斯伟大生涯的序幕:一本改变他的人生、影响深远的书出版了。

2

天堂

1919年,曼哈顿以规模盛大的爱国主义大游行迎来了春天。一周又一周,一支支凯旋的部队在第五大道游行。那场"结束一切战争的战争"打完了,美国胜利了。

在第48街,游行队伍经过查尔斯·斯克里伯纳出版社和书店所在的斯克里伯纳大厦。这是一幢古典风格的十层大楼,顶上有两座方尖碑,配以庄严的壁柱。底层外壁覆着亮闪闪的黄铜——那是斯克里伯纳书店典雅的临街店面,一间宽敞的椭圆形大厅,高高的拱顶,狭窄的金属梯盘旋而上,通向上层的游廊。在成为斯克里伯纳出版社编辑之前曾任书店经理的约翰·霍尔·惠洛克(John Hall Wheelock)称它是"一座拜占庭式的书籍大教堂"。

紧邻着书店有一扇不太醒目的门。后面是通往电梯的门廊,坐着吱吱嘎嘎的电梯而上,就来到了斯克里伯纳家族企业的办公区域。第二、第三层是财务部和营业部,第四层是广告营销部。第五层则是编辑部:雪白的天花板和墙,没铺地毯的混凝土地板,可以合盖的桌子和书架。如今已传到第二代的斯克里伯纳家族,就是以这样简朴的风格，经营着美国出版界最优雅、最讲究传统的出版社。这里依然有着狄更斯时代的气息。比如说，财务室主任是一位七十多岁的老先生，他坐在高凳子上整天不挪身子，两眼紧盯着皮面的账簿。当时打字机已成为普遍使用的标准工具，由于得雇女性来使用这些新式玩意儿，男士们就不能在办公室里吸烟了。

在第五层，公司像一个十九世纪的君主国一样被统治着。查尔斯·斯克里伯纳二世（Charles Scribner II），也就是俗称的"老CS"，是当然的统治者。他的脸上通常都带着严厉的表情，他有一只轮廓分明的鼻子、一头花白的短发和一嘴小胡子。时年六十六岁的他已经统治四十年。他的接班人是他为人和气的弟弟阿瑟，比他小九岁。他的性格比较温和，因而惠洛克称他"总是慑于他哥哥的旺盛精力而有点缩手缩脚"。总编辑威廉·克拉里·布劳内尔（William Crary Brownell），有一把络腮白胡子和海象胡须，他的办公室里放着一口黄铜痰盂，一只皮沙发。每天下午，他都会读新提交上来的书稿，不久"又回味琢磨"一小时。然后，他喷着雪茄绕大厦所在的街区散一圈步，等到他回到办公室，吐完痰，就准备宣告他对这部书稿的意见了。

斯克里伯纳还是有年轻人的。其中之一，麦克斯韦尔·埃瓦茨·珀金斯，于1910年来到这里。他先当了四年半的广告营销经理，再调到编辑部，跟着德高望重的布劳内尔当学徒。到1919年，珀金斯已经被公认为冉冉升起的编辑新秀。然而当他注视着办公室窗外经过的游行队伍，他突然对自己的职业生涯感到深深的失望。他觉得，自己年过三十，年纪太大，负担太重，已经不能报名参军到海外服役了。看着军人们多姿多彩地回乡，他为自己没能亲眼目睹战争的结束而遗憾。

斯克里伯纳出版社几乎没有经历战争及其带来的动荡。它的书目是一潭文学品位与价值的死水，永远不越所谓"正派体面"的雷池半步。实际上，他们极少在取悦读者之外走得更远。在他们的书目上，当时正受到关注的年轻一代作家——西奥多·德莱塞（Theodore Dreiser）、辛克莱·刘易斯（Sinclair Lewis）、舍伍德·安德森（Sherwood Anderson）——一个都没有。斯克里伯纳出版社的三位支柱作家，都是秉承英语传统的成名作家。他们出版了约翰·高尔斯华绥（John Galsworthy）的《福尔赛世家》，亨利·詹姆斯（Henry James）和伊迪丝·沃顿（Edith Wharton）的作品全集。事实上，斯克里伯纳的大多数重点书都是他们已经出版多年、书稿都不用再编辑的作家作品。威廉·C. 布劳内尔在回复沃顿女士的一部书稿时曾阐明出版社的编辑方针："我觉得胡乱修改作品的做法不太可靠，我也没有自负到认为，出版者能够通过提出修改意见而为作品贡献许多。"

珀金斯身为编辑的大部分工作，仅限于校对清样——印在长幅白纸上的清样，每张相当于成书的三页内容——还有其他一些不用动脑的琐事。偶尔，他会被叫去给某本园艺书修改语法错误，或者安排选编学生用的经典短篇小说集篇目，或是契诃夫小说的英译版。这些工作不需要什么创造性。

斯克里伯纳有一位长期作者沙恩·莱斯利（Shane Leslie）。他是爱尔兰记者、诗人、演说家，曾在美国居住多年。在他的某次新书推广活动中，新泽西州纽曼中学校长把一个十多岁的学生介绍给了他。莱斯利和这位来自明尼苏达州的英俊少年、同时也是颇有抱负的小作家成了朋友。后来，这个年轻人考上普林斯顿大学，但在毕业前参军入了伍。他被派到堪萨斯州的利文沃斯军营。"每个星期六下午一点，干完一星期的工作，"多年以后，他回忆道，"我就急忙赶到军官俱乐部，那里有一间房间，大家都在里面抽烟，聊天，翻报纸。一连三个月，我每个周末写，最后写出一部十二万单词的长篇小说。"1918 年春，他相信自己将被调往海外前线，前途未卜。这位年轻的军官——

F. 司各特·菲茨杰拉德——将这部书稿托付给了沙恩·莱斯利。

这部题为《浪漫的自我主义者》(The Romantic Egotist)的作品充其量只是短篇小说、诗歌、小品文的大杂烩,写的是他的成长历程。莱斯利把它寄给查尔斯·斯克里伯纳,提请他"判断"一下是否可以出版。他像写导言一样写道:

> 尽管它有种种掩饰,但它让我看到一幅这一代美国人匆匆上战场的生动画面。我惊讶于它的原汁原味、它的灵巧。有些地方很天真,有些地方令人激动,不甘于凡俗,又不无反讽的庄严感,尤其是到结尾部分。就算删掉该书三分之一内容也仍然能令人感觉这是一位"美国的鲁珀特·布鲁克[1]"写的……令我感兴趣的是,这是一本男孩的书,我认为这本书表现了真正的美国青年,而感伤主义者们急于将他们遮掩在基督教青年会的帐篷后面。

在接下来的三个月中,这部书稿从这个编辑转到那个编辑。布劳内尔"根本读不下去"。它就这样一路传递,最后落到麦克斯韦·珀金斯手里。"我们带着很不一般的兴趣读了《浪漫的自我主义者》[2],"这年8月,珀金斯在给菲茨杰拉德的信中写道,"事实上,我们已经有很长一段时间没有收到写得这么有活力的小说书稿了。"可珀金斯得出如此结论只是依据一个人的意见。只有他喜欢这部书稿,而他得在信里不情不愿地退稿。他引述了政府在印刷用纸上的配额限制、高昂的印制成本和"小说本身的某些问题"。

---

[1] 鲁珀特·布鲁克(Rupert Brooke, 1887—1915),英国诗人,一战时参加英国海军,在航行中病亡,以大战期间描写战争的十四行诗闻名。

[2] 珀金斯把书名写错了(写成了"The Romantic Egoist")。除了个别容易引起误解的错误,本书保留所有直接引文中的拼写和标点符号。——原注

斯克里伯纳的编辑们都认为给他们退稿的作品写评语并非分内事，而且很容易遭作者记恨。但是对菲茨杰拉德书稿的热情促使珀金斯对作品作进一步评论。他自作主张地使用代表编辑部的"我们"一词，对作品提出一些直率的总体意见，他说："我们会欢迎一个重新考虑出版的机会。"

他对《浪漫的自我主义者》最不满意的地方是它的故事发展没有结局。主人公漫无目的地游荡，在整个故事中几乎没有变化：

> 你可能是故意这么写的[珀金斯原文]，因为生活的确未尝不是如此；但这显然令读者大感失望和不满，因为他满心期待主人公要么最终面对战争采取什么实际行动，要么在心理层面上像潘登尼斯[1]那样"找到自我"。他上了战场，以去学校念书几乎同样的心态去的——因为这是常理。

"总而言之，我们觉得，"珀金斯断言，"这个故事没有一个必须能够吸引读者有兴趣读下去的高潮；也许应该安排与人物相协调的高潮，在更早的阶段就有高潮。"珀金斯不想让菲茨杰拉德把这本书改得落入俗套，而希望他改得更为紧凑。"希望我们还能见到它，"他最后写道，"届时我们将马上重读。"

珀金斯的信令菲茨杰拉德中尉深受鼓舞，他花了接下来的六个星期时间修改这部小说。到10月中旬，他把修改后的书稿寄给斯克里伯纳出版社。珀金斯如约马上读了，并高兴地发现小说大有改进。他没有直接找老CS，而是先把斯克里伯纳的儿子拉到自己一边。查尔斯三世也喜欢这本书，但只有他的支持还不够。老编辑们还是否决

---

[1] 潘登尼斯（Pendennis），十九世纪英国作家萨克雷的长篇小说《潘登尼斯》的主人公。

了珀金斯的意见。后来,珀金斯曾向菲茨杰拉德承认:"我当时很担心……你可能再也不理我们这些保守分子了。"

但是,珀金斯下决心要让这本书出版。他把书稿推荐给了两家斯克里伯纳的竞争对手。珀金斯的一位同事还记得:"珀金斯非常担心他们会接受书稿,因为他一直认为这份书稿如何修改很关键。另两家出版社则未作任何评价就把书稿退了回来。"

珀金斯没有泄气,他依然怀着有朝一日让它出版的希望。他相信菲茨杰拉德退伍后可能还会修改,这样他就能第三次把书稿送交编委会讨论。

但是,菲茨杰拉德并不像他在纽约的这位支持者那么坚持不懈。《浪漫的自我主义者》第二次被退稿时,他正在阿拉巴马州蒙哥马利市的谢里丹军营。他对这本书失去了信心。不过,此时,他的注意力正在阿拉巴马州高等法院大法官的女儿泽尔达·赛尔(Zelda Sayre)身上,退稿所带来的失望感也因而少了许多。泽尔达·赛尔高中毕业时被班上选为"最美最有魅力的女生"。菲茨杰拉德中尉是在7月的一次乡村俱乐部舞会上结识她的,到了8月就成了邀请她外出的仰慕者之一。后来他在日记[1]中说他是在"9月7日坠入爱河"。泽尔达也爱他,但与他保持了一定距离。她要看他能否凭才华赚够钱,过上他俩都梦想的奢华生活。菲茨杰拉德于1919年2月退伍,紧接着就去了纽约,在拜伦·柯棣尔广告公司找了一份工作。一到纽约他就给泽尔达发电报:"我在雄心与成功之地,唯愿尽快与心爱之人相会。"

当然,菲茨杰拉德要去见麦克斯韦尔·珀金斯。这次见面两人说了些什么,现在已经无从查考了。不过珀金斯建议司各特重写小说,把第一人称改为第三人称叙述(这件事没有直接记录)。约翰·霍尔·惠

---

[1] Ledger,原意为"账簿",这里指菲茨杰拉德的日记,记录了他从1919至1936年间的个人收支,是研究其职业作家生涯的重要资料,本书中均译为"日记"。

洛克在珀金斯提出这一建议的六年后说:"麦克斯的想法是让作者与写作素材保持距离。他很喜欢菲茨杰拉德写作和性格中的生气勃勃,但他不相信有出版社,尤其是斯克里伯纳这样的出版社愿意接受如此奔放率性的作品。"

1919年仲夏,菲茨杰拉德在家乡明尼苏达州的圣保罗市给珀金斯写了一封信。"我白天写广告文案,晚上痛苦地、半心半意地模仿流行文学,这样的日子熬了四个月,最后决定两者只能取其一。所以我放弃了结婚的打算,回家了。"到7月底,他写完了小说《名士的培养》(*The Education of a Personage*)的初稿。"这绝不是命运多舛的《浪漫的自我主义者》的修改版,"他向珀金斯强调,"但包含了前一本书稿的某些材料并加以改进、重写,很像姐妹篇。"菲茨杰拉德还说:"如果说前面一本书是一个沉闷、乱糟糟的大杂烩,那这本书绝对具有大长篇的意图,我肯定做到了。"

菲茨杰拉德又对这部小说充满了信心,他问如果8月20日交稿,是否有可能在10月出版。"我发现这真是个怪问题,因为您都还没看过书,"他在给珀金斯的信中说,"但是您对我写的东西一直都这么宽容,我还是冒昧请您再耐心读一下吧。"菲茨杰拉德给了珀金斯赶出这本书的两点理由:"因为我希望在文学创作上和收入上都快点起步;第二,因为从某种程度上说这是一本适时的书,我觉得公众非常渴望读像样的读物。"

珀金斯觉得《名士的培养》是个绝妙的书名,对作品的内容也很好奇。"从第一次读你的书稿起,我们就相信你会成功。"他马上回信。关于出版,他说他只能肯定一件事情:两个月内赶出一本书绝对会影响书成功的可能性。为了缩短审稿时间,珀金斯提议菲茨杰拉德一边改一边把改完的章节寄给他。

菲茨杰拉德没有分开寄章节。但到1919年9月的第一个星期,一部完整的修改稿已放在珀金斯的桌头。菲茨杰拉德做了大幅度修改，实际上接受了珀金斯的每一条建议。他把叙述角度改成第三人称，对过去的素材运用得也更加合理。他还给作品起了一个新书名：《人间天堂》(*This Side of Paradise*)。

珀金斯准备在每月一次的编辑部会议上发起第三次进攻，他事先周到地在同事中间传阅这部新书稿。9月中旬开会。查尔斯·斯克里伯纳坐在桌首，阴沉着脸。他弟弟阿瑟坐在旁边。布劳内尔也在座。这是个令人望而生畏的角色，因为他不仅是总编辑，还是当时美国声望极高的文学评论家。他"深入思考过这本书"，所以，他看上去迫切等在座其余六个人中有人表态支持接受此书，他好起来反驳。

老CS滔滔不绝地说着。根据惠洛克的描述，"斯克里伯纳先生天生就是有才干的出版人，是个真正热爱出版书的人，但当时他说：'我为我的出版品牌而自豪。我不能出版没有文学价值的小说。'于是布劳内尔说出了他的观点，断言这本书'轻浮'。讨论似乎到此为止了——但老CS那双令人生畏的眼睛扫过会议桌：'麦克斯，你没吭声。'"

珀金斯站了起来，开始在房间里踱步。"我觉得，"他说，"出版人的首要责任是出版有才华的作者。如果这么有才华的人我们都不出版，那问题就严重了。"他进而表示，雄心勃勃的菲茨杰拉德一定能够找到另一家出版社出版这部小说，而年轻作家们都会追随他而去，"那样我们倒不如关门好了。"珀金斯踱回他的座位，正视着斯克里伯纳说："如果我们拒绝菲茨杰拉德这样的作者，我将对出版失去任何兴趣。"举手投票表决开始了。新老编辑不相上下。会议一片沉默。于是斯克里伯纳说，他还需要时间再考虑考虑。

菲茨杰拉德在火车站找了一份临时工：修理火车车厢顶。9月18日那天，也就是他二十三岁生日前，他收到一封珀金斯加急寄来的信：

我个人非常高兴，终于可以写信告诉你，我们一致同意出版你的书《人间天堂》。假如把它看作过去你投过稿的那部作品——某种程度上也的确如此——你做了许多修改和扩展，我认为有了巨大的改进。它仍然像初稿一样充满勃勃生机和力量，我觉得布局更平衡合理了……这本书如此与众不同，现在很难预测销售前景，但我们都认为它可能成功，因而都会全力以赴。

斯克里伯纳计划在第二年春天出版该书。

出版社将不支付预付金给菲茨杰拉德——现在已成出版业惯例的预付金，在当时还没有约定成俗。但菲茨杰拉德仿佛已经看见美好的未来。在1937年写的文章《早年的成功》("Early Success")中，他说："那天我辞职了，在大街上狂奔，看到朋友、熟人的汽车就叫住，告诉他们——我的小说《人间天堂》要出版了……我还清了少得可怜的欠账，买了一身正装，每天早上醒来都有一种说不出的得意和希望。"菲茨杰拉德接受了珀金斯起草的所有合同条款，但有一个条件还作了些挣扎。他一心想在圣诞节前就成为正式出书的作家，最晚不超过2月份。最后他告诉珀金斯为什么：这段时间里他还能拴住泽尔达·赛尔的心。菲茨杰拉德在给珀金斯的信中说，如果超过这段时间，"会影响我的心理，我的环境，而且会生出新的战场。我身处这样的阶段：每一个月都性命攸关，好像是为了幸福举着棍棒和时间作斗争"。

珀金斯解释一年中有两个出版季，斯克里伯纳出版社很早就得为出版季做好准备。譬如，每年七八月，斯克里伯纳的发行员就带着装满新书封面和试读篇章的箱子在全国各地跑经销商，这样才能保证在当年圣诞节期间有一个好收成。一本在这些"旅行家"拜访过书店以后才上秋季书目的新书，就只能完全靠它自己的实力了。因为它出版的时候，书店可能还没有事先得到介绍，而书店老板已经"快被源源而来的新书逼疯了，他可能把所有的本钱都压在它们上面了"。"在这种情况下，"他说，"那本书的出版将变成最不受欢迎、最麻烦的事，相应地，书的销售也将大受影响。"珀金斯建议把书放在第二个出版季出版，一过完圣诞节就开始准备发行。到那时，书店刚刚结束全年最好的销售季，兜里鼓鼓的，准备为明年备足货。而这一季的春季新书中，将有一本众所期待的书：《人间天堂》。

菲茨杰拉德接受了珀金斯的建议，不再反对。在1937年的那篇文章中，他还写道："我一边期待着我的小说出版，一边开始从业余作者向职业作家转变，就好像把你的全部生命缝制成一种工作模式，做完一个活就自动开始另一个活。"他展开了好几个写作计划。其中最令珀金斯感兴趣的是一部叫《魔鬼情人》（*The Demon Lover*）的长篇小说，据菲茨杰拉德估计要一年时间写完。等他对此的热情消退，他又写了好几个短篇小说投给斯克里伯纳出版社主办的月刊《斯克里伯纳杂志》（*Scribner's*），结果只被录用了一篇。

菲茨杰拉德需要一些鼓励话来抵消退稿通知的打击。珀金斯读了被杂志退稿的几个小说后，告诉菲茨杰拉德，这些小说肯定能在别处发表。"它们的巨大魅力，"珀金斯写道，"在于它们写得很鲜活。杂志上发表的短篇小说百分之九十都是以日益陈旧的文学形式表现生活。我认为你的小说直接来源于生活，语言、风格同样如此，都是当下的。不拘泥于大多数作家爱用的老套……老套只会妨碍他们。"这些小说，珀金斯写道，"让我发现你也绝对可以成为短篇小说家。"

后来，在年底前几周，菲茨杰拉德写信给珀金斯说："很幸运，我能找到一家显然对作者有广泛兴趣的出版社。上帝知道这种文学游戏曾经多少次令我丧气。"菲茨杰拉德没有意识到的是，麦克斯韦尔·珀金斯也正因为斯克里伯纳拥有了最杰出的年轻作家，而这又是他发现的第一个优秀作者而感到同样的喜悦。

＊＊＊

菲茨杰拉德还在普林斯顿大学念书时，曾对来访的驻校诗人阿尔弗雷德·诺伊斯（Alfred Noyes）说，他觉得自己完全有能力"既写畅销书，又写具有永恒价值的书"，但他不知道该写哪一种。终其一生，司各特一直在为此而挣扎。珀金斯很快意识到，虽然这两种书对菲茨杰拉德都重要，尤其重要的还是钱。《人间天堂》还在排版的时候，菲茨杰拉德就写信对珀金斯说，他又有写一部长篇小说的念头了。"我想动笔写，"他说，"可我不想写到一半时身无分文，不得不再写短篇小说——因为我不喜欢[写短篇小说]，纯粹是为了钱。"他试探性地问："出版一本短篇小说集是不大可能的吧？"此刻他想得更多的，恐怕是能拿到手的钱，而不是未来的文学声誉。

珀金斯表示文集通常不会畅销，从而打消了菲茨杰拉德的这个念头。"事实上，"珀金斯解释道，"我觉得你的短篇小说很可能成为一个特例——如果你发表了许多，你的知名度很高的话。我认为它们具备受欢迎的条件，结集成书还是很有可能畅销的。我希望你写的时候多花心思……因为它们不仅有助于提高你的声誉，本身也都很有价值。"

菲茨杰拉德整个冬天都很焦虑。泽尔达·赛尔虽然已经答应嫁给他，但要成婚，他还得成为知名作家才行。他把短篇小说视为实现目标的捷径。他把《魔鬼情人》写好的部分分拆为好几篇，以每篇40美元的价格卖给乔治·让·内森（George Jean Nathan）和H. L. 门肯（H. L. Mencken）主编的畅销文学杂志《时尚人士》（*The Smart Set*）。在1920年，编辑、评论家H. L. 门肯比任何人都更积极地鼓励作家抛弃"假斯文的传统"，记录鲜活的时代之音。到这年冬末，菲茨杰拉德已经在《时尚人士》上发表了六个短篇小说，流畅漂亮地写了一系列无所事事的纨绔子弟、刚出道的莽撞青年。一个文学新秀在迅速崛起。

随着《人间天堂》出版日期的临近,在斯克里伯纳出版社内,许多人开始感染到麦克斯·珀金斯已经持续数月的兴奋与热情。但是,也有一些人并不兴奋,而是感到恐慌。文学评论家马尔科姆·考利[1]写道,《人间天堂》还没出版就已经被认为是"新时代之声,令斯克里伯纳出版社某些老派编辑感到畏惧"。高级编辑爱德华·L. 伯林盖姆的儿子罗杰·伯林盖姆(Roger Burlingame,后来也成为斯克里伯纳的编辑)在他撰写的斯克里伯纳出版社非正式社史《许多书的诞生》(*Of Making Many Books*)一书中写到了这种反应,非常典型。他提到当时发行部有个重要同事在出版社里影响很大。他常常对书的判断没把握,所以总是"经过深思熟虑"才谈论书,还经常把书带回家给他博览群书的姐姐看。众人都相信他姐姐的眼光很准,许多让她看得掉眼泪的小说都会成为畅销书。所以当大家知道他在周末把《人间天堂》带回家后,周一上午一上班就眼巴巴地想知道他姐姐的反应。"你姐姐怎么说?"大家异口同声地问。"她读完以后就不想再碰它,"他答道,"她拿钳子夹起它,扔进了火里。"

1920年3月26日,《人间天堂》终于面世,斯克里伯纳出版社在广告中骄傲地宣称菲茨杰拉德是"本社有史以来最年轻的长篇小说作家"。当天珀金斯踱进一家书店,亲眼看到两本书被买走,心想这完全符合他的预期。一星期后,泽尔达·赛尔和司各特·菲茨杰拉德在离斯克里伯纳大厦几个街区远的圣帕特里克大教堂结婚。他们永远记得,是珀金斯的庇护促成了他们的婚姻。

---

[1] 马尔科姆·考利(Malcolm Cowley,1898—1989),美国小说家、诗人、文学评论家和记者。一战时参加在法国的美国战地服务团,二十年代移居巴黎。考利通常被看做"迷惘的一代"的代表,后来与埃德蒙·威尔逊成为著名的研究美国迷惘一代的史学家。

《人间天堂》就像整个时代一面飘扬的旗帜，它不仅引起文学评论界的广泛注意，销售也势如破竹。H. L. 门肯在他的《时尚人士》上发表评论说，菲茨杰拉德写出了一部"真正了不起的处女作——结构创新，思想深邃，具有美国文学中如美国政治的诚实那般稀有的才华"。在同样由斯克里伯纳出版社出版的美国社会史专著《我们的时代》(Our Times)中，作者马克·沙利文（Mark Sullivan）写道，菲茨杰拉德的第一本书"所创造的分野就算不能说创造了一代人，也可以当之无愧地说它让全世界关注一代新人"。

菲茨杰拉德自己在书的结尾也阐明了这一点。"这是一代新人，"他写道，"他们在日日夜夜的幻梦中呐喊着前辈的呐喊，遵循着前辈的信念；终将注定走出幻梦，走进肮脏、灰暗的动荡社会，去追寻爱与尊严；这代新人要比老一辈人更希望摆脱贫困，更崇尚成功，他们因此而愿意付出更多代价；他们长大成人，发现诸神皆死，百战俱殆，一切对人的信念也动摇了。"

关于这本书的畅销状况，作者本人在《早年的成功》中回忆道：

我昏头昏脑地告诉斯克里伯纳出版社，我估计我的小说销量不会超过两万册。一阵大笑之后他们告诉我，作家的第一部长篇小说能卖五千册就是非常好的成绩了。我想它出版一周以后销量就超过两万册了，不过我那时太拿自己当回事儿，压根没想到这是很滑稽的事。

这本书的成功并没有令菲茨杰拉德发大财，但令他一举成名。他才二十四岁，看起来注定会成功。查尔斯·斯克里伯纳在这年下半年给沙恩·莱斯利写信说："你把菲茨杰拉德引荐给我们帮了我们大忙；《人间天堂》是我们当季最畅销的书，现在销售还很强劲。"

菲茨杰拉德夫妇,二十世纪二十年代

在最初为这本书的成功而赶制的过程中,有许多明显的拼写错误没有被检查出来。责任完全在珀金斯。他被斯克里伯纳社内其他同事的反应吓怕了,所以几乎每一份校样都捏在自己手里不外传,连校对员都不给。罗杰·伯林盖姆在《许多书的诞生》中提到,要不是珀金斯敬业的秘书艾尔玛·威科夫(Irma Wyckoff)的严格督促,麦克斯"本人险些成为一名'拼写奇人'"。很快,珀金斯没有看出来的拼写错误成了文学圈里议论的热门话题。到了夏天,风趣的《纽约论坛报》书评专栏作者弗兰克林·P. 亚当斯(Franklin P. Adams)还把挑错变成了社交场上的逗乐游戏。最后,哈佛大学的一位学者寄给斯克里伯纳出版社一封信,上面列出书中的一百多处错误。这对珀金斯来说是一种羞辱;更令他感到羞辱的是连作者也来挑错,虽然他自己的拼写也非常糟糕。司各特对他的书每过一星期就加印一次的佳绩非常兴奋,但对弗兰克林·亚当斯越来越长的挑错清单上的许多错误,出版社迟至第六次印刷仍未改正,他深感不满。

读者对这种有错的版本似乎不怎么在乎。作品本身尤其令这个国家不安定的年轻人激动。马克·沙利文后来这样谈菲茨杰拉德的主人公:"年轻人在阿莫瑞的作为中找到了自己的行为准则;紧张的家长则发现他们最担心的事情发生了。"罗杰·伯林盖姆进一步写道,这部小说"把所有参战的那一代年轻人安逸的家长们从安全感中惊醒,意识到他们的孩了身上的的确确发生了某种可怕的、也许是决定性的变化。它让他们的孩子第一次骄傲地拥有了'迷惘'感"。后来,菲茨杰拉德写道:"美国即将迎来有史以来最大、最炫的狂欢,可说的事还有许许多多。"

该书出版不到一个月,菲茨杰拉德又寄给编辑十一个短篇小说和六首诗——其中三首"在《普林斯顿诗文选》第二辑上发表后曾引起不少关注"——还起了许多标题供他挑选作结集出版的书名。麦克斯读了所有内容，选了八个短篇小说，并从菲茨杰拉德起的一堆轻快的标题中选了色彩最重的《飞女郎与哲学家》(Flappers and Philosophers)为书名。查尔斯·斯克里伯纳认为珀金斯挑选的篇目"很可怕"，但既然珀金斯已经搏出一本畅销书，他也就乐意让珀金斯再连本带利赌一把。

菲茨杰拉德的写作收入从1919年的879美元激增到1920年的18850美元，被他花了个精光。在斯克里伯纳看来，菲茨杰拉德简直不知节俭为何物，而且对未来根本没有打算。他写信给沙恩·莱斯利说，菲茨杰拉德"热衷各种奢侈品，只要工作顺利，他就最大限度地花钱。节俭不是他的品行"。

从菲茨杰拉德开始，珀金斯养成了给他创作中的作者寄书的习惯。"麦克斯就像一个老派的药剂师，"他的一位作者詹姆斯·琼斯[1]评道，"只要看到你稍有懈怠，他就像开药方一样给你一本他认为可以令你振奋的书。它们总是根据你的情况特意挑选的，完全贴合你的口味、性情，但又有足够的兴奋点启发你往新的方向思考。"1920年6月，麦克斯寄给菲茨杰拉德一本范·怀克·布鲁克斯(Van Wyck Brooks)写的《马克·吐温的考验》(The Ordeal of Mark Twain)。麦克斯告诉菲茨杰拉德，布鲁克斯是个"很有才华的伙计，很有魅力，如果你还喜欢这本书的话，我哪天安排你和他一起吃午饭"。范·怀克·布鲁克斯是珀金斯最要好的朋友。他们早在新泽西州普莱恩菲尔德(Plainfield)上幼儿园时就认识了，后来又一起在哈佛念书。如今大学毕业二十年了，布鲁克斯正在成为当代美国最重要的文学评论家。

"这是我读了最受启发的书之一，仿佛给我注入了生命的气息，"

---

[1] 詹姆斯·琼斯（James Jones，1921—1977），美国作家，1939年加入美国陆军，亲历"二战"，以对战争真实而细腻的描写著称。代表作"战争三部曲"的第一部《从这里到永恒》于1952年获得美国国家图书奖。

菲茨杰拉德收到书后没过几天就给珀金斯回信说，"刚写完我迄今最好的一个短篇小说，下一个长篇小说将是我一生的杰作。"菲茨杰拉德在他那本《马克·吐温的考验》上大段大段地加下划线做记号，证明了布鲁克斯的这本书对他接下来的一批短篇小说有更深的影响。司各特读了布鲁克斯对马克·吐温长篇小说《镀金年代》（*The Gilded Age*）的评论。在《镀金年代》里，一个男人到西部去寻找一座煤矿山，发了财，也就可以娶他爱的女人。司各特于是写了一个中篇小说，里面写到一个名叫费茨-诺尔曼·卡尔佩帕·华盛顿的人也在那个时代爬上了蒙大拿州的一座宝藏山。菲茨杰拉德给这篇小说取名《一颗像丽兹饭店那么大的钻石》（"The Diamond as Big as the Ritz"）。

作家整个夏天都在工作，珀金斯却没有。如果没有感觉自己的工作足够好，他决不愿休假，而那年夏天，他当编辑以来第一次确信自己可以休假了。在动身去休假前，珀金斯把他度假的地址写信告诉菲茨杰拉德，以防他有事需要联系。那是一个小镇的名字，实际上他每年夏天都去那里。

佛蒙特州温莎镇位于佛蒙特与新罕布什尔州交界线往北三分之一处，在康涅狄格河西岸。对于麦克斯·珀金斯来说，这是世界上最美的地方。大约七十年前，他的外祖父在阿斯库特尼山的山阴边建了一个庄园，让整个家族和他一起生活。"温莎是我外公子孙们的天堂，"麦克斯的妹妹范妮·考克斯在《蒙大拿人》杂志上撰文写道，"冬天我们生活在各自的环境中……但是到了夏天，我们聚集在尖桩篱栅后的一个大地方，那里有六幢房子正对着村子的主干道，田野向后一直延伸，穿过长着铁杉树篱的绿草坪，环绕着一片长满秋海棠的花床，一直向下延展到池塘边。"在池塘后地势高一些的地方是这片庄园最迷人之处，一条条小溪从山上流下来，松树、白桦树林中有一条条弯弯曲曲的小径。家里人都把这片特别的树林称为"天堂"。

在"天堂"里，年轻人可以像他梦中一样自由地、无拘无束地奔跑。年少时的麦克斯·珀金斯和兄弟姐妹在这里不知消磨过多少时间。等到他自己当了爸爸，就带着孩子来这里。从纽约坐舒适的夏季列车"白山特快"花七个小时到这个目的地的所有快乐，也传递给了她们。

珀金斯曾对一个女儿说："最美妙的滋味儿就是疲劳地躺上床。"上床时间是珀金斯一天中最喜爱的时段，也就是入睡前的、他还能"指引梦境"的那几分钟。在这尚且醒着的片刻中，麦克斯韦·珀金斯时常将自己送回1812年的俄国——他最喜爱的书《战争与和平》中的场景。夜复一夜，他的头脑中充满拿破仑的军队在霜冻与初冬的风雪中从莫斯科撤退的景象。在佛蒙特州的早晨，当托尔斯泰笔下的人物——在他眼前走过，他断定他的梦在这里更加生动，没有一个地方能像温莎镇让他睡得这么香。

每年夏天，珀金斯都带领女儿们远足，爬一次阿斯库特尼山，先走三十分钟，再休息十分钟，就像《战争与和平》里安德烈公爵率领士兵行军一样。但是，珀金斯在温莎最大的乐趣是独自长长的散步深思。他喜欢称之为"真正的散步"。他独自一人，穿越这片祖先们走过的土地。

3

出身

"如果不理解温莎镇或者整个佛蒙特州对麦克斯意味着什么,就不是真正理解他。那是深深插在传统乡村美国的树桩,而他人生舞台的前景,从许多方面来看都与之相去甚远。"范·怀克·布鲁克斯在《场景与肖像》(Scenes and Portraits)中写道。珀金斯一生大部分时间是在纽约城或其周边地区度过的,但新英格兰严苛的价值观是他性格的核心。他有许多新英格兰人特有的怪癖和偏见。他的行为和文学鉴赏力可能任性顽固,甚至驽钝守旧。但是,布鲁克斯相信,温莎镇和它所代表的一切使他在内心深处保持着"直率、不为偏见所左右、不为次要感觉所影响、果断、有生气"的品质。麦克斯是一个性格中充满双重性的新英格兰人。

他于1884年9月20日在曼哈顿的第二大道第14街出生,全名叫威廉·麦克斯韦尔·埃瓦茨·珀金斯,顺理成章地成为了两个大家族的继承人。布鲁克斯说他"几乎没见过别的美国人像他这样明显体现出美国历史的进程,所以你会看到历史仍然作用于他。有时候这种作用并不那么令人愉快,因为他的心思永远处于内战的状态"。

布鲁克斯说，那是1642年英国内战中共和派与保皇派之间的战斗，它穿越大西洋，来到了八代之后的珀金斯心中，他的内心一直没有结束这场战争。如果说父亲这一系家族让他成为"一个浪漫的、爱冒险的孩子，懒散、优雅、坦率，充满欢乐、可爱和动物般自然的魅力"，母亲这一系家族则使他相信凡事必须付出努力——"在格格不入的环境中生活，"布鲁克斯说，"当他人生中遭遇危机时，[战争的]……这一面或那一面总会冒出来。"

威尔士人约翰·埃瓦茨是麦克斯维尔·珀金斯第一个移民到北美新世界的祖先。这个契约佣工于1635年登船，在马萨诸塞州的康科德安顿下来，并于1638年成为自由人。一个半世纪后，他只剩下一个直系后代——耶利米·埃瓦茨。耶利米·埃瓦茨生于1782年，毕业于耶鲁学院，在纽黑文当执业律师。他是一个严谨的、清心寡欲的虔诚教徒。他的同时代人评价他"过于坚持正直，因而不是一个受欢迎的律师"。他娶了在《独立宣言》上签字的康涅狄格州代表之一罗杰·谢尔曼寡居的女儿梅海塔布尔·巴恩斯。他们在马萨诸塞州的查尔斯顿定居下来，他在那里担任正统的基督教公理会会刊《盛装卫士》（*Panoplist*）的主编，从此开始把全部精力投入到传教布道的事业中。但他也没有把"传教"局限在宗教事务上，由于在一次外出传教时宣传废除奴隶制度，他在佐治亚州蹲了一年监狱。1818年3月初，他在离开萨凡纳的途中得知，他的儿子——威廉·麦克斯维尔·埃瓦茨——出生了。

威廉于1833年入耶鲁大学求学，参与创办了《耶鲁文学杂志》。他以优异成绩毕业后，再入哈佛大学法学院深造。当时刚被哈佛录取、正在写海上冒险回忆录《船上两年》的理查德·亨利·达纳[1]后来回

---

[1] 理查德·亨利·达纳（Richard Henry Dana, 1815—1882），美国律师、政治家、作家，回忆录《船上两年》讲述自己的航海经历，为美国文学经典。

忆说："我在那里求学期间听到的最成功的演讲……是威廉·麦克斯维尔·埃瓦茨面对一大群本科生做的演讲。如果他不能成才，他将是我认识的年轻人中最令人失望的。"1843年，埃瓦茨与海伦·密涅瓦·沃德纳在她的家乡温莎镇成婚。接下来的二十年中，他们生了七个儿子，五个女儿。

埃瓦茨没有辜负达纳的期望。他在纽约市的律师工作在1855年受到全国的关注，因为他把占自己所有财产四分之一的1000美元捐给了废奴运动。到1889年他最后一次出庭时，他已经参与多起考验宪法基本原则的诉讼审判。《美国传记大辞典》称他是这一代中"三起大案例的英雄"，即日内瓦仲裁案、1876年蒂尔登－海斯总统选举案、安德鲁·约翰逊总统[1]弹劾案。三起审判他都胜诉，因而确保了美国内战中对北方联邦作战的其他国家向联邦支付赔款，帮助一个在大选中没有赢得多数直接选票的候选人当上了总统，还维护了一个总统继续其任期的权利。

埃瓦茨在准备辩护时，总是向一些渊博的朋友征询意见。他常常找亨利·亚当斯[2]，后者在他以第三人称写的自传中写道："有疑问时，厘清思路最快的办法就是讨论，埃瓦茨就执意要讨论。日复一日，开车时，吃饭时，走路时，他总要挑起亚当斯来反驳自己的观点。他说他需要一块铁砧，好让他锤炼思想。"1877年，海耶斯总统[3]任命埃瓦茨为国务卿。纽约州议会两度选他为联邦参议员。

从华盛顿退休后，埃瓦茨就回到佛蒙特州，在那里高高在上指挥家庭事务。他位于温莎的"白宫"里面光线昏暗，乱糟糟地堆满了东

---

[1] 安德鲁·约翰逊（Andrew Johnson，1808—1875），美国第十七任总统，亚伯拉罕·林肯遇刺身亡后继任。
[2] 亨利·亚当斯（Henry Adams，1838—1918），美国历史学家，出身显赫的政治世家，内战后成为著名政治记者，在华盛顿和波士顿的府邸为美国知识界名流会聚之地。
[3] 卢瑟福·B. 海耶斯（Rutherford B. Hayes，1822—1893），美国第十九任总统。

西，包括埃瓦茨家族许多镶金框的祖先肖像画，还有一座他自己穿着参议员宽长袍的大理石半身雕像。

丰富多彩的珀金斯家族在《美国传记大辞典》中占据的篇幅几乎与严肃的埃瓦茨家族一样多，不过大多数埃瓦茨家族成员都不怎么看得起珀金斯们。比麦克斯小九岁的表弟一直说："珀金斯家的人政治观点不对，宗教信仰不对，连在墓地里安葬的地方也不对。"

麦克斯的爷爷查尔斯·卡拉汉·珀金斯继承了父母的财富和性情，自然而然成为家乡波士顿的艺术界颇有影响的朋友。他的祖先埃德蒙·珀金斯1650年移民到新英格兰地区，是一位富有而乐善好施的商人——东印度公司的巨头，他的好几个儿子在大革命时期都是亲英分子。查尔斯1843年毕业于哈佛时，已经对绘画流露出浓厚的兴趣。他拒绝按照惯例从事家族生意，而是出国游历，决心把自己对美术的爱好提升为认真的学习。在罗马，他混迹于当时的好些重要画家中间，可由于天赋有限，他只能当一个业余画家。最后他醒悟过来，成不了画家，至少他可以为阐释艺术贡献自己的力量。就这样，他成了美国第一位艺术评论家。1855年，他和纽约的弗朗西丝·D. 布鲁恩结婚。珀金斯与欧洲的勃朗宁夫妇和波士顿的朗费罗保持着密切联系，写过六篇关于欧洲雕塑的重要研究论文。

到查尔斯·珀金斯的三个孩子都长大成人时，家产差不多被他花光了。他举家搬到新英格兰，和埃瓦茨参议员成了朋友。查尔斯的第二个儿子爱德华·克利福德和埃瓦茨参议员是哈佛法学院的校友，他因而认识并爱上了参议员的女儿伊丽莎白。1882年，两人都年满二十四岁，在温莎镇结婚了。

伊丽莎白是一个高贵温婉的女子，据说她走路的幅度从来不变，既不慢得好像漫无目的，也不快得失去闺秀风范，同时双手交叠握在身前。在华盛顿，她常常扮演父亲宴请客人时的女主人角色。她的丈夫性格更自由活泼。两人搬到新泽西州的普莱恩菲尔德居住，身为律师的爱德华每天开着当地第一辆蒸汽汽车来去火车站，在普莱恩菲尔德与纽约之间往返上下班。十三年间，他们生了六个孩子。妻子从不强求孩子品行良好，但总是期望他们如此；丈夫则是个慈父。

两个家族截然相反的个性特征集中体现在他们的第二个孩子威廉·麦克斯维尔·埃瓦茨·珀金斯身上。他既具有珀金斯家的艺术气质，也遗传了埃瓦茨家的严肃纪律。童年时的麦克斯就已展露出艺术家的才华和新英格兰人的见识。

每到星期日晚上，爱德华·珀金斯都会给全家人朗读。"我们全都围坐在爸爸跟前，听他读《撒克逊劫后英雄传》和《玫瑰与戒指》，"麦克斯最小的妹妹范妮回忆道，"我们都哈哈大笑，因为即便那时候，传奇故事也那么夸张。"

对麦克斯和他的哥哥爱德华，父亲专门给他们朗读法语书，由他自己翻译成英语，这样他的法语也不至于生疏。两个孩子如痴如醉地沉浸在《三剑客》、马尔博将军的《回忆录》和埃克曼－夏特良的《1813年征兵》等传奇故事中。麦克斯渐渐迷上了军事，尤其是拿破仑的英雄事迹。

麦克斯十六岁进了新罕布什尔州的圣保罗私立学校念书，但第二年就为了纾解家里经济紧张而退学回了家。当时，也就是1902年10月末，麦克斯的父亲固执地不肯穿大衣，结果不幸染上肺炎，三天后就去世了，终年四十四岁。爱德华·克利福德·珀金斯没有 点积蓄，好在他的遗孀和六个孩子还可以依靠各种家族共同基金，过着比较舒适的生活。麦克斯在普莱恩菲尔德的利尔学校完成了中学教育。

当时，家里的长子爱德华已经去哈佛念书了，所以该由麦克斯坐在餐桌的主座上。出于新英格兰人的本能，他掩藏起丧父之痛，尽可能多地担当起父亲的责任。他觉得在困境中，他必须在全家人面前做好坚强的表率。他带着爱，严格地管教弟弟妹妹，而他们对他也很敬畏。一天早上做完祷告，他母亲情不自禁地哭了，他拍着母亲的肩膀安慰她，直到她停止哭泣。几十年后，他对自己的一个孩子说："人做的每一件好事，都是为了让他的爸爸高兴。"

少年麦克斯自然也经历过初恋。"今天下午我终于吻了一个漂亮女孩，"1900年，他写信告诉范·怀克·布鲁克斯，"我好说歹说足足跟她磨了三个小时，她终于同意了。"好几个夏天他在长岛的南安普敦给孩子当家教，十六岁时还到新罕布什尔州的切斯特菲尔德夏令营打工当辅导员。一天，他带着几个孩子在森林里远足，突然听到可怕的叫喊声。他让孩子们回营地，自己去寻找叫喊声从哪里来。他来到一个粮仓，看见一个女人站在门口，正在和两个抓着她手臂的男人挣扎。其中一人说："你要干什么？"麦克斯答道："我来救这位女士。"许多年以后，当麦克斯再讲述这个故事时，他笑得身子直晃。原来这个女人是震颤性谵妄发作，那两个男人只是要把她架到屋子里。

第二年夏天发生的一件小事将影响他的一生。一天下午，他和一个比他小的男孩汤姆·麦克莱利在温莎的一个深水池塘游泳。汤姆游泳技术很差，游到一半就慌了，双手紧紧抱住麦克斯的脖子。两个人一起往下沉。麦克斯挣脱以后就往岸边游。这时他想到了汤姆。一回头看到汤姆脸朝下浮在水面。麦克斯又游回去，抓着汤姆的手腕把他拖上岸，然后双手按他的肚子，直到把水从汤姆的嘴里按出来。过了一会儿，汤姆恢复了知觉。两个孩子说好不把这件事说出去。但麦克斯一辈子都没有忘。

多年以后，他唯一一次对朋友说起这件事。在汤姆快淹死的那个瞬间，他看到自己"出自本能的粗心、不负责任和怯懦"。他承认："我十七岁那年因为在这件小得不值一提的事情面前曾经手足无措而意识到这些缺点，于是我决心一辈子都要遵守誓言：绝不逃避责任。"珀

麦克斯·珀金斯的父亲爱德华·C. 珀金斯,新泽西州普莱恩菲尔德市的一名律师,来自一个历史悠久、富有艺术修养的波士顿家族。麦克斯的母亲伊丽莎白·埃瓦茨·珀金斯的祖上则是严肃的新英格兰牧师和政治家,麦克斯形容他们"对责任一丝不苟"。

八岁时的麦克斯(后排右者),旁边是哥哥爱德华,身前是弟弟查尔斯和妹妹莫莉。

金斯郑重立下誓言,很快,无私与责任感成为珀金斯行为道德判断的标准。

和珀金斯家族的历代祖先一样,麦克斯去哈佛求学。在那里他舍弃了从来不用的名字"威廉",以区别于祖先。他是1907届毕业生,大四那年他写道:

> 在我心中,大学是拓展自我、克服偏见、以独立眼光看世界的地方。在这里,男孩子第一次自立。过去,是别人塑造他,现在他必须塑造自我。他必须与旧观念决裂。

来到哈佛后,真正吸引他的是社交生活。"我喜欢'交际',当社交明星,"他在大学作业《各色景致》一文中写道,"我也希望穿好衣服,交许多朋友,在咖啡馆里抽烟喝酒,看轻歌剧时坐在前排。"他那时一头浓密的金发,从某些角度看去有一种精致的漂亮;换一些角度看,他也蛮引人注目的,但不是英俊。文学评论家马尔科姆·考利在他的毕业年刊的照片中看到的,是一张貌似珀金斯儿时的偶像、当炮兵中尉时的青年拿破仑的脸——"同样敏感的大嘴巴,同样的高额头下一只同样的鹰钩鼻,还有一对同样贴近脑袋的大耳朵"。

大学一年级那年的11月,珀金斯在哈佛-耶鲁对抗赛后因为跟一个喝醉酒撒野的同学在一起而被关进了监狱。12月,他的成绩令他成为班上第一个受到留校试读处分的人。这是社交给他带来的"殊荣",他一辈子都得意洋洋地记着。

珀金斯在坎布里奇[1]颇为好斗。和有钱人家的同学不同,他在哈佛手头拮据,暑假打工,常觉得自己穿得破破烂烂的。他为埃瓦茨和

---

[1] 坎布里奇(Cambridge),又译"剑桥",哈佛大学所在地。

珀金斯家族感到自豪,还喜欢说:"他们有些人富有,有些人贫穷,可你永远分不清谁富谁穷。"而在大学里,他感到家族的尊严好像丧失殆尽了。那并没有影响别人怎样看待他,可麦克斯从此养成了新英格兰人害怕不劳而获的心理。"别人帮了你,你的一小部分就属于他了。"他曾这样对三女儿解释说。后者还进而回忆:"他有一个好朋友家住长岛的一幢豪宅,常常盛情邀请他周末去玩。我父亲虽然很想去,可他没有去,因为他付不起给管家的小费。"

珀金斯不去同学家,但几乎每个周末都穿着袖口磨损的衬衫,步行去舅舅普雷斯科特·埃瓦茨牧师家。普雷斯科特·埃瓦茨是坎布里奇教区的教区长。"麦克斯似乎永远喜欢和家人在一起,"牧师的儿子理查德回忆道,"我们一起下棋,吃晚饭,还常常大声争论,谈的大都是社会问题,譬如先天遗传与后天环境哪个更重要。不过我们都知道,他星期天晚上和我们在一起也是一种省钱的办法。"

"男人根据他们参加的俱乐部来衡量社会成功度。"高年级生珀金斯写道。同样毕业于哈佛的普雷斯科特舅舅得知麦克斯受邀加入福克斯俱乐部(Fox Club)但付不起会员费后,就开了一张支票给他,承担了这些费用。麦克斯犹豫着接受了,因为他说,在哈佛,"俱乐部之重要不言而喻"。

珀金斯也加入了校园文学杂志《哈佛之声》(Harvard Advocate)编辑部,并擢升为编辑。他为杂志写的文章大都讽刺绅士派头和哈佛学生的生活。在一篇题为《论姑娘与献殷勒》的文章中,他写道:"权威人士证实,男人尊重女人是衡量社会文明程度的一杆标尺……关于这个至少有一点我可以肯定:世上不仅没有两个姑娘是一样的,连一个姑娘,除了最最纯粹的巧合,在不同的时间也是不一样的。"

麦克斯在哈佛还有三个朋友经常给《哈佛之声》写稿:诗人约翰·霍尔·惠洛克、大学还没毕业写的剧本《救世主内尔》就成为百老汇热门剧的爱德华·谢尔顿（Edward Sheldon）、范·怀克·布鲁克斯。

布鲁克斯说他继珀金斯之后从普莱恩菲尔德来到哈佛求学是因为"我似乎一直都觉得，我天生就是作家，而我以为哈佛就是出作家的大学"。麦克斯比布鲁克斯高一级，他毫无保留地介绍这个同乡好友认识了每一个应该认识的人。两人的大部分时间都泡在珀金斯最喜欢的坎布里奇文学俱乐部——铁笔俱乐部（The Stylus）里。他们合住在温斯洛普街41号一幢淡黄色的木结构房屋里。布鲁克斯说，当时，珀金斯满脑子都是一种清教徒式的"克伦威尔"精神。有一段时间，珀金斯经常在早上六点把布鲁克斯叫醒，给他朗读赫伯特·斯宾塞和其他哲学家的作品。他偶尔跟威廉·詹姆斯教授一样，穿一件时髦的诺福克夹克衫，但通常都穿着阴郁的灰色和黑色衣服。

麦克斯选择学习经济学。布鲁克斯相信，他这么做正是因为"他不喜欢知道火车票价、火灾保险统计之类的数据"。这一选择是他外祖父埃瓦茨的格言的发挥："对于我取得的成功，我骄傲的不是做了我喜欢做的事，而是做好了我不喜欢做的事。"因为这种在困境中锤炼品德的新英格兰人思维方式，麦克斯搬到了铁笔俱乐部的楼上，住在一间阁楼里，里面只有一张小床，一张桌子，他常常通宵学习。多年后珀金斯才意识到："我以为选择政治经济学这种我讨厌的学科为专业是磨炼自律心，还以为无论我喜爱的文学课程可能让我学到什么，我以后自然而然会学到，实际上我这样是放弃了自己的教育。"麦克斯始终没能全部读完他自己喜欢的书。譬如，他一辈子都为自己对莎士比亚作品的粗浅知识而感到尴尬。

铁笔俱乐部之外，麦克斯从"科佩的圈子"受到的文学启蒙最多。科佩（Copey）是查尔斯·唐桑德·科普兰教授（Charles Townsend Copeland）的外号。他在哈佛居住了四十年，大多数哈佛人，无论是不是他的学生，都记得这个来自缅因州加莱城的小个子，他戴着一副

麦克斯（右边着浅色西装坐者）不是1907届《哈佛之声》编辑部中唯一一个后来在文学界取得成就的人，范·怀克·布鲁克斯（左边站立蓄须者）后来成为散文家、评论家；另一位终身好友爱德华·谢尔顿（中间着浅色西装站立者）在大学念书时就写出了一个百老汇热门剧。（照片来源：哈佛大学霍顿图书馆）

金属边眼镜，有一颗圆脑袋——冬天戴一顶圆顶窄边礼帽，夏天则是一顶硬草帽。在加入哈佛大学英文系前，他已经放弃了曾经的演艺事业，从哈佛法学院退学，还在《波士顿邮报》工作过七年。他既非典型的知识分子，也没有学究气，但他就是有一种神奇的热情把书教好。对科佩来说，一行一行地讲解十四行诗还不如表演十四行诗呢。这个坏脾气的传统反叛者，无论观众有多少，他都要夸张地表演，因而风靡哈佛。学生们蜂拥而至听他朗诵英语经典名著，参加他宽松自由的文学讨论课。不过科佩拥有这样的声望理所应当：他能赋予最枯燥沉闷的古典名著以生气。

科普兰教大一英文课时是珀金斯的老师，这位年轻教授讲授文学的方法激起了麦克斯的兴趣。当科佩负责教授写作分析课"英文十二讲"时，珀金斯马上申请成为规定的三十名听课学生的一员。"科佩不是那种喜欢教室里学生很拥挤的教授，"沃尔特·李普曼[1]在一篇怀念科普兰的文章中写道，"他是一个非常特别的人，总是与对他感兴趣的每一个人保持着特殊的关系。"

> 他的教书方法我记忆犹新[李普曼具体写道]，我觉得那更像是一种手段不限的摔跤比赛，而不是普普通通的讲课。过程是这样的：你接到通知到霍利斯楼他的宿舍去，还要求你带上写好的稿子。他告诉你怎样读自己写的稿子。很快你开始觉得周围好像有长长的手指在黑暗中穿过层层脂肪和软毛，摸到你的骨头和肌肉。你可以反抗但是最终，他总是把你剥得赤条条只剩下自己。然后他轻轻拍拍剩下鼻青脸肿的人，逼他们开始真正自己的写作。

---

[1] 沃尔特·李普曼（Walter Lippmann，1889—1974），美国作家、记者，最早介绍冷战概念的政治评论家，两度获得普利策新闻奖。

和科普兰教授一交上朋友，珀金斯就专心上他的课。科佩对他的影响日益增长，这当然也有助于发挥他的编辑天分。到大四的时候，麦克斯许多课程的学习成绩都是优等。更重要的是，他也像科普兰那样爱上了写作。"说实话，"麦克斯多年后写信对科佩说，"我从你这里学到的比在哈佛学到的所有加起来的都多。"

麦克斯大学四年级的时候，在波士顿灯塔街开办一所女子进修学校的玛丽·丘奇小姐请科普兰推荐一个学生去给她学校的高年级学生上作文课。科普兰点了珀金斯。他所教的十二个女孩中，有一位玛乔丽·默顿·普林斯对这个比她们大不了几岁的二十二岁青年印象很深："每次他来上课，我们都着了迷似的坐着。在他看来，我们肯定都成了哑巴。他谈起写作来就好像这是世界上最重要的事情。我们都像他的奴隶一样卖力地上课。过了几个星期，麦克斯上课时戴起了一副深色眼镜。我们都知道他这是为了避免看我们时感到尴尬，因为我们所有人都直勾勾地看着他，眼神迷离。"

麦克斯于1907年6月从哈佛毕业，因为在经济学方面学习出色而获得优秀毕业生称号。在他的朋友圈中，只有他没有在毕业典礼后去欧洲游历，而是直接去工作了。他没有考虑当律师（虽然他有三个兄弟相继成了律师）。相反，他去了波士顿民政局，为穷人服务。麦克斯得在晚上教俄国和波兰移民英语，白天巡访各区，但他也有许多时间读书、学习打字。到这年夏天结束，他就到温莎休憩几天，然后去纽约寻找报社的工作。范·怀克·布鲁克斯说："无疑，当过报人的科佩曾令麦克斯想到报社工作。"

当时，要在好的报社谋到一份工作得靠个人关系。珀金斯认识《纽约时报》总编辑的儿子。不过后来证明这层关系跟没有也差不了多少。《纽约时报》虽然雇了他，但给他派任务的是本地版编辑，而不是总编辑。这个本地版编辑喜欢用他自己的记者。麦克斯只能干"机动工作"——也就是那种每天傍晚六点钟到凌晨三点在办公室里晃悠,等待自杀、失火等夜间突发事件的记者。珀金斯坐了三个月通宵,瞪着那个本地版编辑,心想:"这人知道报社每周付我15美元工资吗?"

接着,麦克斯被调去跑警务条线,报道所有与警察、案件有关的新闻,从唐人街的凶杀案到下东区的拒付房租纠纷,诸如此类。不久,他被提升为正式的《纽约时报》记者。他独家报道了皇家邮轮共和号在楠塔基特岛撞击沉没事件,也报道了威廉·詹宁斯·布莱恩[1]在麦迪逊广场花园的最后一次竞选演说。

麦克斯积极去做任何有危险的报道。他在纽约州新新监狱采访时被卡在电刑椅上;还有一次,他坐在冠军赛车手乔治·罗宾逊驾驶的16号赛车上,见证了他破纪录的、时速60英里的试车。但是,珀金斯写的稿子极少能像社会新闻那样上报纸头版。

他喜欢自己过的这种独立生活,因而经常拿他在只供应冷水的公寓里"过苦日子"打趣,说他"只能去哈佛校友俱乐部洗热水澡"。几年后,珀金斯对科佩班上的一个同学说:"当你养成了报纸记者那样的精神习惯时,你的写作就完了,它会害你。报纸记者写稿必须要求的快速和粗疏对于更高层次的写作终究是致命的;但我考虑更多的是记者对各种事件都投入相当的兴趣,无论事件是否真正重要。他是记录者,仅此而已。他不管事物表面之下是什么。"麦克斯仍然对这个被他称为"从业者与最有力量的日用品——文字——打交道的一种职业"感兴趣,但开始对记者不固定的工作时间和无法推迟的截稿感到疲倦。

在《纽约时报》那几年,他已开始和路易丝·桑德斯(Louis Sanders)约会。他是多年前在普莱恩菲尔德的舞蹈班上认识这个姑

---

[1] 威廉·詹宁斯·布莱恩(William Jennings Bryan, 1860—1925),美国政治家、律师,以雄辩著称,曾三次代表民主党竞选总统,均失败。

娘的。路易丝来自普莱恩菲尔德的一个名门望族。她曾这样写她母亲："非常美丽——比我们居住的那个郊区小城里的任何一个母亲都美丽得多。"路易丝的父亲威廉·劳伦斯·桑德斯从过政,当过工程师,也经商。他是伍德罗·威尔逊总统[1]的朋友,曾两度当选普莱恩菲尔德市长。他在压缩空气实验基础上拥有了十二项重要发明专利,因而成为英格索尔-兰德公司首任总裁。他总是要求两个孩子"学学金钱的价值",并希望每一件事都是"现实"的。

每年复活节星期日,桑德斯一家把马群关进马房,步行去教堂。路易丝非常喜爱复活节仪式,尤其是十九世纪九十年代某一年的复活节,她的帽子特别漂亮:那是一顶深绿色草帽,缀有一圈草叶和红色小玫瑰。那年复活节,她第一次对教堂有了认识;她注意到蓝色的穹顶上闪闪发光的银星。在天堂的蓝色穹顶下,她把手放在面前的教堂长椅上,想着她的复活节帽子。在桑德斯一家前面三排的长椅上,坐着珀金斯一家。路易丝的视线落在了麦克斯身上。后来她承认:"因为他抬头看着蓝色穹顶和星星,似乎想知道他应该去理解什么。"

几年后,桑德斯家的女儿们都还没到十五岁,她们的母亲因为癌症去世。桑德斯先生很爱女儿,但他对旅行的热情高于一切。有时候他带着孩子们到国外生活几个月,但他越来越频繁地独自远行。待在家里的女孩子们由一位家庭女教师照顾,她反复对路易丝说:"真可惜你长得不如你姐姐漂亮呀。"

有一段时间,路易丝很自闭。多年以后当麦克斯开始真正被她吸引时,她已经破壳而出,要发挥自己的才华和热情,当一名演员。那时候,路易丝出落得很漂亮了,身材娇小窈窕,有一双细长的杏仁眼,一头浅褐色的头发,还有迷人的笑容和一只小巧笔挺的鼻子。她父亲

---

[1] 伍德罗·威尔逊(Woodrow Wilson,1856—1924),美国第二十八任总统。1912年获民主党总统候选人提名,击败西奥多·罗斯福获胜。

把一间马房改成她的剧场。渐渐地,她因为那些业余演出和她自己写的剧本而在普莱恩菲尔德出名了。

麦克斯在路易丝身上看到了赏心悦目的女性美。她聪明,幽默,和他稳重的性格相比,她轻快善变。精力充沛的她也可能是任性、爱虚荣的,伶牙俐齿令人不可捉摸。她常凭意气用事,有一个女儿说她"有一种不经逻辑思考就作决定的神奇诀窍"。

1909年,路易丝邀请麦克斯到她们家在新泽西环海镇(Sea Girt)的房子参加游泳聚会,野餐。之后,麦克斯第一次认真考虑向路易丝求婚。他回到纽约,给她写信说他把一身睡衣落在她家了。路易丝没找着,但发现了别人的一件游泳服。"这是你的睡衣,"她解释道,"恐怕它被海水浸泡后变得值钱而奇怪了。"

麦克斯开始邀请路易丝去温莎度周末。有一次,他妹妹范妮窥见他们俩坐在客厅里。两人之间握着一个针垫,正努力把扎在里面的针都拔出来。"我想他们根本没有低头看手里的东西,"范妮说,"而只是注视着彼此的眼睛,就像坠入爱河的样子。"

麦克斯·珀金斯对女性有许多看法,正面负面的都有。他最喜欢的一句俗话说,不结婚的男人是胆小鬼,正如结了婚的女人。他相信,过了一定年龄,男人还不结婚只是为了逃避责任,而女人开始物色丈夫是为了避免流言蜚语或别人的同情。但麦克斯性格中的矛盾之处似乎被路易丝平衡了。他在她身上看到了理想妻子的所有品质。他的浪漫与她的美貌相合,也满足了她对安全感的需要;他的睿智又让他预见到一生将与她斗智,他乐于如此。而路易丝呢,她称麦克斯为"我的希腊神"。

1909年冬天,麦克斯开始寻找一个时间固定的工作。他听说查尔斯·斯克里伯纳出版社广告部要招人,得到了与该社老板面试的机会。麦克斯知道他在哈佛有位老师巴雷特·温德尔(Barrett Wendell)

是查尔斯·斯克里伯纳的老朋友，于是在面试前请老师写了一封推荐信给斯克里伯纳。巴雷特·温德尔同意了。

亲爱的查尔斯：

请容我个人向你介绍麦克斯韦尔·珀金斯。像我这样的老家伙对年轻人一般是不了解的，虽然我们应该了解。不过我和麦克斯的父亲很熟；如果我没有记错，你也应该在多年前就认识了他的母亲——埃瓦茨先生的女儿。这个年轻人的四位祖父母我都认识，也很敬重他们。所以当他来到哈佛，要青出于蓝赢得尊重，并非易事。但他未堕家风，愉快地做到了。他具有优秀全面的条件，是一个真正值得信赖的人。

"当然，也许最适合推荐我的人是我在《纽约时报》的上司，"珀金斯在与斯克里伯纳就广告经理一职面谈后写信对他说，"如果没有他们的推荐，我几乎不敢指望您跟我说的这个职位。但我自己还在桥上，不能把桥烧了。我还没有向同事透露离开报业的打算。但如果您认为报社编辑的推荐有助于我胜任此空缺，我马上就请他们写。"

麦克斯一边等待斯克里伯纳的回复，一边继续在《纽约时报》工作。1910年初春的一天晚上，他被派往鲍威利区（Bowery）做采访。有个胆大包天的窃贼在鲍威利储蓄银行街对面租了一间空置的商铺，然后挖一条通往银行金库的地道，快挖到头的时候地道塌了，把他堵在了里面。珀金斯的任务是每隔半小时向报社通报警方挖掘工作的进展。离现场最近的电话在街对面私人开的酒馆里。警方通宵在挖，珀金斯觉得坐在酒馆里反复用电话挺尴尬的，于是每打一次电话就要一杯酒。等到那个窃贼被挖出来拘捕时，天都快亮了。麦克斯喝得醉醺醺地回到家，筋疲力尽。过了几个小时，他的同屋巴里·贝内菲尔德

路易丝·桑德斯十八岁时留影。四年后她与麦克斯结婚。他们是在普莱恩菲尔德的舞蹈课上认识的。她对一位朋友说,麦克斯是"我的希腊神"。

叫醒了他，转告他斯克里伯纳先生想在当天上午九点见他。

这次见面麦克斯非常疲惫，明显不在状态。不过斯克里伯纳对这个年轻人的诚恳留下了深刻印象。珀金斯在之前给他的信中已解释他为什么要这份工作：

> 我知道，人们通常有充分理由去怀疑一个新闻记者会想要稳定的生活质量。他们认为他不能安心过朝九晚五、不那么刺激的生活。如果您也这么想，我想告诉您的是，我不仅天生就爱好图书，并深受书的影响，而且我非常渴望这份工作，过一种正常的生活；我有年轻人最充分的理由渴望这样的生活，并且相信一旦拥有，会好好珍惜。

珀金斯如愿成为斯克里伯纳出版社的广告经理，并很快进入角色。

1910 年 12 月 31 日中午，他与路易丝·桑德斯在普莱恩菲尔德市圣十字圣公会教堂，在那些银星下结婚。威廉·桑德斯送给这个新女婿的结婚礼物是一块金表，从那天起，珀金斯就一直戴着它。随着他的听力逐年下降，珀金斯把表抬到听力较弱的左耳旁，然后由远及近地慢慢移动，听齿轮嘀嗒声。这成了他测自己听力的习惯。

麦克斯和路易丝在新罕布什尔州的科尼什度蜜月，住麦克斯一个表哥的小别墅，与温莎镇隔河相望。路易丝的父亲跟女儿们有言在先，谁结婚就送谁一套房子做嫁妆。虽然珀金斯感到有些不安，他们还是接受了这一馈赠，并在回到新泽西州后，住进了北普莱恩菲尔德墨瑟大街 95 号一幢朴素的小房子中。他们刚住下就把所有银盘、面包篮等结婚礼物带进来，还买了一座三十英寸高的"米罗的维纳斯"大理石雕像，成了家里最喜爱的摆设。

珀金斯对新工作和正常的作息时间感到很满意。斯克里伯纳出版社广告经理的工作要有想象力（虽然未必要想象得太大胆），对文学作品要有鉴赏的直觉，还要对读者会买什么样的书有感觉。麦克斯把大学里的经济学训练抛诸脑后，有时候会为他所喜欢的书投入超出预算的广告宣传费。1914年，有位编辑辞职离开斯克里伯纳出版社，与人合伙创业去了。查尔斯·斯克里伯纳此时已对珀金斯的工作情况有了很深的印象，便把他调到五楼的编辑部。麦克斯的哥哥爱德华回忆说："他过去常说，他们让他当编辑，才使得整个公司没有破产。"

差不多到麦克斯当上编辑的时候，他和路易丝已经生了三个孩子——都是女儿。1911年出生的大女儿以路易丝的母亲贝莎为名。两年后二女儿诞生时，麦克斯想叫她阿斯库特尼，也就是佛蒙特州他喜爱的那座山的名字。路易丝不同意，给她取了麦克斯母亲的名字"伊丽莎白"，后来又因为小妹妹叫她名字口齿不清而得了小名"莎比"。过了两年又生了三女儿路易丝·埃尔维娅，小名"佩吉"。

1916年夏，麦克斯志愿参加美国后备役骑兵部队，编入普莱恩菲尔德连队，被派到墨西哥边境。路易丝的姐姐坚持认为路易丝和麦克斯住不起父亲送给他们的房子，提出跟珀金斯一家换房子。所以麦克斯回到新泽西不久，一家人就收拾家什，带着那座维纳斯雕像搬进了洛克维大街112号。路易丝在客厅壁炉对面的墙上，用蓝、金色哥特字体描绘了一行她丈夫撰写的警句："成熟男人欲望少。"

两年后，四女儿出生了。8月的一天早上，麦克斯在普莱恩菲尔德家中的楼梯上听到了婴儿的哭声。多年以后他写道："我对自己说，那肯定是男孩。上帝为了补偿我没上过战场的遗憾，派给我一个男孩。"得知结果后，他发给他母亲的电报只有一个词："女孩。"女儿取名"简"。

身处五个女人之中，麦克斯乐于摆出一副厌恶女人的酷样。对于反复遇到别人说他没有儿子的事，他冷酷地说："哦不，我们有过儿子，

1916年，麦克斯（中）与国民警卫队普莱恩菲尔德A骑兵中队的战友们在墨西哥边境。这个中队在那里待了三个月时间追捕墨西哥农民革命首领潘乔·比利亚（Pancho Villa），却连影子都没见着。麦克斯那年夏天重读了《伊利亚特》；西南部的平原让他联想到特洛伊。

不过每次生儿子就把他淹死。"每当听说哪个已婚男人要死了,他总是说:"是他老婆杀了他。"这当然更多的是他那段时期的一种幽默,而不是真的憎恶女人。

珀金斯发现自己的妻子令人生畏。路易丝有用不完的精力,固执、坚决的性格丝毫不亚于其丈夫。照文学史学者安德鲁·特恩布尔(Andrew Turnbull)的看法,他们的恋爱婚姻有点像"苏格兰教授与巴黎女店员的结合"。两人强烈的个性形成了一场独特的两性战争。一开始,亲戚们对他俩的争论窃窃私语,说他们"正在磨合",但局势很快就明朗了,他们的关系比这更严重。婚姻的浪漫消失了。麦克斯的情感藏到了新英格兰人矜持的石墙之后,而路易丝总是情绪外露。她要他尊重她渴望的表演事业,而他认定女人不应该在舞台上抛头露面。在婚礼前,麦克斯就要求路易丝保证:放弃搞戏剧的念头。

路易丝还得忍受其他不公。埃瓦茨家的人常常看不起珀金斯家的人,对路易丝·桑德斯也是绝对的蔑视。"在我们看来她就是戏子之类的人,浓妆艳抹的——真是一个喜欢男人、猎取战利品的人,"某个埃瓦茨家族的人这样说,"我们最不希望麦克斯娶的就是这种女人。"男人们喜欢她,但在之后的多年中,所有道德观念狭隘的女人都注视着路易丝的一举一动,似乎巴不得看到她有什么不检点行为。

事实上,路易丝比埃瓦茨家的任何人都老练,而且善良得多。温莎的族人视她的举止为目中无人。他们见不得她有一个富有的父亲能容许她挥霍。和他们一样,麦克斯也曾受过教导:自己挣来的钱财比别人赠与的更宝贵。路易丝大概花钱比较随意,而麦克斯则节俭惯了。但只要麦克斯的母亲对路易丝的持家能力表示不满,他就急忙辩护:"妈妈,我娶路易丝不是要一个管家婆,而是要一个伴侣。"

路易丝负责照看女儿们,虽然有时她会开小差。她依然不甘于仅仅待在家里抚养四个孩子。不写儿童剧本的时候,她就忙着搞业余戏

路易丝和珀金斯家的前三个女儿（从左到右）佩吉、
莎比和贝莎。麦克斯很想要儿子，却生了五个女儿。

剧，或者重新装修家居。结婚初期，麦克斯写信对范·怀克·布鲁克斯说："路易丝能把一个小陋室变得赛过宫殿。"

女儿是麦克斯的最爱，她们也很黏他。每天晚上他都为她们朗读，起初是简单的诗歌，随着她们年龄增长，再是复杂一些的十九世纪小说。大女儿贝莎深受麦克斯所宣扬的浪漫主义价值观影响，以至于有好多年她一直想长大后成为一名骑士——麦克斯为此买了玩具剑和盔甲供她训练。莎比说她想看看房子燃烧的样子，他就往家里的一个玩具屋塞满纸，放了一把火烧了。看着火焰冲出窗户、屋顶塌落，她很开心。冬天，他戴上把脸裹得严严实实的羊毛头罩，带着佩吉坐雪橇穿过白雪皑皑的漫漫群山。"麦克斯叔叔给他的女孩们立了各种各样严格的规矩，"他的一个侄子说，"可一条都没有执行过。"

无论何时离家在外，哪怕只是在办公室，麦克斯觉得无精打采就给家人写信，让自己的心与她们在一起。每年林肯诞辰纪念日，他都坚持要尽责的秘书艾尔玛·威科夫来上班，打字完成他精心写给家人并画了插图的情人节卡。要是家人去了温莎，他就尽量每天晚上给至少一个女儿写信。其中有些信堪称出色的作品，写满他自编的童话故事。这种表达爱的方式任何孩子都能明白。他曾写信对莎比说："爸爸如果没有孩子就一点乐趣都没有了。再怎么费劲都没用。无论在哪里他都会想，'对啊，只有我的小姑娘们在这儿，才会开心啊，可现在她们不在，这里有什么好呢？'他时刻想着她们。也许他会去看某些雕像，可它们根本没往他心里去——他看到的是他的小姑娘们，在远方玩耍。等到他收到她们的来信，他才开心起来。"到了夏季，他就尽可能去温莎和在那里度假的家人会合。从"天堂"归来，他总是精神焕发，准备好对付杂乱的办公桌上积压的书稿。

在普莱恩菲尔德的家门口,麦克斯带着四女儿简出发去"真正地散步"。让女儿骑在肩膀上、一条腿搁在前面是他带女儿的习惯性姿势。

4

扩展

1920年夏天，麦克斯·珀金斯介绍F. 司各特·菲茨杰拉德认识范·怀克·布鲁克斯后不久，菲茨杰拉德在普林斯顿大学的好友埃德蒙·威尔逊（Edmund Wilson）在《新共和》杂志上虚构了珀金斯最老的朋友与最新的朋友之间的对话。这是当时最有名的两大文人相见。威尔逊料想菲茨杰拉德会承认布鲁克斯"是[美国文学]这个方面最杰出的作家"，然后告诉他："在《人间天堂》之前，当然有许多人写作——但在这之前，青年一代从来没有真正的自我意识，而大多数读者也没有意识到这一代人的存在。正如他们在广告上所说，我就是那个唤醒美国青年一代自我意识的人。"布鲁克斯接着论道："第一批像你这样的青年作家刚崭露头角，取得相当的成功，成群的出版商、编辑和记者便摩拳擦掌，准备利用他们，让他们商业化——结果就是现在的'青年'作家供不应求。"

斯克里伯纳出版社不赶这种时髦。老查尔斯无意把他的出版社变成纸浆厂，出版那些有损他们七十五年来负责任的出版声誉的垃圾书。麦克斯·珀金斯尊重出版社的标准，但又想冒冒险。他比谁都积极地在全国各地物色新人作品。在这场单枪匹马似的改革运动中，他逐渐让更有生命力的新作取代斯克里伯纳书目上那些老朽之作。自菲茨杰拉德始，到他负责的每一位新作者，他渐渐改变了传统上"编辑"这一职业的作用。他所寻找的，并不只是那些"保险"的作家——风格中规中矩，内容波澜不惊；而是能用全新的语言道出战后世界新价值观的人。这样一来，他作为编辑所做的就不仅是反映当代的标准，而且以出版有才华的新人新作，有意识地影响、改变这些标准。

就自己出书后的第一年，菲茨杰拉德在日记中草草写道："狂欢与结婚。去年辛劳的回报。我十八岁以来最快乐的一年。"到1920年8月，他的第二部长篇小说，暂名《火箭的飞行》(The Flight of the Rocket)，尚在写作中。它讲述主人公安东尼·帕奇二十五岁至三十二岁，也就是1913年到1921年间的人生经历。司各特向查尔斯·斯克里伯纳解释道："他是那种既有品位又软弱的艺术家，但缺少真正的创作灵感。故事讲他和他美丽的妻子如何在无度的挥霍中毁了自己。这听起来挺悲惨的，但绝对是本吸引人的书，我希望它不会让喜欢我第一本书的评论家失望。"

《人间天堂》出版六个月了，菲茨杰拉德还没有拿到任何销售版税。他对斯克里伯纳出版社的付款流程几乎没什么耐心，虽然这在出版界很正常。也就是说，出版社每半年给作者一份结算报告，在此之后的四个月内寄出支票。司各特没有忘记珀金斯曾主动说只要他需要钱，可以随时提出，于是他开口要1500美元，说他的新娘要买件皮大衣。珀金斯马上汇了这笔钱，同时告诉他好消息，《人间天堂》自出版以来的七个月里已经卖了近三万五千册。但菲茨杰拉德一心认为他的书销量已达四万册，还没拿到版税就预支光了。到这年年底，他已经从版税收入中预支了大约5000元。很快他就忘了自己要钱的次数，要钱时便问："这次能安排预支吗？"他就这样迅速地挥霍着金钱和信用，一辈子都为满足这样的挥霍而忙忙碌碌，但始终没有成功。

1920年12月31日，菲茨杰拉德写信对珀金斯说，银行已经拒绝他拿手里所持的股票作抵押，一分钱都不贷给他。他还欠了600美元的账单没付，并且从他的文学经纪人保罗·雷诺兹公司拿了一篇短篇小说的预付金600多美元，可小说写不出来。他对珀金斯说："从昨天到今天，我写了六遍开头。再写一次初登社交场的少女，我都要发疯了。"这是他们要他写的题材。接着他问珀金斯能否设法再借他一笔钱，就算是下一部长篇小说的预付金。珀金斯也办到了，从出版社财务那里支了1600元给司各特。过了一个月，司各特总算给他的编辑写信说："正在玩命写呢。"《火箭的飞行》出版日期一再推迟，但是到2月，该书的第一部分已在打字排版，埃德蒙·威尔逊正在审读第二部分，作家本人则在改定第三部分。个人所得税又使菲茨杰拉德少了1000元收入。但珀金斯提醒这个"注定的乞丐"（这是菲茨杰拉德在他最近一封信上的署名），他还能从《人间天堂》的销售中获得2000元左右的版税。

4月底，菲茨杰拉德完成了这部小说，但他已将书名改成《美与孽》(The Beautiful and Damned)。他亲手将书稿交给珀金斯，顺便说他需要600元购买两张去欧洲的船票。这对编辑和作者马上算清了账。菲茨杰拉德心不在焉地讲完协议要求就走了，由珀金斯将他们口头达成的协议写下来：

> 这次我们不向你支付高额预付金，因为这一金额可能有点难以测算。更主要的原因是鉴于我们过去的交往，你可以在这里自由地预支和适度地透支，这样的安排会让你更为方便和满意。

在未来的许多年中，珀金斯因此成了菲茨杰拉德的财务监管人。

菲茨杰拉德夫妇对他们的欧洲游并不特别满意。泽尔达在国外的大部分时间都在生病。司各特带着珀金斯的介绍信去见约翰·高尔斯华绥（珀金斯为高尔斯华绥作品的美国版写过许多广告文案，并认为他的《福尔赛世家》是"小说创作中惊人的成就"）。高尔斯华绥接待了菲茨杰拉德夫妇，但对美国新文学大发议论，轻蔑地称美国新作家都是乳臭未干的生手。珀金斯对高尔斯华绥的这番傲慢的评语毫不知情，还写信感谢他宴请菲茨杰拉德夫妇："我想这对他大有好处，因为他需要指点。"菲茨杰拉德对拜访高尔斯华绥感到荣幸，但后来写信对沙恩·莱斯利说："我对他颇感失望，受不了他那种既不风趣也不尖刻的悲观论调。"

在法国、意大利待了几个星期，并且数度求"金"之后，菲茨杰拉德夫妇漫游归来，回到明尼苏达。在那里，司各特的酒量很快就和他小说中的主人公安东尼·帕奇不相上下。他在白熊湖畔住了一个长夏，什么也没写。度过一段努力重振创作力的"糟日子"后，他写信给珀金斯说："虚度光阴令我非常郁闷、消沉。我的第三本小说，假如我还写得出来的话，肯定像死亡一样死气沉沉。"在两人关系第一次陷入低谷时，他向麦克斯坦言：

> 我真想和六个知心朋友同桌畅饮，让自己喝死。我对生活、酒精和文学都烦透了。要不是为了泽尔达，我真想整整三年销声匿迹。出海当水手或者其他什么苦活。我厌恶这种有气无力、一知半解的懦弱环境，我和同代人在里面苦苦挣扎。

珀金斯的回信字里行间洋溢着乐观，他甚至提到明尼苏达州首府圣保罗的天气对写作的有利因素。至于生活、酒精和文学，珀金斯写道："每个从事文学的人都会时不时地厌倦生活，这时候他们最容易借酒浇愁。"到这年夏末，菲茨杰拉德又开始写作了。

1921年10月，菲茨杰拉德夫妇等待着他们第一个孩子的诞生，也等待着《美与孽》的出版。这个孩子在近月末时顺利降生，取名弗兰西丝·司各特·菲茨杰拉德，小名"司各蒂"。珀金斯发去了热情洋溢的贺信，信中说他猜想泽尔达生了一个女儿。他说："假如你像我，你会需要一点安慰。但是基于我有四个女儿的美妙经验，我敢预言你将来会满意的。"

月底前，珀金斯已将标好页码、改正错误的第一包校样寄给菲茨杰拉德。司各特对细枝末节也不放过——对小说主人公在哈佛的校园生活，他还有些技术性问题，麦克斯都轻松作答——现在，这部小说在他看来"好极了"。在斯克里伯纳，大家也非常看好这本书，就连那些仍然对菲茨杰拉德作品不以为然的编辑，至少也承认他们的书目上有了一个热门货。"毛校样把四楼的打字员都搅得情绪低落，我是说她们无心工作，"珀金斯写信告诉作者，"我甚至看见有个打字员出去吃午饭还随身带着一些校样……因为她读得欲罢不能。不仅仅是打字员，所有可能接触到校样的人都这样。"

菲茨杰拉德的原文中还有一个编辑问题没有解决：有一段文字集中描写安东尼·帕奇的朋友莫里·诺伯尔对《圣经》发了一通鲁莽的议论，说它是古代无神论者写的，根本目的是建立自己不朽的文学名望。可以肯定，斯克里伯纳出版社没有一个编辑在作者的稿件中碰到过这种亵渎《圣经》的话。但珀金斯一点也不觉得这段文字的实质有什么不妥。莫里醉醺醺地大放厥词似乎符合他的性格。不过珀金斯担心有些读者会指责菲茨杰拉德是在借莫里之口发表己见，因而引起强烈反感。他写信说："我完全明白你想表达什么，但我认为不能这么写。即使人们都错了，你也必须尊重这些热情、真诚的人。"

菲茨杰拉德采取了攻势。他说他忍不住会想象这话是对伽利略、门肯、塞缪尔·巴特勒、阿纳托尔·法朗士、伏尔泰或萧伯纳说的。他们都是司各特的改革派兄弟。"实际上,"他还说,"范·怀克·布鲁克斯在他那本《考验》里批评克莱门斯居然听从威廉·迪恩·豪威尔斯的要求,在很多地方缓和了自己的观点。"[1]他问珀金斯:"难道你不认为人们头脑里的一切变化都是对事物的武断认识而引起的——起初令人吃惊,但后来常常随着时间的流逝而习以为常,归于平淡?"司各特说,如果这一特殊事件没有任何文学价值,"我会毫不犹豫地听从你的判断,但是这个段落与它的语境十分吻合,而且为言外之意作了漂亮的铺垫,所以不能少了它"。菲茨杰拉德毫不让步,直到他收到珀金斯的回信。

珀金斯回复菲茨杰拉德的话成了此后他编辑每一位作家的座右铭:"不要一味听从我的判断。我知道,你在关键之处是不会听从的。假如我的判断真的让你在关键之处听从了我,我会感到羞耻,因为一个作家,无论如何,必须说出自己的声音。对你这个马克·吐温(如果布鲁克斯的见解是正确的话),我痛恨扮演 W. D. 豪威尔斯的角色。"珀金斯希望菲茨杰拉德明白,他的反对意见并非出于文学上的考虑:

> 这里牵涉到公众的问题[他写道]。他们不会接受小说人物是随口说说的。他们会认为 F. 司各特·菲茨杰拉德是故意这么写的。托尔斯泰这么写过,莎士比亚也写过。当然,你现在是在借莫里之口表达你的观点;但假如你是有意把它们作为自己的观点来阐述,你肯定不会这样写。

---

[1] 菲茨杰拉德在这里把范·怀克·布鲁克斯的名字拼错了。他所说的《考验》(The Ordeal)即范·怀克·布鲁克斯评论马克·吐温作品的著作《马克·吐温的考验》,克莱门斯是马克·吐温的本姓,而威廉·迪恩·豪威尔斯(William Dean Howells, 1837—1920)是与马克·吐温同时代的著名评论家、作家。

他希望菲茨杰拉德能把这段话改得"至少不会让赞同这段话主旨的人反感"。

菲茨杰拉德意识到原来的措辞太轻浮。他修改了莫里的讲话，把原来"万能的上帝"一词改成"神"，删掉"下流"一词，还把感叹句"哦，耶稣"改成"噢，天呐"。

书的护封已在印刷，内文清样也在车间制版的时候，菲茨杰拉德又带来了一段他为小说新写的结尾，他认为这个结尾会"让读者对这本书回味无穷，这是原来所没有的"。《美与孽》故事的高潮是男女主人公安东尼和格劳丽娅经过长期努力，终于获得巨额遗产，但他们也已经被酒精给毁了。为了庆祝发财，两人乘邮轮去欧洲玩。在船上，安东尼宣称他终于成功了。现在司各特新写的结尾是这样的：

> 那个曾经区分了多少代麻雀传承的绝妙反讽，无疑记录了发生在"大元帅"号这样一艘船上的最微妙的动词变化。毫无疑问，当每百年重生一次的"美人"从人间归来，回到露天的等候处——那里吹拂着阵阵白色的风，偶尔有一颗星星气喘吁吁匆匆而过——无所不见的"神眼"必定已在一年多以前出现在天堂某处。星星们亲昵地迎接她，风儿们温柔地轻拂她的秀发。她叹了口气，开始与白色风中的某个声音谈起话。
>
> "又回来了。"那声音轻声说。
>
> "是啊。"
>
> "十五年过去了。"
>
> "是的。"
>
> 那声音迟疑了。
>
> "你多么冷漠，"它说，"毫无所动……仿佛你没有心肠。小女

孩怎么了？她眼中的荣耀消失了——"

但是美人早已忘记。

泽尔达·菲茨杰拉德很不喜欢这个抒情的结尾，并对此大加斥责，使得司各特只能发电报给珀金斯，问问他的客观意见："泽尔达认为此书应该到安东尼在船上最后说的那段话结束——她认为新结尾是一种道德说教。请告诉我你的看法，是同意我费尽心思加的结尾，还是喜欢现在的结尾，我拿不定主意。护封极好。"

珀金斯没有迟疑。他先给司各特回电报："我同意泽尔达。"然后写信说："我认为她的看法绝对正确。安东尼最后的议论正是全书应该结束的地方。"

菲茨杰拉德在《美与孽》中的写法——精彩的对话、曲折的情节、暗示的动作——在小说的文体上仍属独辟蹊径。因此麦克斯一度认为结尾点明寓意也不错。他告诉司各特："对于书中的讽刺，思想单纯的大多数读者如果没有得到一点帮助，是不会顺理成章看明白的。譬如，我在和某人谈论这本书的时候，听到的看法却是：安东尼安然无恙；他得到数百万遗产，洋洋自得。可见这人完全没有领会最后几段很明确的反讽。"但是麦克斯仍然认为把意思写得更清楚，并不见得能克服艺术理解的缺失。他把司各特新写的半页纸放在一边，先修改护封上的文案，以确保读者能够领会菲茨杰拉德的反讽含义。

珀金斯相信，一般读者都能通过阅读菲茨杰拉德的作品获得乐趣，但并没有给予这些作品应有的文学评价，这主要是因为他笔下人物的轻浮。但菲茨杰拉德在这第二本长篇小说中所达到的深度，给麦克斯留下了深刻印象。"尤其在这个国家，存在着一个无根的社会阶层，"他写信给司各特说，"格劳丽娅和安东尼就陷入其中——这是一个人数庞大的阶层，在社会的各方面都有重要的影响。这当然值得通过小说加以呈现。我知道你并非有意去表现这一点，但我认为《美与孽》实际上已经做到了；这就使它成为了针对美国社会的、出色而宝贵的批评。"

《美与孽》题献给沙恩·莱斯利、乔治·让·内森和麦克斯·珀金斯，"感谢他们在文学上给予的帮助和鼓励"。该书于1922年3月3日出版。出版六个星期后，珀金斯告诉菲茨杰拉德，斯克里伯纳收到的添货订单不如他期望的那么多，虽然到4月中旬该书第三次印刷又加印了一万册（就在同一周，《人间天堂》第13次印刷付印）。他希望这本书取得空前的成功，希望落了空，但是麦克斯说，他对菲茨杰拉德在信中对该书的销售表示失望而感到遗憾。"我当然希望它可以卖十万册甚至更多，"珀金斯说，"我希望凭你字里行间的风格所表现出的无比激情可能做到这一点，即使它是一出悲剧，悲剧的本质已决定它必然是令人难过的，因此它的主要元素也就决定了它难以吸引那些纯粹为了娱乐、别无所求的大众读者。现在，至少这本书将有一个可观的销量。经营大众图书[1]的书店可以轻易消化。它在专业人士中已经引起震动，因此抛开纯粹商业的观点不谈，所有因素对它都是有利的；我知道商业上的成功对你很重要，对我们同样重要；但就我们来说，我们是在支持你长跑，并且坚信你会取得胜利。"

珀金斯已经开始为菲茨杰拉德考虑下一步的事业规划。他认为接下来应该出一本短篇小说集。他喜欢在出了一部长篇小说后，接着出同一作者的短篇小说集，因为他发现前一本书的销售会带动后一本书。菲茨杰拉德选了十来个发表在各种杂志上的短篇小说，为这部小说集取名《爵士时代故事集》（Tales of the Jazz Age）。参加完随后出版社举行的发行会议，麦克斯向菲茨杰拉德通报说："会上许多人对书名

---

[1] 大众图书（trade book）指通过书店等图书零售网点销售的小说及非小说类图书，有别于教科书、科技专业图书等通过其他渠道销售的图书。——原注

有激烈批评……他们觉得现在人们对一切形式的爵士乐都很反感，因此无论这个词实际上有什么含义，它本身会影响整本书的销售。"

司各特征询了他妻子、两个书商和好几位朋友的意见，众口一词喜欢这个书名。于是他决定不让步。他写信告诉麦克斯："买这本书的是我自己的大众，也就是说，是无数对我崇拜得顶礼膜拜的时髦女郎和大学生。"司各特提出，除非珀金斯本人坚决反对，并且能拿出另一个更吸引人的、能占半个封面大小的书名，他才肯牺牲"爵士时代"这个标题。结果珀金斯没有明确说出他的反对意见，于是书名得以保留。

不过，珀金斯花了好几个月时间试图在一个更重要的问题上影响菲茨杰拉德。他认为，随着《美与孽》的出版，菲茨杰拉德已经把时髦女郎这种人物写尽了。（"你可别成为这样的人，"那年夏天，珀金斯这样警告他九岁的女儿莎比，"她们很可笑。"）司各特笔下这些穿着短裙、留着齐耳短发的女郎的确迷人，但珀金斯在和他讨论为小说做营销广告时说，"我们应该……完全摆脱时髦女郎这个概念"。对于放弃自己最擅长写的人物，司各特颇为犹豫。他忘不了那些爵士女郎对他的好。但是，他还是接受了珀金斯的建议，从此他的短篇小说创作进入一个新的阶段：他的人物逐渐成熟。在接下来的几年中，他写的故事大都不再是寻找爱情，而是关于失恋。先前还是敬而远之的金钱，如今成了权势的工具。他放弃了空想，代之以难以实现的梦。

1922年5月珀金斯问菲茨杰拉德有没有想过写一部新的长篇小说时，菲茨杰拉德还没有构思出珀金斯所希望的那种成熟的故事框架，但至少已开始考虑。司各特答道："我想故事的发生地将是中西部和纽约，时间是1885年。这次不会像往常那样大篇幅地写绝顶美女，而且故事将集中在一小段时间内。它将具有广泛的意义。我还不太确定自己是否已经准备好写这部小说。"珀金斯希望司各特等到自己觉得非写不可的时候再动笔。但是，一连数月，菲茨杰拉德在几个写作计划间犹豫不定，最后决定先把他这年年初刚开了头的一个剧本写完再说。

《天使加百列的长号》(Gabriel's Trombone)是一出浪漫滑稽剧，讲述一个梦想当美国总统的"妻管严"邮递员杰瑞·弗洛斯特的故事。司各特声称这是"迄今美国最出色的喜剧，无疑也是我写过的最佳作品"。1922年圣诞节前，麦克斯拿到了剧本。

严格来说，编剧本并非珀金斯所长，但读完司各特的这个荒诞派剧本，他相信观众肯定欣赏不了它古怪的风格，于是他写了一篇一千多个单词的批评意见。珀金斯重点论述了该剧的问题所在，如何避免它完全沦为一派胡言。他说，第二幕的每一部分，都得做到三点："增加梦幻的戏份，讽刺杰瑞及其一家为代表的美国一大阶层，讽刺政府、军队或任何那个年代管事的公共机构。"珀金斯告诉菲茨杰拉德："要尽可能讽刺……但得始终留意你的主要目的。整个第二幕乱哄哄的，也得有种'乱哄哄的逻辑'贯穿其中。"

写《天使加百列的长号》那阵子，菲茨杰拉德和泽尔达搬到了长岛。他们在一个新并入的大颈区（Great Neck）租了一幢豪宅。他又开始酗酒了。后来，他在日记中写道，1923年是"生活舒适但又危险而堕落的一年"。在这一年中，他发表了几个短篇小说，卖出一个作品的影视优先改编权，还有各种预付金，全年收入近三万美元，比上一年所得还多五千元。但是大手大脚挥霍几个月后，菲茨杰拉德向麦克斯·珀金斯自承陷入了"一团糟的困境"。当时他已将更名为《呆板的人》(The Vegetable)的剧本推进到最有希望的阶段——他找到了制作人——但对于他的写作主业来说，代价高昂。他又从头到尾重写了四遍，但没有大幅修改麦克斯批评的部分，白天他去看纽约城里的排练，晚上又忙着修改脚本，一连忙了几星期。1923年年底，他写信对珀金斯说:"我走投无路了。"即使他把《美与孽》的版税收入交给斯克里伯纳,他仍欠出版社数千美元。他焦虑地问能否把剧本的第一批版税转让给他们,直到所有欠费还清为止,因为后台所有人都对他说该剧肯定成功。"如果到星期三上午我还没有办法在银行账户上搞到650美元,我就得把家具送去典当了,"他惊恐地告诉珀金斯,"我都不敢上那里露面了,看在上帝的分上,请解决这个问题吧。"麦克斯设法把这笔钱汇进菲茨杰拉德的账户,但并没有要求他转让剧本版税。

1923年是百老汇的辉煌一年。约翰·巴里摩尔[1]出演《哈姆雷特》,而在几个街区外,他的姐姐埃塞尔则在主演《罗密欧与朱丽叶》。埃尔莫·赖斯[2]的《加法器》和皮兰德娄[3]的《六个角色寻找一个作者》也上演了。大多数剧评人都推举高尔斯华绥的《王室》为当年的最佳戏剧。而F.司各特·菲茨杰拉德的《呆板的人》根本没有机会在纽约公演。实际上,许多在大西洋城看这出戏的观众还没等到落幕就扬长而去。

"你有没有听说司各特的戏一败涂地?"珀金斯在给查尔斯·斯克里伯纳的信中说。"第二幕似乎完全把观众搞糊涂了。司各特还很输得起。他一回来就打电话给我,以一种毫不妥协的口气描述了演出的失败。他说:'我对泽尔达说了,出了几本书,我们现在一无所有了。一个子儿也没了。我们得从头开始。'"

---

[1] 约翰·巴里摩尔(John Barrymore, 1882—1942),美国舞台和电影演员,出身戏剧世家,初以英俊小生形象出演轻喜剧引起关注,后主演剧情片,以演绎哈姆雷特、理查三世等莎剧角色著称。
[2] 埃尔莫·赖斯(Elmer Rice, 1892—1967),美国剧作家,最为知名的剧作是《加法器》和获得普利策奖的《街景》。
[3] 路易吉·皮兰德娄(Luigi Pirandello, 1867—1936),意大利剧作家、小说家、诗人,因其"对戏剧和舞台剧大胆杰出的改造"获得1934年诺贝尔文学奖。

***

成功的编辑是那种不断发现新作者,培养他们的才华,出版他们的作品,既赢得口碑又畅销的编辑。为了这种物色、成就新天才的刺激,花上几个月甚至几年的时间等待和编辑也是值得的,即使这个过程乏味繁琐,并经常伴随失望。有一次,威廉·C.布劳内尔听到麦克斯年轻的同事罗杰·伯林盖姆对这种劳作感到丧气。他找到伯林盖姆,告诉他,编辑百分之九十时间所从事的日常工作,任何办公室的勤杂工也能胜任,"但是,每一个月,或者每半年,有那么一刻,契机出现了,除了你没有人能够把握。在那一刻,你将自己受到的教育、经历,所有对生活的思考都倾注其中"。

1923年夏天,司各特·菲茨杰拉德请珀金斯留意他在长岛的邻居和朋友林格尔德·威尔默·拉德纳,即林·拉德纳(Ring Lardner),他是很受欢迎的体育记者和报纸幽默专栏作家。拉德纳和菲茨杰拉德在许多方面都有很大不同。三十八岁的拉德纳身材高大,皮肤黝黑,眼神深邃忧郁;他坚持有规律的写作习惯,但从不考虑自己的作品是不是传世名作。菲茨杰拉德则身材矮小,肤色白皙健康;他的写作很随意,一心要让自己的作品世代相传。不过两人有一点很相似:都好狂欢尽兴,喝酒能从傍晚喝到旭日在长岛海峡升起。

拉德纳已经在其他出版社出过几本第一人称的随笔集,不过这些书从未引起评论界的认真关注。其中一本《你真了解我》(You Know Me Al),是以一个半文盲棒球新手写信的形式组成的短篇小说集。他笔下的主人公还有流行歌曲作者、合唱队姑娘和速记员之类的人物。这些人满口俚语,使得他的作品正符合文化程度不高者的口味。读了拉德纳篇幅较长的短篇小说《金色蜜月》("The Golden Honeymoon"),珀金斯想给他出一本短篇小说集。那年7月,他写信提议：“因此我写信告诉您，我们非常有兴趣考虑这一可能性。若非司各特提到这种可能性，我几乎不敢有这种念头，因为您在文学界的地位明摆着，肯定有许多出版社围着您。在如此处境中的人，对于出版商表示感兴趣的信多半是不屑一顾的。”

珀金斯和拉德纳于那年夏天在大颈区相见。菲茨杰拉德也赶到雷内·杜兰餐厅和他吃晚饭，再去地下酒吧喝酒。拉德纳谈起一些他自认为珀金斯会感兴趣的短篇小说，司各特则口齿不清地拿朋友们打趣，叫他们"好蛋"。当晚几个人越喝越不清醒，拉德纳回家了，司各特坚持要驾车带麦克斯在长岛转转。他们总算太太平平地上了车，但开出去就出事了。后来，《纽约客》杂志上提到了这次事故，但是把珀金斯的身份给搞错了："在那种情况下［菲茨杰拉德］理应像大多数人那样右转弯，舒舒服服坐在他身旁的营销人员也是这么认为的，但他却没有这么做。也许是因为喝了一两杯鸡尾酒，他似乎觉得左转弯把车驶离公路更有意思。"在黑暗中，司各特驾车带着麦克斯从斜坡一直开进一个开满睡莲的池塘。到了下一个周末，珀金斯在温莎告诉路易丝："司各特·菲茨杰拉德说着我是一个好蛋，林是一个好蛋，他自己也是一个好蛋，然后他不假思索地带我开车冲进一个该死的湖里，好像这是一个好蛋对另一个好蛋应该做的事情。"在之后的许多年里，珀金斯经常拿此事说笑，每讲一次那个池塘的面积便扩大一次。

在菲茨杰拉德的帮助下，麦克斯着手收集拉德纳在那个初夏的晚上说起的短篇小说。这活儿工作量不小，因为拉德纳不把它们当回事儿，自己都不留底稿。他每写完一篇，就将它抛诸脑后。绝大部分作品的下落，麦克斯都只能仰赖拉德纳糟糕的记性去寻找它们发表的地方。即使他想起在哪儿发表，他们还得到图书馆的地下室和杂志社的资料室去搜寻，直到12月，珀金斯才把这些篇目找齐。此时他对这本名叫《短篇小说写作指南》(*How to Write Short Stories*)的短篇集热情十足，因而力排老编辑们的异议，将它列入春季书目。这一做法是超乎常规的，因为作者本人还没有正式跟出版社签约呢。

林·拉德纳的儿子后来评道，如果不是因为司各特·菲茨杰拉德和麦克斯·珀金斯的努力，他父亲可能在《金色蜜月》之后就再也不会写短篇小说了。"《短篇小说写作指南》的出版使他第一次感觉自己还是属于文学界的，不仅仅是干报纸的。这种支持的影响并不是如何写，而是写什么。"年轻的小拉德纳说。拉德纳因为害得麦克斯受几个月"搜集材料"之苦而向他致歉，同时也邀请他再去大颈区。"现在很安全了，"他想起菲茨杰拉德把车开进池塘的事，向珀金斯保证道，"杜兰池塘已经结冰了。"

珀金斯还在编书的时候，拉德纳去了拿骚。读到第四五遍，珀金斯觉得书名《短篇小说写作指南》有个问题——书中实际上没有什么写作指南。他建议拉德纳给每个故事写一个简短的评语，即一段讽刺性的前言，佯作短篇小说写作的一段说明，这个问题就迎刃而解了。拉德纳很喜欢这个建议，几天之内就给每一篇短篇小说配上前言寄给了珀金斯，动作之快令他感到惊奇。他告诉拉德纳："光听司各特说的，我还以为你整天泡在高尔夫球或者麻将桌上呢。"

《短篇小说写作指南》里的好几篇前言显示出拉德纳始终难以克服的、对自己的小说嘲讽的态度。他知道自己的作品很滑稽好笑，但并不那么当回事。埃德蒙·威尔逊在他的日记里写到那段时期在菲茨杰拉德家的一次聚会：

> 拉德纳跟我谈起石油丑闻，菲茨则在椅子上睡着了……谈到他自己的作品，拉德纳说，麻烦的是他不会写正儿八经的英文。我问他是什么意思，他说："我可不会写这样的句子：'我们坐在菲茨杰拉德家，炉火正旺。'"

拉德纳兴致勃勃地完成了写前言的任务，不过其中总是有他自嘲的玩笑。在介绍《事实》("The Facts")这篇中，他写道：

> 这是一个肯塔基山区生活的典型故事。一个英裔白人姑娘离开了在奥马哈当警察的丈夫，可她忽略了办离婚手续。后来她遇见一个波尔多来的垃圾收集员，爱上了他，"没上教堂走仪式"就跟他跑了。这个故事是作者在一辆行驶于第五大道的双层巴士上层写的，有几页纸被风吹跑了。这可能是它有趣的场景描写明显不足的原因。

到最后他似乎写不出了，有的前言只写了一行字。譬如写《冠军》的：

> 一个推理故事的典范。悬念就在于怎样让它得以出版。

《短篇小说写作指南（附实例）》赢得广泛的成功。销售喜人，评论也一片叫好，几乎所有书评者都赞扬聪明俏皮的前言，把这位出道多年的作家当成前景看好的新人。连老查尔斯·斯克里伯纳都被这些故事逗乐了。

通过罗杰·伯林盖姆和菲茨杰拉德的朋友小约翰·比格斯（John Biggs, Jr.）的介绍，珀金斯结识了一位来自特拉华州威明顿的、立志要当作家的年轻人约翰·菲利普斯·马昆德（John Philips Marquand）。马昆德1915年毕业于哈佛大学，是伯林盖姆的同学。他先后在《波士顿晚报》[1]、《纽约时报》报社任职，参加了美国远征军[2]，回国后在智威汤逊广告公司（J. Walter Thompson）工作。他在

---

1 该报英文名 *Boston Transcript*，全名 *Boston Evening Transcript*。
2 美国远征军（American Expeditionary Force），美国派往欧洲参加第一次世界大战的军队。

那里写了几个月广告文案，算了算自己的积蓄——400美元，决心认真写一点篇幅长的小说。他搬到马萨诸塞州的纽伯里波特，完成了之前工作之余写的传奇小说。小说写完，他的钱也快花光了。于是他回到纽约，要么找到出版社出书，要么再找工作。

马昆德的这部小说《坏蛋绅士》(The Unspeakable Gentleman)只有一份手稿。它的命运就像它那十九世纪的主人公一样富有戏剧性。在曼哈顿，装稿子的手提箱从出租车的行李架上掉了出来，车开出好几个街区都没发现。这本书讲的是一个性格多样的家伙，活泼好动，给儿子树立了极坏的榜样。当时马昆德自认为它是一部非常重要的作品。"在英语文坛不是第一，也是第二。"他后来写道。他赶紧在报纸上打了失物启事，十天后，书稿奇迹般出现了。他马上翻看一页页稿纸，生怕连文句都被摔伤了似的，结果发现不要说英语文坛第二，它连第三都排不上。他写道："事实上，我都不信它能排第四。"最后，马昆德认定这是一部写得很糟的历史小说。不过他还是说："既然写得很带劲，说不定读起来也挺带劲。"他的经纪人卡尔·布兰特向《女士之家》(Ladies' Home Journal)杂志投了一份稿，另一份交给了罗杰·伯林盖姆。

和斯克里伯纳出版社的其他年轻编辑一样，伯林盖姆也知道，让社里接受一个从未出过书的新作家的最有效办法，就是把稿子交给珀金斯。麦克斯一看就喜欢，力主出版此书。这本书虽然风格过于维多利亚式的华丽，但充满了决斗、夜袭、密谋、马背逃生、海上历险等发生在拿破仑时代的情节，令麦克斯着迷。他于1921年春见到了马昆德，后来他私下描述，这个"渴望发表作品的年轻人带有一种穷亲戚般缺乏自信的讥讽神情"。麦克斯对小说臃肿的情节持有保留意见，但他还是说服出版社接受了它，因为故事的核心——那个坏蛋绅士，塑造得很成功。珀金斯告诉卡尔·布兰特，这个故事"昭示了作者的美好前景"。

《坏蛋绅士》还没有出版，就有种种迹象令珀金斯相信那个美好前景不那么遥远了。马昆德接连把三个短篇小说和一个中篇小说卖给了《星期六晚邮报》和《女士之家》这两种杂志，而且得到的稿费、小说刊登的版面享受的是杂志最大牌作者的待遇。于是在珀金斯的建议下，斯克里伯纳出版社迅速将这几个短篇小说结集出版，书名《同调四声》(Four of a Kind)。

马昆德的这头两本书销量不好，没让出版社赚钱，作者的名字却迅速为数量庞大的杂志读者所熟知。伯林盖姆仍然是他在斯克里伯纳的联络人，不过只要马昆德在文学上碰到什么问题或在写作上需要严肃的意见，他就从定居的波士顿赶到纽约来见麦克斯·珀金斯。

马昆德也和斯克里伯纳出版社大多数年轻作者一样，在这个珀金斯的事业刚刚起步的时候就发现，麦克斯最了不起的一点是，"无论我们有什么事，遇到什么困难，对他来说都不是小事。他自己不是作家，但他比任何编辑和出版人都懂得作者的心思"。尽管得到珀金斯的关心，马昆德仍然没有安全感。他的下一部精心构思的长篇小说《黑色货物》(The Black Cargo) 销量和前两本书一样，仍无起色。麦克斯仍然认为他是有潜力的畅销作家，并写信安慰他："事实上，最好的作家通常都不是一炮打响的。"马昆德还是沉不住气，并进而认定，他与斯克里伯纳的合作充其量就是一段权宜婚姻。趁一次去纽约的机会，他去见一家小出版社明顿-鲍尔奇的合伙人厄尔·鲍尔奇 (Earl Balch)。鲍尔奇告诉他，他们正在寻找关于早期美国人的书稿。马昆德便说起一个名叫蒂莫西·德克斯特的奇人。此人是一百多年前纽伯里波特的居民，发了几次财——他娶了一个富有的寡妇，投资过大陆货币，垄断了鲸须市场，还倒卖二手《圣经》；然后他自封为德克斯特勋爵，号称是美国第一个贵族。马昆德觉得写本关于德克斯特短暂一生的传记应该会很"有趣",于是他一回到纽伯里波特,就把心思都放在这本书上。根据他的书惨淡的销售记录,他居然告诉鲍尔奇,斯克里伯纳肯定不会对这样一次"浅薄而可疑的冒险"感兴趣。

然而斯克里伯纳的编辑们一听说这本德克斯特传记,都觉得马昆德是写作这类题材的不二人选。其中一位编辑进而解释道:"我们最大的兴趣就是帮助作者成长……因而,我们不像许多出版社那样只抓住作家一本有可能畅销的书,而忽视他的其他作品,放任它们流向别处。"但鲍尔奇已经表示要出版这本书,斯克里伯纳也不能无视他的要求。所以他们同意马昆德为鲍尔奇写这本书。伯林盖姆还向他保证:"无论结果如何,它都不会影响我们在未来出版你的书,请放心,这不会影响我们之间的关系。"

明顿-鲍尔奇出版了这本书后,珀金斯尽全力要把马昆德引回他的"羊群"。为了显示斯克里伯纳也对他写类似蒂莫西·德克斯特这类人物传记感兴趣,麦克斯给马昆德开了一个他最喜欢的新英格兰英雄名单,如佛蒙特州的伊桑·艾伦,还把这些人的材料寄给他。马昆德对这些建议表示欢迎,但认为写这类书他赚不到多少钱。"无论怎样,在我看来传记这整个门类已经被受人雇用的落魄文人给写滥了,"他写信对珀金斯说,"以前它还能给一个聪明的年轻人带来荣誉,现在没有了。"

有了一次从老东家"出走"的先例,马昆德发现第二次背信之举就容易多了。他的第三部小说《警告山》(*Warning Hill*)写完后,斯克里伯纳的报价与利特尔-布朗出版社 1000 美元的报价相比就太吝啬了。他就此永远离开了斯克里伯纳,后来写出了很畅销的莫图先生侦探小说系列和许多长篇小说,其中《已故的乔治·阿普莱》(*The Late George Apley*)荣获普利策奖。整个四五十年代,他是美国最畅销的作家。

1923年,《斯克里伯纳杂志》收到一篇主要讲烈马的文章,引起麦克斯·珀金斯的注意,他喜欢书中地道的美国方言。此文作者叫威尔·詹姆斯(Will James),是个罗圈腿的牛仔,精瘦的脸上长着一只鹰钩鼻。詹姆斯四岁就成了孤儿,被一个老猎人收留。"猎人教我识点字,会写点东西,后来我在四处的牛棚里找到一些老杂志,又从杂志里学了不少。"多年以后,詹姆斯回忆道。麦克斯催《斯克里伯纳杂志》赶紧刊发这篇稿子,并约詹姆斯继续写稿。很快,他就让詹姆斯写书了。在随后的二十年中,詹姆斯写了二十本书,大部分都很成功,其中包括《牧牛小马斯摩奇》(*Smoky*)和《孤独的牛仔》(*Lone Cowboy*),前者于1927年荣获美国纽伯瑞童书奖。

有一次詹姆斯来纽约,麦克斯喜欢上了他那顶宽边高呢帽。詹姆斯送给他一顶,尺寸刚好。后来,麦克斯写信向他道谢说:"我有一次戴着它和一位肖像画家在路上走。他央求给我画戴帽子的肖像画,在我得到帽子之前可从来没发生过这种事。"从那天开始,无论在室内还是室外,珀金斯几乎没有一刻不戴着帽子。最后,他选定一款七号大的灰色浅顶软呢帽,再也没有换。他把帽子戴得很低,连耳朵都被压得向前折。

戴帽子成了珀金斯的招牌习惯,也是众人猜测的话题。不断有人问:"为什么戴帽子?"回答大体是他发现戴帽子既有用又有型。这可以让办公室的不速之客以为他正要出门,也就不会强拉着他没完没了地聊废话了。这顶帽子让他的耳廓向前折,也有助于提高听力。威科夫小姐也有一种说法,她认为珀金斯下午到楼下的斯克里伯纳书店转转的时候,戴着帽子可以避免让顾客误以为他是店员。珀金斯本人在给普莱恩菲尔德的报纸写的一篇专栏文章里透露过一点帽子的事。他赞美宽边软帽是"独立之帽,个性之帽,美国之帽"。

珀金斯对一般着装的怪习惯跟戴帽子不相上下。乍一看，他似乎就是一个衣着优雅的纽约人，但仔细看就会发现他相当不讲究。几个女儿常说他的西装肘部的面料被磨得隐约可见里面的白衬衫。路易丝有一次说他所有的衣服都旧得像二手货，想让他因此感到害臊而去买件新衣服，但他没搭理。直到她不容商量地坚决要求，他才会乖乖去买件新西装。他让女儿从衣柜里挑一件衣服，然后拿到裁缝店，让他做一件一模一样的。

这种新英格兰式的简朴执著使珀金斯成为凯尔文·柯立芝总统[1]的理想编辑。麦克斯出版了他的演讲集；他花了几个月时间才说服"沉默的卡尔"把十六万个单词的书稿压缩到九万八千个单词。

二十年代初，珀金斯出了两本既叫好又叫座的新人小说：詹姆斯·博伊德（James Boyd）的《鼓》（*Drums*）和托马斯·博伊德（Thomas Boyd）的《穿过麦田》（*Through the Wheat*）（这两人没有亲戚关系）。此时的珀金斯渐渐发现自己在每月一次的编辑部会议上不用再为了争取选题通过而拔高嗓门了。许多给斯克里伯纳出版社的好稿子都直接送到他手上，连社内其他编辑负责的作家都注意到了珀金斯与日俱增的声望。

阿瑟·特兰恩（Arthur Train）是一位谈吐文雅的刑事律师，眼袋浮肿，留着中分头，从1905年起就一直在写真实的犯罪故事和离奇的逃亡小说。自十九世纪八十年代起就在斯克里伯纳工作的老编辑罗伯特·布里吉斯（Robert Bridges）收到特兰恩的稿子。麦克斯·珀金斯调到编辑部不久，就经介绍与特兰恩见面。结果发现两人曾因为纽约地区检察官办公室的工作而打过交道，特兰恩在那里工作，麦克斯则在《纽约时报》跑警务条线，属于特兰恩"相交甚欢"的那类记者。

---

[1] 凯尔文·柯立芝（Calvin Coolidge，1872—1933），美国第三十任总统。他沉默寡言，人称"沉默的卡尔"。

1914年布里吉斯担任《斯克里伯纳杂志》主编后，特兰恩就与珀金斯工作更紧密了。年轻的编辑希望有什么办法能够让特兰恩的写作更生动，因为过去特兰恩往往为了渲染气氛牺牲情节和人物性格。两人见面后不久，一次聊天时说起各自都熟悉的新英格兰怪律师。由此特兰恩虚构了一个律师埃弗兰姆·塔特（Ephraim Tutt），一个脾气古怪、标准的新英格兰人，来到纽约运用法律手段匡扶正义。在一次采访中，特兰恩坦率地说："忽然间，我写东西感觉不同了，写起来更专注了。写埃弗兰姆·塔特的故事时这种感觉特别强烈……这些故事可能是第一次让我自己动情的作品。"

到1919年秋天，阿瑟·特兰恩已经交给珀金斯好几篇关于"塔特与塔特律师事务所"律师埃弗兰姆·塔特的短篇小说。"我都拜读了……读得很开心，笑声不断，"麦克斯写信对作者说，"以前肯定没有这样的故事，这样的写法……能够把刑事法庭和地区检察官办公室内外的司法以及相关律师的生活写得如此生动形象。"这第一批总共四万四千个单词长的短篇小说在《星期六晚邮报》上连载了好几个月。接着珀金斯提出结集出版单行本，这样就可以全面展现一个充满同情心的塔特先生的形象。同时，珀金斯忍不住要为特兰恩构思一些新的小说情节。1919年10月，珀金斯写道：

> 我有两个大致的设想，也许能写出点什么：一是也许可以就某种塔特难以对付的案子编一个故事——譬如富有的客户想雇他办事，他看在高额报酬的分上，卷入了一桩案子，但是到一定程度，他就面临是非的问题，于是又退出……二是可以写某个乡村小伙或姑娘来到城里，因为无知单纯而误入歧途，酿成不寻常的事故，令塔特先生深感同情和难过。我想你还没有写过塔特的出身背景，这就可能成为激发回忆的因素——的确，用回忆这种手段来展开

情节有点俗套——回忆让他充满同情心，因为这很容易令他想起自己第一次来到城里的经历。在这样的故事中，由于误入歧途者坚称他的过失并非恶意为之，而是出于无知，塔特先生难道不会在道义上为他开脱法律责任吗？

在珀金斯的鼓励下，特兰恩适时创作了塔特的人生经历。他出生在佛蒙特州从温莎坐轻便马车片刻即到的普利茅斯，有一个快乐的童年，常和好朋友凯尔文·柯立芝去钓鱼。珀金斯一篇接一篇读着这些故事，一边琢磨着出一部合集。他选编的第二部塔特故事集出版的时候，评论家注意到了它与第一部不同的风格变化。他们盛赞主人公的性格形象更为丰富。接下来的三年间，《星期六晚邮报》共发表了二十五个塔特的故事，他成了该杂志最受欢迎的小说人物。整整二十年，埃弗兰姆·塔特始终是个家喻户晓的人物，他的案子在许多法学院拿去当课堂案例分析，他也成了许多法学院学生的偶像。许多读者纷纷向出版塔特故事单行本的斯克里伯纳出版社写信，认定他们已经猜出塔特的人物原型是谁，大多数人猜是前纽约州参议员埃瓦茨。这一猜测在珀金斯看来似乎有点道理。他有一些在新英格兰小镇做律师的亲戚，塔特先生身上集合了他们的一些特点。

珀金斯很喜欢编塔特的故事，但觉得编辑特兰恩的其他小说更有满足感。特兰恩思路清楚，乐于求知，显然是能将麦克斯已经策划的一个故事情节深入展开的理想作家。这个故事说的是两个考古学家发现了一部传说中第五福音书[1]的手稿，该书埋藏已久，是某人见到耶稣，聆听了他关于政治经济思想的谈话后，写在莎草纸上的实录。这卷手稿所包含的教义是革命性的，或者说，至少与现行的经济、政治理论

---

[1] 教会选定的福音书一共四部。

是相悖的，因此，两位发现者面临销毁它还是让文明陷于混乱的抉择。

这一构思吸引特兰恩花了两年时间投入创作。这个名叫《失落的福音书》（"The Lost Gospel"）的小说在《星期六晚邮报》一经发表就引起轰动，斯克里伯纳很快就以蓝皮小开本的形式出版了单行本。有评论者称这是"有史以来最精彩的短篇小说之一"。司各特·菲茨杰拉德也认为它"构思极为精巧"，并承认"给我一千年时间我也处理不好这么复杂的情节"。

其他作家也想听听麦克斯·珀金斯的意见。虽然他在斯克里伯纳职位尚低，却日益成为出版社的中心人物，能团结起力量，连他自己都不明白为什么。他在不久前给女儿贝莎的信中说："我一直在设法告诉一个作家和他妻子，他该怎么写，可我自己却不会写，好笑吧？我甚至让他写我编好的故事——而他也很乐意。整晚尽说些你自己一点都不了解的东西，可真为难啊。"

1923年，珀金斯带着一些书稿，举家去温莎过圣诞节。回到出版社，他找查尔斯·斯克里伯纳谈一件他已考虑多时的事。他说，近几年编辑们的工作量明显增加。仅来稿一项，斯克里伯纳平均每年就要比战前那段时期多五百件。珀金斯说他需要助手，好让他分身出去做他的主要工作——物色、培养新作者。

编辑部还有好几位年轻人视珀金斯为榜样。《斯克里伯纳杂志》的编辑、诗人比阿特丽斯·凯尼恩（Beatrice Kenyon）就对刚来社里当编辑的新人拜伦·德克斯特（Byron Dexter）说："我们有一个天才编辑——麦克斯韦尔·珀金斯。"还有罗杰·伯林盖姆，以及麦克斯最要好的同事约翰·霍尔·惠洛克。麦克斯早在1913年就因参与编辑《哈佛之声》而与惠洛克相识，两人后来在第23街的一个快餐店偶遇，麦克斯告诉这位留着一口刷子般胡须、身材瘦长的诗人，斯克里伯纳书店要招人。惠洛克得到了这份工作，随后又被调到五楼。

现在，麦克斯对斯克里伯纳先生说需要增加编辑人手来分担工作量。"如果我有更多时间，应当可以发挥更大的价值。"珀金斯大胆地说。斯克里伯纳适时接受了麦克斯的要求。

约翰·霍尔·惠洛克在行将告别斯克里伯纳的编辑工作时写道，出版社编辑的工作，"也许是天下最单调、最辛苦、最激动人心、最令人恼怒和最有价值的工作"。的确，二十年代初的文学呈现出一派活跃、兴奋的新气象。小说家罗伯特·内森（Robert Nathan）曾说："崭露头角的年轻作家多得就像花展上的花朵；我猜想，当编辑的心里一定充满希望和激动，总感到一天的时间不够用，因为无论你碰到谁，他似乎都有一本好稿在手。"

5

新居

到1924年4月,司各特·菲茨杰拉德前前后后已经十余次中断第三部长篇小说的写作。麦克斯·珀金斯认为他应该集中精力把它写完。但他催稿比较委婉。他对司各特说,斯克里伯纳正在准备秋季书目,他希望司各特的小说也列入其中。这让作家又一心扑在这部小说上。他写这本书的目的首先是丰富自己的写作技巧,其次才是收入回报。书名叫《在灰烬堆与百万富翁之中》(Among the Ash-Heaps and Millionaires)。他回复说他一心想在6月前写完,但又对麦克斯说:"你是知道那类事情通常结果是怎样的。就算我花十倍长的时间,要是它体现不出我的最高水平,甚至像我有时自我感觉的那样超常发挥达到巅峰,我也拿不出手的。"菲茨杰拉德对于上年夏天已经写出的大部分初稿颇感自得,但因为中断次数太多,它显得前后衔接不上。他把整个稿子理顺,整段整段地删——有一个章节就删掉一万八千个单词,总算抢救出一个短篇,取名《赦免》("Absolution")。

宗教意味令整个故事基调灰暗。故事讲的是中西部一个穷小伙子,受初来的性冲动和欲望所困扰,在想象密友中获得安慰。珀金斯在《美国信使》(American Mercury)杂志上读了以后写信对菲茨杰拉德说："在我看来，它显示出你对小说的驾驭更稳健、完善了，应该说更成熟了。不管怎么说，它让我对你的写作状态有了更清楚的认识。"麦克斯喜欢这个小说，司各特很高兴，因为它已经设定了他新的长篇小说的场景。他说，实际上他一度想让它成为新书的序曲，但现在已经与他新的写作计划有所冲突。

和《赦免》中的年轻人鲁道夫·米勒一样，司各特·菲茨杰拉德也一直在反思自己天主教的信仰背景。在复活节后的几天里，他和珀金斯谈过一次，又有些迟疑地写信向他忏悔："我只是在最近的四个月里才意识到，哎，写完《美与孽》以后的三年我是多么堕落。"他承认过去两年的低产：一个戏剧，六七个短篇小说，三四篇文章，平均每天写一百个单词。"如果我把这些时间花在阅读上，花在旅行上，或者随便做什么事情，哪怕只是健康地活着，情况也会大不一样，可我都把时间浪费在无聊的事情上了——既不长进也不动脑筋，几乎尽是喝酒胡闹。要是我按照每天一百个单词的速度写《美与孽》，肯定得花四年。所以你能想象这整个创作上的空白对我精神上的影响。我得请你对这本新书有耐心，相信我，最终，至少几年来头一次，会尽我全力写。"

菲茨杰拉德还发现自己养成了许多坏习惯：

1．懒惰。
2．凡事都推给泽尔达——这个习惯极坏。万事没做完都不应该推给任何人。
3．纠缠词汇——自我怀疑。
等等等等。

他决心统统改掉。

经过这番反省,司各特振作起来。他写信对麦克斯说:"我觉得自己现在有使不完的劲儿,这可是前所未有的。可现在力气使得还不顺畅,磕磕绊绊,因为我说得太多,内心反省还不足以建立起必要的自信。不知道还有谁像我这样二十七岁就把自己的经历都写完了。"珀金斯也不知道。

司各特发誓:"假如我还有权获得闲暇时间,我肯定不会像过去那样虚度……因此对于新的小说,我将全身心投入,写一部完全独创的作品——它不会像我的短篇小说那样有许多毫无意义的想象,而会坚持不懈地勾勒出一个真诚而灿烂的世界。所以我缓步前进,小心翼翼,有时深感沮丧。这本书意在取得艺术上的成就,只有那样才有意义。而这是我第一本书没有做到的。"

珀金斯回信说:"我完全理解你,也知道如何利用时间之类的表面问题,与你按照情况需要、用你自己的方式写出最佳作品的重要性相比就无足轻重了。"他请司各特放心,斯克里伯纳出版社重视的是"你按照自己的节奏推进,如果在你认为应该写完这本书的时候如期写完了,我认为你就已经取得了了不起的成绩,哪怕花了很长时间"。

珀金斯坦率说他不喜欢《在灰烬堆与百万富翁之中》这个书名,假如还有别的书名,出版社可以先设计好封面,这样如果小说要赶在秋季出版,就不用等到交稿再花几个星期时间设计了。珀金斯说:"我赞同你想通过这个标题表达的意思,但我认为,'灰烬堆'这个词还不能充分具体地传递出你想要表达的那部分意思。"当时珀金斯对这本书和主人公所知甚少,但对几个月前司各特自己放弃的一个书名念念不忘。他对司各特说:"我始终认为《了不起的盖茨比》(*The Great Gatsby*)这个书名既有启发性,又能表达你的意思。"

如同菲茨杰拉德自己的生活，这部小说的场景也从世纪之初的中西部转到被他称为"纽约东面伸展出去的那个狭长、喧嚣的岛"。但是，要把他那些邻居的迷人生活写进小说并不容易，而他的解决办法颇具他的典型风格。多年以后，菲茨杰拉德在《我失去的城市》（"My Lost City"）一文中说："我营造的是陌生的天空下，我所熟悉的长岛的氛围。"菲茨杰拉德夫妇坐船去了法国。

珀金斯寄了一本《战争与和平》给正在法国的司各特，附言说这不是非读不可的。他几乎给每个朋友和作者送了一本《战争与和平》，这劲头就像国际基甸会派发《圣经》。而且无论在办公室还是家里，他手边总放着一本，隔段时间就从头到尾读一遍。麦克斯曾在给高尔斯华绥的信中说："我每读一遍，它的容量就越宽广，细节就越丰富。我总是向别人推荐读它，但是，大部分人都被开头大量名字难记的人物给吓退了。"

这年夏天一头埋在阅读、写作中的司各特几乎没有察觉他的妻子跟一个法国飞行员爱德华·若藏有染。这一私情暴露后不久，菲茨杰拉德夫妇重归于好，司各特便给他的编辑寄了一份清单，列出十六条他这个夏天写作成果的备忘录，其中第六条着重恳请麦克斯不要把几个月前偶然给他看过的一个封面设计稿用到其他书上。那张设计草图上有一双大眼睛俯瞰着纽约城——那应该是女主人公黛西·费伊·布坎农的眼睛。这幅画给了菲茨杰拉德灵感，他为小说创造了一个画面：眼科大夫T. J. 埃克尔堡的广告牌，上面有一双大眼睛，高高地注视着故事的发展。这份清单上的其他要点还有：

1. 小说下周写完。鉴于我和泽尔达打算彻底休息几周后再作认真修改，书稿不一定能在10月1日之前寄到美国。

7. 我认为这可能是美国有史以来最好的小说。有些地方还有些粗糙,总共只有五万个单词左右,希望你别介意。

8. 这真是个公平的夏天。我心情一直不好,但工作并没有受此影响。我终于成熟了。

在把这一年他感兴趣的书和作家的名字写了满满几页之后,司各特在信末对麦克斯说:"我真想见到你。"

身为青年作家的领袖,菲茨杰拉德常常向珀金斯推荐一些有潜力的新作家。麦克斯很感谢司各特这么扶持尚未发表作品的新人,但过去几年并没有选中合适的人。1924年10月初,司各特又向他推荐一个人,那是一个客居法国的美国青年,为《大西洋两岸评论》(Transatlantic Review)写稿。司各特说他"前途无量。埃兹拉·庞德已经在巴黎什么地方,好像是自我主义者出版社,给他出了一本短篇集。我还没有听[原文如此]不过它值得一读,我马上就去找他;他可是有料的"。菲茨杰拉德说出他的名字——欧内斯特·海明威——他把姓给拼错了,[1] 而且好几年都没有改过来。珀金斯感激菲茨杰拉德提供信息,便找人从巴黎寄几本海明威的书。

海明威的小说得过几个月才能寄到,但不到三个星期,珀金斯就收到另一份从法国寄来的邮包——菲茨杰拉德第三部长篇小说《了不起的盖茨比》。作者在附信上写道:"我终于写出了真正属于我自己的东西,但'找自己的东西'究竟有多好,还得等着瞧。"这部小说仅五万个单词出头,但眼下普罗大众都到电影院门口排队看电影取乐,他认为斯克里伯纳的发行部主任惠特尼·达罗(Whitney Darrow)对定价和究竟哪些阶层构成图书消费人群的认识都是错误的。菲茨杰拉德希望他的书定价仍然是惯常的两美元,用标准开本。他也不想在

---

[1] 海明威的姓是Hemingway,菲茨杰拉德拼成了Hemmingway。

封面上有任何赞扬他过去作品的宣传语。他告诉麦克斯:"我对《人间天堂》作者这一身份已经厌烦了,我要重新开始。"

几乎是在同时,珀金斯又收到作者另一封来信,宣称他决定使用最后一刻起的书名:《西卵的特里马尔乔》(*Trimalchio in West Egg*)。他还有好几个书名备选。而且,他对现在的书稿还不完全满意,尤其是中间部分,但又觉得在这本书上他花的时间够多了。"只有收到你的来信我才能安然入睡,请务必如实告诉我你的看法,你对这本书的第一印象,以及让你看不下去的地方。"

珀金斯一头扎进小说里,一口气读完了,随即发电报:"大作极佳。"他还有许多话要说,第二天便给菲茨杰拉德写信:

> 我认为这部小说是个奇迹。我要把它带回家再读一遍,然后完整写下我的看法;它活力非凡,如有魔力,隐含许多精妙的思想。它时时具有一种神秘的气氛,你在《人间天堂》的部分章节中也曾注入这种气氛,但在《人间天堂》之后就再未出现。它将当今生活的极端矛盾和高超的表现手法巧妙地融为一体。至于写作本身,真是惊人之笔。

麦克斯告诉司各特,除了他本人,斯克里伯纳出版社没有人喜欢《西卵的特里马尔乔》这个书名。"书名中这两个词奇怪的不协调正对全书的基调,但是反对者都比我更重实效。"他认为购书者既不会知道书名中的西卵指的是小说故事发生地,实际上就是大颈区这样的社区地名,也不知道特里马尔乔是古罗马作家佩特罗尼乌斯·阿尔比特(Petronius Arbiter)的作品《讽刺篇》里那个炫富的、以铺张奢侈的宴席著称的百万富翁。"请尽快考虑换个书名吧,"麦克斯催促道,并请他"孤立地判断书名的价值"。

这是一个爱情悲剧，讲的是一个中产阶级的中西部人詹姆斯·盖茨，凭借可疑的买卖起家发财后，改名杰伊·盖茨比，并搬到他念念不忘的心上人黛西·费伊居住的长岛附近，当时黛西已经嫁给汤姆·布坎农。珀金斯又看了几天书稿后，写信对菲茨杰拉德说："我想你完全有权利为这本书自豪。它是非凡的，蕴含了各种思想和情绪。"在充分赞扬之后，他也提出好几点批评意见，这些意见都是针对主人公盖茨比的性格塑造的。

珀金斯指出："在这一群塑造得极为生动形象的人物中，如果我在街上碰到汤姆·布坎农，我会一眼认出并躲开他，但盖茨比的形象有点模糊。读者始终无法聚焦于他，因为他的形象不清晰。虽然关于盖茨比的任何事多少都是神秘的，也就是说多少显得模糊，也许有艺术上故意这么安排的成分，但我认为这样是错的。"珀金斯提出了修改意见：

> 能不能把他的外貌像其他人一样清晰地描述出来，用"老赌棍"这样的短语增加一两个特征，也许不用动词，用形容外貌的名词比较好。我想，读者会因为种种原因而认为盖茨比比他的实际年龄老得多——斯克里伯纳先生和我太太路易丝就这样认为——虽然你让那个叙述者说盖茨比只比他大一点。但是如果让他第一次出场就让人留下生动的印象，就像黛西和汤姆那样，就可以避免给读者造成那样的误会；而且如果你这么修改，我认为也无损于你的主题。

珀金斯明白，盖茨比从事的工作必须保持神秘感，但他不希望菲茨杰拉德误导读者。他说："现在几乎所有读者都对他如何聚敛巨大财富而困惑不解，觉得应该得到解释，当然，给出一个明确、清晰的答案是愚蠢的。"麦克斯接着写道：

> 你也许可以在这儿那儿插入某些短语，可能的话，安排一些各种各样的事件，轻轻带几笔，暗示他正积极从事某些神秘的事情。你写了他去接电话，何不让他在酒会上与政界、赌场、体坛或随便什么行当的神秘要人商谈的时候，被人看见一两回呢。可能我是在乱出主意，不过这种实话也许有助于你明白我的意思。在那么长的故事篇幅中完全缺乏解释——或者不说解释，而是某种解释的暗示——我认为是一种不足。真希望你在这里，我可以和你面谈，那样我至少可以确保你明白我的意思。盖茨比究竟是干什么的，答案即使能说，也不能清清楚楚地说出来。无论他是被别人利用的无辜者，还是他卷入到何种程度，都不应该解释。但假如只是隐约勾勒出他某种生意活动的轮廓，倒是可以增加故事中这一部分的真实性。

而菲茨杰拉德所给出的解释令人难以信服，两人都觉得第六、第七章松松垮垮。这部分讲到盖茨比对黛西的爱公开，两个主人公相见，他们都开车去广场饭店，在纽约的这次冲突是全书的支点，所有人物在这个支点上都站不住脚。汤姆·布坎农揭露盖茨比底细的关键对话并没有起到有力的效果，因为布坎农面对的永远是一个模糊不清的对手。"我不知如何改进，"珀金斯在信中对作者说，"但我相信你总有办法解决的，在这里我只想说，我认为它需要加点什么内容来控制节奏和连贯性。"

珀金斯最后一点批评是菲茨杰拉德透露盖茨比过去经历的写法：他把种种经历都堆砌在一起。麦克斯在信里说："盖茨比在与小说叙述者的对白中有意透露了他的经历，而你的确多少背离了叙事手法，因为除此以外，几乎所有事情都交代了，按照正常的顺序交代得很漂亮——也就是按照事件发展的时间顺序。"麦克斯承认司各特必须透露盖茨比的某些身份背景，但他认为可以更巧妙地处理这个问题：

> 他自称毕业于"牛津"、当过兵之类的说法，我以为你在实际的叙述过程中会设法逐步让读者知道真相。无论如何，我指出这一点是为了在我送校样之前，让你考虑考虑。

珀金斯讲完一通批评意见，又赶紧安抚作者。"此书出色的总体质量，使我对自己提了这些批评意见都觉得不好意思。"他写道：

> 你赋予每个句子深刻的意味，你让每个段落都给人丰富、强烈的印象，这些都是极为精彩的。书中随处可见你三言两语就让一个场景栩栩如生。如果你曾坐火车风驰电掣地旅行，我愿将你用生动的语言所描绘的鲜活场景比作旅途中一路闪现的风景。仿佛在读一本比这短得多的书，但你让读者在头脑中体验的一系列经历，又让人觉得需要三倍于此的篇幅才能够表现……对汤姆和他的处境、对黛西和乔丹的描写和人物性格的刻画，在我看来都是无与伦比的。对有趣的乡间附近灰烬谷的描写、在茉特尔家的对话和动作，还有那些到盖茨比的豪宅来的各色人等，这些片段都足以令作者一鸣惊人。而所有这些，以及整个悲剧性的情节，在任何时候，任何地方，在文学上都有一席之地，因为有了 T. J. 埃克尔堡的帮助 [原文如此]，以及他投向天空、大海，或者城市的那不经意的一瞥，你已赋予了一种永恒之感。

珀金斯不禁想起菲茨杰拉德曾说他并非"天生的作家"。他惊呼：

"我的天！你已经完全掌握了写作技巧，当然，对这本书，你需要的远远不止是技巧。"

"你的电报和来信对我来说价值百万。"司各特在罗马回信说。菲茨杰拉德说在所有相识的人中，他最想听到的，就是麦克斯对这本书的肯定；他认为编辑的所有批评都是正确的。

于是，他从第一页——书名页——开始改。现在他觉得书名应该叫《特里马尔乔》，或者就叫《盖茨比》。但是，不出几星期，菲茨杰拉德又把书名改回了珀金斯最初喜欢的那个书名:《了不起的盖茨比》。

在通告这一消息的同时，他还提出一个要求：问珀金斯能否再往他的账户里存入几百美元，这样他的预付款就凑满5000元整数。珀金斯同意了，但他坦言对菲茨杰拉德的另一个要求颇为不解：作者对这本书要的版税率比前面几本书的低。司各特解释说这样就算是他为过去两年他从斯克里伯纳预支那么多钱支付利息吧。麦克斯又回信反对，两人"讨价还价"，最后折中——定价两美元，四万册以内版税率15%；四万册以上版税率20%。当时，钱对于菲茨杰拉德似乎是次要的。他和泽尔达搬进了罗马一家朴素但舒适的小旅馆，打算住到他把小说修改完。

司各特写信对麦克斯说："有你的帮助，我就能把'盖茨比'改得尽善尽美了。"但广场饭店的关键一幕是例外。他怕它"可能永远无法令人满意——我为它烦恼太久，找不准黛西最合理的反应。但是我还能做很多修改。现在缺的并不是想象力，而是因为我总是自动阻止自己再去想它"。他说，他让笔下的人物一次又一次从长岛一路驱车到纽约，达到故事的高潮，次数之多"已经让他无法再把某些自由思考的新鲜感带入其中了"。司各特对麦克斯说："其他部分都很容易改，现在我对自己的写法看得一清二楚，连当初写糟时的心理巨变都看得很清楚。"珀金斯那封编辑意见的信令他意识到自己让读者觉得不真实。他承认说：

> 我自己的确不知道盖茨比长什么样，到底是干什么的，你察觉了这一点。如果我明明知道但没让你看出来，你肯定会对我所知道的东西留下深刻的印象，因而就不向我提意见了。我这说法挺复杂的，不过你肯定全明白。现在我知道了——作为对我没有一开始就想清楚的惩罚，或者说为了确保我写清楚，我要花更多笔墨。

在菲茨杰拉德看来，珀金斯会想到盖茨比年纪较大，真是神乎其神，因为菲茨杰拉德下意识间使用的人物原型爱德华·M. 富勒的确年纪较大。富勒是菲茨杰拉德在大颈区的邻居，他和他的证券经纪公司合伙人威廉·F. 麦克吉曾涉嫌侵吞客户定金，经过四次审判，被判有罪。收到珀金斯的修改意见一个月后，菲茨杰拉德写信对他说："总之，我（在头脑中）仔细搜寻了富勒－麦克吉案的材料，还让泽尔达画盖茨比的肖像画得手指疼，现在我了解盖茨比胜过我自己的孩子。看了你的信后我的第一反应是随他去，让汤姆·布坎农支配全书（我觉得这是我写得最好的人物——他和《盐》里的哥哥《嘉莉妹妹》里的赫斯渥是过去二十年出版的美国小说中写得最好的三个人物——可能是，也可能不是），但我心里放不下盖茨比。有一度我觉得把握住他了，后来又不行了，现在我知道他回来了。"

F. 司各特·菲茨杰拉德被普遍认为是他自己最好的编辑，因为他既有耐心又能客观地一遍又一遍琢磨自己的字句，删去瑕疵，修饰文句。《了不起的盖茨比》的草稿大部分都有改动，但直到最后一稿，它才臻于完美。

菲茨杰拉德做了些删节。他删了几个对小说故事主线——盖茨比对黛西的爱——无关紧要的场景。但大部分修改是增加内容。不算完全推倒重来的第六章在内，他增加了大约二十个新的段落，占整个新稿篇幅的百分之十五。他对盖茨比首次出场的描写就显著增加了一些内容。在草稿中，菲茨杰拉德通过小说叙述者尼克·卡拉威之口，只用一句话描述盖茨比的脸："他无疑是我所见过最英俊的人之一——黑得发亮的睫毛中间那双深蓝色的大眼睛，令人过目难忘。"在菲茨杰拉德过去的短篇小说《赦免》中，他对小主人公有过同样的描写，这里只是重新组织了一下字句。现在，菲茨杰拉德在修改中又回到对盖茨比外表的描写，将其简单的观察发展为性格的洞察：

> 他心领神会地一笑——还不止心领神会。这是极为罕见的笑容，其中含有永久的善意的表情，这你一辈子也不过能遇见四五次。它面对——或者似乎面对——整个永恒的世界一刹那，然后就凝注在你身上，对你表现出不可抗拒的偏爱。他了解你恰恰到你本人希望被了解的程度，相信你如同你乐于相信你自己那样，并且教你放心他对你的印象正是你最得意时希望给予别人的印象。恰好在这一刻他的笑容消失了——于是我看着的不过是一个风度翩翩的年轻汉子，三十一二岁年纪，说起话来文质彬彬，几乎有点可笑。[1]

菲茨杰拉德还在多处插入谈论盖茨比笑容的语句，令这笑容成为他相貌的主要特征和性格的标志。

作者创造性地响应了几乎所有珀金斯的建议。如珀金斯所建议，他把披露盖茨比过去经历的整块内容拆开，分散到各个章节中。他牢

---

[1] 本书中《了不起的盖茨比》的译文均引自巫宁坤译本，人物、地点译名亦与此译本统一。

记珀金斯的一句评论，使盖茨比自称曾就读牛津大学之事屡屡成为交谈的话题，这样菲茨杰拉德每提一次盖茨比自称的学历，盖茨比神秘的身世就离真相更近一步。同样，受珀金斯的启发，菲茨杰拉德把盖茨比的某个习惯写得令人惊奇。在原稿中，盖茨比常叫别人"老家伙"、"老伙计"或其他做作的称呼。现在，菲茨杰拉德就固定用珀金斯非常喜欢的一种称呼，并在十多处地方反复使用它，使之成为口头禅。它成了盖茨比改不掉的怪习惯，以至于在广场饭店，汤姆·布坎农终于忍无可忍："那是你得意的口头禅，是不是？张口闭口都是'老兄'。你是从哪里学来的？"

菲茨杰拉德的修改主要放在珀金斯认为非常重要的问题上，也就是如何说明盖茨比财富的来源。他在第五章加入了三场关于这个问题的对话，在书的后面部分，他在盖茨比死后，加入一段，写盖茨比生意上的伙伴斯莱格打来电话说证券交易的坏消息。

在广场饭店那一幕，菲茨杰拉德加强了原先有点站不住脚的冲突描写。手法之一是突出汤姆·布坎农对盖茨比财富来源的指控。他写到布坎农已经暗中对盖茨比进行过调查，并获知了惊人真相：

> "我打听了出来你那些'药房'是什么名堂，"他转过身来对着我们很快地说，"他和这个姓沃尔夫山姆［黑帮分子］的家伙在本地和芝加哥买下了许多小街上的药房，私自把酒精卖给人家喝。那就是他变的许多小戏法中的一个。我头一趟看见他就猜出他是个私酒贩子，我猜的还差不离哩。"

在珀金斯之前，斯克里伯纳出版社还没有人像他对菲茨杰拉德这样大胆、仔细地改稿子，有些老编辑认为这种做法值得商榷。他们喜欢麦克斯，也知道他的才能，但他们并不总能理解他。不仅是大方向，麦克斯在小细节上都与众不同。譬如，他为自己定制的一个特殊的写字台就够让人惊奇的。那是一个台面宽大、诵经桌似的高脚桌子，这样他就可以站着工作。他的理论是，假如他无法外出锻炼身体，这样至少也能避免坐的时间过长。别人经过他的办公室时如果往里张望，就会看到他站在这张古怪的桌前埋头改稿子，一条腿的膝盖弯着，靠在另一条腿上，活像一只火烈鸟。

要经过一段时间，老编辑们才渐渐认可麦克斯站在这张桌前所取得的成就，或者说，真正认识到珀金斯介绍入出版社的那些新作者的价值。与其他作者相比，菲茨杰拉德更显得鲁莽、冲动，社内有些作风威严的编辑痛恨他直捣他们保守和风雅的堡垒。然而，值得纪念的时刻来了。一天，总编辑布劳内尔从办公室走出来，把大家召集起来："我给你们念点精彩的东西吧。"说罢，他就兴致勃勃地朗读起《了不起的盖茨比》中的两页。

菲茨杰拉德本人从不怀疑麦克斯帮助的价值。自《呆板的人》失败以来，他第一次写信给他的编辑说，他相信自己是一个"优秀的作家"，"是你那些了不起的信帮助我树立了这种自信"。多年以后，他说："在麦克斯向我提意见之前［也就是说，在菲茨杰拉德把书稿交给珀金斯，请他批评之前］，我已经改过三遍《盖茨比》。听了他的意见，我又坐下来，写出这本让我自豪的书。"

这几句话他是对珀金斯的一个朋友说的。那也许是珀金斯在工作之外所交往的最重要的朋友——一个名叫伊丽莎白·莱蒙（Elizabeth Lemmon）的女人。

* * *

两人是在1922年春天相识的。伊丽莎白·莱蒙比麦克斯小八岁，跟他见过的所有女人都不一样。她是他对十九世纪女子浪漫想象的化身。她来自一个祖籍弗吉尼亚和巴尔的摩的大家族,姐妹八人她最小,但她并没有娇滴滴的被宠坏。开心的笑声为她的文雅注入了活泼。无论是在巴尔的摩社交圈,还是在他们家族位于弗吉尼亚州米德尔堡镇的维尔伯恩乡间庄园,她都同样的轻松自在。她一直爱读书,在学校认识了一个名叫沃利斯·沃菲尔德[1]的女孩。伊丽莎白回忆说:"在决心嫁给一个国王前,沃利斯总是'迷恋'比她大的女孩,成天像影子似的跟着我们。"伊丽莎白在巴尔的摩初登社交场,赢得了城中"第二舞后"的美名;她学过声乐,是歌剧表演的训练,但她母亲只允许她在不参加公开演出的前提下学习;她在米德尔堡时髦的福克斯克罗夫特学校学习声乐和舞蹈;而在认识麦克斯的那一年,她还担任弗吉尼亚上谷女子垒球队主教练。

莱蒙小姐每年春天有六个星期的时间待在北方的新泽西州普莱恩菲尔德,走亲访友,并到纽约城听音乐会。1922年4月的一次旅行中,她见到了麦克斯·珀金斯和他的太太路易丝。临回南方前的一个晚上,她去他们家道别。

麦克斯·珀金斯总是对金发女子存有好感,觉得她们特有女人味。那天晚上,当伊丽莎白·莱蒙迈着自信的步伐穿过他们家的前厅,灰色的长裙衬着一头金发,麦克斯被迷住了。当晚的交谈气氛热烈,话题常常围绕着与麦克斯合作的那些作家。她爱好文学,但并不写作;她富有魅力,但并不苛求别人。路易丝相信那天晚上麦克斯又坠入了爱河,但不是那种会威胁到她的爱。麦克斯的激情就像古代神话或浪漫诗歌中的英雄人物:是精神上的,而非肉体上的爱;他要把伊丽莎白视为完美的女性。

莱蒙小姐离开时落下了一只几乎空了的奶白色佩拉牌香烟盒,她

---

[1] 沃利斯·沃菲尔德(Wallis Warfield,1896—1986),美国社交名媛,英国国王爱德华八世(后来的温莎公爵)为了与她结婚而退位。

爱抽这种温和的土耳其混合烟。麦克斯看到后就坐下给她写了封信。"亲爱的莱梦小姐,"他写道,把她的名字写错了,

> 我发现烟的时候,您已经走了。我的头一个念头是把它们留作纪念。但我远远不需要什么纪念。我记得您上回说想戒烟,因为这个牌子的香烟停产了。我想我得为您省着这两支烟,在您不抽烟而难受得要命的时候,它们还能聊解您的苦恼。假如您已经戒烟,并且感觉正如我说的那样,那这烟瘾的短暂满足将使您带着深深的感激之情想起我——也许这是我的奢望;不过,除此以外,这两支烟使我有机会说一些没有借口便微不足道的事情。我想说,假如我因为您"不想再见到我"而难过的话,我并不担心您就会真的认为我是怯懦的人。我猜您不会。
>
> 明年,请记得我把烟寄给了您,要感谢我。现在,我得感谢您今年来这里,为我带来了快乐,我想,这里的每一个人也都因为您而快乐。

签上他精神的、有棱有角的全名后,他又加了句附言。他说,他一直喜欢维吉尔的一句诗,就是写到维纳斯在儿子埃涅阿斯面前,"于是她亮明自己女神的身份"。"但我过去始终不明白它究竟是什么意思,直到那天晚上您穿过大厅向我走来,我才恍然大悟。"

五十年后,伊丽莎白·莱蒙说:"说实话,不能说麦克斯·珀金斯是爱上我了。毕竟,我们都是成长于维多利亚时代的孩子——我们相识的年代,在房间里遥遥一笑就相当于今天两个少男少女挤在汽车后座上。我认为安德鲁·特恩布尔的说法最接近事实,他说我和麦克斯之间是一种'真正的友谊'。"莱蒙小姐和传记作家特恩布尔的评价

在某种程度上是确切的，但并不完整。珀金斯怀有的是一种更深的情感——纯正的爱——这是伊丽莎白羞于承认的。他爱慕她。在他日益紧张的婚姻中，她成了温暖与理解的绿洲。

麦克斯祖传的两种渴望又起冲突了，他陷入了一段独特的恋情——一位新英格兰编辑的罗曼史。珀金斯允许自己被伊丽莎白·莱蒙所吸引，但又竭力抑制自己与她产生任何关系。只要她在近旁，他的心就前所未有的平静，但他又竭力使她不可企及，几乎仅限于书信联系。

在随后的二十五年中，他们一直保持通信。这是他一生中持续时间最长的私人通信。无论欢乐悲伤——通常是当他不得意而感到孤独的时候——他将透着爱意的思绪倾吐在信纸上，一再感谢伊丽莎白，因为她不仅鼓舞着他，也给了他许多快乐。他们有时一年也不通信，有时一个月就通三封之多，总之通信始终持续。伊丽莎白保存着所有麦克斯的信，它们也是他唯一留下的日记。伊丽莎白的回信仅存几页。几十年后，莱蒙小姐感叹道："感谢上帝，我真的没说过什么值得保留的话。"

麦克斯对伊丽莎白并不存期待，也没有要求，只要她偶尔回信，让他知道她一切安好，没有变化，情谊如故。当家庭生活显得空虚或工作忙乱，给伊丽莎白写信仍是他排遣情绪的途径，是他一生中最简单、最理想的乐趣。在两人持续整整四分之一世纪的交往中，麦克斯仅到米德尔堡看望她两次。

1922年，他们相识不出几星期，莱蒙小姐就邀请珀金斯夫妇到维尔伯恩度一个不拘礼节的周末。她信中列举了薄荷朱利酒、马球、业余马术表演等周末乐事。路易丝回信说"麦克斯对你的邀请很心动，特别是你说他可以整天穿着便鞋"。路易丝认为她丈夫"为了她的邀请甘愿辞职"。她又写道：但忠诚的员工星期六都工作，麦克斯说他

April 14th 1922

112 ROCKVIEW AVENUE,
PLAINFIELD N.J.

Dear Miss Lemon:—

When I found these cigarettes you had left I thought at first to keep them as a remembrance. But I am far from needing a remembrance thank me.. recalled that you had to stop smoking because this brand were no long. I thought I must save you dreadful heart-broken feel when you don't smoke, al only for the briefs space

You gave me neighbourhood

I always gual But I must n Coming towa

cigarettes would last. If you have
stopped, & felt as I have felt, this
brief reprieve will make you think of me
with extraordinary gratitude. — Maybe
that's too much to hope; but short of
that I I ... ... we a
our thank you for all the pleasure   to say
I suppose, why one else in the   & just
y bring here this year   . think
                                       of ... ...
                                       ... ...
Sincerely yours, ... —
    Maxwell E. Perkins

& the phrase "dea mensse patint",   ut the
    ... it's meaning till I saw you
through our half the other night.

很抱歉不能前往。

路易丝独自去了。5月22日的普林菲尔德还很冷，但她带着装满夏装的手提箱前往弗吉尼亚，丝毫不知那里同样寒冷。她发现弗吉尼亚北部连绵起伏的青山是她此生所见最壮丽的牧马天地，莱蒙家族的庄园也壮观气派。一条蜿蜒的长道通往维尔伯恩，它穿过杂草丛生的草坪和参天的大树，直达庄园前门，很久以前，这扇门也曾为杰布·斯图尔特[1]这样的贵宾而敞开。别墅就像缩小版的弗农山庄[2]，线条简洁，正面立着高高的柱子。宅邸中央是坚固的四方结构，两边各有一排雅致的单层侧房。维尔伯恩庄园建于1821年，美国革命前的祖先肖像画挂在各间客厅里。一条凉风习习的走廊俯瞰着植被繁茂的后庭。内战时北方佬的一发炮弹曾打穿暖房的一扇窗子，虽然窗子早就在1865年修好，可它还是被称为"新窗子"。

路易丝·珀金斯衣着单薄，大部分时间都很冷，但在这豪宅里与莱蒙小姐及其家人相处，她就感觉自在愉快了。伊丽莎白的母亲问她珀金斯先生怎么样，她答道："他被伊丽莎白迷住了。"路易丝越发喜欢请她来的女主人了。伊丽莎白正对神秘学感兴趣，她向路易丝推荐了一位算命师，让路易丝回北方后找他算算。

回到普兰菲尔德，她把维尔伯恩的种种故事塞满了麦克斯的耳朵，于是他更为自己没有去而懊恼了。但另一方面，他也很高兴。经过他妻子的描绘，维尔伯恩在他心里仿佛是一个神秘的王国，最好在梦里寻访。

1924年5月末，路易丝跟朋友一起坐邮轮去加勒比海玩。麦克斯又因为工作忙而无法陪她同行。这次他忙的是最新作者道格拉斯·索

---

[1] 杰布·斯图尔特（J. E. B. Stuart, 1833—1864），南北战争中著名的南方军骑兵将领，出生于弗吉尼亚。
[2] 弗农山庄（Mount Vernon），乔治·华盛顿的故居，也在弗吉尼亚，是他一生中居住时间最长的地方。

瑟尔·弗里曼（Douglas Southall Freeman）。弗里曼拥有约翰·霍普金斯大学历史学博士学位，在里士满《新闻导报》当编辑。他对南方邦联史有着浓厚的兴趣，编过罗伯特·李[1]和杰弗逊·戴维斯之间的私人书信。1914年，斯克里伯纳出版社约他写一本罗伯特·李小传，责任编辑是爱德华·L. 伯林盖姆。近十年过去了，这本书还没有交稿。此时伯林盖姆已经去世，而始终对美国内战感兴趣的珀金斯被派去协助这位作者。1924年，弗里曼写信对他的新任编辑说：

> 我写李传记最大的麻烦，是我一直在等待查阅邦联纪念馆最后一批未公开档案的机会。看不到这批材料，我出任何关于李的书都是不全面，没有任何意义的。在最后一批李的信札眼看就要到手的时候急于出版，显然是颇为愚蠢的做法。

就在弗里曼即将看到这批档案的时候，他又提出需要延迟较长时间交稿。因为要把所有的材料压缩在斯克里伯纳期望的十万个单词的篇幅里，是很伤脑筋的事情。伯林盖姆在等待书稿的九年时间里，与弗里曼打交道始终很耐心。作者在给珀金斯的信中说："希望你也有耐心。"珀金斯有的还不仅是耐心。他有个新计划，虽然它将使弗里曼博士的作品再延迟十年才面世，但可能成就它流芳百世。珀金斯建议弗里曼不要考虑交稿时间和篇幅，就写一本罗伯特·E. 李的权威性大传。

　　1924年5月，麦克斯去弗吉尼亚与他面谈这个想法。回去的路上，他琢磨着去看看伊丽莎白·莱蒙；在里士满，他打听如何去米德尔堡。但是，就这么几小时的车程，他却不允许自己接近她。相反，他埋头

---

[1] 罗伯特·E. 李（Robert E. Lee, 1807—1870），美国军事家，出生于弗吉尼亚，在美国南北战争中任南方邦联总司令，1865年向格兰特将军投降，结束了内战。

工作,与弗里曼待在里士满,结伴在这座弗里曼写作中大量涉及的城市漫步。要到十年之后,弗里曼才把他那部里程碑式作品的完整书稿交给麦克斯。

麦克斯回到纽约后,收到伊丽莎白·莱蒙的一封信,他看了只恨自己没有在弗吉尼亚期间见到她。她剪了头发,面貌焕然一新;还说这种"明显变化"也归功于她对占星术的日益沉迷。一想到此时的伊丽莎白也许和他当初所见到的那个伊丽莎白有所不同,他就心烦意乱。他回信说:

> 我想象不出还有什么新形象及得上你当初"那么美好"。新的伊丽莎白会不会缺少过去那种女神般娴静的气质?那气质曾经令她与那些热切、烦躁、好胜的女人多么不同。如果她变了,我还是不见到她为好,不然那会破坏她至少还留在我记忆中的那个"伊丽莎白"的形象。

"你让我更后悔没有冒险从里士满绕到你那里去,"他还解释说,"我怕到那里置身于弗吉尼亚的宴会中,我这块新英格兰的花岗岩石只会碍手碍脚。"几天前,路易丝嘲笑麦克斯是"一块新英格兰的花岗岩石",因为他看了电影《白衣修女》居然没有为女主角莉丽安·吉什[1]落泪。

那年夏天,麦克斯去了几次长岛的大颈区,名义上是去和林·拉德纳讨论稿子。他们喝下去的高杯酒[2]量多得通常要出问题,但珀金斯说,因为天热,没引起什么副作用。

---

[1] 莉丽安·吉什(Lilian Gish, 1893—1993),美国演员、导演、编剧,电影演艺生涯跨越七十五年,被誉为美国电影的第一夫人。《白衣修女》(*The White Sister*)是她 1923 年主演的一部电影。
[2] 高杯酒,一种在烈性酒中加入水或汽水的饮料,饮用时盛于高玻璃杯中。

拉德纳打算去欧洲，顺道看看在那儿的菲茨杰拉德夫妇，但看他那样子多半无法成行。他咳得厉害，几乎什么都吃不下，能吃的时候还一支接一支地抽烟。他对珀金斯说准备戒烟戒酒，这样就能在出国前，把他和漫画家迪克·多根（Dick Dorgan）合作的漫画多赶些内容出来。

征得林·拉德纳同意后，麦克斯又在各家报刊上搜集林的文章，凑齐一本书的内容。这本文集定于1925年出版，麦克斯对此颇为高兴，但是他希望林能写点更具野心的作品。他说："林，如果是因为钱的问题你才不肯写长篇小说，你可放心，我们乐意促成。但我估计我们就算双手奉上5000美元也没用。"拉德纳说这跟钱毫无关系。主要是因为他更擅长写篇幅短的东西。

1924年圣诞节前，林已从欧洲归来。他的文集《什么做的》（*What of It?*）已排好版。开篇是一篇新作，标题叫《另一边》（"The Other Side"），写的是他的同伴和他们最近在欧洲"跳过旧池塘"的冒险。其中他写道："菲茨杰拉德先生是小说家，菲茨杰拉德太太则是小说人物。"

林对自己的文学创作从未像现在这么高兴——此前他的态度颇为玩世不恭——他相信自己文学地位的上升是因为他与珀金斯的关系。《短篇小说写作指南》销量已经突破一万六千册大关；而且不出麦克斯所料，斯克里伯纳为他的旧作重新包装推出的新版，又带动了市场上拉德纳其他图书的销售。对他的新书好评如潮，H. L. 门肯也写了一篇正面的评论。

拉德纳的儿子在他的家庭回忆录《拉德纳一家》（*The Lardners*）中写道："《短篇小说写作指南》意外的成功，令评论家们惊呼他是这一体裁的大师，也是珀金斯坚持不懈地施压，把他拉到最终奠定他文坛地位的创作上。"1924年12月，林写信对珀金斯说："我觉得现在可以跟每天要赶的那些漫画断绝关系了。这样我应该可以腾出不少时间。我打算每年至少写十个短篇小说。"三个月后，珀金斯读到了林的短篇小说《理发》（"Haircut"），透过一位小镇理发师之口，讲述一个喜欢搞恶作剧的人被镇上一个笨蛋杀死的故事。故事的基调比他之前的大多数作品更灰暗。麦克斯回信告诉林："我无法忘记它。事实上，时间越长，它留给我的印象就越深。当代没有人能比你写得更好，这毫无疑问。"拉德纳的回复只有用打字机打出的一个工工整整的单词：谢谢。

看到拉德纳又出了一本文集，司各特·菲茨杰拉德写信给麦克斯，表示他担心如果林还是只写短篇小说，创作可能会陷入停滞。他说："上帝啊，我真希望他能写一部个人的长篇小说，长短不论。你无法说服他吗？"菲茨杰拉德的建议来得正是时候。当时，麦克斯刚好想到一个适合拉德纳的大型出版计划。他觉得应该有一种"戏讽传记词典的书"，讽刺它们"一本正经地写出最令人瞠目结舌的废话"。他想约一批以机智著称的作家如拉德纳、罗伯特·班奇利（Robert Benchley）、唐纳德·奥格登·斯蒂沃特（Donald Ogden Stewart）、乔治·艾德（George Ade）和司各特·菲茨杰拉德，每人"写若干虚构的传记，模仿各类人物。然后插图、制作、装订都模仿这些传记词典"。珀金斯在四处介绍这个点子的同时，催着林创作长篇作品。不到一星期，他的面前就出现了林·拉德纳"自传"的第一章。

珀金斯恳求："看在上帝分上，继续写，至少要写到两万五千个单词，越长越好。"拉德纳说不可能拉到那么长，因为"那会让读者和作者都筋疲力尽"。但珀金斯坚持己见。他说完整的"自传"应该出单行本，如果有必要，可以加入一些插图使书厚一点，而且应该快点出，"因为书里许多内容都是跟当下有关的"。接下来几周，他写的片段积累到一万五千个单词了，拉德纳给这本书取名《奇人传》（*The*

Story of a Wonder Man）。

在这本人物传记的戏仿之作中，拉德纳实际的生活仅是最基本的框架。他这样写如下事件："我初次见到简·奥斯丁是在白宫的一次爱抚会[1]。这个漂亮娇小的英国女人到咱们大洋彼岸来是应米高梅公司之邀。他们有个高层对《傲慢与偏见》很着迷，认为可以把它改编成七大本喜剧。"珀金斯从中选了他认为适合收入文集的篇什，给每一章起了个标题。他告诉林："我可不敢幻想自己称为幽默家。"但不管怎样，他还是起了章节名，还为他不断想新点子，譬如："你为何不写写一个曾经相信广告的男孩……熟读了那些知识渊博者肚子里的东西，拿这些货色去追女孩子呢？""哪天你该去体验一把当'桌椅清洁'专员的滋味。""你讨论过干草热吗？……可怜的病人只能假装他也觉得很好笑。如果你考虑这个话题，那我愿意为了科学的进步而献出自己接受仔细研究。"珀金斯从未间断催促林写长篇小说，或至少写一个篇幅长的短篇小说，带出一本书，但是，其他写作计划总是分散拉德纳的注意力，譬如与乔治·M.科恩（George M. Cohen）合作一部音乐剧。

那年夏天，珀金斯一家在康涅狄格州新迦南郊外租了一幢别墅。麦克斯写信对菲茨杰拉德说："你会讨厌它的，可我喜欢它。"到了一定时候，麦克斯和路易丝开始打算在新迦南定居。之前，麦克斯这辈子都住在普林菲尔德，他相信男人一旦在某地扎根，就不该把根拔起。可他又觉得普林菲尔德已经发展成为"一个该死的、无趣的、潮湿的、阴沉的、落伍的地方"。至于康涅狄格，他在给小说家托马斯·博伊德的信中说："那里人都好相处，至少对一个新英格兰裔人是如此。要是我们能处理掉普林菲尔德的房子，立马就能在这里买一栋，往常

---

[1] 爱抚会（petting party）上青年男女可接吻、拥抱等。

我和路易丝意见不一的时候，结果都是听她的，如果这回也是这样，那最终我们总是要买一栋的。可我又希望不是这样。我知道这是有风险的买卖。"

路易丝列举了一堆买新房子的理由，首先是她讨厌普林菲尔德的房子，因为那房子总让她想到母亲缠绵病榻多时而去世，而且房子维持下去代价也不小。珀金斯写道，搬家的理由还有一条，"新迦南的魅力。那是一条铁路尽头的英格兰村庄，三面几乎都是荒野，东部人眼中的荒野。这是一个培养孩子的理想之地，尤其是对女孩"。

路易丝已经在仔细打量她看中的新家了，夏天还没结束，他们就买下了。麦克斯对这栋房子的外观印象很好。它有四根有凹槽的木质柱子。他写信对伊丽莎白·莱蒙说："可以让四个女儿每人靠着一根柱子，等小伙子开着车子来接。"

1925年1月16日，路易丝又生产了，麦克斯称这是她"为了当上一个男孩的母亲而做出的又一次勇敢尝试"。他写信告诉伊丽莎白·莱蒙："结果失败了。他们告诉我，女孩的力气很大，身体很结实。如果是个男孩，他肯定会很棒——或许会是哈佛橄榄球队的四分卫，进军德国的军队将领。可现在，力气大有什么用？"一天在火车站，一位新迦南人问麦克斯打算给五女儿取什么名字。他说："叫'亵渎'。"冷静的时候，他和路易丝给孩子取名南希·高特·珀金斯。五女儿降生的那天，珀金斯又给母亲发了只有一个词的电报："又一个。"

珀金斯一家在新迦南的社交生活比在普林菲尔德的时候更丰富。附近住着好几位小有名气的文坛人物，麦克斯一下就喜欢上了科伦夫妇。他们是詹姆斯·乔伊斯的好友，本身也是作家、评论家。玛丽·科伦（Mary Colum）——朋友们都叫她"茉莉"（Molly）——高挑身材，一头红发。她不漂亮，但麦克斯发现她"很神奇，像猫一样敏捷"。而她丈夫帕德莱克·科伦（Padraic Colum），麦克斯在给伊丽莎白的信里描述,"给人爱尔兰人那种亲切、令人愉快的印象,是个非常有魅力、有趣、和气的人,虽然挺年轻,却具有一种六十多岁的人那种宽容的气度和渊博的风度"。威廉·罗斯·贝内(William Rose Benét)和他妻子、诗人埃丽诺·怀利(Elinor Wylie)也住在附近。麦克斯特别想对怀利有更多的了解。他发现她也不漂亮。他告诉伊丽莎白:"她的五官小小的,相貌平平,脸有点方,身材很瘦,我觉得挺难看的。不过我这么说的时候,路易丝嗤之以鼻。"但她的个性令人倾倒:"是那种勇敢、敏感的人,很自信……她昂着头,或者更准确地说,昂着下巴,虽非得意洋洋,也非咄咄逼人,但分明是在说——我代表我自己。"

"我们度过了许多美妙的文学之夜,虽然这里还称不上是文学之村。"玛丽·科伦在回忆录《生活与梦想》(Life and the Dream)中写道。珀金斯夫妇、贝内夫妇和科伦夫妇常常聚餐,有时会邀请住在西港(Westport)的范·怀克·布鲁克斯夫妇和房龙(Hendrik Willem Van Loon)参加。畅销书《人类的故事》的作者房龙是一个"高大的荷兰人,脾气不好,基本上没有什么事情是看得惯的"。

不久,珀金斯认定埃丽诺·怀利是新迦南真正的活跃分子。麦克斯喜欢说:"友谊真正的基础是一两种共同的偏见。"和埃丽诺每谈一次话,他对她的好感就多一分,因为他们有许多共同不喜欢的事物,譬如当时流行的那种花哨、油滑的文风。他们都觉得迈克尔·阿伦(Michael Arlen)那年风靡全国的畅销书《绿帽子》(The Green Hat)没什么价值。他也知道她的弱点;她沉思的时候,他觉得她像一个流浪儿。他喜欢她,也为她惋惜。珀金斯在给伊丽莎白·莱蒙的信中感叹:"她身上有某种悲剧性的气质,仿佛她渴望对立面,注定要给爱她的人带来悲伤。一个难爱的人。"

好像新房的契约里也包含乡村俱乐部会员资格似的,珀金斯夫妇马上加入了新迦南乡村俱乐部。麦克斯成了"纽约、纽黑文与哈特福德"俱乐部酒吧里的常客。茉莉·科伦常常批评他变得"太循规蹈矩、绅士派头十足",但他说"在这样一个参加任何可以参加的活动都被视为爱国表现的小镇",就应该这样。不过他承认,康涅狄格州的新生活比他过去喜欢的生活还要快乐。为了有更多时间和青春期的女儿们在一起,他开始回绝别人的宴会邀请。"我一天和孩子们在一起的时间最多两个小时,我可不想连这点时间都放弃。"他说。那倒没有影响路易丝兴高采烈地单独赴会。于是独自和孩子们在一起的那些晚上,麦克斯给她们朗读文学作品,读得最多的是《战争与和平》里的片段。读到关键战役处,他就拿火柴杆向聚精会神的女孩们演示俄、法军队如何排兵布阵。他认为,所有女儿都应该熟知这部小说。他曾对佩吉写道:"因为在那个故事里,有一个有史以来除了哈姆雷特之外,被刻画得最好的人物,那就是安德烈公爵。我希望你们每个人,嫁人就要嫁安德烈公爵这样的人——即使他有点高傲和急躁。"

那一年,麦克斯与伊丽莎白·莱蒙保持着通信。他在每一个俱乐部(此时他参加的俱乐部还有哈佛俱乐部、世纪协会、纽约咖啡屋)给她寄出新写的信,谈他的家庭、工作和镇上的生活。1925年春天,他还寄给她好几本书,其中有拉德纳的最新文集《什么做的》,还有司各特·菲茨杰拉德的小说。麦克斯告诉她,《了不起的盖茨比》是作者迄今写得最好的作品,"别人写不出他这种融讽刺与浪漫爱情于一体的作品。这一结论来自如下事实:即使他带着批判的眼光,他所看到的一切依然带有他青春幻想的魔力。这给故事一种忧郁的色彩"。

珀金斯读完菲茨杰拉德修改过的校样,写信给他说:"我认为这本书是一个奇迹,现在的盖茨比是最吸引人、最生动、最真实的,但又是独创的。"好几个月前编辑批评的问题都解决了。他写信对司各特说:"盖茨比会为他的创造者贡献很多。"

随着出版日期临近，菲茨杰拉德却没有珀金斯这么自信。他最不放心的是书名。3月初，他发电报给麦克斯，问此时把书名改成《戴金帽的盖茨比》(Gold-Hatted Gatsby) 是否还来得及。麦克斯回电报说改书名不仅会令书延期出版，对销售不利，也令人费解。作者勉强同意用《了不起的盖茨比》，但心底里仍然相信这个书名始终都是书的一个缺憾。

珀金斯继续为4月10日《了不起的盖茨比》的出版做最后的准备；但3月19日，菲茨杰拉德又忍不住从卡普里岛[1]发来加急电报："喜欢红白蓝三色下这个书名，延期出版会怎样？"珀金斯回电说，那得推迟几个星期。而且，"用暗示性不那么强的书名，讽刺有力得多。人人喜欢现在的标题，主张保留"。三天后，菲茨杰拉德同意了。他电报："你对。"不过他的不安与日俱增。

到书出版的时候，菲茨杰拉德满脑子"害怕和不祥预感"，以至于在给珀金斯的信中贬低《了不起的盖茨比》，说它必然给大众、评论界和他本人带来失望。"设想，女性不喜欢这本书，因为里面没有一个重要的女性角色；评论家不喜欢，因为故事是讲富人的，"菲茨杰拉德写道，最糟的是，"假如它还不清我欠你的债怎么办——那至少得卖出两万册才行！说实话，我信心全无……自己都对这本书感到厌烦。"

要过整整一星期，珀金斯才能报告一下销售走势。令他非常难过的是，菲茨杰拉德的担心正在变成事实。他电报说："销售不明朗，评论极佳。"这两方面的情况其实都没有这么乐观。当天下午，他又给菲茨杰拉德写信详谈，解释"图书零售界"一直对这本书抱怀疑态度。一个原因似乎是这本书的页码太少，只有218页。珀金斯本以为这种陈旧观念早已被市场所抛弃——

---

[1] 卡普里岛，位于意大利那不勒斯湾南部边界，自古罗马时代以来就是度假胜地。

试图向他们解释你所选择的写法,以及它必将为越来越多人所借鉴采用。用这种写法,许多内容不明说,但整本书仍然很饱满,换一种写法能使篇幅长得多,但效果一样。这样的解释对他们当然是徒劳。

事实上,好几家大发行商一收到薄薄的样书就大幅下调了订数。

珀金斯知道这是司各特必须忍受的阶段,他答应一有重大进展就发电报告知,尤其是报刊上发表的更多正面书评。他告诉司各特:"我本人极喜欢这本书,特别看重它,它被认可、取得成功对于我来说比眼下任何事情都重要。我指的不仅是文学方面,而是任何兴趣之内的事情。但从许多感受到其妙处的人所发表的评论来看,我觉得没看明白的人之多可能超乎你的估计。"他请司各特放心:"我会像作者一样,以最迫切焦虑的心态关注[它的进展]。"

一星期前,菲茨杰拉德还希望他的书销量能超过七万五千册。现在,他只要一小部分——只要够还清他从斯克里伯纳出版社预支的6000美元就行了。菲茨杰拉德说,如果最终的销量仍然像现在这样低迷,他就再写一本书,以决定是否要继续当一名严肃作家。"如果它能维持我的生活,使我不必时不时地抽身去写无聊的东西糊口,那我将继续当一名小说家,"他对麦克斯说,"如果不能,那我就放弃,回家,去好莱坞学搞电影。我不能让生活水准下降,也受不了目前在收入上没有安全感。总之,假如无法写出你最好的作品,那么当艺术家就毫无意义。当初在1920年,我曾有机会较为切合实际地起步,我没有抓住,所以现在只能受惩罚。也许到四十岁我可以不用老是这么忧心忡忡、断断续续的,重新开始写作。"

书出版两周后,珀金斯仍然没有可以乐观的底气。他先电函菲茨杰拉德:"喜人进展,上佳评论仍需等待。"再写信说:"虽然大多数书评人读这本书似乎颇为费劲,好像没全读懂,他们仍然给予了很高的评价,更可贵的是,他们都因为感受到了它的活力而流露出某种兴奋。"那些完全读懂这本书的人还在保持沉默,因为迄今尚无这样的评论。珀金斯依然相信"当评论者和闲人的喧嚣鼓噪散去,《了不起的盖茨比》将被证明是一部非凡作品"。

菲茨杰拉德为了补偿他欠斯克里伯纳的债,交了一部短篇小说集供他们秋季出版,他曾草草取名《亲爱的金钱》(*Dear Money*),现在改成比较有内涵的《所有忧伤的年轻人》(*All the Sad Young Men*)。麦克斯认为这书名极好,也很高兴菲茨杰拉德没再提要去好莱坞。他很清楚,司各特讨厌欠债,但他也不希望司各特老是想着还债的事,所以不能让他觉得斯克里伯纳出版社急着收回这笔钱。他告诉菲茨杰拉德:"如果我们抛开情义,只看实际,那我们也可以将它视为一笔优质的投资。"

珀金斯本人也因为《了不起的盖茨比》而承受了巨大的压力。发行、市场部都因为珀金斯过去的佳绩而对这本书寄予厚望,而当他们发现这本书要赔本,就纷纷发泄怒火。他认识的好几位评论家都在书评中攻击该书,并直截了当地对他说,出版这样一本无聊的推理小说真是蠢事。露丝·赫尔(Ruth Hale)在《布鲁克林鹰报》上撰文说,她发现"《了不起的盖茨比》通篇没有一丝魅力、生活气息、讽刺、爱情、神秘等打动人的色彩"。在几星期后的一个聚会上,她对珀金斯说:"你那'可怕的孩子'[1]写的新作可真可怕啊。"

"这么多人都为此[《了不起的盖茨比》]而批评我,我很伤心,"麦克斯写信对伊丽莎白·莱蒙说,"但他们不知道。他们不明白菲茨

---

1 "可怕的孩子"(L'enfant terrible)是个进入英语词汇的法语词,指说话令大人(尤其是家长)尴尬的孩子,也可以指以非主流的、创造性的、前卫方式取得非凡成功的人。

杰拉德是个讽刺家。实际上他故意美化了罪恶——如果不这样这本书就毫无价值——使他们看不到他是在鞭挞恶人。"珀金斯意识到,菲茨杰拉德已经超前于他的读者。"他精湛的技巧已经使他这个'大众小说家'高于芸芸众生。"麦克斯相信他们从未细读《人间天堂》。他对伊丽莎白说:"那是一只装满珠宝的袋子,有些是廉价的假货,有些是美丽的水晶,纯度高的无价之宝也混杂其中。"而《了不起的盖茨比》更像一颗做工精美的钻石,切面之灿烂,为美国人前所未见。

1925年4月25日,麦克斯写信对司各特说:"也许它不是完美无缺的!把一匹昏昏欲睡的天才矮腿马驯得完美是一码事,驾驭一匹桀骜不驯的壮年纯种马完全是另一码事。"

到了晚春,《了不起的盖茨比》畅销的希望完全破灭之后,好评出现了,薇拉·凯瑟(Willa Cather)、伊迪丝·沃顿、T. S. 艾略特都给菲茨杰拉德写信盛赞这本书。

菲茨杰拉德本人也意识到,自爵士年代开始以来,他有了多大的进步,他也从不忘记向帮助过他的人表达感激之情。"麦克斯,"1925年7月,他写信给编辑说,"当别人赞扬这本书的'结构'时,我乐了——因为结构是你确定的,而不是我。别以为我会忘记所有那些有助于此书的合理建议。"

与珀金斯告诉菲茨杰拉德《了不起的盖茨比》销量不振的坏消息相伴而来的,是一条四处流传的谣言,说他对查尔斯·斯克里伯纳家族出版社不满,打算转到博尼与利弗莱特出版社出书。麦克斯一番迟疑,还是手书一封,从新迦南寄往巴黎,询问详情。

"利弗莱特一派胡言。"司各特电函道。菲茨杰拉德的确收到过博尼与利弗莱特出版社一位编辑的信,问他如果对斯克里伯纳不满意,是否会考虑下一本书交给博尼与利弗莱特。菲茨杰拉德马上回复说,麦克斯·珀金斯是他的好友,他与斯克里伯纳出版社相处一直都很融洽、愉快，从未考虑要换出版社。显然，这一谣言是以讹传讹的产物。但菲茨杰拉德觉得珀金斯本应该对他有足够的信任，根本不必来核实，他感到沮丧。

> 麦克斯［司各特写道］，我对你说过许多遍，你是我的出版人，只要在这个变幻多端的世界上还能随便使用"永远"这个词，你就永远是我的出版人。如果你愿意，我可以马上和你签我后面三本书的合同。离开你的想法从未在我脑海中闪现过片刻。

菲茨杰拉德列举了四条于公于私，他都不能换出版社的理由。其一是他强烈感受到由一家出版社一本一本地出书的重要性——哪怕只要装帧风格统一也好。另一个原因是"一个颇为前卫的作家在一家特别保守的出版社能享受到的独特优势"。第三，菲茨杰拉德觉得他还欠出版社数千美元，这"既是事实也事关他的名誉"，债没还就跟另一家出版社签约，是很不地道的事。第四，也是最重要的原因，是自他们第一次交往以来，菲茨杰拉德内心与日俱增的忠诚。他写信对麦克斯说："作为年轻人，我虽然不总是赞同你们的某些出版观念（那在二十年前、四十年前，没有电影、识字率不高的年代还适用），但你和斯克里伯纳的为人，以及我在那里一直能感受到的严谨、客气、慷慨和虚心，还有你们对我和我的作品特殊的礼遇——如果我可以这么说的话——都远远足以弥补我们的差异。"

麦克斯·珀金斯让他的所有作者都感觉他像作者本人一样重视他们的作品。即使是司各特·菲茨杰拉德——斯克里伯纳出版社复兴的顶梁柱作家——也需要这样一种感觉。麦克斯从未要求菲茨杰拉德（或其他任何作者）签订永久合同，因为"理由很简单，有时候你换出版社也许是对的，虽然这对我来说是悲剧，我个人也不至于心胸狭窄到

5 新居

当你的拦路人"。事实上,珀金斯出的好几十本书都是他跟作者的口头约定,从未食言。

珀金斯依然寄望于成长中的新作家,也鼓动他出版过的作者能够勇于尝试新写法。1944年,马尔科姆·考利评论这一宗旨在珀金斯的出版社产生的效果时说:"当他去上班的时候,斯克里伯纳便是一家非凡的出版社,活像维多利亚女王的大客厅。"由于珀金斯和他带来的巨大变化,这家出版社"猛然从纯真年代跃入了迷惘的一代"[1]。

---

[1] 《纯真年代》(*The Age of Innocence*)是美国女作家伊迪丝·沃顿(1862—1937)的代表作,讲述的是十九世纪七十年代纽约上流社会的生活。沃顿是二十世纪初斯克里伯纳出版社的重要作家。而一战后美国崛起的新一代作家被称为"迷惘的一代",其中以菲茨杰拉德、海明威为代表,而他们都是斯克里伯纳出版社新的支柱作家。故有此说。

6

伙伴

　　1924年12月,一个包裹送达纽约市海关,里面装着一本在法国出版的短篇小说集《在我们的时代里》(in our time)[1]。作者就是几个月前菲茨杰拉德说到的"那个海明威"。直到2月下旬,珀金斯才看了这本集子。其中好几篇讲述了一个参加过世界大战的密歇根年轻人尼克·亚当斯的生活。麦克斯告诉司各特,这本书"通过一系列简短的情节,取得了极好的效果,写得简洁、有力、生动。海明威把他眼中的当代景象,出色、紧凑、完整地表现了出来"。

　　海明威的写作具有一种特别的气质,为珀金斯前所未见:读过那些不连贯的短句很久以后,那些锤炼过的文字依然难忘。麦克斯写信对海明威说:"场景和事件描写中的力度,还有它们相互间的有效联系,都让我印象深刻。"他进而说:

　　从实际收入考虑,我怀疑我们能出版此书;它这么薄,按照惯例

---

[1] 海明威寄给珀金斯的书稿,书名首字母均为小写。

定价销售，书店没什么利润空间。这很遗憾，因为你的写法显然就是让你在很短的篇幅里表达自己想说的内容。

珀金斯想到，海明威可能在写不会遭到如此反对的其他东西，于是他保证道："无论你眼下在写什么，我们都会以最大的兴趣考虑。"

五天后，珀金斯又给海明威写了一封信。他从约翰·皮尔·毕肖普（John Peale Bishop）那里听说，海明威在写另一本书。毕肖普是菲茨杰拉德在普林斯顿大学结识的好友，与埃德蒙·威尔逊合作写过一本韵文集《殡仪员的花环》（The Undertaker's Garland）。"希望这是真事，也希望我们可以拜读，"珀金斯写信给海明威，"如果你给我们这个机会的话，我们肯定会兴致勃勃地马上就读。"

七个星期过去了，海明威仍杳无音讯。这是麦克斯头一回遭遇海明威跑到世界不知哪个角落无影无踪的习惯。这次他是在奥地利的施伦斯（Schruns）滑雪。海明威回到巴黎就看到了珀金斯的信，很为他的诚意振奋。然而，就在几天前，他已经答应了另一个在阿尔卑斯山与他联系上的出版人。他告诉麦克斯，他得在看了博尼与利弗莱特出版社提交《在我们的时代里》（此时，海明威知道书名首字母要大写了）的合同之后，才能知道怎么跟麦克斯正儿八经地谈。为了向珀金斯表示感激之情，他表示有兴趣在斯克里伯纳出书，还提出了几个写作计划。他说他觉得长篇小说"是种非常做作、被写滥的形式"，哪天他要写一本深入研究西班牙斗牛的书。海明威对自己想出这种不合常规的点子得意洋洋，也试图暗示他这样的作者对出版人来说前景并不好。

"真是霉透了——我是说我。"珀金斯回信说，为自己没能早点找到海明威而懊丧。他请海明威记住，至少斯克里伯纳是最早打算在美国给他出书的出版社之一。他写信对菲茨杰拉德说："关于海明威，情况很不妙。"

1925年春天，菲茨杰拉德夫妇在巴黎一幢无电梯公寓楼的五楼租了一个套间。5月，他和欧内斯特·海明威初次见面。海明威觉得菲茨杰拉德"长相俊美得过分"。那个月，菲茨杰拉德酒喝得很凶，在丁戈酒吧（Dingo Bar）和海明威见面的时候醉得直打瞌睡。欧内斯特发现菲茨杰拉德每举杯喝一次酒，脸色就为之一变。四小杯威士忌下肚，肤色就跟骷髅头似的。菲茨杰拉德发觉海明威是个"极有魅力的家伙"，很喜欢看珀金斯的来信。"如果利弗莱特无法取悦于他，他就会投奔你。此人前途无量，才二十七岁。"

到那年夏天，司各特和欧内斯特见面的次数越来越多，有时是在格特鲁德·斯泰因家里。斯泰因家位于弗勒里斯路27号，大客厅的四壁挂满了年轻的毕加索、塞尚、马蒂斯和其他尚未成名前她就赞助的现代派画家的作品。珀金斯从未见过斯泰因小姐，但很敬佩她写的小说《美国人的形成》（*The Making of Americans*）。不过，他写信对菲茨杰拉德说过，他比较怀疑许多读者对她重复的、印象主义的写法会有耐心，虽然"这种写法令人印象深刻"。菲茨杰拉德和海明威觉得她的气场至少就跟她的写作一样居高临下。他们喜欢与其他客居巴黎、顺便来访的美国文人一起混，其中有约翰·多斯·帕索斯（John Dos Passos）、福特·马多克斯·福特（Ford Madox Ford）、埃兹拉·庞德（Ezra Pound）和给海明威出过一本小书《三个故事和十首诗》（*Three Stories and Ten poems*）的罗伯特·麦卡蒙（Robert McAlmon）。

海明威和菲茨杰拉德开始结伴远行，司各特幼稚的不切实际总是为这些远行增添说不出的麻烦。有次旅行，海明威开着司各特的车从里昂穿过"金丘"[1]，他兴致勃勃地给麦克斯·珀金斯写信说此行趣事。一开始，菲茨杰拉德就误了从巴黎来的火车，两人一路喝了许多酒，在马孔内地区几番徒劳无果地追猎，以海明威的结论告终："永远……别和你不爱的人出游。"麦克斯回信说："我出游只去过波士顿、费城和华盛顿，同伴就是那些吸烟车厢里的人。"

欧内斯特最初极为喜欢和敬重菲茨杰拉德；他认为《了不起的盖茨比》"绝对是一流之作"。但从一开始他就对司各特的幼稚感到不耐烦，虽然他比菲茨杰拉德小三岁，对他的态度却像是父亲。到1960年海明威在早年巴黎写作生涯回忆录《流动的盛宴》（*A Moveable Feast*）中写到他们第一年的友谊，他的语气已经从父亲式变成恩人式的了。他记得读完菲茨杰拉德的小说，"就明白不论司各特干什么，也不论他的行为表现如何，我应该知道那就像是生的一场病，我必须尽量对他有所帮助，尽量做个好朋友。他有许多很亲密、很亲密的朋友，比任何我认识的人都多。但是不管我是否能对他有所裨益，我愿意加入其中，作为他的又一个朋友。既然他能写出《了不起的盖茨比》这样卓越的书，我坚信他能写出一部甚至更优秀的书来"。[2]

1925年夏天，海明威和菲茨杰拉德各奔东西。欧内斯特和妻子哈德莉去西班牙潘普洛纳参加奔牛节，司各特和泽尔达去了法国南部。珀金斯一再满足菲茨杰拉德要钱的请求，并代表斯克里伯纳出版社向他保证，"如果这能使你马上动笔写新的长篇小说，我们当然万分乐意给你汇钱"。麦克斯要司各特谈谈手头在写什么，尽管他知道"让作家这么做有时的确有损锋芒"。

夏季将尽，菲茨杰拉德才开始写新的小说。在这部带有鲜明个人色彩的《夜色温柔》（*Tender Is the Night*）成形定稿之前，他将要写

---

[1] 金丘（Côte d'Or），法国东部一丘陵地带，以产葡萄著名。
[2] 本书中《流动的盛宴》中的引文均引自汤永宽译本（上海译文出版社2008年版）。

五次开头,修改十七遍。写作过程中,菲茨杰拉德又发展出许多枝节。珀金斯关注着司各特的进展,有时,他觉得司各特写的内容完全可以拆成三部各自独立的长篇小说。

8月,司各特从法国昂蒂布(Antibes)向珀金斯第一次报告书的情况,他写道:"《我辈》[1]的内容与好几件事有关。其中之一是受李奥波德和勒伯案[2]启发的智力谋杀。碰巧,这时泽尔达和我今年五六月在巴黎,她歇斯底里发作(务必保密)。"另一件事是李奥波德和勒伯案几个月后发生的一起凶杀案,旧金山一个名叫多萝西·埃林森的十六岁少女因为其放荡的生活而与母亲争吵,将母亲杀死。

像往常一样,菲茨杰拉德打算把他十分钦羡的那些耀眼夺目的上流社会人士都写进小说里。回顾在欧洲的几年游历,菲茨杰拉德发现有一个突出人物堪称完美。他后来评道:"当我与其他人关系处得很好的时候,他支配了我:怎么做,说什么,怎样让人哪怕获得片刻的快乐。"此人名叫杰拉德·墨菲(Gerald Murphy),他瘦削文雅,有一张保养得恰到好处的脸。在墨菲和他漂亮的妻子萨拉位于昂蒂布的"美洲别墅",他们款待客人的礼节令司各特和泽尔达着迷。菲茨杰拉德夫妇与墨菲夫妇共度了"许多次盛会"。

在小说的第一稿中,菲茨杰拉德描述了一个血气方刚的青年弗朗西斯·梅拉齐与他控制欲很强的母亲在欧洲游历。他们在蓝色海岸[3]受到美国侨民精神领袖塞斯·罗巴克夫妇(原型即为墨菲夫妇)的款待,结果梅拉齐爱上了塞斯的妻子迪娜。菲茨杰拉德起初没有想好怎么安排弗朗西斯·梅拉齐杀害母亲的情节,但三角恋关系他是很清楚

---

[1] 《我辈》(Our Type)是菲茨杰拉德为《夜色温柔》考虑过的书名之一。
[2] 1924年,两个出身有钱世家的名牌大学高才生内森·李奥波德和理查德·勒伯为了试验完美谋杀的创作过程,绑架杀害了一名十四岁少年,事发被捕,被判终身监禁。李奥波德-勒伯案轰动美国。
[3] 蓝色海岸(Côte d'Azur),法国南部旅游胜地。

的。"我的情节在一定程度上与德莱塞的《美国悲剧》(*An American Tragedy*)不无相像,"好几个月后,菲茨杰拉德从巴黎写信给珀金斯说,"我最初对此挺担心,现在不了,因为我们的想法有了很大改变。"当时,他给小说取的名字是《世界博览会》(*The World's Fair*)。

这一年接下来的时间里,珀金斯除了偶尔收到司各特要钱的请求,没有收到他关于其他事情的信件。菲茨杰拉德为自己欠斯克里伯纳出版社的债越来越多而烦恼,他问:"我还得清债吗?"他惦记着自《人间天堂》之后他的书销量每况愈下的形势,担心他的书再也无法畅销,最新的短篇小说集《所有忧伤的年轻人》销量将不超过五千册。珀金斯认为这部短篇集中的九个故事令人耳目一新,因为它们兼具商业性和艺术性。他特别提到《阔少》("The Rich Boy")和《冬日之梦》("Winter Dreams")这两篇"比以前短篇集收入的小说……更有广度。事实上,你能够为大众把它们写得这么有趣,又意味深长,这是很了不起的"。接着,他安慰司各特说:"信赖你的那些人现在又可以得意地说,'我早就对你说过。'"

到了年底,司各特又一次陷入了"可怕的抑郁"。珀金斯试图让他振作起来,但几乎无能为力,因为菲茨杰拉德的消沉并不是由创作上的失败感所引起的。他写信告诉珀金斯:"这本[新]书很精彩,我当真认为,只要它出版,我便是美国最好的作家了(这并非言过其实),可写完它似乎还遥遥无期。"令他恐慌的是他看到自己日渐衰老:

> 真想回到二十二岁,生活中只有我那些充满戏剧般的、如痴如狂乐在其中的烦恼。你记得我曾说活到三十岁就够了——唉,我现在二十九岁,可还是抱着那般希望。除了微醺,工作就是唯一能让我快乐的事。为了沉溺于这两样乐事,我身心都沉醉不醒,付出了巨大代价。

珀金斯认为，菲茨杰拉德的忧郁和客居海外都与他竭力留住青春的心理有着奇特的关系。他看着司各特通过频繁的旅行想抓住青春，但又知道他必然会眼看着自己酗酒无法挽留青春而灰心丧气。身为编辑，珀金斯提出的唯一建议是菲茨杰拉德夫妇应该在某个典型的美国人社区安顿一阵子，这样"与其说是为了你作为公民的未来，倒不如说是为了你作为作家的未来，因为那样你会看到生活新的一面"。

几个月后，菲茨杰拉德声称，在其他美国人全都被逐出法国之前，他是不会回美国的。司各特写信对麦克斯说："啊，这两年半里我在欧洲大有长进啊，好像过了十年，我感觉老了不少，但我可不愿意错过这样的经历，哪怕它还有令我难过、痛苦的一面……我真想见你，麦克斯。"此时，海明威已经取代珀金斯，成为司各特最亲密的朋友，只有他能改善司各特的情绪。"他跟我很好。"菲茨杰拉德又写道。

麦克斯也想与海明威建立某种关系。《斯克里伯纳杂志》刚收到他的第一篇投稿《五万美元》("Fifty Grand")。珀金斯发现这个人的写作"像清爽的凉风一样令人精神为之一振"。令珀金斯大失所望的是，杂志并没有马上接受稿子，而是要海明威压缩篇幅。麦克斯写信告诉司各特："我希望，对他投的第一个短篇，我们还是不提要求为好。[因为海明威]是那种兴趣更在于创作而不在发表的作家，对于在篇幅上非得符合某种人为规范的要求，他可能会反感。"海明威的确没有删稿子，声望同样卓著的《大西洋月刊》马上就刊发了这篇小说。麦克斯担心这会导致作家不跟斯克里伯纳出版社签任何合同。菲茨杰拉德对珀金斯的处境深感同情。1925年圣诞节后，他写信对麦克斯说："我希望利弗莱特对欧内斯特丧失信心。"

奇迹发生了。几天以后，贺拉斯·利弗莱特果然失去了信心。他给海明威发电报说："《春潮》(*The Torrents of Spring*)退稿，耐心等待《太阳照常升起》(*The Sun Also Rises*)写完。"这一新闻刚传到菲茨杰拉德耳朵里，他就写信告诉珀金斯："如果他自由了，我差不多可以肯定让你先拿到那篇讽刺小说，然后如果你扫清障碍，就可以把那个小说整个儿签下来。"

《春潮》是一个两万八千个单词长的小说，讽刺的是舍伍德·安德森和他那种感伤风格的模仿者。菲茨杰拉德喜欢它，但说这本书不会畅销，利弗莱特出版社的编辑退稿也是因为他们出版的安德森新作《暗笑》(Dark Laughter)十分畅销，已经第十次印刷，而《春潮》是"对他近乎恶毒的嘲弄"。司各特认为，现在看来，只有在珀金斯先出《春潮》的情况下，海明威才会把其他书给他。他说，海明威收到利弗莱特的电报后，想过直接找斯克里伯纳，但又因为这家出版社出了名的顽固保守而举棋不定。

书业中消息传得飞快。几天之内，阿尔弗雷德·克诺夫出版社的威廉·阿斯平沃尔·布拉德利（William Aspinwall Bradley）、出版人阿尔弗雷德·哈考特（Alfred Harcourt）的代表路易·布隆菲尔德（Louis Bromfield）都对海明威的书稿表示了兴趣。菲茨杰拉德催麦克斯快行动。不过，海明威无意欺骗珀金斯，早在几个月前，他已经答应了珀金斯。

海明威告诉菲茨杰拉德，把稿子先寄给珀金斯，他觉得是在拒绝一件"有把握的东西"，换来的会是出版的延期和冒险。但基于书信来往和菲茨杰拉德的介绍对珀金斯所形成的印象，海明威愿意冒这个险。他写道："对斯克里伯纳也有信心，愿意和你在一起。"哈考特出版社一向海明威提出付预付金，菲茨杰拉德就通知珀金斯，假如他能马上写明他们将不附加条件地出版这部小说和那部"没有前途"的讽刺小说，他就能拿到海明威的小说。珀金斯很想完全照办，但又不得不坚持出版社在图书品位上的方针。他发电报给司各特："版税15%，若他要求，也可付预付金。讽刺小说亦然，无其他异议即出版；

海明威小说极好。"

麦克斯尽了最大努力。他在给司各特的信中解释道："社里担心的是那篇讽刺小说……可能会受压制。实际上，在这些方面我们无话可说，因为根据斯克里伯纳出版社的方针，有些类型的书显然是不会出版的，假如像拉伯雷般讽刺到了任何极端的程度，就可能被拒。"

麦克斯担心他在电报中提的条件太苛刻，做好了失去海明威这个作者的心理准备。他向司各特承认哈考特是家令人尊敬的出版社，但认定海明威如果由斯克里伯纳出版会更好，因为"我们对作者绝对真诚，一旦信任作者的写作水准和作者本人，那么即使有长时间的亏损，我们仍会忠诚地支持他们。海明威需要的也许应该是这种出版社"。珀金斯说："因为我认为他不太可能一下子赢得大批读者。他的书应该由一家相信他的作品水准，并愿意为了培养读者而赔钱的出版社来出版。虽然没有这种支持，他肯定也能依靠自己的力量获得认可。"

当了几年收入微薄的自由撰稿人，海明威认为出头的日子到了。他决定去纽约，那样很多事情可以马上拍板，不用为了报价、谈条件磨几个星期。他可以亲自把《春潮》和新的小说交给新的出版社，要是贺拉斯·利弗莱特选择争抢，他就可以名正言顺地采取行动。"你听他[海明威]讲，简直会相信利弗莱特已经砸了他的家，抢了他几百万，"司各特写信对麦克斯说，"但这全出于他对出版一窍不通，他只知道那些神经兮兮的杂志。他太年轻了，又远在异乡，感到无助。你肯定会情不自禁喜欢他的——我认识的好人里，他是一个。"最后，菲茨杰拉德就这个话题着重提醒麦克斯，尽快搞定海明威签下《太阳照常升起》。

海明威于1926年2月9日抵达纽约。他与贺拉斯·利弗莱特友好地分了手，经过辗转反侧难以入眠的一晚，他去见了麦克斯·珀金斯。麦克斯提出为《春潮》的优先选择权和没看过的《太阳照常升起》

支付 1500 美元预付金。海明威握手成交。

珀金斯特别感激菲茨杰拉德倾力帮助他敲定这个作者。"这家伙非常有趣,喜欢谈斗牛和拳击。"麦克斯写信告诉司各特。

司各特也为斯克里伯纳签下海明威而高兴。他回信说:"他回来后,我跟他在巴黎见了一次。他说你很好。"

海明威回到了奥地利,在 3 月底之前改完《春潮》的校样,也把《太阳照常升起》的初稿写好了。然后他回到巴黎,打算在初夏时节去"耍耍斗牛"。麦克斯赶紧警告这位新作者:"你可别在飞行或者斗牛中送命啊。"海明威回信说,他可不想让《太阳照常升起》成为一部遗作。

一个月后,欧内斯特把这部小说稿寄给麦克斯,并附有一封他所谓"胡言乱语的长信"。他说,稿子还需改进,不过估计珀金斯一定着急看这闭着眼睛乱买的货色。海明威以为这位编辑一定急于"看货",对他信里写的其他内容没什么兴趣。但麦克斯关心他信中的所有信息,尤其是此时已经与海明威关系非常亲近的菲茨杰拉德的消息。司各特已经从最初交一个新朋友的热切心态中松弛下来;欧内斯特虽然依旧敬重菲茨杰拉德的作品,但已不再认为他是年轻一代作家理所当然的领军人物。事实上,欧内斯特此时尤以长者自居。他颇为菲茨杰拉德时常操心钱的问题而触动,决心帮助他。过去几年他自己从欧洲的文学杂志获得的微薄稿费收入尚不足以应付家用,还需妻子哈德莉从家族基金中拿钱出来贴补。现在,斯克里伯纳出版社给了他一大笔钱,他手里活络了,便心血来潮打算做一些壮举。他对麦克斯说要把所有版税都送给菲茨杰拉德,还写信给菲茨杰拉德说他刚叫来律师,指定司各特为其遗产继承人。菲茨杰拉德是否觉得此举荒诞不经如同儿戏,那就无案可查了。

一旦海明威与斯克里伯纳签约,麦克斯自然而然就成了欧内斯特与司各特两人之间文字友谊的调解人了。在菲茨杰拉德 1940 年去世前，麦克斯的办公室一直是交流感情的地方，尤其是当两人想要交流但又要避免起冲突的时候。

麦克斯收到海明威书稿的时候，司各特正在里维埃拉的瑞昂莱潘镇（Juan-les-Pins），享受"一个灿烂的夏天"。欧内斯特还在巴黎，接连下了三个星期的雨，他行动不得，时常苦于失眠。珀金斯的下一封信来得正是时候，像是一帖补药：

> 在我看来，《太阳照常升起》写得非常出色。别人写不出更有生气的书。所有的场景，特别是他们翻越比利牛斯山脉[1]来到西班牙的那些场景，还有他们在冰冷的河里钓鱼，公牛和犍牛被赶到一块儿，在一个斗牛场里斗，这些场景都描写得栩栩如生，令人身临其境。

珀金斯认为这本书堪称艺术之作，"好得惊人，尤其令人惊叹的是它牵涉到那么多的体验和情感，却极为技巧而又不露痕迹地将它们糅合为一部完整的佳构。我只有向你致以最强烈的敬意"。

纽约出版界开始传言，并非所有珀金斯的同事都像他这样看重这本书。亨利·霍尔特出版社的编辑查尔斯·A. 麦迪逊（Charles A. Madison）说，珀金斯将会发现，"要说服老斯克里伯纳出版一本包含脏话、下流对话的书"，并非易事。管一条雌狗叫"母狗"是一回事（尽管这个掌管着出版社的老头也曾骇然发现《了不起的盖茨比》中也有相同比喻），但拿它来称一个女人是另一回事——在这本书里，女主人公勃莱特·阿施利夫人[2]就是一例。麦克斯挺担心，便带着《太阳照常升起》的书稿回家跟妻子路易丝讨论。他解释说，问题还不仅是

---

1 珀金斯在这里把比利牛斯山脉（Pyrenees）误写为 Pyrennees。——原注
2 本书中《太阳照常升起》的译文均引自赵静男译本（上海译文出版社 2004 年版）。书中人物、地点译名亦与此译本统一。

某些字词，海明威的写作主题也令人惊骇。路易丝凭直觉明白了情况，她握紧一个拳头，对丈夫说："麦克斯，你得站出来，力争出版它。"

几天以后，斯克里伯纳出版社召开每月一次的编辑部会议，讨论刚收到的书稿。此时的查尔斯·斯克里伯纳已经七十二岁，但他的咆哮还是中气十足。出版下流东西对他而言是不可想象的；防止"肮脏的书"玷污他的出版品牌是重中之重的事。他已经被海明威的书惊得目瞪口呆，但还是保持理智，在编辑部会议前先找了他的老朋友、波士顿的罗伯特·格兰特法官（Judge Robert Grant），听取他的意见。七十多岁的格兰特也是位成功的小说家。他也对海明威粗鲁的文字大吃一惊，但非常喜欢小说的大部分内容。"查尔斯，你一定要出这本书，"法官判定道，"但我希望这个年轻人以后会后悔。"

约翰·霍尔·惠洛克还记得，走进编辑部会议时，他心想：即使有格兰特法官的意见，但"查尔斯·斯克里伯纳不会允许他出的书里出现粗俗亵渎的内容，因为那无异于邀请朋友把他的客厅当厕所使"。

围绕《太阳照常升起》的争论骤然升温，麦克斯·珀金斯辩称这个问题已经超出这本书的范围了。他后来写信对当时未在场的小查尔斯·斯克里伯纳说，他已经在会上断言，"这是我们争取年轻作家的关键一步，我们已经在为外界给予的'极端保守'评价而付出代价，虽然这种说法并不公平，且不无恶意。假如我们退稿的消息传出去——这一定会传出去——那这顶帽子我们就戴定了"。

查尔斯·斯克里伯纳耐心地听着珀金斯坚定的阐述，这一幕一定让他想起1919年麦克斯为菲茨杰拉德辩护的情景。他听着，缓缓摇头。年轻编辑拜伦·德克斯特私底下爱传播社里的小道消息，他后来悄悄告诉马尔科姆·考利："珀金斯代表了新思想，社里的年轻一拨都很支持他。我记得危机的那一刻……老查尔斯·斯克里伯纳当时还大权在握——说一不二。我们都知道珀金斯必须为海明威尽力争取，某天晚上有人压低声音说,查尔斯·斯克里伯纳已经拒绝了这本书,珀金斯要辞职了。"

这些事情并没有发生。投票表决后,珀金斯回到办公室,给小查尔斯·斯克里伯纳写信:"我们通过了——不无疑虑。"他坦言,他关于出版社声誉的个人看法"对这一决定起了很大作用……我到最后才想到,尽管大家不无担忧苦恼,但赞成票还是以微弱优势胜出了"。

讽刺小说《春潮》于1926年5月28日出版。麦克斯写信告诉菲茨杰拉德,书"得到了一些好评,但并非所有人都看懂了"。麦克斯本人在书中看到的是尖刻的机智和真正的幽默,这使得它免于"一味挖苦"。不过,麦克斯说,他最大的兴趣还是在于《太阳照常升起》,对它的出版他都快等得不耐烦了:"那里面展现的天赋要高于我从《春潮》中得出的推断。我对《春潮》的评价不太高。"

从风格到主题,《太阳照常升起》不同于珀金斯以往编过的甚至读过的任何一本书,这使得他对提出修改意见极为犹豫。司各特·菲茨杰拉德从法国来信建议他仅要求作者作最低限度的改动,因为海明威已经"被之前那些出版人和杂志编辑对他作品的处理弄得很沮丧"。

在《流动的盛宴》中,海明威说他在把《太阳照常升起》改完寄给斯克里伯纳出版社之后,才让菲茨杰拉德看了书稿。事实上,菲茨杰拉德在那年春天已经读过了,并且写了评论意见寄给作者。他说,一旦读者读到前15页之后,就会觉得这本书写得"真他妈好"。这15页主要是介绍勃莱特·阿施利夫人和罗伯特·科恩。菲茨杰拉德觉得写得太松散。他说,它们呈现出"一种趋势,那就是啰哩啰嗦地把某件刚好吸引你的轶事都囊括[1]或者(像通常都会发生的那样)牢牢记住"。

---

[1] 菲茨杰拉德在这里把envelop(囊括)误写为envelope。——原注

收到信几天后,海明威向珀金斯提议把那15页都砍掉。这让珀金斯很为难。他同意海明威说的,开头部分交代的信息在整部作品中都有了,因此从这个角度来说,的确是没有必要的。但他说,这部分材料"在这里写得不错……对于一个不知道你写作风格,甚至对书里很多地方会觉得奇怪的新读者来说,这样的开头很有帮助"。珀金斯让作者自己决定,并强调说:"你的写作只像你自己,我无意评判,也没有评判的信心。"

但在其他地方,麦克斯就不那么犹豫了。他觉得,《太阳照常升起》的问题主要不在于一个个的章节,而在于单个的字词、短语——珀金斯知道,污言秽语和不堪的人物描述可能导致整本书被禁,引来诽谤官司。他还在信里对作者说,至于语言,"大多数人受语言的影响更甚于事物的影响。我得说,对事物十分迟钝的人对某种词也是十分敏感的。我认为有些词最好避免使用,这样我们也可以让人们专注于这本书的内容本身,而不是分心去讨论毫不相干的表面问题"。麦克斯认为书中有十来处不同的段落可能会触犯大多数读者的敏感神经。他说:"如果因为许多低级的、只关心下半身问题的弱智叫嚷而使得这么一本有新意的书遭受冷落,那可真是划不来。"

> 你也许不会理解这种讨厌的可能性[他接着说],因为你在国外待的时间太长了,感受不到那种氛围。那些整天呼吸着污浊之气的人抨击某本书,不仅仅看它是不是色情淫秽(这个理由在这本书里是站不住脚的),还看它是不是"正派",指的就是用词。

"我当然相信你的作品艺术上的正直。"麦克斯说,但他还是督促海明威尽可能减少令人反感的粗口。

海明威回信说,在语言的使用上,他可以想象麦克斯和他的立场一致。每一个字词，无不是经过他推敲是否有其他词可替代再使用的。在接下来的一个月里，他埋头对校样做最后的修订，尽可能删去他认为可以删除的词。到1926年8月底，他已处理完珀金斯指出的不妥之处：将书中写到"有史记载"阳痿的亨利·詹姆斯只称作亨利；对直接提及的在世作家如约瑟夫·赫格海默（Joseph Hergesheimer）、希莱尔·贝洛克（Hilaire Belloc），或删或改；用破折号代替那些下流字眼；描写西班牙斗牛时不再提它们那"令人尴尬的下体"。但在提到勃莱特·阿施利夫人时用的"婊子"一词则仍保留，因为海明威坚持说，他用这个词从来不是"点缀"，而是必需。他说，如果《太阳照常升起》确属亵渎之作，那他和麦克斯也只能认了，就指望他下一本书会写得"神圣"一些吧。他已经在考虑他想写的许多短篇小说了，关于战争，爱情，以及老套的主题——"为生活奋斗"。

另一次编辑上的讨论主题是书开头的卷首语。海明威想要一段卷首语，能够设定一个对他来说很重要的主题，即他这一代人在一战后的动荡漂泊中对自我身份的抗争追寻。在《流动的盛宴》里，海明威写到了他是怎么突然想到这个卷首语的。他说格特鲁德·斯泰因"当时驾驶的那辆老式福特T型汽车的发火装置出了些毛病，而那个在汽车修理行工作的小伙子在大战的最后一年曾在部队里服过役，在修理斯泰因小姐的福特车时手艺不熟练，或者是没有打破别的车子先来先修的次序而提前给她修车。不管怎样，他没有认真对待，等斯泰因小姐提出了抗议，他被修理行老板狠狠地训斥了一顿。老板对他说，'你们都是迷惘的一代'"。后来她对海明威说道："你就是这样的人。你们都是这样的人，你们这些在大战中服过役的都是。你们是迷惘的一代。"

海明威觉得这最后一句话用来形容《太阳照常升起》里的人物非常贴切。他在信里对珀金斯说，他要把斯泰因小姐的话和《旧约·传道书》中引出的一段话并列放在一起作为开头的卷首语，这段话是这样写的：

> 嘘气而已——传道人说——嘘气的嘘气……一代老去，一代又来，大地却依然如故。日头升起，日头落下，再喘吁吁赶回曙色之乡。[1]

这个卷首语引起了珀金斯的很强共鸣。《传道书》是《旧约》里他最喜欢的部分——他曾对女儿佩吉说："它包含了古代世界的所有智慧。"——他觉得这一卷首语十分妥当，欣然同意。

即使到《太阳照常升起》出版之后的1926年秋，海明威仍在琢磨这段卷首语。他问珀金斯能不能把"嘘气而已——传道人说——嘘气的嘘气……"这句删掉。他觉得删掉可以强调这本书"真正的重点"，也就是"大地却依然如故"。珀金斯也同意了。他回信说，大地与人的关系是《太阳照常升起》中最强烈的主题，"大多数评论者在书评中并没有触及这一点。但我时常怀疑，这种情感本身……是否被读书阶层的那些人……所感受到。我相信比较单纯的人是能感受到的"。

麦克斯的女儿贝莎还记得父母在读到几份报纸周日书评版上的书评后轻松高兴的样子，尤其是康拉德·艾肯（Conrad Aiken）在《先驱论坛报》上的文章：

> 当今我可找不到比这写得更好的对话了。这些对话活灵活现，富有节奏，充满习语俗话，停顿间歇恰到好处，影射暗讽，是生活中活生生的语言。

---

[1] 此段引文引自冯象译注《智慧书》（香港：牛津大学出版社2008年版）。

麦克斯的同事罗杰·伯林盖姆多年以后写道,《太阳照常升起》"让麦克斯·珀金斯等诸多编辑相信,新一代作家——即使他们也许'迷惘'——已经找到并掌握了多数前辈作家几乎一无所知的写作方式"。麦克斯写信告诉海明威,《太阳照常升起》的销量从八千册攀升至一万二千册乃至更多,"太阳升起来了……并且还在稳步上升"。

翌年春天,博尼与利弗莱特出版社的一位合伙人唐纳德·弗里德(Donald Friede)在巴黎拜访海明威,提出愿意支付大笔预付金,只要他肯回到他们出版社出书。海明威直截了当地告诉他,这件事情免谈,他对斯克里伯纳百分之百满意。他知道他们早在《太阳照常升起》上市之前就积极做广告宣传,而过去许多出版社都不要这本书呢。海明威相信是广告宣传最终推动书卖出两万多册。但是,他没有意识到珀金斯本人为这本书付出了多少心血。

对这部小说表达愤怒的意见信几乎每周都会把斯克里伯纳出版社的信箱塞满,然后被转给珀金斯。《太阳照常升起》在波士顿被禁,到处都有气冲冲的读者要求斯克里伯纳出版社对迎合公众的低级趣味道歉,至少也得给个说法。珀金斯已经成为回复此类激动质问斯克里伯纳出版社尊严何在的读者来信的高手;这时候都还有人来信指责那个"满嘴下流话、庸俗粗鲁、自命不凡"的 F. 司各特·菲茨杰拉德呢。珀金斯在给一位海明威的读者回信中说:"出版当然不是只看出版人的个人趣味。他要对他的职业负责,这一责任要求他出版文学界公认文学价值高超的、同时也对这个时代的文明持有批判精神的作品。"他还说:

> 通常对待这类书有两种观点:其一认为丑恶永远不应该在文学中呈现,虽然它实际上存在,因为它令人不快;其二认为如实呈现它是可贵的,因为它的确可憎可怕,将其公之于世会令人痛恨。

如置之不理或加以隐瞒，则会令丑恶披上虚假的魅力外衣，诱人堕落。

这两种观点孰对孰错，尚未见分晓。

珀金斯忙着跟海明威的批评者们"搏斗"的时候，海明威也正焦头烂额，不是写作出现麻烦，而是婚姻出了问题。他正和已经为他生了一个儿子的妻子哈德莉闹离婚。海明威后来写道，当时的情形，正如所有坏事的开头一样，"始于幼稚无知"。在《流动的盛宴》中，他描述道："有个未婚的年轻女人成为另一个已婚的年轻女人的一时的好朋友。她搬来同那丈夫和妻子住在一起，接着神不知鬼不觉地，天真无邪地，毫不留情地企图与那丈夫结婚。"这个朋友是来自阿肯色州的时髦女郎、《时尚》（Vogue）杂志驻巴黎的时装编辑波琳·菲弗（Pauline Pfeiffer）。1926年7月，海明威向妻子透露，他和波琳相爱了。将《太阳照常升起》题献给哈德莉并将该书的所有版税转给她，是他们这段婚姻最后的仪式。哈德莉后来回忆此事之后不久她见到麦克斯·珀金斯的情景："他被海明威抛弃我、移情别恋（无论她多好）惊得目瞪口呆，这令我对他印象颇佳。"她还说："我意识到自己成了海明威的附属品，而他觉得需要更多刺激。有时候距离太近的结果是只能分开。"

* * *

其他人的婚姻得以维持是因为距离。"路易丝和麦克斯是奇怪的一对，"路易丝的姐姐琼说，"相反的人相吸，他们俩从来没在什么事情上合得来。哦，他们相爱，可你瞧，麦克斯整天忙着在纽约工作，下班就盼着快点回家看女儿们。路易丝呢——她从来不想整天守在家里；自从有了这个家，她就想方设法离开。"

二十年代中期，路易丝作为当地戏剧、露天历史剧的编剧和演员，愈加活跃了。麦克斯仍然不赞成她这样——尤其是登台演出，可能他对她涉足戏剧整体上都是反对的。1925年，他认为她应该写短篇小说，写书。作为鼓励，他把她的一个儿童剧本《红桃J》(The Knave of Hearts)拿到斯克里伯纳以大开本出版，还请麦克斯菲尔德·帕利什（Maxfield Parrish）配了许多插图。帕利什是珀金斯夫妇的朋友，住处与他们在温莎的别墅仅隔一条康涅狄格河。帕利什画作的收藏者认为《红桃J》的插图可以归入这位艺术家最佳作品之列。

1926年，路易丝终于向她丈夫让步，不再写剧本，做了两次散文尝试——写了两个短篇小说《客套话》("Formula"）和《别的乐事》("Other Joys")。在没有珀金斯利用他的关系施加影响的情况下，两篇都卖给杂志发表了，一篇给了《哈珀斯》(Harper's)，一篇给了《斯克里伯纳杂志》。他觉得她这么轻易发表作品是很了不起的，鼓励她一鼓作气再写一个短篇。女儿们都记得他说，假如坚持写作，"妈妈会成为又一个凯瑟琳·曼斯菲尔德[1]"。对于路易丝而言，这种前途还不如当演员呢。但她想让丈夫高兴。

路易丝的精力是间歇性迸发的，有时候要隔几年才会写一个短篇小说，但从结果看来，她的写作技巧在不断进步。这些以她婚前的名字发表的小说在情节设置上越来越自如，人物性格也愈发微妙。即使是最初的几篇，对人物也有敏锐的观察，能有深度地表现人物内心的激情。这些短篇没有一个是自传性的，但写的都是生活不安稳的女性——通常是老姑娘、寡妇，家境宽裕（对此她有细致描写），但对孤僻的生活感到窒息。

---

[1] 凯瑟琳·曼斯菲尔德（Katherine Mansfield，1888—1923），杰出的现代主义作家、短篇小说家，生于新西兰。

新工作让路易丝有了奢侈的新理由。麦克斯跟菲茨杰拉德解释说:"每次有杂志接受她的投稿,她就觉得又赚了一笔,于是花钱大手大脚起来——小说还不知道什么时候发表呢,她花出去的钱就是稿费的四五倍了。"

在新迦南住了一年,路易丝和麦克斯都觉得搬家到此是正确的,因为这里的社交生活比较丰富有趣。他们保持着与科伦夫妇以及其他人的交往。那年的一天晚上,茉莉带着四页书稿登门造访,她正在写一本谈文学评论原则的书《大眼睛,大翅膀》(*Wide Eyes and Wings*)。麦克斯在信中告诉菲茨杰拉德,这个书名表达了她的信念,即"文学评论应该是感性的,文学不应该以一套一成不变的理性标准来衡量"。麦克斯接着说:"我已经对她的思想够钦佩的了,但她仍令我吃惊:她非常清晰地阐明了四个全新的观点——而我过去(和其他人一样)经常认定女人是不善于抽象思维的——但我现在很高兴带着我那一群女孩儿,成为男女平等主义者。"因为这开头四页书稿,珀金斯提出要出版这本书。

麦克斯最亲密的朋友仍是他最早的朋友范·怀克·布鲁克斯。1926年年初,他们的友谊随着布鲁克斯得抑郁症而遇到考验。他深深陷入一本爱默生传的写作而不能自拔。只有挚友知道,他抑郁的根源并不是这本书,而是上一本文学评论著作,著名的《亨利·詹姆斯的朝圣》(*Pilgrimage of Henry James*)。约翰·霍尔·惠洛克说:"范·怀克意识到亨利·詹姆斯再也无法自辩,就对自己写了那么多批评詹姆斯的东西深感不安,他觉得那不可原谅。"[1] 布鲁克斯自己后来解释说:

> 我一心想着……我的书彻头彻尾是错误的,我说的、想的全都不

---

[1] 范·怀克·布鲁克斯于1925年出版《亨利·詹姆斯的朝圣》,批评亨利·詹姆斯身为美国作家长期在欧洲生活写作,写作上丧失了美国身份。但詹姆斯已经于1916年去世。

对……我晚上常做噩梦,亨利·詹姆斯睁着一双发光的眼睛恶狠狠地瞪着我。我迷迷糊糊地觉得在他的问题上我内心的分裂,我感到自己曾以类似柏拉图那种"伤害他人名誉的、无情的狭隘眼光"看待他,我像一个罪犯,良心受到了谴责。总之,中年的那段时期,我深陷内心的折磨……我睡不着觉,有一年的时间几乎坐不下来,生活在一种地狱般灰暗的精神状态中……所有的感情和兴趣都停止了。

每个星期天,珀金斯都陪范·怀克走很长一段路,有时雨天、雾天也照走不误。布鲁克斯抑郁症病情加重,这对珀金斯也是一种难过的煎熬。他相信要治愈范·怀克,就要让他写完关于爱默生的那本书,可布鲁克斯宣称那是无可救药的失败。麦克斯读了他已写的部分书稿,提出一个全新的方案,安排了原作所欠缺的结构,但布鲁克斯拒绝接受。相反,他认定自己必须找新工作——最好是一份兼职,他就有时间写作了。珀金斯相信这种安排"会把人耗尽的"。他说:"在你这个年纪,声望这么高,再找工作多丢人啊。你只要写写十位不那么有名的作家,就拿他们的名字做标题,我可以以每篇500元的价格卖出去,最后出书,销量肯定超过你过去的纪录。"范·怀克说他不会写命题作文。麦克斯认为他应该学着写。

两人没再说下去。麦克斯仍然每个星期天陪日益陷入中午危机、远离人际交往的范·怀克一圈一圈地散步。布鲁克斯后来承认,他的世界变成了"一幢拉下窗帘的屋子,一个人独坐其中,当生活的女神带着愉悦的召唤前来敲门时,他都不想听见敲门声"。

不久,珀金斯意识到,在范·怀克·布鲁克斯脑海中徘徊的不仅仅是亨利·詹姆斯的面容。布鲁克斯的病情,还因他在处理与茉莉·科伦的关系上产生了负罪感而更复杂了。这件事情只有新迦南最核心的

青年编辑麦克斯,摄于1920年左右,也就是他发现F.司各特·菲茨杰拉德,开始他在斯克里伯纳出版社的辉煌事业之时。

菲茨杰拉德(右上)是珀金斯的第一个传奇作者,他又把另外两位作者引荐给珀金斯:林·拉德纳(左下)和欧内斯特·海明威(右下,摄于他在西班牙参加内战时期)。麦克斯见证了他们每一个人所经历的个人生活和写作上的困难;他温暖的友谊和坚定的支持对他们来说和他的编辑意见同样重要。

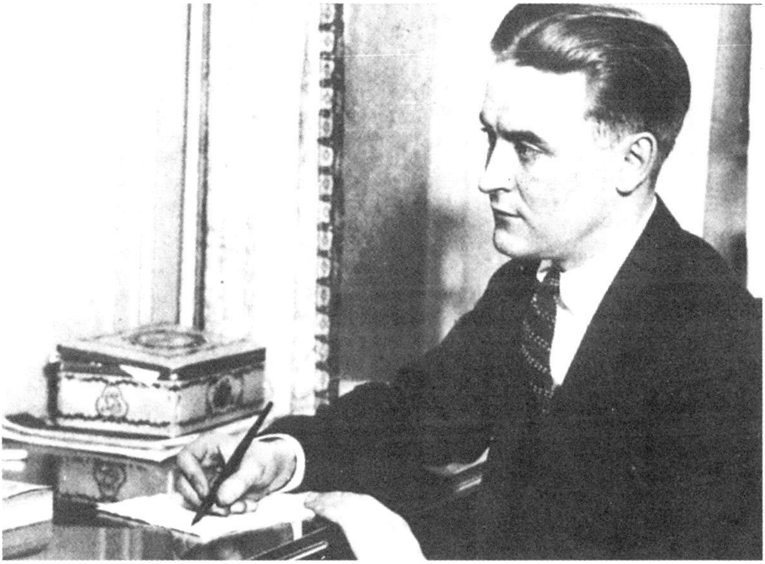

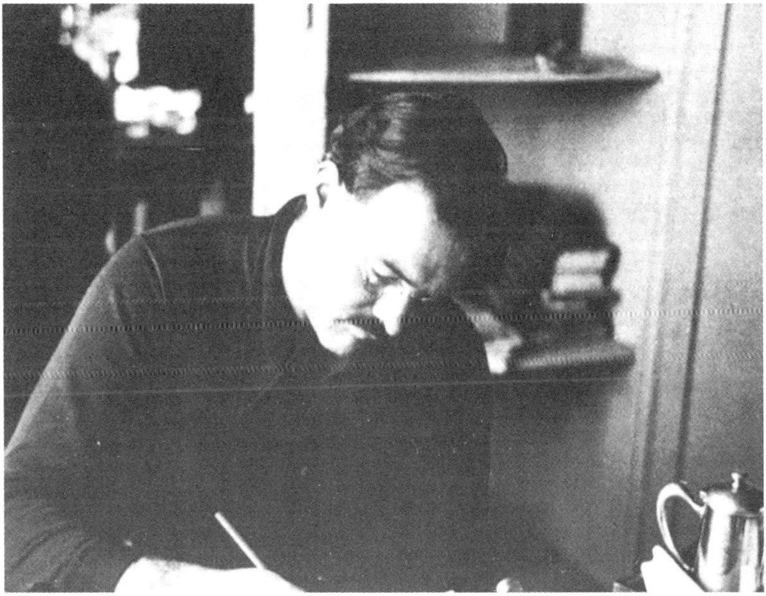

圈内人知道，麦克斯在给伊丽莎白·莱蒙的信中透露了详情。他说，范·怀克"性格腼腆、敏感，总能和女性交朋友。他妻子埃丽诺是个健康、强壮、老实的人，但在精神层面上合不来。茉莉·科伦则是知音。他们经常在一起"。约翰·霍尔·惠洛克后来对这些观察又做了补充："布鲁克斯夫妇是非常传统的、令人尊敬的一对夫妻，虽然布鲁克斯念大学的时候很受女生欢迎……而茉莉又是那种敢作敢为的女人。"

茉莉·科伦得知布鲁克斯患了抑郁症后，便着手帮他摆脱困境：试图引诱他发展出一段婚外恋——"为了让他好转"。惠洛克说："她想与他保持一种欧洲式的恋爱关系。他正在对家庭可敬的责任心和艺术家的使命感之间挣扎，她认为可以让他将这两种责任分开。茉莉曾经嚷道：'他那么有才华，可都被他那负责任的态度给毁了。他什么都不缺，就缺一个男子汉的勇气。他只能发疯才会解放自己。'"

麦克斯相信布鲁克斯"根本不会干出什么不忠之举，茉莉也不会"。布鲁克斯的病历显示，他与茉莉·科伦最亲密的身体接触只是一次激情的吻。"但他的确说了一些和埃丽诺有关的事，他事后觉得不忠，觉得自己干了不可原谅的事，"麦克斯告诉伊丽莎白·莱蒙，"然后他告诉了埃丽诺。按照路易丝的说法，埃丽诺是那种占有欲很强的人。总之，她对茉莉在精神层面占了上风非常嫉妒。她的一言一行加剧了范·怀克的负罪感，这负罪感深藏在他内心，成为一种执念。这似乎就是他目前困境的根源。"其结果是布鲁克斯度过了一段兰波诗中所说"地狱一季"的日子。

布鲁克斯不再见珀金斯，他的抑郁症病情加重为精神失常。珀金斯对此虽然有些不解，仍然密切关注着布鲁克斯的病情。二十年代末，布鲁克斯唯一愿意见面的约翰·霍尔·惠洛克告诉珀金斯，布鲁克斯"病得可怕"，情况比几年前他因工作的不安全感造成的困扰严重得多。布鲁克斯的母亲告诉珀金斯，她儿子整天来回踱步，口中喃喃自语：" 我再也不见麦克斯。" 从彼此生活中消失数月之后，珀金斯收到埃丽诺的一张便笺，请他再陪布鲁克斯散步，就像过去那样。麦克斯自然乐意为之，只怕"说出什么会引起麻烦的话"。

还有一个没有言明的问题。这是麦克斯遇到的问题，事实上也是许多编辑都会遇到的问题，那就是作者成了朋友，而朋友有时会成为作者——这种近乎"乱伦"的混乱关系有时候会产生好书，有时候则会把情况搅得一团糟，令人头大。麦克斯与布鲁克斯的友谊此时危及到他与茉莉·科伦的合作关系。麦克斯把一切烦恼都向伊丽莎白·莱蒙倾吐：

> 几年前，茉莉提出要将她正在写的文学评论交给我出版。我们从来没有跟她正式签合同。完全出于我们的私人关系，我觉得走流程签合同挺不合适。有位英国出版人乔纳森·凯普（Jonathan Cape），找了个美国合伙人，要在美国开新的出版社，他们迈出的第一步就是要签茉莉的这本书。茉莉说她在签约前必须先跟我谈谈。我们的见面很好笑，好像在一起演一出生意场上的滑稽情节剧。他们竭力想让她跟我的午饭饭局爽约，在我跟她见面的时候，还派人送来一张支票给她。我说，我们能提供优于他们的一切条件，她同意这一点。但是有某种障碍。我想象不出的障碍。最后，她流着泪告诉我了。不知怎么的，她听说了我要去见布鲁克斯大妇。既然我又将是布鲁克斯夫妇的朋友，那怎么能成为她的出版人呢？

"这年头男人还有什么希望能明白女人呢？"麦克斯问伊丽莎白，"女人都明白不了女人呢。你能跟得上这种思路吗？最后她还是跟我们签约了；所以我怎么着都得让她把书给写出来。千真万确……可真实的生活让我一天比一天看不懂。希望你不是这样。"

通常在夏天，他们一家外出，只留下他一人，此时他的厌世心理是最强烈的。他的情绪又按另一个周期变化着。几年来，他注意到自己的情绪在上弦月和下弦月的时候是最低落的。珀金斯知道伊丽莎白·莱蒙笃信占星学。1926年，他向她提起他忧郁的情绪似乎是周期性复发的，不管发生什么别的事；而且这些情绪的起伏会随着月亮的变化而变化。

为了满足自己的好奇心，伊丽莎白画了麦克斯的星相图。它的准确程度令好几个认识珀金斯的占星术怀疑论者都为之折服。它显示出有多颗行星密集在一起，这表示"天才"，多达四颗行星在玄秘宫。土星在第九宫使得他无法外出旅行。伊丽莎白曾经请教当时最有名的占星师埃文格琳·亚当斯（Evangeline Adams），图书编辑最强的归属星座是什么。她说是主批评者的处女座和主爱美者的天秤座。麦克斯生于1884年9月20日上午7时，是接近天秤座的处女座。

1926年7月初，星星们显然正欢欢喜喜地排成一排，因为麦克斯去温莎的时候，路易丝说伊丽莎白两星期后就要来了。"我真不相信，"他写信对伊丽莎白说，"可我喜欢假装这是真的。"伊丽莎白和麦克斯一样是个不喜欢离开家乡的人，但她还是坐火车到佛蒙特和珀金斯一家度过了愉快的几天。她特别喜欢与麦克斯在一起的宁静时光，两人在"天堂"松林怀抱的幽谷中漫步。他后来写信对她说："你来过这里，牧场山丘和麦克斯山就好像与以前大不一样了。但是这种好感觉又被我愤怒地看到的其他一些地方给抵消了。不知为何，我那时没有冒着被指责行为不成熟的危险而强迫你去看。"

后来，茉莉·科伦也来温莎避暑，对这里众多性格各异的新英格兰人印象深刻。她对麦克斯说："身为评论家，我不能坐视这么好的文学素材白白浪费。"麦克斯写信告诉伊丽莎白："我本人一直都是这么看的——虽然我知道一个男人这样看待自己的家乡和同乡人挺让人受不了的。"

夏日将尽,路易丝在空旷的"天堂"深处上演了她的一出戏。那是只演给家人看的——整个家族观众也够多了。麦克斯写信告诉伊丽莎白,演出"好得不可思议——表演、舞美、服装设计都完美无缺;完全是路易丝的功劳。最后,观众齐声喊:'作者!作者!'孩子们大为沮丧,他们以为观众在喊:'做作!做作!'"

麦克斯完全赞赏妻子在艺术上的探索,不过当路易丝不写作的那些时期,他便明确说她觉得她在浪费才华。如同对待其他作者一样,珀金斯从来不要求路易丝写什么:他只是希望她能发挥自己的才能。路易丝从未质疑麦克斯所认为作家要高于演员的标准,因而陷入了困扰她一生的两难抉择:要么违背丈夫意愿,尝试干演戏这一行,要么放弃自己的戏剧才华,令自己抱憾。她选择了后者,这样既失去了丈夫的一些尊敬,也失去了自尊。在这件事情上她始终没有反抗丈夫的意见,也就没能显示出她性格中他最钦佩的坚强。他们彼此怨恨,而此种怨恨贯穿他们的整个婚姻。

麦克斯与路易丝分居两地时,给她写信不像过去那样频繁了。在信里,他还称她"我亲爱的",反复地表白"我非常爱你",落款是"你的麦克斯"。而在一起时两人连和睦相处都难以做到。他们的女儿莎比曾拿自己的两个拳头相撞来形象地形容这种婚姻。

麦克斯·珀金斯一生的大部分时间都在向别人(路易丝除外)提供自己温暖的肩膀和同情的耳朵。他对沙比解释:"友谊最重要的义务就是聆听。"他只向伊丽莎白·来蒙倾吐自己周期性的忧郁。麦克斯通常是在纽约的某个俱乐部给她写信,每封都是手写的,他总想写得尽善尽美。他写给路易丝的信自信满满,带有激励劝告色彩,给伊丽莎白的信则渴望取悦她:他告诉她,斯克里伯纳出版社里有位做装帧设计的女同事对他说:"喝醉对你有好处。"他也不介意让伊丽莎白

知道他的弱点。他会为信纸上最微小的瑕疵而道歉,接着写出一封神采飞扬、妙语如珠或简单伤感的信。他完全向她敞开心扉:

> 在新迦南有一封给你写了一半就放下的信。我从头读到尾,发现即便是书信这样一种最能包容写信者只谈论自我的书写形式,我在信中的自我暴露还是过头了;正因为此,写信未能受到人类的普遍欢迎,既令人奇怪,也可以接受。

伊丽莎白乐于见到他的每一封来信,而且总是那么理解他,从不提问题。"别好奇,"他曾在信中对她说,"不过你也不是那种好奇的人。"

多年以后,莱蒙小姐说:"根本不是那么回事儿。我跟任何人一样好奇。我渴望知道他的事。可我从不问。我知道如果问了,他就不会再给我写信。"

就这样,麦克斯相信伊丽莎白·莱蒙就是那个他可以对之倾诉内心不安的人。"你可以给我写个三言两语,说说你过得好不好吗?"1926年10月,他给她写信说,"在这个时候我已经做好失去所有朋友的准备,让千夫所指。可现在风向稍转,情况对我有利,使我有胆量问你。"他真正想知道的是:他的女神是否在她的天国里。

麦克斯·珀金斯默默忍受着他的作者们经常感受的各种孤独,便大剂量地吞服他的新英格兰祖先早就开过的药方——工作。结果自然令斯克里伯纳出版社大大得益。到1926年,他为斯克里伯纳所争取到的作者的确不凡。菲茨杰拉德不久前向小说家托马斯·博伊德描述珀金斯"是一个奇迹。自从那个老人步入上一代人之列,他就成为出版社的智囊"。其他人大都这样认为。在人生的最后几年,老查尔斯·斯克里伯纳非常重视珀金斯对书的判断意见,但也不总是接受。1925年,麦克斯读了布鲁斯·巴顿（Bruce Barton）写的《没人认识的人》（*The Man Nobody Knows*）书稿。该书对《新约全书》做了广告式的阐述。罗杰·伯林盖姆还记得珀金斯当时就嗅出此书具有畅销潜质，拿着书稿去见查尔斯·斯克里伯纳。麦克斯说："这书把耶稣描写成超级推销员，一个积极分子，一个商业天才。当然可能大卖。"但斯克里伯纳具有多年出版严肃宗教图书的历史，他完全被这本书惊呆了，断然要求退稿。鲍勃斯－梅瑞尔出版社要了它，1926年第二个图书销售旺季一开始，它就成为火爆的畅销书。看到《没人认识的人》月复一月地占据畅销书排行榜榜首位置，出版社的那位大家长叫来珀金斯，问："这本书怎么样？我们为什么没有搞到手？"

"啊，我们讨论过，斯克里伯纳先生，"珀金斯答道，"我一年前就跟您详细介绍过它。是我们决定放弃的。"

"你跟我讨论过？你是说稿子到过我们这儿？"

珀金斯惊愕于查尔斯·斯克里伯纳的记性衰退到如此地步："那当然啦，斯克里伯纳先生。您不记得我说它把耶稣描绘成一个推销员？我还说过它可能畅销。"

这位出版社的头头久久凝视着珀金斯，脸上毫无表情。眼中闪过一丝微光，斯克里伯纳身体前倾，摇着一根手指说："可是珀金斯先生，你没告诉我它会卖四十万本。"

7

有个性的人

《太阳照常升起》成功出版几个月后,欧内斯特·海明威无法安心写作。为了提防从一次婚姻迅速滑入另一次婚姻,他避开他生活中的两个女人——妻子哈德莉和波琳·菲弗——到奥地利滑雪去了。感情的大风大浪令他疲惫不堪。

1927年2月,珀金斯写信给在格施塔德(Gstaad)的海明威,试图让他再拿起笔写作。麦克斯希望海明威能选出一本短篇小说集,说:"你的书我们一定重推。"

珀金斯的约稿转移了海明威对婚姻问题的注意力。几天后,他告诉麦克斯,他的头脑"又活络了"。他在写一些"相当不错"的短篇小说,正挑选小说集的篇目,书名打算叫《没有女人的男人们》(*Men Without Women*)。珀金斯的面前很快就出现了需要他编排的十四个短篇小说,他对这本书倾注的认真劲儿是空前的。通常编短篇小说集,他把最好的几篇放在前面、当中和末尾,其他质量不一的篇目穿插其中。他决定这本《没有女人的男人们》开篇放海明威篇幅较长的短篇小说《没有被斗败的人》("The Undefeated"),以较短的《我躺下》

("Now I Lay Me")收尾。

虽然1927年开了好头,但这一年大部分时间海明威的心思都不在工作上。4月与波琳结婚前后,他有好几个月在各地旅行。9月,他告诉珀金斯已经动笔写下一部长篇小说,具体情况暂且不说,因为他认为书说得越多,他的进度就越慢。

一回到巴黎,海明威就给自己限定每天写作六小时,开始工作,不到一个月,已经写了三万个单词。接着他又宣布,经过四年海外生涯,他将搬回美国生活。他终于意识到这几年他把自己的生活"弄得一团糟",所以很感激珀金斯让他至少在事业上稳步发展。他的"生活,心思,所有的一切,有一度全都糟糕透顶",但他渐渐恢复了。他向珀金斯透底,他多渴望写一部好小说,只为了他俩,写多长都行。他在考虑定居佛罗里达州的基韦斯特岛(Key West),在那里会对这个问题做一慎重决定。如果他已经写了一段时间的那部小说(这部"现代版汤姆·琼斯"已经写了二十二章)写不下去,他就把它先搁一搁,转而去写两周前才动笔的另一个小说。这个小说的来历,还得追溯到海明威的两个短篇小说,一个是以欧内斯特战时在米兰爱上的一个护士为原型的《小小说》("A Very Short Story"),另一个《在异乡》("In Another Country")写一个少校,他的妻子就在那位护士的医院死于肺炎。海明威抽取了这两个故事中主要的戏剧元素,着手写一个"关于爱情与战争、为生活奋斗的老故事",他在《太阳照常升起》出版后曾向珀金斯提起过它。到了佛罗里达,他决定接着写下去。

麦克斯一边迫切期待早日看到海明威的完稿,一边考虑在他们社杂志上连载的可能性。杂志付的稿费估计能刺激海明威把小说写完。此外他还有更深层的考虑。罗杰·伯林盖姆回忆说:"社里一些不安分的年轻人似乎觉得《斯克里伯纳杂志》太老气横秋。"珀金斯就是其中之一,他想提高这份杂志的文学质量。海明威从其他商业性更强的杂志上可以赚到多得多的连载稿费,但麦克斯说,《斯克里伯纳杂志》渴望刊登他的一部重要作品,愿意付10000美元,约翰·高尔斯华绥、伊迪丝·沃顿的作品在上面连载也不过如此待遇。海明威答复说,这么一大笔钱正是他想要的,可他担心这个杂志过去两年来的风格变化还不够大,不应该拿这个小说冒险。他向麦克斯解释了他作品的命运,先是因为"这里那里太过头"而被退稿,然后等到出版后,人人都赞美,人人都说他们早该出版它了。不过他还是同意让《斯克里伯纳杂志》先分一杯羹。

1928年仲夏,波琳产下他们的第一个孩子,是个男孩,取名帕特里克。欧内斯特为第二个儿子的诞生高兴,但对麦克斯说,他本来希望是个女儿,这样就能和他的编辑一样,也拥有女儿。母子二人都身体健康得足以外出旅行时,便前往波琳位于阿肯色州皮格特的娘家,而欧内斯特则去怀俄明州钓鲑鱼,完成小说的结尾。读完初稿,他足足喝了一加仑葡萄酒庆祝自己完工,导致工作耽误了两天。酒醒以后,他报告说自己的身体和精神状态从来没有现在这么好。

虽然远在西部,海明威还是从斯克里伯纳另一位编辑那里得知,长期的熬夜工作令珀金斯的身体每况愈下。海明威知道他的编辑工作负担如此之重,有他的一部分责任。对于他而言,珀金斯代表着斯克里伯纳出版社和他整个出版前景,于是他写信督促他的编辑保重自己,"就算不为别的,也得为了上帝"。海明威计划那年秋天回基韦斯特。他请麦克斯加入他正召集的钓鱼团,其中包括约翰·多斯·帕索斯、画家亨利·斯垂特(Henry Strator),另一位艺术家沃尔多·皮尔斯(Waldo Peirce)还是麦克斯在哈佛念书时的同班同学。"我愿意拿任何东西来换钓鱼,"珀金斯回复,"但我从没钓过鱼,而且估计现在也钓不了,因为家里还有五个孩子等等其他事情。希望到六十岁的时候,我可以上路。但现在大概只有千分之一的可能性。"

海明威的长篇小说终于接近尾声，珀金斯察觉到有一种刺激性因素不知不觉渗入了欧内斯特的写作习惯中。每当写作特别畅快顺利时，他就骄傲自大起来。司各特·菲茨杰拉德已经成为海明威往后要竞争的对手。最初，他敬佩菲茨杰拉德的才华，喜欢和他在一起；然后他目睹司各特时常陷入捉襟见肘的财务困境，眼见他说要写某本书，说了很久却总难产。海明威的性格中有欺负别人弱点的一面。终其一生，在他给麦克斯的信里暴露出他与菲茨杰拉德一争高下的心理日益强烈。而且他总是拿自己的勤奋简朴跟菲茨杰拉德的挥霍无度作对比。

令海明威不耐烦的不仅是司各特永远都缺钱，还有他在写作上苟且妥协的做法。海明威尤其对菲茨杰拉德在《星期六晚邮报》发表的那些短篇小说耿耿于怀，它们风格十分怪异。司各特曾在巴黎的丁香园咖啡馆（Closerie des Lilas）告诉欧内斯特，他怎样先写出自我感觉很好的故事，然后为了发表而修改，他知道怎么把小说改成杂志喜欢的那种样子。这种花招令海明威震惊，他称这种做法无异于卖身。司各特表示赞同，但解释说他"只能如此，因为只有从杂志上赚够钱，才能够写体面的小说"。海明威认为任何人写作都不应该随随便便，"要么努力写出自己最好的作品，要么就是伤害自己的才华"。不仅如此，菲茨杰拉德的狂欢作乐也不再让他感到有趣。在海明威离开留在巴黎的司各特之后，他最初对司各特浪费才华的担忧也渐渐发酵变成不耐烦。他从未否认在那些日子，司各特清醒的时候，是他最忠诚的朋友，但他又说，他担心司各特对写作的某些观点也许会对他有坏影响，泯灭他纯朴的理想。

1928年初，欧内斯特对麦克斯说他是多么为菲茨杰拉德感到惋惜。为了他自己好，司各特应该在一年前，最好是两年前，就写完至少一部长篇小说。现在他应该做的，就是写完它，不然就扔掉，写新的小说。他估计菲茨杰拉德在这本书上拖延时间太长了，以至于自己都不相信能完成它,但又害怕放弃。所以菲茨杰拉德写短篇小说——"排泄物",这是海明威的说法——并且寻找任何借口,万不得已不去"啃硬骨头,完成那个长篇"。海明威说任何作家都必须放下一些小说才能写别的小说,即使这意味着他不再一味遵循那些评论家忽悠人的意见。他说,每个读他们评论的作家都叫他们给毁了。

对海明威的这套说法,珀金斯在一定程度上也这么认为,但也因此更同情菲茨杰拉德的处境。他相信菲茨杰拉德为了完成这部小说,维持他和泽尔达奢侈的生活标准,押上了自己所有的写作资源。那年早些时候,麦克斯在给海明威的信里还承认说:"的确,泽尔达虽然对他很好,但她的奢侈实在惊人。"现在他则强调:"泽尔达这么聪明能干,应该也是很坚强的吧?所以我对她面对现状时的表现,花钱不节制感到吃惊。他们的麻烦——也许最终会把司各特害死——主要源于放纵奢侈。他的朋友们如果像他们夫妇俩这么乱花钱,任谁都早已破产了。"

海明威在巴黎第一次见到泽尔达就不喜欢她。当时他注视着她"老鹰般的眼睛",看到的是一个放纵的灵魂。他料想司各特的麻烦十之八九都是她的错,并说他的这个朋友干的每一件"蠢到家的事情"几乎都是"受了泽尔达直接或间接的影响"。欧内斯特常常想,假如司各特没有娶这样一个让他几乎"浪费"一切的女人,是否已经或者可能成为美国有史以来最杰出的作家。

就珀金斯看来,司各特的事业还有其他障碍。其中之一,他猜是菲茨杰拉德要在这部小说中尝试不可能的写法——他试图将一个弑母故事所固有的严肃性与他那些上流社会故事的浮华融合在一起——也许他已意识到这样不具可行性,但不愿意承认这一点。麦克斯写信对欧内斯特说:"假如我能得到任何回应,暗示这种看法是对的,那我早就劝他放弃它,写新的小说了。"但司各特仍然拖着。他最初打算

7 有个性的人

以第三人称视角写这部小说，如今改成了第一人称。和《了不起的盖茨比》中的尼克·卡拉威不同，这部被定名为《莫拉基事件》(The Melarkey Case)的小说的叙述者，身份始终不明不白，使用第一人称似乎也不顶用，不久，司各特就彻底放弃了。

在司各特平日欢颜的背后，还有一个他竭力掩饰的问题——对衰老的恐惧。在爱丽丝·B. 托克拉斯[1]近四十年后写的回忆录中，她还记得1926年9月司各特一次拜访格特鲁德·斯泰因时对她说："你知道，今天我三十岁了，真不幸啊。我会成什么样，我该怎么办？"

换一下环境似乎不失为可行的权宜之计。数周后，泽尔达信告麦克斯："我们想回去快想疯了，渴望让别人看到这三年来我们在文化中心的变化有多么大——尽管间歇也有愤怒，也被美丽闲适的里维埃拉所征服。住在这里对我们来说有一种我难以形容的好。总之，我们的言谈举止改进了，现在我们要带着那些贴有法文标签的药瓶回去。"

菲茨杰拉德从欧洲回到家乡过冬，见到了麦克斯，然后去好莱坞的第一国民电影公司工作三个星期。这是他未来数次去加利福尼亚的开端。对于司各特来说，电影业是彩虹另一端的迷人世界，他去那里永远都是为了寻得一桶金子。麦克斯在信中对司各特说："希望你只去三个星期。麻烦的是你对那帮搞电影的太有价值了，我担心他们开出多得难以拒绝的钱笼络你。不过我知道你已经拒绝了许多。看来你总是清楚自己在干什么。"

珀金斯但愿情况如此。多少是为了分散司各特对摆在他面前亮晃晃的高薪的注意力，他在信里说："我现在压力很大，因为得回答别人关于你的两个问题——你在哪儿，你的下一部小说的名字是什么。"过去几个月里，珀金斯考虑过《世界博览会》为书名；根据司各特所

---

[1] 爱丽丝·B. 托克拉斯（Alice B. Toklas, 1877—1967），格特鲁德·斯泰因的助手和同性伴侣。

介绍的情况，他认为这个书名再贴切不过了。麦克斯说他想对外宣布了，这样就可以先确定"一种专用权。我认为这也有助于激发读者对这部小说的好奇和兴趣"。

珀金斯最希望司各特做的就是回到美国定居。他想到几乎像杜邦家族封建领地似的特拉华州，菲茨杰拉德应该会喜欢，便去那里找房子。1927 年 4 月初，菲茨杰拉德夫妇搬进了埃勒斯利别墅，这是珀金斯推荐的威明顿郊外一幢希腊复古式豪宅。令他们满意的是房租不贵，其宏伟的风格也正投他们所好——也许太宏伟了。埃德蒙·威尔逊相信这房子煽起了司各特对浮华生活的渴望。多年后，在收入文集《灯之岸》(*The Shores of Light*)的一篇文章里，他认为正是司各特"难以抑制如百万富翁般生活的心态"以及对那部小说的"心理障碍"导致"他不同寻常地中断严肃的写作，转而给那些商业性杂志写故事"。不管出于什么原因，菲茨杰拉德几乎就要放弃这本书了。在特拉华州的马球球友聚会上，或独自在埃勒斯利时，他纵情作乐，三番四次因为被控扰民而遭拘留。

对于司各特奢侈的生活方式——四处旅行、华美的家居、精致的着装、与欧美堕落的富人为伍寻欢作乐——麦克斯心态矛盾。麦克斯的一部分——来自埃瓦茨家族的血统——与这种生活没有交集，但他的另一部分——珀金斯家族的血统——则以强烈的共鸣对这种感官刺激感同身受。新英格兰人麦克斯不允许自己堕入司各特热衷的声色犬马，但他对菲茨杰拉德的喜爱，多少说明他是以一个感兴趣但不涉足的旁观者立场赞许这种自由生活的，远远说不上反感。麦克斯喜欢拿一些小礼物给司各特惊喜，譬如司各特把他最钟爱的手杖弄丢了，麦克斯就送一根新的，或者为司各特特制《了不起的盖茨比》限量皮面精装版，这就像一个颇为古板但纵容的叔叔与一个得宠、爱赶时髦又令人难以拒绝的侄子之间的关系。

对于菲茨杰拉德来说，珀金斯填补了另一种角色。他很小就对父母丧失了尊敬，因为他们一生没有什么成就，所继承的遗产也大为缩水。后来在一篇自传性短文《作家的房子》("Author's House")中，菲茨杰拉德回忆第一次产生的那种孩子气的自怜："我相信我永远不会像别人那样死，我不是我父母的儿子，而是一个王子，一个统治全世界的国王的儿子。"不久前他还写信对麦克斯说："我父亲低能，母亲有精神病，半疯半癫的，动不动就神经质地紧张。他俩没有也不可能有凯尔文·柯立芝那样的头脑。"珀金斯准备好了扮演父亲的角色，并一直督促菲茨杰拉德回到小说创作，那部小说的情节发展得越来越累赘繁琐。1927年6月，司各特拿出了一个与他之前的作品迥然不同的书名：《弑母的男孩》(*The Boy Who Killed His Mother*)，而后沉默数月，远离人群，努力为这部小说理出头绪。

* * *

1927年春天，路易丝·珀金斯七十一岁的父亲在伦敦病倒了。他退休后四处旅行，研究鸟类。麦克斯和路易丝怕有不测，于6月搭乘"奥林匹克"号客轮去英格兰。在她照料父亲的时候，他可以去看看斯克里伯纳出版社伦敦分社的情况。这是他第一次离开美国国土。他发觉轮船就是一座豪华监狱，除了没完没了地吃饭，无事可做。他在给伊丽莎白·莱蒙的信中说："大海竟没有给人一种无边无际的感觉，因为你可以清楚地从各个方向看到它的边际，距离同样遥远。大海就像一个大圆盘。"才过几天，船开始晃了，麦克斯这才平生头一次感受到了大海的威力。聆听着打开的舷窗外海浪飞溅的声音，他写信对女儿莎比说："要是还有下辈子，我会投身大海。"

珀金斯一直想象伦敦是一个"单调乏味的地方，充满了呆板、冷漠的人"，结果出乎他意外，他错了。（"看，书籍给我造成什么样的影响！"他在信里对伊丽莎白说。）

麦克斯不办公事的大部分时间，是和路易丝一起陪她病后康复中的父亲。珀金斯夫妇这次欧洲之行仅限于伦敦，除了去约翰·高尔斯华绥位于苏塞克斯的别墅拜访，之后在该地住了一天一夜。在高尔斯华绥府上的大部分时间，麦克斯都是在和他谈论书。珀金斯希望获得高尔斯华绥的支持，以扩大菲茨杰拉德在英国读者中的知名度，但高尔斯华绥对此几乎无动于衷。事实上，麦克斯发现他对当代文学根本就不以为然。麦克斯后来写信告诉菲茨杰拉德，高尔斯华绥提起《了不起的盖茨比》是"一大进步"，但真正能博得他喜欢的书，看来是那些"遵循老套的条条框框写的东西……不足以表达当下的思想、情感"。高尔斯华绥告诉珀金斯："这些刚出道就写作的作家毫无例外会让人失望。作家在开始写作之前干点别的什么对他很有好处，这样他就有一个固定的立场看待这个世界了。"

没有比高尔斯华绥夫人更无礼的人了。她一边手提茶壶为路易丝倒她沏的茶，一边说："当然，我知道您更喜欢喝袋泡茶。"在点燃壁炉里的木柴时，她轻蔑地盯着路易丝说："你们肯定习惯使用仿真木材壁炉芯[1]。"路易丝没有理睬这些无礼之辞，因为她对麦克斯的行为更失望。那天下午有一刻，高尔斯华绥夫人因为赞赏他彬彬有礼的风度，脱口而出："珀金斯先生，您也许是英国人。"

"哦，我不是。"他面无表情地简单答道，令这场对话陷入死寂。

多年后，路易丝告诉麦克斯的外甥奈德·托马斯（Ned Thomas）："我们当时在那儿，麦克斯就是他们埃瓦茨家固执的死样子。他把整个午餐都毁了。"不过高尔斯华绥事后对朋友说，珀金斯是他认识的最有趣的美国人。

---

[1] 仿真木材壁炉芯（gas log），一种气体燃烧器，外形像一截圆木，用于壁炉。

7 有个性的人

一天下午，麦克斯和路易丝逛到英国下议院，正赶上财政大臣温斯顿·丘吉尔在那里演说。议员们嗡嗡地谈论着财政问题，麦克斯却发现丘吉尔"才华横溢"。他在给女儿们的家信中说："温斯顿·丘吉尔做了一个演讲——有朝一日我希望能说服他写一本大英帝国史——只要他说到两个党派中任何一个党派的议员喜欢听的话，他们就说：'听呐！听呐！'"

麦克斯将这次旅行的详情写成一封长信寄给伊丽莎白·莱蒙。在描述名胜时他插入了一句温柔的话："在伦敦能经常见到长得像你的姑娘，要比在美国见到的多。不知怎么的，她们的长发总是让我想起你，虽然她们没有一个像你这么可爱。"

虽然这一个半星期的伦敦之行给他留下了深刻的印象——"我这辈子还是头一次在城市中生活得这么安逸。"他在信里对伊丽莎白说——但麦克斯并没有尽情享乐。路易丝本来可以愉快地在这里待整个夏天，但是等桑德斯先生康复之后不久，他们就去南安普敦坐船回国了。

夫妇俩一回到美国，路易丝就和孩子们去了温莎。除了偶尔去几次温莎，麦克斯整个夏天就待在他岳父位于纽约东49街的宅邸，替桑德斯先生照看他的鹦鹉和猴子。从那儿去斯克里伯纳出版社，步行即可。

这一年里，麦克斯给伊丽莎白写了好几封信，还常常给她寄书。他告诉伊丽莎白，她的占星术研究给他在家里带来了麻烦，因为路易丝咨询了一位伊丽莎白推荐的占星师，后者给麦克斯画了一张星相图，看出他正陷入"绝望的境地，很明显是爱造成的"。

"啊，我知道他不会，因为我每天晚上都和他在一起。"路易丝说。

"但是，"占星师继续说，"你不知道他下午在干什么。"这位算命的认定麦克斯在"痛苦中"挣扎，而路易丝对丈夫根本不了解。

"对这一切你怎么看?"麦克斯问伊丽莎白。她轻巧地回复,麦克斯显然在那年春天陷入了一场婚外恋。麦克斯回信说:"你一定知道——即使我知道你对我的评价不高——可至少我是不会做那种事的。那位女士说的全都不是真的。"伊丽莎白说,尽管有星相图,她还是相信他的。

接下来的冬天,麦克斯给她写了三封长信,但都被他揉作一团,没有寄出去。他试图解释:"我不知道究竟怎么了,我觉得你的兴趣都转移到别的星球上去了。"的确,每当在工作信件中看到伊丽莎白的来信,他都难以相信。那年9月收到她的一封短信后,他对她写道,"我把其他信都推在一边,就读它",虽然"我以为你在喧嚣的生活中,或是宁静的乡村生活中,早就把我们给忘了"。

这一年,与珀金斯通信最频繁的是他过去的英文教授查尔斯·T. 科普兰。自1920年起,麦克斯和另外好几位出版人都在约他写回忆录,但散漫和骄傲使得他没能"回忆"。他认为讲述人生经历无异于承认自己退休玩完。科佩还要教好几年书,现在还不打算回顾过去。但是,他最终编了一本他称为"活的"书。那是他最喜欢的作品选集,厚达一千七百页,收入了他二十年教学生涯中给学生们选读的文章,名为《科普兰读本》(*The Copeland Reader*)。

"就这样,出版史上最不同寻常的一段作者与出版者的交往关系开始了,"《纽约时报书评周刊》主编和《哈佛的科佩》(*Copey of Harvard*)一书作者J. 唐纳德·亚当斯(J. Donald Adams)写道,"珀金斯渴望为这位他非常敬重的人出书,准备接受他提出的任何合理要求。"但他一开始没有意识到,科普兰会在这本书的编辑合作过程中斤斤计较得寸进尺。关于《科普兰读本》(以及一本与之配套的科佩选编外国作品集,名为《科普兰翻译读本》)的文件在斯克里伯纳出版社的橱柜里占据空间之大是创纪录的。亚当斯解释道:

7 有个性的人

他不停地写信来讨论文本的问题，作品选择的问题，宣传推广的问题；何时加印，字号开本大小，这些问题也是问了一遍又一遍，锲而不舍……无论他的信里有多少牢骚不满，还常常要求"立即回信"，这些信都得以迅速而周到的回复。

他给珀金斯寄了一张明信片，提醒他目录"版式必须疏朗一些"。珀金斯对科普兰的要求几乎全盘接受，比盲从更甚；他对科佩的纵容超过任何作者——更别提文集编者了。按照珀金斯的指示，斯克里伯纳出版社为他搜集了所有他编书要用的文本，还一反常规，支付了征得所有相关作品权利人授权的费用，并承担了联系一些授权必要的联系、谈判工作。

"但他们的合作中最不同寻常的一点，是科普兰对版税预付金的态度。"亚当斯指出。科佩坚持把它们视为贷款，严格地说，也的确算是。亚当斯继续写道，结果，"科普兰还要求在合约中规定对他征收预付金利息，他才接受预付金，这样的作者在出版史上恐怕也是绝无仅有的"。

在另一方面，科佩跟珀金斯的任何一个作者一样。要过几年《科普兰读本》才会卖出几万册，但它刚面世的时候，科佩就抱怨广告宣传还不够。珀金斯表示同意之后，科佩逼得就更紧了。最后，麦克斯认为广告宣传就好比一个人推一辆静止不动的汽车："如果他能把它推动，那么推得越多，车动得就越快越轻巧；但如果推不动，那么就算他推死，它还是不动。"

麦克斯比过去更忙碌了，但是他知道他和路易丝不能总是谢绝菲茨杰拉德屡屡盛情邀请他们去特拉华州别墅共度周末的美意。他告诉伊丽莎白，他害怕去的原因是"那里充斥着广告、鸡尾酒、浓妆艳抹的姑娘、香烟味、闲谈"——这一切都是他痛恨的，但据说一个老到的纽约编辑都得熟悉这一套。珀金斯夫妇还是于1927年10月拜访了司各特和泽尔达。

麦克斯告诉海明威，埃勒斯利别墅是"一幢坚固、高大的黄色建筑，是我去过的房子中最独特的"。它很古老（就美国而言），绿树环绕，肆意生长。别墅前后都有廊柱，二楼的房间都有阳台，还有一片草坪一直铺展到特拉华河边。星期天，麦克斯最早起床，独自吃了早餐。秋日的微风撩拨着窗帘，阳光照射进来。他告诉莱蒙："仿佛想起很久以前快乐的事，全都属于宁静的过去，令我觉得安详而快乐。"

但是，房子的主人与这宁静、古老的传统并不和谐。菲茨杰拉德正深受神经紧张的折磨。他酒喝得很凶，说话紧张，手会颤抖。麦克斯担心司各特随时都可能崩溃，建议他过一种简单的生活——少喝酒，坚持高强度锻炼一个月，抽一种去尼古丁的萨诺斯牌香烟。令他欣慰的是，泽尔达很健康，精神状态也很好。麦克斯在信里告诉伊丽莎白："她是有个性的姑娘，一心想要比现在好得多的生活。"

当月晚些时候，菲茨杰拉德到纽约来看麦克斯。他说小说还差五千个单词便完成了。但麦克斯觉得他神经的弦绷得太紧，无法把剩下的内容写出来。司各特在斯克里伯纳大厦五楼那间陈列着许多书的会客室工作了一个小时，突然感到一阵心烦意乱。他得出去散散步，还要麦克斯陪他喝一杯。麦克斯不知道这样对司各特会造成什么后果，警惕地答应了，说："好吧，如果只是喝一杯，我就去。"菲茨杰拉德迸出一句："你这样说好像我是林·拉德纳。"两人走出大楼，有一刻麦克斯觉得菲茨杰拉德似乎已经头脑冷静一些了。"我们一边喝一边聊了很多，"第二天，麦克斯写信对拉德纳说，"不知怎的，我相信，假如他把这个小说写完……然后彻底休息一下，坚持定期锻炼，他会完全好起来的。"

过去一两年以来,菲茨杰拉德的收入因为卖出附属版权而增加了不少。《了不起的盖茨比》话剧版在纽约票房很好,电影版权也卖给了好莱坞。他又开始为《星期六晚邮报》写 3500 美元一篇的短篇小说了。这一年所剩各月的大部分时间里,他又把长篇小说放在一边,埋头给《星期六晚邮报》写稿,而珀金斯仍然在给他寄这本小说未来版税的预付金。1928 年开年头一天,菲茨杰拉德想到自己的处境,写信给麦克斯:"请再耐心一小会儿吧,我请求您。永远感激您给我汇款。"他对自己欠了那么多钱很内疚,但又请麦克斯放心,他会一下子还清,这是"一笔安全的投资,而非冒险",因为他从去年 10 月中旬开始戒酒了,抽烟也只抽萨诺斯牌。

麦克斯回信说:"我们都应该为你决心戒酒而骄傲,这对一个不用上班、自由支配时间的人来说难度大得多——对任何人都不容易。"麦克斯对菲茨杰拉德的写作事业真正担忧的是《了不起的盖茨比》在市场上销售失败至今,三年过去了,记得它的读者已经不多,期待他新书的读者就更少了。于是他跟他的作者,诗人和小说家康拉德·艾肯谈起菲茨杰拉德,结果倒是深受鼓舞。艾肯对《了不起的盖茨比》评价仍然和它刚出版时一样高。而且艾肯说,这本书已经在评论界占据一定地位,因为"现在人人都知道它,知道'盖茨比'代表什么"。

另一件令麦克斯高兴的事情是他出版了一位很有潜力的新作者,加拿大人莫里·卡拉汉(Morley Callaghan)。卡拉汉早年在《多伦多星报》与海明威共事;后来他去了巴黎,又与菲茨杰拉德等其他美国旅法作家交往。麦克斯读了好几篇卡拉汉发表在欧洲小杂志上的文章,起初只是觉得他是个"冷峻的"现实主义作家。后来见到他本人,麦克斯又认为他"非常聪明、敏锐"。卡拉汉到纽约来写一部长篇小说《奇怪的逃亡者》(*Strange Futitive*),小说讲述一个木场工头厌倦了婚姻生活,受人鼓动去做贩卖私酒生意。珀金斯看了未完稿,相信它将受欢迎。几个月后，小说完成，当年就由斯克里伯纳出版了。但是，菲茨杰拉德的书还在磨蹭。

2月，司各特从特拉华州发来电报："小说未写完，上帝保佑我早点写完。"

纵然是在宽敞的埃勒斯利，菲茨杰拉德夫妇现在还是觉得憋得慌。事实上，司各特也承认，他力图追求的象征庄园生活的一切，都只不过是"试图从外部弥补内心的底气不足。只要被别人喜欢，只要能让人肯定我不仅有点小天才，还是一个大人物，我都要。但与此同时，我也知道这是一派胡言"。于是，他们又要去欧洲了。整个春天，司各特写给珀金斯的信都是向他要钱。到了6月，他来信说他们一家已经在巴黎安顿下来，就住在卢森堡公园对面的沃日拉尔路上。他现在"滴酒不沾，专心写长篇小说，整部小说，不写别的"。他说："8月我将带着书稿，或者未完稿回来。"

《了不起的盖茨比》的出版已经进入了第四个年头。7月，詹姆斯·乔伊斯到菲茨杰拉德家来吃晚餐，乔伊斯的话又令他深受鼓舞。司各特问他的下一部作品——已经写了六年的《芬尼根守灵夜》——是不是快要出了。"是的，"乔伊斯答道，"我希望最多再用三四年就写完这部小说。"于是，菲茨杰拉德告诉珀金斯："他每天写十一个小时，而我断断续续才八小时。"

菲茨杰拉德直到10月份才回国。珀金斯在轮船踏板上见到他时，发现他醉得东倒西歪的，他在船上点了两百多美元的酒。但是，司各特仍然紧紧抓着手提箱，里面装了"完整的……但未定稿的"小说稿。他说全部内容都写在纸上了，只是有些部分还需修改。

菲茨杰拉德回到了埃勒斯利，准备在下一个月交稿。书虽然未定稿，司各特写信对他的编辑说："但我独自跟它在一起的时间太长了。"他打算分批交稿，那样他在这边改定稿，麦克斯在那边可以每个月读两章定稿。"又给你寄稿子的感觉真好啊。"11月，司各特给珀金斯写信说，他给珀金斯寄出了第一包书稿。这只是该书的四分之一内容——共一万八千个单词——司各特上一次给他寄稿子还是三年前的事。现在，菲茨杰拉德还得赶一篇短篇小说，这样才能有钱安心把计划12月初寄给珀金斯的第三、第四章改完。他请珀金斯等到看过完整的书稿再提出批评意见，因为"我想有一种每一部分都已定稿的感觉，不要再为它忧心忡忡了，即使我也许会在最后一刻又对全书大改。我只想知道，从总体上，你是否会喜欢它……上帝呀，看到这些章节躺在信封里真好"！

珀金斯给司各特回信说："你有这样的安排，我非常高兴。现在可别改主意啦。"一周后，麦克斯就刚收到的书稿评论道："我刚读完前两章。第一章我们完全赞同。写得极好。第二章里面有些片段是你迄今写得最好的——有些迷人的场景，给人以简洁而美丽的印象……我真希望有可能在春天就出版它啊，因为它前途无量，我等完稿等得都不耐烦了。"

珀金斯还在等菲茨杰拉德寄来第二批书稿的时候，他的畅销作者威拉德·亨廷顿·莱特（Willard Huntington Wright）——也就是成千上万读者熟知的S. S. 范达因（S. S. Van Dine）——寄来了他的推理小说新作。莱特曾经是收入勉强糊口的艺术评论家和报刊编辑，他把自己的优雅风度和细腻情感移植到他创造的小说人物——私家侦探菲洛·万斯（Philo Vance）身上。最初几个月，他始终找不到一家愿意出版他推理小说的出版社；后来珀金斯读了他的好几个小说情节梗概，为这些复杂的情节所吸引，便签下了他。首先出版的是《班森谋杀案》(*The Benson Murder Case*)，接着是《金丝雀谋杀案》(*The "Canary" Murder Case*)。现在，在1928年新年假期中，麦克斯通宵看新稿《格林谋杀案》(*The Greene Murder Case*) 看到凌晨三点半，觉得它写得非常好。短短几年中，S. S. 范达因已经成为爱伦·坡之后最畅销的推理小说作家。他的成功部分得归功于珀金斯在主人公菲洛·万斯的性格塑造上提供的细致帮助。对待推理小说作者，珀金斯所投入的思考和严格的要求，与他对菲茨杰拉德、海明威以及其他文学性显然更强的作者并无二致。

* * *

从事编辑工作十五年中，麦克斯·珀金斯在斯克里伯纳出版社逐渐被公认为最宝贵的人，他的待遇也相应得到了提高。在过去十年中，他的年薪翻了一倍——达到一万美元——还获得了为数不少的出版社私有股份。然而对麦克斯来说最重要的，毫无疑问，是斯克里伯纳兄弟让他在工作中逐渐摆脱他那年迈、保守的上司威廉·克拉里·布劳内尔的控制。在斯克里伯纳出版社工作了四十年后，布劳内尔最近退休了。不过，七十七岁的他仍然几乎每天都要到办公室报到，他的工作效率已大不如前，而珀金斯正当巅峰期。现在，麦克斯与他的同辈同事挑起了编辑大梁，最活跃的新编辑中有一位华莱士·梅尔（Wallace Mayer），他在二十年代初曾在社内担任广告宣传经理，后来辞职出去"开开眼界"，再决定安稳下来找终身的职业。1928年，麦克斯把他哄了回来。

那年夏天，珀金斯正在温莎度假，布劳内尔去世了。麦克斯写信对斯克里伯纳先生说："我读到布劳内尔先生去世的消息，感到非常难过。他是一个好人。"年龄的差距造成了他们对文学不同的欣赏口味，但珀金斯发现这位前辈停留在十九世纪的思想无损于他作为一位文学顾问的能力。珀金斯说："如果一个年轻人在他［布劳内尔］身边工作几年，还不能成为合格编辑的话，那他就没有能力做这个工作。"布劳内尔所严格信守的一条原则是通过一次与作家的面谈，就跟读他的书稿一样可以掂量出他的水准,因为"流水是不会高于其源头的"。另一条珀金斯信服的布劳内尔格言是,出任何书,最糟糕的出版理由是它像其他书,无论作者多么无意,"一本模仿别人的书永远低人一等"。有时候,一本二流的书稿因为具有某些不寻常的特色而令编辑部下不了决心退稿。布劳内尔就会说:"我们不可能什么书都出。让别人去体验它的失败吧。"就这样结束了争论。

布劳内尔总是为被他退稿的作者考虑得很周到。每当一本有潜力的书被退稿,总是由布劳内尔来写一封深表同情的退稿信。珀金斯很敬佩这种富有人情味的退稿方式,视之为一门艺术。有一封退稿信写得太感人了,以至于作者又把书稿寄回来,并在信的边上写道:"那您为何不出版它呢?"

总之,珀金斯相信,布劳内尔为他作为总编辑的工作带来了尊严。一听到他的死讯,麦克斯主动提前结束假期,通知出版社他将在当周回去工作。他写信告诉查尔斯·斯克里伯纳,言不由衷地解释他不需要剩下来的假期:"反正剩下来那段时间,我也无事可干;虽然我觉得惠洛克和梅尔完全能够胜任任何工作,我们现在拥有一支任何出版社都渴求的、强大的编辑队伍。相信我们的书目会体现出这一点。"

* * *

如今,珀金斯四十三岁了,已是成熟的职业编辑。风格已经定型。麦克斯在他婚后初期曾告诉路易丝,他希望成为"一个坐在大将军肩头的小矮人,指导将军什么该做,什么不该做,而无人察觉到这一点"。麦克斯以各种方式指导着他的"将军们"。有时,他很大胆。他常常对请他给作品提意见的作者说:"你写作的时候必须把自己抛开。"但有时,他也刻意少说甚至一言不发。当某个作者来找麦克斯,喋喋不休地讲述作品或者生活中的种种悲哀故事,麦克斯常常只是静静地聆听。有位斯克里伯纳的同事还记得，在一次午饭饭局上，有位作家当桌就说起他的种种问题。他在那里说，麦克斯则慢慢吃着，一言不发。这顿饭持续了好几个小时，最后，作家站起身，双手握着编辑的一只手，结结巴巴地说："感谢珀金斯先生给我这么多帮助。"然后飞快地夺门而去。

罗杰·伯林盖姆也记得有一次，一位作家站在麦克斯的办公室里，倾吐自己的苦恼。珀金斯站在窗口，似乎陷入了深深的同情中，凝视着楼下的第五大道。看了一会儿，他微微动了动身子，似乎准备说话，而作家也满含期待地等着编辑对他的困境发表看法。珀金斯没有转过身，说："你知道，我不明白这些忙碌的人为什么走得这么慢。偏偏行动快的人是那些溜旱冰、无所事事的男孩。我们为什么——大家为什么不穿旱冰鞋呢？"这位作家后来感谢珀金斯让他一时彻底忘了自己的苦恼。

人近中年，珀金斯对怪癖的嗜好大增。他颇感尴尬地继续相信颅相学——这是一种通过研究颅骨形状和隆起分析人性格的学说。他认为高鼻梁是有个性的标志，而小鼻子或塌鼻子的人不会特别有出息。珀金斯还认为，承认记性差是精神有病的表现。他常说："永远别承认你想不起来，把水桶投到潜意识里去挖挖吧。"

他渐渐以自己有趣的方式变得大惊小怪起来。婴儿吸奶瓶会令他反胃。有一次，在宴请一位著名的美女之后，他批评她，因为"她的裸背上有白天穿衣服留下的痕迹"。他认为"真正的淑女"既不能喝啤酒，也不能吃辣酱油。他告诫女儿们："在我们家，只说衬衣，不说内衣。"

他带书回家插进书架的时候，总是立刻把护封拆下来扔掉。每次看见书本打开，页面向下，他就会下意识地合上书。对别人舔手指翻书页的做法，他也看不下去。

r Mr. Perkins:
within t
ing into possession of
ess you advise me to t
sent to you for consic
azine of for books. Th
TICUT YANKEE reversed.
y done, but whether yo
o not know. It is bei

The next
le, but about that,- 1

I've no
ngs I send. All I want
other to you if they a
y be sent to someone e

My partn
proofs of Knopf's big
Elliott Paul. Two-thir
hough Knopf is saying
es out the twenty-four

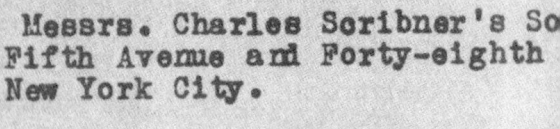

Messrs. Charles Scribner's So
Fifth Avenue and Forty-eighth
New York City.

Gentlemen:-

I hand you herewi
following chapters of Mr. Irvi
" The Art of Skati

Chapter 6. School Figures

" 17. Winners of Ch

" 18. Hockey and Sp

Will you kindly ha
as possible and send to Mr. Br
when ready?

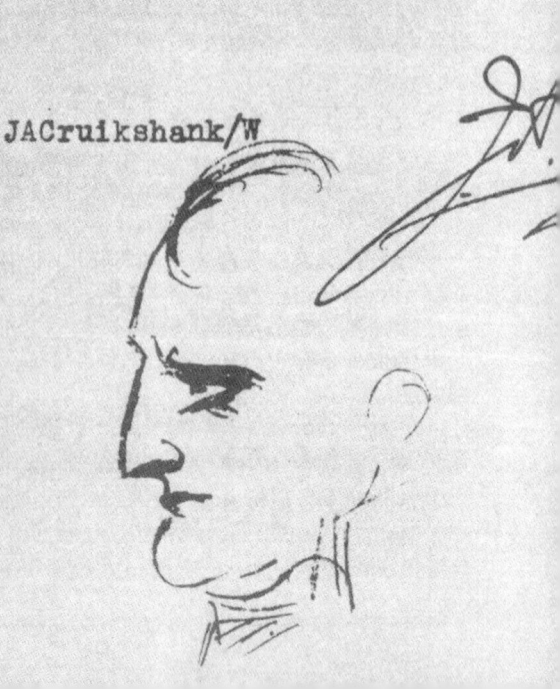

Ver

JACruikshank/W

他喜欢涂鸦，常常没完没了地随笔勾勒拿破仑肖像，毫无例外都是侧面。他还常以臆想日常问题的"实际"解决办法为乐。在他的概念里，蜂蜜必须装在透明的容器里，像牙膏一样挤出来才好。进而他建议一位广告界的朋友，他们应该以"液体阳光"为卖点给这种蜂蜜做营销。他还认为打字机的纸应该长长的，打孔以后像卫生纸一样卷起来。

然而，对于任何与机械有关的东西，珀金斯就一窍不通了。一位女儿说："他连拧螺丝钉都不会。"一天，斯克里伯纳大厦五楼有好几个人因为闻到烟味而跑进麦克斯的办公室。他们发现麦克斯完全无视废纸篓里在冒火。老查尔斯·斯克里伯纳的外孙乔治·希弗林（George Schieffelin）说："我敢肯定，麦克斯不知道是怎么着火的，更不知道怎么灭火。"

珀金斯的女儿们都一致认为，她们的父亲坐在汽车方向盘后，简直是潜在的危险。佩吉说："他开车速度快得令人担心出车祸，除非他想到什么感兴趣的事情，才会放慢车速，慢得近乎爬行。别人超车会激怒他。他还总是拒绝把远光灯改成近光灯，说这很愚蠢。有一次，我们的车前方有一对男女在路边走路。他放慢车速，非常慢地跟在他们后面，试图向我们讲解从艺术家的角度来看，男人和女人走路姿势的区别。我们都求他快点开过去，因为这对可怜的男女显然被我们弄得不知所措。可他就是不听。他还兴致勃勃地沉浸在如何区分走路姿势的问题中呢。"

以发明家自诩的珀金斯认为，世界上最伟大的发明家永远都及不上伟大诗人。他曾写信对路易丝说，前者"从外部满足人的快感，仅仅从这个角度让生活愉快舒适一点"。

发明家已经改进了我们的外部环境——假如那可以说改进的话。

但诗人则改变了我们的心灵。当我们邂逅伟大诗人,我们的精神高度就永远得到升华,我们可以更清楚、更深刻、更广阔地观察、聆听、感知事物。即使我们未能直接接触到他,我们仍然会被他所改变,因为他影响了别人,并通过别人将影响传给了我们;所以自古以来,一个民族会因为伟大诗人而改观,正如莎士比亚改变了英格兰。事实上,他也改变了整个世界,荷马和但丁的影响也是如此。

范·怀克·布鲁克斯在自传中写道:"我最早的朋友,也是我的终生挚友麦克斯·珀金斯过去常说,每个人都蕴藏着一部小说。这句话并非他首创——这实际上是老生常谈了——只不过他这样有个性的人把它化为己有了:我总觉得,如果他好好思考一下自己的人生,是可以写出一流的长篇小说的。他具有风格独特的小说家的天赋,但是他没有发展自己的这一特长,而是将天赋贡献给了别人,去发展他们的写作事业。"

在这里,内战又爆发了——珀金斯家族对阵埃瓦茨家族,保皇党对阵圆颅党。布鲁克斯评论道:"一边是欣赏作者,另一边要帮助他们,这种双重心理可以解释为何麦克斯自己始终没有成为作家,而成了其他人倚靠的石头。"

8

一点真诚的帮助

1928年的秋天到了，一位活泼开朗的法国女士捧着一摞书稿来见珀金斯。她是文学评论家欧内斯特·博伊德的妻子玛德琳·博伊德（Madeleine Boyd），也是许多欧洲作家在美国市场的经纪人。在会谈中，她提起一部篇幅巨大、不同凡响的小说，作者是一个来自北卡罗来纳州的大个子，名叫托马斯·沃尔夫（Thomas Wolfe），接着她继续介绍别的书。当珀金斯把话题拉回到这部名叫《啊，失去的》（*O Lost*）的小说时，她面露犹豫之色。"玛德琳，你为何不把这本书稿带来？"珀金斯追问道。她要求珀金斯答应一字一句读完全书，才总算同意把书稿送来。他们约定当天下午五点取书稿。"但是，"博伊德太太笑着说，"你得派辆货车来装。"五点整，一辆货车准时来到她的公寓门口。她把巨大的包裹递给司机。司机问她里面装的是不是一本书。"耶稣基督！"听到她肯定的答复，司机惊呼。

二十年后，麦克斯·珀金斯在一篇未发表的文章中写道："我第一次听到托马斯·沃尔夫的名字，就有一种不祥之感。每一件好事总有麻烦相伴。"

珀金斯拿到《啊，失去的》的时候，他手头还有许多其他工作。这份成百页成百页的新书稿很容易淹没在每周都会堆积在他案头的几十份篇幅短的新书提案和书稿中。但这本书稿之外还有一封给出版社审稿人的短信，作者在其中解释了他这部作品的一些关键之处，写得颇为动人。以下是信的部分内容：

这本书的篇幅，我自己估计在二十五万到三十八万个单词之间。一个无名作者写这么长的书，毫无疑问是一种轻率的尝试，也体现出他对出版业的运作很无知。这话没错。这是我的第一本书……

但我认为，仅仅因为它篇幅长而认定它长得不能出版，是不公正的……这本书也许缺乏情节，但它不缺乏布局。它的布局精心、细致……在我看来，这本书并不冗长。它所要表达的必须用大段大段而非一句一句的文字来表现。总之，我相信它并不啰嗦、冗长、累赘。

我始终没有把这本书当做小说。对我而言，它是一本可能埋藏于每个人心中的书。它来自我的生命，代表了我二十岁时对人生的看法。

我写了这么多，并非为了取悦于您……而是恳请您，在您花了许多个小时细阅它之后，再多抽一点时间告诉我您的看法。如果它还不适合出版，是否能修改到足以出版……我需要一点真诚的帮助。如果您有足够的兴趣看完这本书，能否给我这样的帮助呢？

麦克斯拿起几页，立刻就被开篇吸引住了，开头讲述主人公的父亲W. O. 甘特小时候，看着一队衣衫褴褛的南方邦联军队。接下来的一百页内容都是讲述W. O. 甘特的生平，这些事远远发生在他的儿子，也就是整本书真正的主人公尤金·甘特出生之前。[1]麦克斯后来回忆说："所有这些都是沃尔夫听来的，与书的整体没有实际的联系，很难协调起来，写得也比第一章，乃至比书的其他部分都弱。"接着他又去忙别的工作了，将这本书稿交给华莱士·梅尔，心想："这可能又是一本有潜力但没有结果的书。"

十天后，梅尔来找珀金斯，给他看这包巨大的书稿中另一个写得十分精彩的片段。这足以使麦克斯将注意力拉回到这本书。他开始重读。很快，他和梅尔交换各个章节，约翰·霍尔·惠洛克和编辑部其他同事也都抓了一部分书稿同时看。当麦克斯与玛德琳·博伊德谈妥出版协议条件时，他对这本书的价值已经丝毫没有怀疑。但是，他很清楚，要让这本书付印还有一些重要障碍。譬如，他知道斯克里伯纳社内会有许多人不喜欢风格如此强烈的一本书，因为它就像"一块硬得咬不烂的肉"。这本书也需要作大幅度的"结构调整"，还得删掉大量内容。麦克斯知道，在了解作者的脾气，了解请他改稿难度究竟有多大之前，还是先别保证会出版这本书为好。但他又决心要让它出版。他想起当年争取出版菲茨杰拉德和海明威时的战斗，一时为没有自己的出版社而感到遗憾。

10月末，博伊德太太查清了托马斯·沃尔夫的下落，给了珀金斯一个慕尼黑的地址，她说给沃尔夫的信件可以寄到那里。于是编辑写信对作者说："不知道有没有可能制订一个把这[书稿]改得我们足以出版的方案，但我确实知道，抛开这些操作层面的问题不谈，它可不是凡品，任何编辑但凡读了它，都不可能不兴奋，并会由衷喜爱它

---

[1] 本书中涉及《天使，望故乡》的正文引用、人名、地名等专有名词，均参考《天使，望故乡》乔志高中译本（香港：今日世界出版社1985年第一版）。

的许多段落和章节……不知道您最近会不会来纽约,那样我们便可见面商谈书稿的事了。"

这封信经德国转到正在奥地利的沃尔夫时,他知道有好几家出版社的编辑实际上已经退了这部自传性小说。其中几个说了它一些好话,但没有一人表示过哪怕一星半点出版此书的兴趣。"我无法向您表达我收到您的来信感觉有多好,"1928年11月17日,沃尔夫在维也纳给珀金斯回信说,"您的夸奖之词让我充满希望,对我而言堪比钻石。"他预计圣诞后就回美国,而且由于已经好几个月没有看过这本书,他相信回来时再看它会"有更新鲜、更挑剔的感觉"。他承认:"我无权指望别人代我做应该由我做的事情,我可以说别人的作品啰嗦冗长,但拿这来批评自己,我却做不到。"

"我需要的是一位年长的、更具批判性的人直截了当的批评和建议,"沃尔夫继续写道,他吃不准珀金斯来信上的签名是珀金斯还是彼得斯,"不知道在斯克里伯纳出版社我能否找到这样一个有足够兴趣和我讨论这个长篇怪物的人。"沃尔夫对自己居然与查尔斯·斯克里伯纳家族出版社建立了联系颇感惊讶,"我一直模糊地认为这是一家牢靠的,但有点保守的出版社"。最后他提出了两点希望:首先,希望珀金斯能够辨认他闪电般的笔迹,"许多人看不懂我的字";第二,"希望在我回来的时候你还记得我"。

对于第一个愿望,珀金斯基本上没问题,至于第二个就更不是问题了。博伊德太太最近告诉他,沃尔夫在慕尼黑啤酒节被人打得半死。这件事加上他通过阅读沃尔夫的自传式作品所零星收集的事实,令珀金斯窥见了未来吵闹的场面。在接下来的几星期里,麦克斯忧心忡忡地思考着他将不得不驾驭两头"莫比·迪克"[1]的问题——人比书更

---

[1] 即梅尔维尔的经典小说《莫比·迪克》中的主角白鲸,引申指麻烦、不可束缚的人和事。

麻烦。

1月2日星期三，珀金斯结束新年假期上班了。他非常忐忑地准备与那部占据了他整个桌面的书稿的创造者见面。有人事先已经向麦克斯提醒沃尔夫不同寻常的外貌。即便如此，他还是被这个六英尺六英寸高的黑头发大个子吓了一跳。大个子靠在门的侧柱上，把他办公室的整扇门给挡了。多年以后，麦克斯回忆说："我抬头看到他杂乱的头发，明亮的面容，我突然想到雪莱，虽然在体形上他与雪莱全然不同。雪莱也是皮肤白净，头发蓬乱，面孔发亮，脑袋不合比例的小。"

沃尔夫慢慢挪进办公室，上下打量这位编辑，发现与他想象的不同。作家后来写信告诉对他影响最大的、家乡阿什维尔的中学老师玛格丽特·罗伯茨（Margaret Roberts），这个召见他的男人一点都不像"珀金斯"。

> [这个]名字听起来好像是中西部人，但他是哈佛毕业的，多半来自新英格兰家庭，四十出头，但看上去没这么大，他的衣着、举止都温文尔雅的。他看出我既紧张又兴奋，平静地和我说话，让我把大衣脱了，请我就座。然后他便开始问我一些关于书和人物的问题。

珀金斯首先谈起书稿开篇不久主人公的父亲、石匠 W. O. 甘特与当地妓院的老鸨之间的一幕场景。老鸨娶为手下姑娘向他买一块墓碑。沃尔夫急急忙忙脱口道："我知道这您不能出！我会马上把这段拿掉，珀金斯先生。"

"拿掉？"珀金斯叫道，"那是我见过最精彩的短篇故事之一！"

麦克斯继续就着他读的时候所做的一堆笔记，谈这本书的各个部分，提出修改和重新安排片段的意见。沃尔夫立刻抽出他愿意删掉的段落。可每次他抽出段落，珀金斯似乎都要阻止他，并且说："不，你必须一字不动地保留——这段描写太棒了。"沃尔夫的眼睛湿润了："我非常感动，心想终于有人这么用心地对待我的作品了，我感动得快哭了。"

珀金斯把最难谈的问题放在最后，这出于他把困难放在后面解决的本能倾向，倒不是沃尔夫可能会起疑的耍花招。《啊，失去的》缺乏真正的结构。他认为要解决这个问题，唯一的办法是有选择地删节。具体而言，他认为讲述主人公的父亲小时候的第一章虽然写得很好，但书应该以他已经在阿尔塔蒙特镇（这是沃尔夫给自己的家乡杜撰的名字）长大成人为开场，以此来把故事的结构安排在主人公尤金小时候的经历和记忆中。在这初次编稿会谈中，沃尔夫还不愿意做如此大篇幅的删节，多达一百页呢。但他并没有因为这个建议而丧气。相反，他内心感到前所未有的轻松。"在我记忆中，这还是第一次有人这么具体地告诉我，我写的东西还值那么几个钱。"

隔了几天，珀金斯和沃尔夫又见面了。汤姆[1]带来了他的笔记，表明他在着手准备修改工作。他同意每周交一百页修改后的稿子。他还问起他现在能不能把出书的肯定消息告诉密友、舞美设计师艾琳·伯恩斯坦（Aline Bernstein）——正是她首先把这部书稿拿给玛德琳·博伊德看的——麦克斯笑着说，他认为可以，斯克里伯纳出版社已经决定出这本书。沃尔夫走出珀金斯的办公室，遇见约翰·霍尔·惠洛克。这位诗人编辑抓住他的手说："希望你有一个良好的工作环境。艰巨的工作还在后头。"

1929年1月8日，珀金斯写信给沃尔夫，说查尔斯·斯克里伯

---

[1] 汤姆是托马斯的昵称。

纳出版社正式决定出版《啊，失去的》。沉醉在荣耀中的汤姆跑来签合同，领取预付金。几年以后，他在《一部小说的故事》[1]中形容这一欣喜的时刻："那天我离开出版社，汇入在第五大道和第48街路口熙来攘往的男男女女巨大人流中，过了一会儿我又在第110街上了。从那天到现在，我始终想不明白我是怎么到那里去的。"一连几天，他走起路来都轻飘飘的，还把那份合同藏在贴胸的内袋里，合同上还钉着一张450美元的支票（给经纪人的10%佣金已经扣除）。"我确实没有什么理由要揣着合同和支票在纽约城里到处乱跑，可我有时会在繁忙的人群中把它们掏出来，温情脉脉地凝视，热烈地亲吻它们。"他写信对罗伯茨女士说。

"但是，现在是恢复理智的时候了，"1929年1月12日，他在给这位往日的中学老师信中写道，"狂欢结束了。我对自己发誓。"当时他还在纽约大学兼职教书，但改稿子比改学生作业更重要了。他已经想辞职当专职作家了。他一心要报答斯克里伯纳出版社，在信里对麦克斯说："希望这标志着长期合作的开始，他们不会为此感到后悔。"沃尔夫成天钻在位于西15街的一套二楼后排的公寓里，对付他和珀金斯都提出的一些问题。

《啊，失去的》是一幅作家在群山环绕的北卡罗来纳州阿什维尔成长的青春肖像。书还没开始编辑，圈内小道消息渲染此书篇幅已经夸张得失实了。见过书稿的人指天发誓说它堆在地上足有几英尺高。实际上，用葱皮纸[2]打字的书稿上共有1114页，大约三十三万个单词，厚五英寸。沃尔夫自己也意识到，这么大部头的书很可能让人读不下去，当然也太笨重。所以他在某一天的写作日记里也草拟了一个压缩

1　1935年，托马斯·沃尔夫应邀到科罗拉多大学作家会议上作演讲。沃尔夫将演讲稿整理成文《一部小说的故事》(The Story of a Novel)，1936年由斯克里伯纳出版社出版单行本。
2　葱皮纸（onionskin），一种薄而拉力强的半透明纸。

篇幅的方案："首先，删除每一页中对意思表达不是必不可少的字眼；如果每页能够找到十个这样的单词，那么整本书就可以减少一万个甚至更多单词。"1月中旬，他开始动手。

沃尔夫写信告诉他的朋友、《阿什维尔公民报》的乔治·W. 麦考伊（George W. McCoy）："出版社的人接受我的书的时候，就让我拿起小斧子，砍掉十万来个单词。"珀金斯就如何突出主人公的形象，给了沃尔夫一些总体建议，便放手让他自行删改。作者花费了大量时间，几个星期后，兴高采烈地带着新版的《啊，失去的》回来了。珀金斯依旧对他诗意的文笔赞赏不已，但还不满意：沃尔夫忙了那么多天，书的篇幅才减少八页。他确实按照珀金斯的建议删了许多，但为了删稿后叙述的连贯，他加了许多过渡段落，又多出数千个单词。

沃尔夫告诉玛德琳·博伊德，删他自己的书稿是一件"费劲麻烦活儿"。从现实考虑，他知道应该压缩打字稿，可是他常常瞪着堆在面前的稿子，一瞪就是几小时。他写信告诉她："有时候，我就想胡乱戳进一处，大肆砍削，除非我知道戳到哪里后果很严重。"博伊德夫人要沃尔夫认真听麦克斯·珀金斯的意见，因为"他是少数话不多但很有影响力的幕后人物，司各特·菲茨杰拉德能够获得成功并且现在仍然成功……唯一的原因就是有他"。每周一次，有时每周两次，沃尔夫不用事先约好，都会带着一百页的书稿来到斯克里伯纳。如果他没有出现，珀金斯就写信或者直接打电话给他，问他为何不来。

春天到了，汤姆和珀金斯每天都忙着改这本书稿。沃尔夫写信告诉姐姐梅布尔·沃尔夫·维顿（Mabel Wolfe Wheaton）："我们大块大块地删，我的心在流血。但是，要么它成为死稿，要么我吞下苦果。我们都不愿意删掉那么多，但删完就能有一本篇幅短些、容易读的书了。所以，虽然丢了一些好素材，但我们正在将它改得浑然一体。这个珀金斯是个好搭档，也许是美国最出色的编辑了。我非常信任他，通常都听从他的判断。"

关于《啊，失去的》编辑工作的谣言也随之而来，传得就像当初说原稿的篇幅那样夸张；珀金斯也相应更为低调地评价自己在其中所做的工作。最后他把自己的工作形容为只是"重新组织一下"。的确，大段大段的叙述只是从一处移到另一处。但是，对这本书真正决定性的处理，还是删节。足以成书的九万个单词被删掉了。

每一处删节通常都是珀金斯提出的，经两人讨论、争执，然后删去。每一处删节都经过双方同意，每一页底稿也都留存着。沃尔夫保留每一件与他写作有关的边角料，珀金斯也建议他把删掉的素材都放好，今后写别的书兴许用得上。

为了把数百页《啊，失去的》中穿插的种种故事、人物生活有机结合在一起，麦克斯建议小说的整个家族故事"通过男孩尤金的回忆和感受来展开"。因此，首先被删去的，也是删节篇幅最大的部分就是打字稿中开篇1377行介绍性文字。沃尔夫最终接受了珀金斯的批评意见，即当他试图追述他父亲到阿什维尔之前的生活时，那些事情并非直接取材于沃尔夫自己的经历，"其真实感和力度就大打折扣"。于是，在书中，甘特来到阿尔塔蒙特镇之前的经历便压缩到三页，他对内战的回忆只用一个只有二十三个单词的句子一笔带过："这孩子怎样站在离他母亲田庄不远的路边，眼睁睁看着南方来的'叛军'列队向葛底斯堡行进。"由于珀金斯觉得是他说服沃尔夫将原作中两个小男孩站在路边，大战迫近的第一幕场景删掉，有好几年时间他一直心情沉重，但没有了这一幕，读者可以马上进入故事了。

不过，更难的是要把这样的修改坚持到故事的最后。到了一定程度珀金斯就不能整页整页地删了，而经常只是删掉一些字词。他贯穿始终的标准是，尤金和他家人的关系是整部小说绝对的中心，任何干扰这一中心的情节只能删掉。例如原稿中有一段讽刺富有地主在阿什维尔郊外大盖庄园的描写，还有一首戏仿 T. S. 艾略特风格的诗，都因为与其他内容不协调而删去了。另外还删掉 524 行猥亵、不妥当的内容。

沃尔夫在书中有二十处以向读者独白的方式现身。麦克斯认为，如果此书旨在表现尤金长大成人的过程中渐强的成长意识，那么就不能安排作者在多年以后以当前的口吻评论过去的场景。于是这些内容也删去了。

珀金斯提删改意见，正如汤姆动手执行一样为难。他还觉得书中有好几个人物形象，沃尔夫虽然倾注了许多笔墨，但并没有达到他希望的效果。"当我意识到……书中所有人物几乎都确有其人，这本书可以说是自传，我记得当时感到一阵恐惧。"二十年后，麦克斯对另一位作者詹姆斯·琼斯说。但每次麦克斯宣判把某个书中人物送上"剁肉板"，沃尔夫都会声辩："可是珀金斯先生，您不明白。我认为这些都是'了不起'的人，应该写出来。"麦克斯认同沃尔夫的想法，但假如不为删减这些人物的篇幅争取一下，他会觉得自己没有尽责，因为他相信，其中许多人物非但不能推进情节发展，反而会令节奏缓慢。就拿沃尔夫的舅舅为例。原稿中有四页写他，最后只剩下："[年纪]最长的亨利现在三十岁。"

那年 4 月，珀金斯和沃尔夫的《啊，失去的》改稿工作大有进展。两人还是每改完一个章节就碰面。他们相信书稿很快就能压缩到出单行本的篇幅了。麦克斯提出新的修改意见，沃尔夫就退居公寓继续修改，或者重写新的内容。珀金斯在提出最后一条意见的同时，又坦白了一点：他不赞成使用这个书名。他和同事们都不怎么喜欢《啊，失去的》。沃尔夫又想了许多书名，最后还列了一张备选的单子。而麦克斯和约翰·霍尔·惠洛克都倾向于用一个引自弥尔顿诗歌《利西达斯》（*Lycidas*）中的短语，也是沃尔夫曾暗自认为最佳的书名：《天使，望故乡》(*Look Homeward, Angel*)。

到1929年夏天,玛德琳·博伊德已经如同未来多年那样坚信,"如果没有另一位天才——麦克斯——世人将永远不会知道汤姆·沃尔夫。"7月底,她读了修改后的书稿,发电报给麦克斯·珀金斯:"沃尔夫的书真好。谢谢你。"的确,在见证了珀金斯对沃尔夫采取大胆创新的编辑方式之后,博伊德夫人鼓起勇气向麦克斯提了一个她很久以前就想问的问题。她在一封信中问道:"你自己为何不写作?我觉得你的写作水平会远高于现在大多数写作者。"珀金斯直到他们下次见面才作了答复。她回忆说:"麦克斯看了我很长一段时间,然后说,'因为我是编辑。'"

大学毕业后,珀金斯就一辈子与文字为伍。虽然他最初的职业志向新闻业表明了他对写作的兴趣,但在其出版生涯中,他从未流露出当不成小说家的失败情绪。他自愿把想法提供给那些既有时间又愿意投入单本书写作的作者,以此来宣泄被自己压抑的写作欲望。他通过书信表达自己。在其编辑生涯中,麦克斯向秘书口授了成千上万封信,经常一天就有二十多封。"就好像对方就在他办公室里似的。"麦克斯的秘书艾尔玛·威科夫谈道。"就连标点符号珀金斯先生都要口授"——他喜欢用分号,还喜欢在逗号、句号后面用破折号——"这使得他的信特别像娓娓道来的谈话。所以他的许多作者都说他谈文学能比任何作家谈得都好。这尤其可以在他的书信中得以证实。"

范·怀克·布鲁克斯从一个更学术的角度分析珀金斯的书信,他评道:"麦克斯的书信文体带有鲜明的十八世纪风格——这是受了我和他共同欣赏的斯威夫特、艾迪生、笛福、蒲柏等人的影响,当然也包括约翰逊博士那群人。"布鲁克斯收到过珀金斯的一封来信,信中谈起斯威夫特的生平,令布鲁克斯印象特别深,它体现出他的这个好友具有"作家的敏感"。布鲁克斯说,珀金斯想的——

并不是人人津津乐道的斯威夫特与瓦内莎的爱情故事,[1] 而是一个小说家应该观察到的事情:斯威夫特喜欢坐在草原上的酒馆里,听赶牲口的人和马车夫谈话。斯蒂芬·克兰[2]也爱定时坐在鲍威利的酒馆里,感受别人生动的谈话中的韵律和节奏。这些都足以让我明白为什么麦克斯好像天生就能理解同时代的本国作家。

珀金斯说,很少有人能够理解作家的观点,而"真正的艺术家总是要按照自己的意愿出书",决不允许编辑或者任何外人改动。他对作家的了解就使得他可以不止一次地勾勒出整部小说的轮廓,让他的作者去执行写作任务;或者建议作者们在写作时应该采用某些形式,这些形式已经证明是他们最终成功的关键。同时,他还断言,"唯一最重要的事情"是"忠诚、坚韧和正直",他觉得"天生就知道这一点",就意味着至少要朝着成为"技术层面之上的伟大作家"的方向努一把力。

虽然珀金斯始终没有成为"创造性"作家,但是,他成了一位真正的"开创性"编辑,也就最大程度上接近了"创造性"作家。

对于布鲁克斯来说,麦克斯最有趣的事情是"他内心反反复复的斗争,使得他最终成为悲伤情绪的俘虏"。那是"绝望地拒绝成为自己",实际上意味着一个人"违背了服从自己内心的意愿"。

---

1 《格列佛游记》的作者、爱尔兰著名作家乔纳森·斯威夫特(1667—1745)曾与比他小二十多岁的姑娘艾丝特·范诺默利(斯威夫特称她为瓦内莎)相恋十七年,两人有大量通信,传为佳话。
2 斯蒂芬·克兰(Stephen Crane, 1871—1900),早逝的美国小说家、诗人、记者。曾以报道纽约曼哈顿鲍威利区的市井生活著称。鲍威利曾是一个繁荣地区,但在美国内战后,逐渐沦为酒吧、舞厅、妓院林立的混乱地区。

***

那年夏天,麦克斯和汤姆·沃尔夫有五六个傍晚在一起。这座城市让沃尔夫着迷。他不工作的时候,喜欢什么也不做,就和他的编辑一起在城里到处乱逛。沃尔夫仿佛要将整座城市的光、声音和气味全部吸入。在这种时候,珀金斯就注意到,托马斯·沃尔夫就像斯威夫特、斯蒂芬·克兰一样,是一个敏锐的观察者。"他常常光顾酒馆,在那儿喝酒,结交的酒保多达百人,"麦克斯说,"但这不是因为他爱喝酒。他爱这种生活,爱听酒馆里那些自由自在的人喝得话多起来,用生活中的语言对话,活灵活现,很有表现力。"

和麦克斯散步的时候,汤姆通常就谈他接下来想写的书。他下意识里知道自己应该说什么,但又常常不知道该如何表达自己。当沃尔夫沉默不语时,继续谈话的重任就落在珀金斯身上,他常常提出一些新书的点子,还没有成型的故事,有时他唠叨个没完,直到汤姆听到什么有所反应。多年后,麦克斯告诉沃尔夫的崇拜者威廉·B. 威斯顿(William B. Wisdom)有一次他们散步的情形:

> 我对汤姆说,我总是想有一个很精彩的故事可以写,写一个从没见过父亲的男孩,他父亲因为某种原因,譬如说当雇佣兵,而在他小时候或者更早就离开了他,然后这个男孩如何踏上寻父之旅,一路上历经种种磨难——就像流浪汉小说——最后在某种特殊环境下找到了他。这样的故事我当然是随便说说的,我觉得这种故事只有我们都出版的那种童话作者才会写。

但是汤姆对此反复思量,很认真的样子,然后说:"我想这个故事我能用一下,麦克斯。"珀金斯很惊愕,因为这只是一个肤浅的冒险故事，以汤姆的才华写这种故事是屈才。他甚至为沃尔夫竟然会考虑写它而有点担心了，后来他才意识到这个主意对沃尔夫具有内在的意义，因为汤姆本人"在深层的意识里也在寻找一个父亲，他迟早会写这样的故事"。1922年沃尔夫还在哈佛攻读艺术硕士学位的时候，他父亲去世。在这种巨大的精神打击之下，他写了几百页详细生动的描述。在接下来的四年中，父亲的死是他写作的核心。

沃尔夫修改《天使，望故乡》校样的时候，有些段落仍然需要动手术。但他总也忍不住往书里加新东西，因为每一处对原稿的删改，在他看来都像一个开口很大、需要缝合的伤口。他并非有意要顶撞编辑。他对约翰·霍尔·惠洛克解释说："我只是无法明智地在我删剩下的稿子里选择。"他写信给编辑们，为自己给他们添了这么多麻烦道歉："修改定稿的过程时常令我觉得好像在给一头大象穿紧身胸衣。下一本书不会比骆驼大。"直到1929年8月29日，这本书稿才终于审定。

改稿工作一结束，沃尔夫生活中的另一个问题冒出来了。汤姆是在1929年夏天才第一次把他与一个已婚妇女的婚外恋告诉珀金斯。对方是纽约街区大剧院的著名舞美设计师艾琳·伯恩斯坦（沃尔夫没有透露她的名字）。在未来的几年中，麦克斯将读到千言万语描述她的文字，因为汤姆以她为原型塑造了一个小说人物艾丝特·杰克（Esther Jack）。

艾琳·伯恩斯坦和汤姆·沃尔夫于1925年在"奥林匹克"号邮轮甲板上认识的时候，她四十二岁，他二十四岁。她是一个身材娇小但精力旺盛的犹太人，有一张红润有生气、愉快的脸。汤姆对她的最初印象是一个"好看"的中年妇女。她的婚姻生活已无激情。在他们的交往中，艾琳·伯恩斯坦从各方面都支持身为剧作家却还没有剧本搬上舞台的沃尔夫，还鼓励他写第一部长篇小说。如今他发觉自己"非常敬慕[她]但不再是现代意义上的那种爱了"。可她还深爱着他。

汤姆需要指点,所以他一五一十把他与这个年纪足以当他母亲的女人近四年既温柔又狂暴的生活都告诉了珀金斯。麦克斯认为这样的事情已非编辑的分内事,所以好几次在不同的场合都避开这个话题不谈。最后,他说他看不出"这种关系怎么还能维持,既然她年龄大这么多,最后当然只能了结"。这已是麦克斯干涉此事的极限了。

之后不久,沃尔夫寄来了他要放在《天使,望故乡》正文前的献辞。上面写着:"献给A. B.[1]",下面跟着预示分手的六行诗——约翰·多恩(John Donne)的《别离辞:他的名字在窗上》("A Valediction: Of His Name in the Window")中的片段。他拿到样书第一本就送给了艾琳·伯恩斯坦,在题写的献辞中,他说的是他们共同的过去,而不是未来。"因为她,才会有这本书,所以我献给她。在我的生活似乎凄凉惨淡的时候,在我几乎丧失自信的时候,我遇见了她。她带给我友谊,带给我物质上的需求,带给我精神上的放松,还有我从未得到过的爱。我希望这本书的读者因此会发现,这本书里至少有一部分还是对得起她这样一个女性的。"玛德琳·博伊德再次对他为沃尔夫所做的一切而道谢,并说汤姆是非常想把自己的第一本书题献给麦克斯的——"是他的朋友艾琳·伯恩斯坦首先把他的书稿寄给了我们,功劳首先是她的。所以我告诉他我觉得您不会介意他把下一本书再题献给您。我提起这件事只是想让您知道,他对您是多么感激,他也深知您的和善、耐心和理解。"

沃尔夫接受了珀金斯的最后一条建议,那就是删掉前言中所有提到编辑在成书过程中提供帮助的字眼,然后他就返回家乡阿什维尔,让乡亲们准备迎接《天使,望故乡》的出版。"我此行真是衣锦还乡

---

[1] 即艾琳·伯恩斯坦名字首字母简写。

呐，"汤姆在寄给珀金斯的一分钱明信片上写道，"全镇人都笑脸相迎向我道喜，给我的书加油鼓劲。我的家人都知道书的情况，我觉得他们既为它高兴，也有一点担心。"

约翰·霍尔·惠洛克谈起《天使，望故乡》时说："就我所知，没有什么书编辑处理的力度能超过《天使，望故乡》，但麦克斯仍然觉得，这恰恰是他的责任使然。"在整个编辑过程中，沃尔夫始终对珀金斯的文学造诣充满敬佩和认同，欣然接受了他的种种建议。沃尔夫对自己的写作有信心，但也非常信任珀金斯的观点。那年，汤姆还写信对玛德琳·博伊德说："我非常尊敬他，对他也极有好感。我的信心虽然很简单，但我就是相信他会竭尽所能让书畅销。"麦克斯对这位年轻的作者越来越依赖他而感到不安，但他明白沃尔夫的作家之路上的主要问题之一，是"在他家人看来，他仍然只是在干一些荒诞不经的事，而不是正经工作"。艺术家沃尔夫觉得自己像一头独眼怪，要是有人对他好，他就以过分的感激和奉献回报他的保护者，却无视他们合作可能出现的任何危险。麦克斯曾以他那节制的惯常口吻写信对沃尔夫教堂山[1]时代的朋友约翰·特里（John Terry）说："跟后来相比，他当时对编辑尊敬多了。"

* * *

1928年12月6日，珀金斯收到海明威的母亲格蕾丝的电报："设法在纽约找到欧内斯特·海明威。他父亲今天去世，让他马上与家里联系。"不到一小时，珀金斯又收到一份电报，这次是欧内斯特本人发来的。在纽约待了几天后，他正在开往佛罗里达的"哈瓦那特快"列车上。他在特伦顿请珀金斯电汇100美元到费城北站，供他赶回家

---

[1] 教堂山（Chapel Hill），托马斯·沃尔夫本科母校北卡罗来纳大学所在地。

之用。几天后,海明威在橡树园[1]给珀金斯写信说,他父亲是自杀的,丢下了妻子和六个子女,以及"该死的少得可怜的钱"。在双亲中,海明威对父亲更有感情。从那天起,他与珀金斯的友谊加深了。在海明威动荡的生活中,麦克斯成了坚实、可靠的长者,一个可以求助、依靠的人。

年底,欧内斯特料理完父亲的后事,带着一个妹妹回到基韦斯特,写一部关于世界大战的小说,每天要修改六到十个小时。到1月的第二个星期,他已经修改完大部分章节,让妹妹桑妮打字。海明威打算去湾流[2]航行几天。他邀请珀金斯同往,并提出了令珀金斯无法拒绝的条件:他如果要想得到书稿,就必须亲自来拿。麦克斯立刻想到如果能让菲茨杰拉德也参加这次旅行,倒不失为一举两得。但司各特没有去,而是安心写小说。

2月1日,麦克斯在佛罗里达见到了海明威,随后八天一直住在基韦斯特,他发现这是一个充满奇迹的地方。他和欧内斯特每天早上八点外出,常常要到月光洒满椰树环绕的渔村时才回来。每天他和欧内斯特在湾流中垂钓时,都是艳阳高照。看着浅水折射出彩虹般的七色,珀金斯问:"你为什么不写写这个?"恰好正上方有一只傻头傻脑有点笨拙的鸟飞过。"有一天我也许会写,但不是现在,"海明威说,"就拿那只鹈鹕来说吧,我还不知道它在这里的一切安排中起什么作用呢。"麦克斯预感:海明威很快会想明白的,因为据他观察,欧内斯特永远都在思考,永远都在吸收、创造。

海明威一定要让珀金斯钓到 条人海鲢,这是一种名贵海鱼;而

---

[1] 橡树园(Oak Park),位于伊利诺伊州芝加哥郊外的一个城镇,是海明威的故乡。
[2] 湾流(Gulf Stream),墨西哥湾暖流,向东穿过佛罗里达州南端和古巴之间的佛罗里达海峡,沿着北美东海岸向东北流动。这股暖流温度比两旁的海水高,最宽处达数十英里,呈深蓝色,非常壮观,为鱼类群集的地方。

被梭鱼搞得筋疲力尽的麦克斯，不相信自己能够钓到大海鲢。但就在珀金斯的基韦斯特之行最后一天，一条大海鲢在最后一刻咬住了海明威的鱼钩。他立刻把鱼竿硬塞到麦克斯的手里。但是一场突如其来的暴风雨把他们打得浑身湿透，也增加了大海鲢逃脱的机会，他们在船上摇摇晃晃、不顾一切地坚持了五十分钟，珀金斯和海明威总算把鱼拖上了船。

麦克斯没有忘记他去佛罗里达的目的。他在几次外出间歇读了海明威的新小说《永别了，武器》(*A Farewell to Arms*) 书稿，激动得不得了。他跟海明威讨论在《斯克里伯纳杂志》上连载它，虽然他还吃不准他们是否会接受这份被"脏话"污染的稿子。他从基韦斯特给阿瑟·斯克里伯纳发电报："书很好但有很多麻烦。"回到纽约后，他给查尔斯·斯克里伯纳写信努力解释："鉴于这个主题和作者，这本书难出版是不可避免的。海明威对待生活和文学的原则就是永远不回避事实。仅仅从这个层面来说，这本书是难办的。但它一点都不色情，虽然其中爱情主要是以肉体的形式表现的。"麦克斯在具体说明哪些部分有问题的时候难以畅所欲言，因为这封信是由他口述，秘书威科夫小姐打字。不过他想，社长"对海明威风格的熟悉程度足以让他自行补充我所告诉他的那些"。

麦克斯·珀金斯与老查尔斯·斯克里伯纳之间就海明威这本书稿中哪些字眼不可出版的面对面商谈，已经成为出版界的传奇故事。马尔科姆·考利的故事版本通常被认为是最可信的，因为他是听麦克斯本人说的。麦克斯告诉考利，老查尔斯走进办公室之后，麦克斯就向他解释书稿中大概有三个词不能出。"哪三个？"斯克里伯纳先生问。麦克斯平时说话语气再强烈也不过叫一声"上帝呀！"而且只有在非常沮丧的时候才会这样，此时发现自己难以启齿。"那就写出来吧。"斯克里伯纳先生说。珀金斯在便笺簿上写了其中两个词，交给了他。

"第三个是什么？"斯克里伯纳问，把便笺簿递回给珀金斯。最后，珀金斯写了下来，斯克里伯纳先生扫了一眼便笺簿，摇着头说："麦克斯，如果海明威听说你连那个词都写不出手，他会怎么看你？"

在随后多年中，这件事被添油加醋衍生出许多八卦版本。有个版本说这三个问题字眼是写在麦克斯的台历上的，那一页的抬头是"今日当做之事"。艾尔玛·威科夫纠正了这一点，她回忆说："珀金斯先生已经离开办公室去吃午饭，可走到半路又折回来，把那张单词清单藏了起来。"

令珀金斯吃惊的是，《斯克里伯纳杂志》编辑部对这部书稿唯一提出异议的地方就只是这些问题字眼。杂志主编罗伯特·布里吉斯认为这本书写得非常好，就连对那个受伤士兵与护士之间恋情的细致描写也精彩之极。明摆着是布里吉斯接班人的年轻人、"德国佬"阿尔弗雷德·达希尔（Alfred Dashiell）和布里吉斯一样激动，只恨不能一字不改地发表它。

机会一到，珀金斯便马上通知海明威，杂志愿意支付16000美元稿费连载这本书，这是他们购买小说连载首发版权从未有过的高价。麦克斯也以直接的方式与他讨论那几个"特定字眼"的问题，解释说："我总是夸大困难，这部分是因为我已经养成了这样一种思维定势，最好一开始就做好最坏的打算。"不过，《斯克里伯纳杂志》也的确是被许多男女混合的学校用作教学辅助读物的，杂志社认为女生们的耳朵还太敏感，肯定受不了海明威笔下那些士兵的粗俗。

欧内斯特回信说，他不知道能抽掉哪段文字，因为这本书写得很紧凑，每一段都相互关联。他告诉珀金斯，阉割虽然对人、动物和书都是小手术，可影响是巨大的。

珀金斯希望通过《永别了，武器》扩大海明威的读者群。他在信里对欧内斯特说，他希望杂志连载的首要原因，是"让范围更广的人

群看懂你写的东西,总体上帮助你获得全方位的认可"。在一封信里,麦克斯提醒作家,许多人对《太阳照常升起》是有敌对情绪的:

> 这种敌对情绪被这本书的质量以及相应赢得的读者忠诚度所击溃,落荒而逃。艺术上任何一种新生事物必然会招致大量敌对势力,因为它扰乱人心。它展现出另一种方式的生活,当人们习惯了这种生活,归于平静,他们会感觉更舒服,任何令人不快的事物都被隐藏起来。有些敌意来自那些实际上根本不懂这本书的人,因为它的表现方法是全新的……一个全新的画家也会碰到无法被人理解的同样问题。人们就是看不懂,因为他们只看得懂自己习惯的东西。

珀金斯努力让海明威明白,"如果我们能够连载完而不招致太严重的指责,你就能大大巩固你的地位,并且还能避免那种讨厌的批评,那种批评很糟糕,因为它使许多人不去关注书本身真正的价值"。

对于海明威来说,个别字眼的问题不是简单的争吵,而是一场争取"充分使用语言"的战斗。他相信以那样的方式运用这些字眼,其价值比他将来写的任何东西都更持久。欧内斯特告诉麦克斯,人们评判文学,永远都是先说第一流的文学,再说是美国文学。他要以自己的作品把这种顺序颠倒过来。但珀金斯的劝说还是让他动摇了,最后再次让步,用空格来代替那些字眼。

《弗吉尼亚人》一书的作者欧文·威斯特[1]有一次来出版社,跟珀金斯谈到了海明威的粗俗字眼问题。他认为这些字眼完全没必要,只会招致偏见。那时候珀金斯已经明白海明威这样写并不只是行使自己

---

[1] 欧文·威斯特(Owen Wister,1860—1938),美国小说家,"西部小说之父"。代表作《弗吉尼亚人》开创了牛仔小说的先河,塑造了全新的兼具男子汉气概和绅士风度的牛仔形象。

的文学权利，而是要保持风格的一致。在一封信中，麦克斯告诉海明威，威斯特似乎并不明白——

> 任何委婉迂回的表述都会与你写作的风格不协调。我努力解释了这一点，但我实在没法完全领会你的写作路数，所以我也没法解释得非常好。但我可以提出一点为例：你几乎从不使用明喻。这是一种与众不同的写作风格。我始终都清楚这不只是不使用某些词汇的问题。回避这些词就意味着背离你的写作风格、方式等方方面面。

1929年3月，海明威准备去欧洲。临上船前，他匆忙写了一张便条，叮嘱麦克斯别把他在巴黎的地址告诉司各特·菲茨杰拉德，海明威估计他也正在考虑去欧洲。上一次司各特在巴黎的时候，曾把海明威夫妇反锁在公寓外面，房东与他们的关系也一直很紧张。所以海明威听说他们去巴黎的时间又要重合，满心恐慌。他说会在一些公共场合见司各特，那样他就可以随时离开现场脱身，但他再也不会让司各特接近他的住处了。

菲茨杰拉德生活中最大的困难还是那部没写完的长篇小说，珀金斯也只看过令人振奋的四分之一内容。那年3月初，他从埃勒斯利别墅给麦克斯写信说："我没有留下稿子就像个贼似的溜走了。本来只要一星期时间整理就可以了，但在流感和准备出发的混乱中，我没能做完。"他打算在船上做这项工作，到热那亚就把稿子寄出。他万分感谢编辑的耐心："请再多信任我几个月吧。过去这段时间对我来说也很丧气，但我永远也不会忘记你的宽容以及你从未责备我这一点。"

相比书稿，珀金斯更担心的是作家本人，担心司各特"心态太紧张"。在给海明威的信中，他说如果菲茨杰拉德坚持写完，"就会好转的。虽然他珍视青春岁月,但只要他能排除麻烦,就能越老写得越好"。

整个夏天,珀金斯一直在权衡,菲茨杰拉德是否应该暂时把这本书放一放,这样会不会对他的写作生涯造成不可挽回的打击。他问海明威:"你认为他应该完全放弃这本小说,另起炉灶写新小说吗?"珀金斯听到好几个他和菲茨杰拉德共同的朋友"很不妙的报告",但只收到菲茨杰拉德本人发来一封言简意赅的短信,含糊提了一下他的书,好像不愿意多谈,后来珀金斯写信问司各特,他在美国是不是帮不上什么忙。"如无什么理由,我不想让你给我写信,因为你手头的事情够多了。"麦克斯说。

不过,菲茨杰拉德的确有一个要给麦克斯写信的理由:他在那部小说的写作上又有了进展。那年他又给《星期六晚邮报》写了一个短篇小说《惊涛骇浪中的航海》("The Rough Crossing")。故事讲述了一个成功的剧作家和妻子为了远离喧嚣的百老汇而远渡欧洲。在船上,剧作家迷上了一个皮肤白得如象牙一般的黑发女子——被称为"这次航行的头号美女"——这短暂的花心动摇了他的婚姻,正如这艘越洋邮轮在一股大西洋飓风中颠簸。《惊涛骇浪中的航海》给了菲茨杰拉德一个写长篇小说的新方向。他构思了一个新的三角恋:聪明、年轻的电影导演刘·凯利和妻子妮科尔在船上遇见一个姑娘罗丝玛丽,她想挤进导演拍摄的电影中当演员。

"我整日整夜地从一个新的角度写这部长篇小说,我认为这个角度可以解决此前的困难。"菲茨杰拉德充满希望地告诉珀金斯。但这个凯利的版本也没写下去,不过也不无成果。其中的许多元素仍然在菲茨杰拉德的头脑中,继续发酵。他又回过头去写梅拉齐的故事,做最后一次努力,然后就把它放在了一边。

虽然司各特进展缓慢,但麦克斯从司各特的几个朋友尤其是林·拉德纳那里等来了好结果。虽然拉德纳的记者身份阻碍了读者视他为一位严肃作家，但麦克斯仍努力提升他的声誉。在麦克斯仍在整理拉德纳两年来第一部短篇小说集《别的故事》（*And Other Stories*）时，文学公会俱乐部（Literary Guild）找到他。他们想让珀金斯为他们出一本拉德纳短篇小说合集，把《短篇小说写作指南》《爱巢》（*Love Nest*）里的短篇小说和已经排好版的新作合在一起出。为此他们愿意付13500元，斯克里伯纳提出与作者各拿一半，珀金斯告诉林，比这更重要的是，出这本合集对他非常有利，因为"你的一本精选之作能够通过俱乐部的渠道送到大约七万人手中，更不必说那些通过常规渠道购买的读者了，所以你的读者队伍会大大扩大。我们认为，每家有书评版的报纸也会重新评价你作为短篇小说家的地位，这也是非常有益的事情"。珀金斯甚至说服了出版社，把他们从文学公会俱乐部分得的6750美元全部用于营销广告。麦克斯写信对林说："我们一直觉得你的书现在的销量还没有达到它们理应达到的程度，现在我们要努力达到，同时也为未来打好基础。"

珀金斯暂且搁下《别的故事》，开始考虑这本新的合集用什么书名比较好——"要一种整体性的标题，强调作者特有的民族性格，或许将强调他所写的人们和环境所具有的民族特性"。麦克斯想了一串书名交给文学公会，并指出他首选其中的《聚拢》（*Round Up*）。他解释道："这是一个美语词组，暗指选集——虽然乍看也许特别具有西部味道，但现在它被用于几乎每一种形容集合的场合——甚至用来形容小偷集合。"

在这个冬末斟酌书名的时候，拉德纳动身去了加勒比海，但出发的时间没有麦克斯料想的那么早。为了赶上文学公会俱乐部的截稿期，珀金斯没有征询作者的意见，就直接跟文学公会拍板，把书名定为《聚拢》。当这一消息最终传到拉德纳那里时，他给珀金斯打电报说，他更喜欢自己取的书名《合奏》（*Ensemble*）。麦克斯追悔莫及，因为扉页、内封和护封都已经付印了。麦克斯向作者道歉说："真抱歉出现这样的局面，我们并不想故意用你没有完全赞成的书名，我对你去拿骚的时间犯了愚蠢的错误。"但文学公会俱乐部对麦克斯起的书名反应热烈，斯克里伯纳出版社自己也加印了两万册。《聚拢》卖掉了近十万册。

珀金斯又一次问林·拉德纳是不是能写一个篇幅长一点的故事，四万个单词左右，这事儿他们已经谈论多年了。麦克斯催促道："有了《聚拢》积累的巨大人气，现在是时候了。"令珀金斯遗憾的是，拉德纳还迷恋戏剧，忙着写剧本和俗套的轻歌舞剧，根本没考虑过写中短篇小说。"但是演艺业在经济回报上很慢，可能我很快就会向你要一点预付金了。"

珀金斯的另一位作者，同时也是菲茨杰拉德朋友的埃德蒙·威尔逊，经过了一段非常艰难的时期，终于还是出书了，虽然他的精神状况仍在滑向崩溃。满脑子不忠、不满情绪，埃德蒙·威尔逊正在考虑是否和第一个妻子离婚，再和另一个女人结婚。令他的抑郁症加剧的是，他最近还把一本小说书稿《我想起了戴西》（*I Thought of Daisy*）寄给麦克斯·珀金斯，此时正陷入通常写完一本书后都会出现的忧郁情绪。

"这种东西要么完全成功，要么一败涂地。"威尔逊写信对珀金斯说：

> 我的意思是，自始至终，我都让人物、事件和环境符合一整套生活、文学观，除非这些观念果真阐释清楚，除非它们能够满足读者的兴趣，补偿他在行动、情感上的缺失和他通常在小说中得到的东西，不然这整部作品的表现就会失败。

自从珀金斯几年前提出对《殡仪员的花环》感兴趣之后，威尔逊就一直与这位编辑相互通信。麦克斯始终没能帮助威尔逊作出决断的是,他究竟应该把精力集中在哪种类型的写作上。《我想起了戴西》是他的第一部长篇小说,负责威尔逊论文、日记的编辑莱昂·艾德尔(Leon Edel)指出:"他惊讶地发现它可能是和任何其他类型写作都不同的作品。"在修改这本书稿的过程中,威尔逊开始写作一系列长篇评论文章,这就是后来的《阿克瑟尔的城堡》(*Axel's Castle*)。他写信对珀金斯说,这些文章"更容易写,而且有一种摆脱了《戴西》如释重负的感觉。"这个长篇小说只卖出几千册,但它获得的好评也为他在文学界赢得了尊敬。几年后,麦克斯的女儿莎比问父亲,为什么威尔逊的小说不能赢得更多读者。他回答说:"威尔逊是美国写作最有智慧的佼佼者,但写起小说就显得自作聪明了。每当他写某些谁都想不到的东西,你读起来就感觉他好像在屈尊为大众写作。"还有一次,他说得更明白:"司各特·菲茨杰拉德的那种小说家的声望,哪怕只能获得一半,埃德蒙·威尔逊都情愿不惜任何代价去交换。"

那年夏天,麦克斯总算抽出了一个月时间去温莎,在那里度过了一个晴朗无雨的灿烂假期。这个 8 月,他屡屡为大女儿和二女儿迅速的成熟感到吃惊。贝莎曾经是个戴着角质架眼镜、庄重的小女孩,麦克斯常常夸耀她"哪怕违背她自己的意愿,也能够公正评价是非"。而莎比,总能够蛊惑父亲心甘情愿地带她多看几场电影,如今正出落成一个令交通阻塞的大美人。现在,这两个少女结伴去温莎、考尼什和伍德斯托克跳舞,一直玩到凌晨两点才回来。麦克斯觉得熬夜等她们回家很不成体统。

过去,珀金斯常常为了观察某一本自己经手过的新书出版之后的反响而告别温莎去纽约。而今年他按时回去是为了统筹好几本书的出版进度。《天使,望故乡》和《永别了,武器》都于 1929 年 9 月上市。从书评人到普通读者,各方面的反应都是一面倒的赞扬。

海明威告诉珀金斯要盯紧印刷进度；这是他们的"大家伙"。随着影响日增，他估计他们会突破十万册大关。不到几星期，《永别了，武器》的销量就达到了这个数字的三分之一。欧内斯特对如何支配这本书的版税已有打算。他准备把前七万册的版税存起来设立一个家庭信托基金，七万册以后的所有版税都用于买一艘船。

至于托马斯·沃尔夫，尤金·甘特童年时梦想的功成名就，正在他的创造者身上变成现实。沃尔夫被赞为第一流的文学新秀，他也自认为获得了"多年来对一部新作最高的评价"，陶醉其中。要说负面反应，唯一的来源就是沃尔夫的家乡，北卡罗来纳州的阿什维尔镇。当镇上人发现自己都被写进了虚构化的阿尔塔蒙特镇，而他们所有的缺点都光溜溜地暴露在全国读者眼皮底下，所有人都气得要抄家伙干掉他。其中一人扬言要拖着沃尔夫"肥大的尸体"在阿什维尔的帕克广场游街示众。但是在北卡罗来纳州，这本书就跟在其他地方一样畅销。斯克里伯纳很快就卖了大约一万五千册。

这是珀金斯的幸福时刻。就连天空都在微笑。10月将尽，但纽约仍沐浴在温暖宜人的秋日中，空气中没有一丝冬意。在这个金色的秋季里，也没有任何迹象显示，大萧条时代和艰苦的岁月就要到来。

第二部

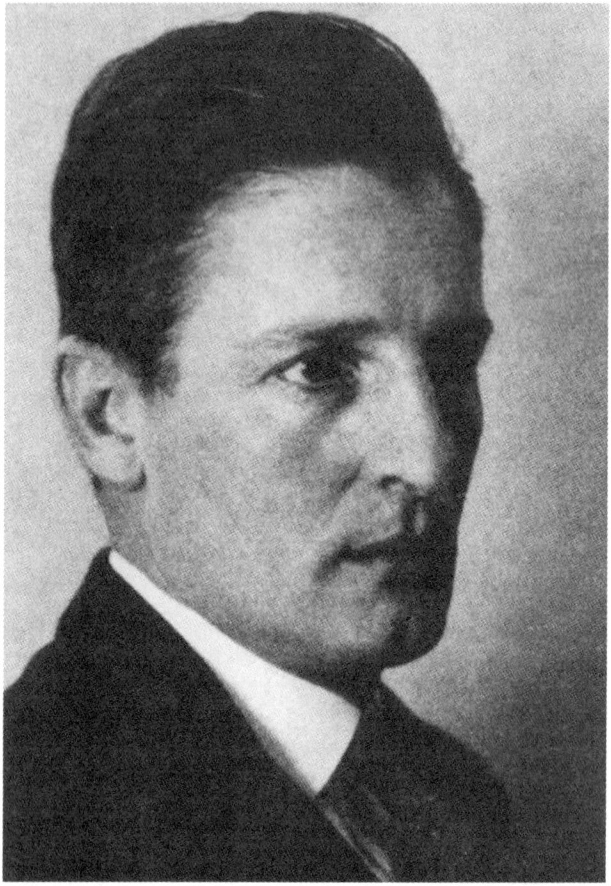

9

信心危机

1929年10月24日星期四，股市崩盘。"没有人知道后果究竟如何，"该月月底，珀金斯写信告诉F. 司各特·菲茨杰拉德，"可能会对包括书业在内的一切零售业产生非常坏的影响。"

华尔街的股价直线下跌的时候，菲茨杰拉德正在法国写他的长篇小说。外界盛传他与朋友的关系，他的事业和婚姻，全都处于风雨飘摇中。珀金斯听说他在莫里·卡拉汉和海明威的一次拳击比赛中计错了时间，导致海明威下巴中了几拳，也挫伤了司各特的自尊。当司各特意识到海明威连行踪都不情愿透露时，他的情绪就更低沉了。海明威和菲茨杰拉德依然保持着通信，但信中并不总是友好的了。在一封信中，欧内斯特称司各特是个"该死的傻子"，并恳请他"看在上帝分上""抓紧写那个长篇小说吧"。他警告珀金斯绝不要相信司各特的片言只语，因为他清醒的时候就根本不能保守秘密，喝醉以后就更是像"神志不正常的人一样毫无责任心"。

司各特和其他朋友的关系也在恶化。譬如墨菲夫妇就厌烦他老琢磨着把他们写进小说里。杰拉德·墨菲说：

他老是问我们到底收入多少,我是怎么加入骷髅会[一个耶鲁的高年级学生社团],我和萨拉结婚以前是否同居之类的问题。我可没想到他居然打算写我们的事情——真难相信他问了那样的问题以后还会写什么东西。不过他打量我的样子我还记得很清楚:嘴唇抿得很紧,带着一种居高临下的审视姿态,好像一定要搞清楚我做事情的意图。他的问题令萨拉非常恼火。通常,为了让他闭嘴,她会胡乱回答一下。但到最后,整个事情就让人忍无可忍了。有一次晚宴进行到一半的时候,萨拉受够了。她说:"司各特,你以为你问了这些问题就足以让你了解别人是什么样的人吗,你错了。其实你什么都不懂。"司各特气得几乎脸发绿。他从桌前站起身,手指指着萨拉说从来没有人敢这样跟他说话,于是萨拉问他是不是想让她重复一遍,她又说了一遍。

关于菲茨杰拉德最令人不安的事情是他的婚姻。玛德琳·博伊德最近在巴黎见到了菲茨杰拉德夫妇,回来后告诉珀金斯,泽尔达完全变了个人,和司各特经常闹得不可开交。她的言行举止,以前被性格鲁莽冲动的假象所掩盖,如今则让人觉得怪异。最反常的表现是她对芭蕾舞狂热的痴迷。动辄几小时的练习耗尽了她的体力。她体重过轻,面容憔悴,脸色像蜡一样苍白;她动不动就情绪激动,以至于有时候很难分得清她的尖叫声究竟是愤怒还是大笑。正如海明威在《流动的盛宴》中所指出,她始终憎恨她丈夫专心写作;而在司各特这方面来说,现在他则因为她忙于跳舞而感觉受了冷落。这对几年来信心严重受挫的司各特来说,无异于被最终抛弃。后来他给泽尔达写了一封信,但始终没有寄给她,信中回忆他们在一起的最后一年:

现在你走了——那年夏天我几乎没有想起你。你只是那些不喜欢我或者对我无动于衷的人里面的一个。我不愿意想起你⋯⋯你越来越狂热，还把狂热当天赋——而我在走向毁灭，怎么说都行。我想，无论是谁，即使因为距离太远看不到我们夸夸其谈的自我表现，也一定猜想你近乎自大狂的自私，我无度的酗酒。到头来，什么都无足轻重了。当你对我说［你认为］我是巴拉丁路上的"同志"的时候，我差点就离开你，而现在无论你说什么，都只会让我对你心生一种超然度外的怜悯⋯⋯但愿《美与孽》是一部成熟的作品，因为它全都是真的。我们毁了自己。说实话，我从未想过，我们把彼此给毁了。

那一年，菲茨杰拉德夫妇努力节省开支，住进了便宜一些的酒店。但司各特的用钱方式并没有改变。三十年代才开始两个星期，他就请珀金斯往他账户里存 500 元，以支付刚刚过去的圣诞节账单。在上一年，他的短篇小说为他进账了 27000 元，可书的收入只有 31.77 元。《了不起的盖茨比》出版已经快五年了，而司各特已经为他的下一本书预支了 8000 元。对于珀金斯委婉地询问他的新小说何时写完，他回答说："首先，我没有提我的小说并不是因为它还没写完或者我把它给忘了，而是因为我不愿意在把它放进邮局信箱寄给你之前就设定交稿日期。"

职业自豪感是菲茨杰拉德唯一还能紧抓不放的东西。"我很早就开始写作，写得又多，现在把罐子装满得花更长时间，"他告诉珀金斯，"但是这部长篇小说，我的小说，假如我一年半以前匆匆忙忙把它赶出来，跟我现在写的质量是不可同日而语了。"

麦克斯在那年春天写信对他说："我唯一担心你的是你的健康问题。我知道你别的什么都有，但我常担心你的健康，也许是因为我自己对于熬夜工作和熬夜对身体相应产生的影响也吃不消了。"

疾病的确在1930年初春来袭。狂迷芭蕾舞的泽尔达因为过度疲劳而崩溃了。一连二十一天，菲茨杰拉德连一个字母都没法写。他向麦克斯要钱，要了几星期之后才说出了他的困难。"泽尔达精神崩溃，病得很严重，住在瑞士这边的疗养院里。"他解释道。这又占去了司各特许多写作的时间。

在泽尔达"病得可怕"（司各特语）的时候，他也"对生活日益忧心忡忡"。他的主要开销都用于支付几乎全职医治泽尔达的精神病医生。麦克斯从司各特的来信中推断出泽尔达如果不是彻底疯了，也离发疯不远了。到那年夏天，她被诊断为精神分裂。由于喝酒是泽尔达发病时令她备受折磨的幻觉之一，医生要求司各特戒酒一年，她则要永远戒酒。他们从未说是菲茨杰拉德自己的不稳定和酗酒导致了他妻子的精神崩溃，但珀金斯有他的看法。他在给托马斯·沃尔夫的信中说："我知道司各特对他妻子的变化是有过错的，但他是个勇敢的人，他面对了困难，并且始终都是坦荡地直面困难，而不是自我欺骗。"司各特在自己的日记中这样概括这一年："崩溃！泽尔达和美国。"

即使在绝望中，菲茨杰拉德仍然给"我最忠实、最信赖的鼓舞者和朋友"珀金斯写信，每月报告一次文学写作状况。既然没法说自己小说的进度，他就在信里多提些出版方面的建议。他介绍了好几个"全新一代"的新作者和他们的作品给麦克斯，都是他从某一期的《美国大篷车》[1]上看来的。菲茨杰拉德说，其中最值得关注的，是厄斯金·考德威尔（Erskine Caldwell），尽管他的作品"还看得出海明威甚至[莫里]卡拉汉的痕迹"。珀金斯于是写信跟他联系。

二十六岁的考德威尔是佐治亚人，他大学没念完，做过摘棉花工、书评人、职业橄榄球运动员、木材工人，怀有作家的抱负。当时他住

---

[1]《美国大篷车》（*American Caravan*），美国诗人、文集编者阿尔弗雷德·克雷姆伯格（1883—1966）于1927年创办的刊物，每年出一期，选编新人新作。

在缅因州的弗农山（Mount Vernon），收到了珀金斯的来信，请他寄书稿过去看看。这还是考德威尔头一回接到这样的约稿信。他后来回忆说："这封信令我激动得一连三个月埋头狂写，那种写作强度对我来说真是空前绝后。"

一开始，考德威尔在一星期内每天给麦克斯·珀金斯寄一个短篇小说。每篇都被立即退稿。但考德威尔不甘心失败。他下定决心要击破《斯克里伯纳杂志》编辑部的抵抗，但他把麦克斯韦尔·珀金斯视为出版社的关键人物，把小说都寄给了他。每篇稿子一被退回来——往往是因为"太离奇"——他就投给其他"小杂志"，譬如《当季》(*This Quarter*)、《异教徒》(*Pagany*)、《猎犬与号角》(*Hound and Horn*)、《黏土》(*Clay*)，而每篇都被录用了。过了一个月，考德威尔从珀金斯的退稿信中觉察出他的语气变缓和了。到了春天，麦克斯决定录用一篇，虽然他还没选好用哪篇。考德威尔看看自己为每个短篇小说的去向所做的统计表，知道珀金斯手头有五个短篇可以挑选。

考德威尔在回忆录《叫它经历吧》(*Call It Experience*) 中说："我就害怕他改变主意——已经松动的国家经济结构都可能崩溃——在我的某个短篇白纸黑字印在他们杂志上之前，什么事都可能发生。"考德威尔从珀金斯处得知好消息的当天傍晚就开始工作，他要给编辑更多稿子供他考虑。三十六个小时之后，他又写好了三个短篇，再从桌上的一沓旧稿中抽出三篇，这样珀金斯就有十一篇可以挑选了。考德威尔决定亲自跑一趟纽约，当面交给珀金斯，而不是邮寄给他。因为邮寄的话，毕竟还存在"火车出故障导致邮寄严重延误的可能性"。

考德威尔从缅因州的波特兰连夜坐长途汽车去纽约，在忐忑中一宿没睡。"我还从没见过麦克斯韦尔·珀金斯……到拂晓时分，我开始想象他是一个可怕的人，痛恨被我的贸然来访所打扰，因而对我的作品也心存偏见了。"从早上八点到十点，考德威尔在斯克里伯纳大厦对面的人行道上踱来踱去，努力想为自己不打招呼就登门编一个合理的借口。说得通的理由还是没想出来，但他意识到自己仅有的那点勇气正在迅速消失，于是他紧紧攥着装有稿子的信封，过了马路走进大厦。乘坐电梯来到编辑部的时候，他已经没有勇气面见珀金斯了，便将稿子交给了前台。他给珀金斯留了一张便条，说接下来的两天他会在曼杰尔宾馆。

那天整个下午考德威尔都待在宾馆房间里，只是为了买一份三明治和几份报纸才离开一会儿。他想如果回去之前珀金斯没打电话来，他就要鼓足勇气打电话去斯克里伯纳出版社，这样想着，直到半夜他才睡着。第二天上午十点左右，电话铃响了。铃声一开始让他惊恐，随即他又觉得开心，等铃声响了两遍才接听。珀金斯和考德威尔相互介绍之后说："我昨天拿到了你的新稿子，就是你放在办公室里的那些。你当时来的时候找我就好了。"据考德威尔回忆，两人的对话是这样的：

珀 金 斯：顺便说一下，我已经把你给我的短篇都读了，包括你昨天拿来的新作，这阵子我不用再看别的了。

考德威尔：（沉默）

珀 金 斯：我想我前段时候写信告诉过你，我们想在《斯克里伯纳杂志》上刊发你的一个短篇。

考德威尔：我收到了那封信。你还没改主意，是吧？我是说，发一个短篇？

珀 金 斯：改主意？不，绝对不会。事实上，我们编辑部都一致赞同。我还可以告诉你，我们现在决定发两篇而不是一篇。就安排在六月号发。一篇是《马乔里结婚》，另一篇是《姗姗来迟的春天》。两篇都是发生在新英格兰北方的好故事，其中有深厚的感情。这是我要在小说作品中寻找的品质。掌握形式和技巧的作家有很多，作品中倾注感情的却寥寥无几。我认为那很重要。

考德威尔：我真高兴你喜欢它们——而且两篇都喜欢。

珀　金　斯：现在就说说这两个短篇。我说了，我们两篇都要。两篇加起来你想要多少钱？我们迟早总要谈到钱的。没法绕过去，对吧？

考德威尔：呃，我也不清楚。我是说钱。我没怎么想过这个问题。

珀　金　斯：二加五十怎么样？两篇加起来……

考德威尔：二加五十？我不知道。我还以为可以拿得比这多一点。

珀　金　斯：你那么想？那三加五十应该没的说了吧。我们为这两个短篇能付的最多也就这点了。这年头杂志的发行量不像以前那样攀升了，我们得考虑成本。我想境况不会很快好转的，甚至可能更糟。现在的经济状况不太好。这就是我们在这样的时期只能精打细算的原因。

考德威尔：那就这么着吧。我还以为两篇加起来，我能得到的稿费总会比三块五角多一点。

珀　金　斯：三块五角？哦，不！我一定是让你误会了，考德威尔。不是三元五角。不是的，我的意思是三百五十元。

考德威尔：你是这个意思！啊，那当然是不一样了。肯定不一样。三百五十元很好。

考德威尔当即立下诸多雄心壮志。头一条就是发表一百个短篇小说。

* * *

1930年4月19日，七十六岁的查尔斯·斯克里伯纳去世。珀金斯刚来斯克里伯纳出版社工作时，该社如日中天的那些作者，如今还在出书的已经寥寥无几了。小约翰·福克斯（John Fox, Jr.）、理查德·哈丁·戴维斯（Richard Harding Davis）和亨利·詹姆斯已经在十多年前入土为安；约翰·高尔斯华绥和伊迪丝·沃顿还在写，但他们最新的小说弥漫着十九世纪的气息。但是，老查尔斯·斯克里伯纳的影响依然见于这个家族企业。他的儿子查尔斯延续着他的名字，他的弟弟阿瑟管理着出版社。麦克斯韦尔·E.珀金斯被擢升为社内管理人员，在他成为总编辑的道路上稳步前进。华莱士·梅尔评道："老斯克里伯纳去世后，麦克斯再也不用为自己签书的决定而辩解了。"

那一年，珀金斯最成功的作者是欧内斯特·海明威，老查尔斯·斯克里伯纳无论怎样做梦都梦不到他能赢得那么大的声望。大萧条并不影响《永别了，武器》成为热门畅销书，并最终登上畅销书排行榜榜首。麦克斯写信对海明威说，大萧条"可能更多影响到平均面上的图书销量——肯定会影响——而不是《永别了，武器》这么出色的作品"。

初登名流之列，海明威成了文学圈八卦的焦点。最离奇的故事出自罗伯特·麦卡蒙之口，海明威曾把他推荐给珀金斯。在饭桌上，麦卡蒙把那个介绍他们认识的人说得如此不堪，令麦克斯目瞪口呆。他上来就对海明威的写作发了一通恶评。过了一会儿又散布谣言说，菲茨杰拉德和海明威搞同性恋。

经由菲茨杰拉德，海明威本人的耳朵里也刮到另一个故事的风声——说他对出版社不满意，正考虑换社。欧内斯特写信对麦克斯说，他也不知道该怎样戳穿这些刚出炉的谣言，但他肯定无意离开斯克里伯纳出版社。他希望，如果他的运气和健康能够一直保持，麦克斯也许在未来某一天可以出版海明威文集。他提出要给许多人写信澄清他对珀金斯的忠心。

麦克斯很珍惜海明威的这封信。他坦言那个故事令他不安，"在谣言四起的时候，某天晚上我有一刻很紧张，给你手写了一封信，问你愿不愿意写信说明他们毫无根据。但最后，我把那封信撕了，因为我想那只是鬼把戏，清者自清，我们不必理会。"帮作者汇总纳税申报单——这一年一次的职责对于经济学专业出身的麦克斯来说轻而易举——并且帮他设立家庭信托基金后，麦克斯说服出版社提高了《永别了，武器》的版税率，算下来就是多支付几百元给作者，"因为我们想，为你出书本身就是一件很有价值的事"。最后，珀金斯建议海明威考虑一种方案，即斯克里伯纳出版社每年至少付给他一定金额的费用，这笔钱绝对足够他生活。

欧内斯特同意了珀金斯的全部提议，除了最后一条——他相信自己是不可能像那样按照拿薪水的方式写作的。为了与斯克里伯纳达成协议，他请珀金斯去问博尼与利弗莱特出版社要《在我们的时代里》的版权，因为他们曾经答应只要海明威离开他们社，就把这本书的版权卖给斯克里伯纳。可是麦克斯找他们的时候，贺拉斯·利弗莱特暴跳如雷。作家现在成了全国人民的文学偶像，他可不愿意放走这本书。"我们认为海明威先生的名字是我们书目上的王牌，"他回信对珀金斯说，"而且他的第一本书是我们出的，在这件事上我们也心有戚戚。"经过麦克斯几个月坚持不懈的争取——还有现金支付——斯克里伯纳总算撬到了这本书。遵照海明威的建议，珀金斯请埃德蒙·威尔逊为斯克里伯纳的新版写一篇序言，因为欧内斯特认为威尔逊是对他的作品"最理解的人之一"。

书业到了秋天惨淡起来，当季几乎没有什么书到12月还能持续销售的。因为有珀金斯编的四五本书——包括S. S. 范达因的《主教谋杀案》、海明威的《永别了，武器》（后者在二十年代即将结束的时候销量达到了七万册）——斯克里伯纳出版社度过了建社以来最兴盛的一年。但珀金斯知道这并不预示着未来就一定光明。前景处处堪忧。于是在圣诞节到新年之间那个乏味的星期里，珀金斯筹划着向往已久的湾流远行,让自己高兴起来。

1930年1月末,海明威从巴黎回国后,顺道去了纽约。珀金斯见他神采奕奕的,发誓说一定会在3月份到佛罗里达去跟他相聚。2月的图书销售非常糟糕,看情形珀金斯似乎难以抽身外出了。但他写信告诉欧内斯特:"我已经学会一招:在这种情况下唯一可做的,就是走。"他于3月17日到达基韦斯特,见到了"暴徒党"——这是海明威和他松散的朋友群的诨名。海明威带着伙计们去马克萨斯群岛钓鱼。珀金斯钓到一条重达五十八磅的无鳔石首鱼,比世界纪录还重一磅。在收起鱼竿线把鱼拉上来的时候,大伙儿在一旁看着打趣说,他应该笑一个,以推翻他们给他起的绰号"冷面孔"(Deadpan)。这次远行,珀金斯再一次对欧内斯特的观察力留下了深刻的印象,甚至更甚于他健壮的体格。几年后,麦克斯在回忆基韦斯特的时候说:"必须要有艺术家的直觉才能迅速知道海洋下面的地形和鱼类的习性,海明威只用了一年就掌握了这些,而别人常常需要十年乃至一生的时间。他好像凭借本能就能进入鱼的身体——知道大海鲢或者无鳔石首鱼的感受和想法,也因此知道他该怎么做。"

这群水手又从基韦斯特漂到七十英里外的另一个礁岛群——干龟群岛,在那里待了两个多星期,而他们原本计划的是四天。只有不可抗力才可能让珀金斯离开办公室这么长时间:北方来的寒潮在海中掀起了大风大浪,他们无法回到大陆。欧内斯特和他的"暴徒们"睡在一个棚房里,靠酒、罐头和海明威每次出海前都要丢上船备用的百慕大洋葱度日,逮到什么吃什么。他们只能在小码头附近抛鱼饵钓鱼,或者趁风平浪静的间歇坐小船冒险出海底钓[1]。他们天天钓鱼,除了有两天忙着拿枪射击被寒潮赶来的鸟群。为了与这帮孤岛客相称,珀金

---

[1] 底钓(bottom fishing),垂钓技法之一,将饵钩投于选定的钓点,使其落入水底,垂钓栖息于水体底层的鱼类。分为手竿底钓、投竿底钓和手钓底钓三种。

斯也蓄了胡子，只是跟其他人的相比，他的又短又整齐。寒潮逐渐消退，他们平安返回港口，麦克斯瞥了一眼镜子里的自己。后来麦克斯写信告诉伊丽莎白·莱蒙："假如你看到我蓄着一口灰胡子，看起来像海盗一样粗暴，你就会认为我什么也不做，只会杀人。他们说我活像一个叛军骑兵队长。我有两个星期没法照镜子，照了之后，吓了一大跳。我发现自己像变了一个人，真是太震惊了！"他十分感激海明威，因为这是他一生中极为快乐的一段时间。

麦克斯回去不久，海明威就动身去蒙大拿州的大农场写他的新书，一本厚重的西班牙斗牛研究专著，他在跟珀金斯最早的通信中提起过。不久，他写信告诉麦克斯，他将不收邮件，已经几星期不看报纸，此时正是多年来他感觉自己身体最强健的时候。除了敞开肚子喝冰凉的窖藏啤酒可能给腰围增添几英寸，还会占去几个小时时间，他的生活习惯是斯巴达式的简朴。他每周工作六天，不到一个月已经写了六万个单词。他告诉麦克斯，啤酒还剩下六箱，足够他再写六章了。珀金斯把斯克里伯纳新版的小说集《在我们的时代里》校样寄给他，并提出了一些修改和增补篇目的意见，欧内斯特却把它们扔在一边，说他写新书正入佳境，没心思再去"剥死马的皮"。

* * *

托马斯·沃尔夫的写作事业在大萧条之前安然起航了，但他感到了全国性灾难的威胁——正如他后来在自传性小说《你再也回不了家乡》（*You Can't Go Home Again*）中这样写到小说主人公："不仅有普遍的危机，他也遭受了个人的危机。因为此时此刻，他既来到了终点，也来到了起点。是爱情的终点，但不是爱别人的终点；是获得认可的起点，但不是盛名的起点。"

沃尔夫想要斩断一切束缚他的、与过去的联系，但念及于此他又直哕嗦。他已经成了阿什维尔的弃儿，而归根结底，他渴望了断与艾琳·伯恩斯坦的感情。珀金斯建议汤姆申请一项基金会资助，那样也许可以让他有保障地辞去纽约大学的教职，到国外工作一年，自立生活。伯恩斯坦夫人知道这样的独立意味着什么，因而误会了珀金斯提议的初衷。她认为他是在催促沃尔夫离开她。

珀金斯向古根海姆基金会写了一封推荐信，汤姆就得到了一笔项目资助经费。麦克斯还为他的下一本书安排了4500美元预付金，按月发放。加上即将结算的《天使，望故乡》版税，他总共就有了大约一万元，不必再依靠艾琳·伯恩斯坦的资助生活。她快急疯了，竭尽所能地要让他明白她是多么爱他，有几个月，沃尔夫的感情的确动摇了。然而，他对她的爱仍在逐渐消退。

1929年圣诞夜，汤姆坐在纽约的哈佛俱乐部，给麦克斯·珀金斯写了一封情真意切的信："一年前，我对自己的作品几乎不抱希望，也不认识您。现在所发生的一切对于许多人来说也只是一种不算什么的成功；但是对我来说，这些事情来得奇异美妙。真是一个奇迹。"他接着说：

> 我再也想不起我写[《天使，望故乡》]的那段时间了，却能想起您第一次和我谈论它的时候，还有您为它付诸心血的那些日子。我看人总是比看事物更清楚——"斯克里伯纳"这个名字会让我自然而然地在心中升起一股暖流，对我来说，您就是"斯克里伯纳"：我过去不相信人会为别人做事，而您做了——您为我创造了自由和希望。
>
> 年轻人有时相信，这个世界上有比他们更强壮、更睿智的英雄人物；任何烦恼和悲伤都可以向他们寻求解答……对于我来说，您就是这样一个人：您是我的人生赖以抛锚的基石之一。

"非常高兴你有这样的感觉——除了一点：我实在不敢当，"珀金斯回信说，"无论如何，我希望我们之间不要有人情债这种一本正经的想法，但顺便说一句，我要指出的是，即使你欠我许多，那也会被我欠你的一笔勾销。从收到你的书稿到现在，我们的整个交往过程对我来说都是十分愉快、有趣和兴奋的。"

最近几个月，和艾琳·伯恩斯坦的争执令沃尔夫大为伤神。有一部分烦恼可能根植于沃尔夫一种强烈、狭隘的反犹太偏见，这是他遗传自母亲的，她是一个矮小的女人，吝啬，热衷炒房地产。3月底的一天深夜，他在现用的笔记本第337页上潦草地写道："今天去了公共图书馆——犹太人进进出出的。"他进而在本子上坦白："我发现自己就和两年前一样陷入了那种毫无成果、才思枯竭的状态。我写不出东西，集中不起精神，对这个世界，我时时头脑发热，充满了痛苦不安的愤怒；对艾琳，我也开始有这种感觉了。必须结束了！结束！结束！"他得出结论：摆脱这种状态的唯一办法就是离开伯恩斯坦夫人。第一步就是让两人之间相隔一片海洋。

1930年5月10日，他坐"沃伦丹"号邮轮去欧洲。船一出海，沃尔夫就把救生索向陆地抛去，他写信对珀金斯说："我感觉像一个面对一场巨大考验的人，既相信自己有力量面对，但想到它心又不禁怦怦跳，思前想后。新书我都等不及写了；我知道只要我能够把想到的那些都写到纸上，它就会是本好书。"

"独来独往的沃尔夫"[1]（珀金斯开始这么叫他）开始在法国游荡。麦克斯感觉到沃尔夫被写第二本书将要面临的挑战吓坏了，于是他努力给作家打气，让他调整好心态之后再开始写。"如果这个世界上有

---

[1] 在英语中，沃尔夫（Wolfe）的发音与狼（wolf）相同，lone wolf 是固定搭配，形容独来独往、喜欢单干的人。

天生的作家，你就是，"珀金斯说，"不必担心这本新书会不会比《天使，望故乡》好之类的问题。只要你尽力发挥自己，它就会是好书。"收到珀金斯的信不久，沃尔夫就开始以每天六到十小时的速度写作。

在麦克斯的鼓动下，司各特·菲茨杰拉德趁沃尔夫在巴黎的时候到酒店来见他。汤姆也打破自己新的生活规律，抽一天时间到司各特位于布洛涅公园附近的豪华公寓吃午饭，混着喝了各种红酒、干邑白兰地和威士忌。然后他们去了丽兹酒吧。司各特把泽尔达的精神崩溃和他正在努力完成的新书情况告诉了沃尔夫。一开始，汤姆觉得他友善，大方，虽然两人在谈到美国的时候争论了一番。沃尔夫向麦克斯报告说："我说到我们是一个思乡的民族，属于哺育我们生长的那片土地，这土地和我所知道的任何国家一个样——而他说，我们不是这样的，我们不是一个国家，他对他生长的土地没有什么感情。"汤姆先行离开了丽兹酒吧，留下司各特在那里对付一大伙喝醉以后原形毕露的普林斯顿校友，他们对沃尔夫的背景明嘲暗讽了一通。但沃尔夫并不为忤。他写信对珀金斯说："我喜欢他，他很有才华，希望他很快把那本书写完。"

菲茨杰拉德对沃尔夫的印象更深。回到瑞士，他发现妻子还不能见他，就一连二十个小时读了《天使，望故乡》。他给沃尔夫发电报说，他"受到极大震动，非常感谢"，并写信给珀金斯说："你能找到他真是大发现——他前途无可限量。"

沃尔夫向珀金斯报告说，他不知道自己要在欧洲游荡多久，也许要到写完新书的第一部分再说吧，到时候他会拿着稿子回美国。他战战兢兢地告诉珀金斯，这本书将非常厚。他的确说过："我怎么也无法在两百页之内写完我想写的书。"他有一个宏伟计划，写一个由四部分组成的小说，他取名叫《十月集市》(October Fair)。这本书写的是他认为男人最深层的两种冲动——"永远游荡和回归大地"。他解释道：

> 永恒的大地，是家，是心的归宿，还有尘世间的爱，女人的爱，在我看来也属于大地，一种让男人游荡的动力，让他们寻找，让他们孤独，让他们对自己的孤独又爱又恨。

"我希望写出一本好书，为你，为我自己，也为该死的整个家族，"他在信里对珀金斯说，"请祝愿我，帮助我，有空给我写信吧。"

沃尔夫到瑞士去构思他的新书，并经常写信寻求珀金斯的意见和认可。整个夏天，他源源不断地把他潦草写的信寄给麦克斯；加起来有好几十页，篇幅都足够出一本书了。信里详细交代了他对书的基调、态度、结构和人物的想法。

他在瑞士各地旅行，最后来到蒙特勒[1]，住进一家清静的酒店，房间俯瞰着一片鲜花灿烂的花园以及花园外的日内瓦湖。一天晚上，他坐在一家赌场的露台上，看到了司各特·菲茨杰拉德。司各特过来喝了一杯，马上又带着他去领略一番蒙特勒的夜生活。那天晚上，司各特催促他一起去见他的朋友多萝西·帕克[2]和杰拉德·墨菲夫妇。见汤姆对这提议没什么反应，菲茨杰拉德就指责他因为害怕他们而不肯见。那天晚上菲茨杰拉德所说的话中，这大概是沃尔夫唯一认同的话。尽管沃尔夫看似傲慢，但内里是个很腼腆的人；文字那么漂亮，生活中却挺笨拙。"和司各特这样的人在一起的时候，我就觉得自己孤僻、阴郁——有时候说话、做事都显得粗暴，"汤姆向珀金斯坦言道，"后来我觉得我令他们不快了。"

现在，沃尔夫为菲茨杰拉德感到可惜。他纳闷如果司各特不去丽

---

[1] 蒙特勒（Montreux），瑞士西部城市，位于日内瓦湖东岸，是度假胜地。
[2] 多萝西·帕克（Dorothy Parker, 1893—1967），美国短篇小说家、评论家，以谈吐机智、讽刺尖酸、洞察敏锐著称，在二十年代文人圈内很活跃，是著名的"阿岗昆圆桌会"成员。

兹酒吧，不跟那帮对他顶礼膜拜的普林斯顿小子混在一起，他能独处多久。汤姆写信对曾经在纽约大学一起教书的亨利·沃尔肯宁（Henry Volkening）说，菲茨杰拉德"现在才思枯竭，虚弱不堪，还酗酒，没法写完新书，我认为他还想破坏我的写作"。沃尔夫认为自己当时并不适合和别人在一起。他对珀金斯说："现在要让我开怀痛饮当然很容易，可我不想这样。我来这里是为了写书，在接下来的三个月里我要看看我究竟是浪荡子还是男人。不瞒你说，现在我不时感到写得艰难。"

那年夏天，汤姆在两本书中获得了灵感。一本是珀金斯经常推举为文学典范的《战争与和平》。他告诉珀金斯："如果我们要崇拜什么的话，那就崇拜这样的书吧。"他特别注意到书中大背景下的故事是如何与个人的命运交织在一起的，尤其是那些明显取材于托尔斯泰本人生活中的片段。"大作家就是这样运用自己的材料的，每一部好作品就应该像这样，是自传性的，因而我在我的书里这样写也不应该感到羞耻。"这本书的核心，沃尔夫说，就是一年前珀金斯在中央公园偶然提到的那个主意——"人寻找他的父亲"，它"很像果仁，开始藏在里面，一直要到很后面才露出来"。

沃尔夫还发现了旧约《圣经》。相比其中的宗教性，他更欣赏它的文学性。一连三天，他一直在读珀金斯最喜欢的部分《传道书》，一遍一遍地读，然后写信给他说它应该是"有史以来最强的诗——还有旧约里的叙事部分，讲述大卫王一生的故事，路得与波阿斯，以斯帖与亚哈随鲁，等等，都令任何现代小说家的叙述风格相形见绌"。沃尔夫从《传道书》中给《十月集市》的第一部分《不朽的土地》（"The Immortal Earth"）选了一段做扉页的题词："一代老去，一代又来，大地却依然如故。"可惜这段文字已经被海明威在《太阳照常升起》中引用过了。他猜想人们会指责他模仿，虽然他们引用这段完全是殊途同归。

沃尔夫计划着搭火车去附近的洛桑镇看看有没有漂亮的女人,庆祝他的新生。他告诉珀金斯:"我现在性欲强烈,空气、群山、宁静,单调但非常健康的饮食,让我充满了活力,我还担心过自己再也没有活力了呢。你要是在这里就好了,我们可以一起散步。"

珀金斯在回信中没有就性欲问题发表自己的看法,但就沃尔夫描述的写作进度,他说到了对沃尔夫来说是比较苦恼的问题——文字上没有节制。"听了你的描述,这本书在你内心深处好像是一个庞然大物,"珀金斯有点焦虑地写道,"我相信你也有本事把它写成一本大家伙。基于某种本能,我现在能判断的是,你所说的计划和目的全都是正确、真实的。"珀金斯提醒沃尔夫要严格要求自己:

> 在我看来,你的确才华横溢,而那种才华需要纪律约束。篇幅已经不像第一本书的时候那么重要了——但还是得有所控制。只要你始终把篇幅牢记在心,我想你会有能力控制篇幅的。

一夜之间,沃尔夫的日子变得一团糟。司各特·菲茨杰拉德在巴黎跟一个女人说到他的下落,而她又把这个消息发电报告诉了在美国的艾琳·伯恩斯坦,这下,伯恩斯坦给沃尔夫又是写信又是发电报,说她痛苦得要死,还要坐船到欧洲来找他。接着,汤姆的英国出版社惹出了事。他们过去一直把《天使,望故乡》在英国报刊上的正面书评寄给他,现在又寄来了几篇负面评论。上面说的话让沃尔夫一辈子都忘不了。弗兰克·斯温纳顿(Frank Swinnerton)在《伦敦晚报》上说他觉得这本书"许多段落中那些欣喜若狂的省略号令人难以忍受",充满了"过度兴奋的冗长"。杰拉德·古尔德(Gerald Gould)在《观察家报》更尖刻地说:"要是有人愿意这样写,我看也没有理由阻止他;可我看不出有什么理由读这样的东西。"沃尔夫发现这些评论"肮脏,曲解,充满了嘲讽"。虽然书仍在书店销售,但此时他认为英国版是一场灾难。

"这个世界上没有值得过的日子,没有值得呼吸的空气,只有痛苦和在恶心和劳作中艰难的呼吸,除非我克服内心的波澜和难过。"沃尔夫写信对约翰·霍尔·惠洛克说。他表现得好像对第二次批评的浪潮满不在乎,说对于这本书,他现在想要的只是钱——"足够让我维持到生活恢复正常的钱"。

在愤怒中,沃尔夫只能看到《天使,望故乡》在他的家乡遭人恨,在"纽约的文学骗子们"当中激起恶意,在欧洲又招来嘲讽和辱骂。他对惠洛克说:"我曾希望那本书,尽管它有种种缺点,能标志着一个开始,相反,它宣告了一种结束。这两年,我在公开的、私下的场合都遭受了猛烈批评,这样的生活可不值得过。如果有另外一种生活——我相信是有的——我就要过那样的生活。"还没年满三十岁的托马斯·克莱顿·沃尔夫,向斯克里伯纳出版社宣布:"我已经封笔,并且再也不想写了。"

沃尔夫向斯克里伯纳发完公告后,又着手给麦克斯韦尔·珀金斯写一封短信:"我们创造了父辈的形象,也创造了敌人的形象。"这封信他没有写完。他没有明说,但请求珀金斯支持他遭受莫名其妙的批评后的反击,至少公开声明他的立场。"请给我以友谊,不然就给我以最终的怀疑。"汤姆写道。他把这封信塞进了几百页其他材料中,直到他去世之后才被人知。

沃尔夫决定继续独处一段时间。虽然违背了内心深处的愿望,他仍相信必须结束与编辑的关系。他从日内瓦给珀金斯寄了一封正式的通知,要求最后的财务结算报告,并说:"我再也不写书了,鉴于我必须开始为未来做别的打算,我想知道我还能拿到多少钱。我要感谢你和斯克里伯纳出版社，感谢你对我好，也希望有一天我们能重续友谊，它对我很重要。"

1930年8月28日，珀金斯回信说："要我相信你的确做出了这样的决定，那么你的来信对我就是一个沉重的打击。这个世界上如果有人命中注定是写作的料，这个人就是你。"尽管如此，珀金斯还是按要求清点了沃尔夫的版税报告，寄给他。他竭力要让沃尔夫正确看待那几份负面评论，还说："看在上帝的分上，请给我回信。"他难以接受沃尔夫封笔的决定，无法相信。然而随着时间的过去，沃尔夫没有回心转意，珀金斯渐渐担心沃尔夫所说是当真的。离秋季新书季还有十天的时间，他去了温莎，稳定一下沃尔夫的沉默在他内心激起的波澜。

麦克斯从佛蒙特州回到纽约，心中对托马斯·沃尔夫的忧虑并没有比他离开的时候有所缓和。还没有他的只言片语音讯，麦克斯又给他写了一封信："我无法确切知道你怎么会做出这个决定，我相信你会回心转意的——从来没有一个人在这么年轻的时候，就凭一本书就给评论家留下最好的印象。你绝不应该受区区几篇不友好的评论影响——甚至不用受占大多数的、极其兴奋热情的评论影响。"

沃尔夫依然保持沉默，但珀金斯坚持不懈，寄望他的某一封信能打动他。"你知道，"他写道，"有句话说，人总得为他得到的付出代价；我能看到你所受的惩罚中就有绝望的伤害；这也是伟人作家为他们的才华而通常都要遭受的惩罚。"麦克斯接着说："如果你不尽快给我任何好消息的话，我就只好亲自动身远行来看看究竟是怎么回事了。"经过四个星期的等待，珀金斯总算收到了一份发自德国弗赖堡的无线电报："又开始写作。道歉信。正在写。"

又是两个杳无音讯的星期过去了。珀金斯等不及沃尔夫答应要写的那封信寄来，又给他写了一封信。还是没有结果，他又担心起来。

"看在老天分上,跟我们说句话吧。"珀金斯恳求道。他希望汤姆回国,但哪怕能寄来一封明信片也是好的啊。珀金斯又发了一次电报,没有回音。

1930年10月14日,在封笔两个月之后,托马斯·沃尔夫从伦敦给珀金斯发电报:"住在此地一小公寓,一老妇人照顾我。不见外人。相信书终可写完。兴奋。现在谈还太早。信保证随后就到。"

10

良 师

    托马斯·沃尔夫埋头写了整整两个月，精疲力竭地离开了英格兰，到巴黎向 1930 年告别。他大吃大喝，恢复体力，但他到英吉利海峡这边可不是来社交的。他独自待了几天，拼命补觉，写信。在一封没有寄给珀金斯的信中（后来寄的信比这个底稿长），他认为他的写作要有所变化。他说"鉴于还没有人写过一本关于美国的书"，他有意写一本，也许能够囊括每个美国人都有所体会但从未说的事情。"我自认为能[写它]也许是夸夸其谈，但看在上帝分上，就让我试试吧。"他说。

    珀金斯要他写的那本书，沃尔夫已经斟酌了一年多。他不想让麦克斯觉得他放弃了想做的事情，正如他解释的，"我有这么多素材，你所说的开始有眉目了"。与此同时，他想起神话中的安泰（Antaeus），那个只要不离开大地就不可战胜的巨人。沃尔夫在伦敦的时候连夜写了一封长信并寄给了珀金斯。他宣布他的书有了一个新书名，"又好又美"——《十月集市》或《时间与河流：幻象》(*Time and the River: A Vision*)。

沃尔夫把这本书的进展情况记录都寄给了珀金斯，以表明编辑在中央公园偶然提到的一句意见如何像滚雪球一般在作者的头脑中越变越成熟，不仅容纳了阿什维尔的山谷，还能容下奥林匹斯山峰。"感谢上帝，我开始按照自己的意愿创作了，"他告诉珀金斯，"自传性比我能想到的任何一本书都要强……但同时它也纯属虚构。"沃尔夫说："贯穿这本书始终的主题是每一个男人都在寻找他的父亲。"

好像是注定的，这本书已经写了巨大的篇幅，因为沃尔夫的头脑中总是想象着每天发生的事情蕴含的无穷意味。"我深信，一个本国人应该胸怀民族和国家：了解国家的每一件事，声、光、民族的记忆，"他向珀金斯宣称，"毋庸置疑，我现在知道，那就是作为一个美国人或者任何一国人的意义所在。"

> 不是政府，不是革命战争，不是门罗主义，是你生命中千百万个时刻——你看见的形状，听见的声音，吃的食物，你所生活的这个地球的颜色和结构——我告诉你这就是意义，这就是乡愁，上帝作证，目前在这个问题上我是世界级的权威。

那年 12 月，沃尔夫在一封信里塞满了名词，这些名词本身都足以串成美国的故事——譬如美国各州名，美国的印第安人部落，美国的铁路线，美国的百万富翁，美国的流浪汉，美国的河流。汤姆觉得自己对珀金斯既说得太多，又嫌太少，但麦克斯不必担心。"这并不紊乱不堪，而是一个自洽而庞大的计划，"沃尔夫说，"我想对手头这本书有了完全掌控之后再回国。"当时，他还请珀金斯写信告诉他是否认同这个计划，但不要跟别人提起这本书的事。他写道："如果我说了一些蠢话，那我宁愿只有你知我知。"

在祝珀金斯圣诞快乐的同时，沃尔夫说："至于我自己的圣诞节，就不像去年那么快乐了,但上帝为证,我相信我生于忧患,不会被命运打倒,因为我不会倒——现在就是看看我到底是什么样的时候。"虽然从沃尔夫的信中可以看出他似乎不太开心,珀金斯仍然为他写信而高兴。关于这本书他还不太明白,但他对汤姆说:"你每次谈到那本书,我就像当初开始看《天使》那样兴奋。我希望用雷鸣般的叫声欢迎你带着书稿回国。"

到1931年1月初,沃尔夫"简直就是以书度日了"。他决定在海外的剩下时间都放在书稿上,直到写完为止。他估计写完还需要六个星期时间;然后他将回美国。"回来以后我想见你,再去那个方便说话的地方,"他写信对麦克斯说,"但我不想见其他人,也就是说,我只要悄悄地工作。我再也不想当该死的文学界酒会中的猴子。我是一个沉默寡言、简单朴实的可怜虫——但我决不会对你食言!"在埃伯利街75号的公寓中,沃尔夫时常想到珀金斯。最孤独的时候,他就想起以前常和麦克斯去"路易和阿曼德"酒吧喝几杯浓烈的杜松子酒,狼吞虎咽地吃厚厚的牛排。之后,他们会漫无目的地走遍纽约,或者搭渡轮去斯塔腾岛。汤姆在信中对麦克斯说:"对我来说,那就是快乐;你比我年纪大一些,也比我克制,但我想你当时一定也很快活。"

现在,汤姆越来越想让麦克斯·珀金斯在关心他创作的同时,也进入他的生活。两人可以不必再分开,也不想分开。沃尔夫越来越像珀金斯从未有过的儿子。

几个月以来,沃尔夫一直被各种幻觉所困扰,身体和精神都几近崩溃。"我听见来自我青年时代,来自美国的声响和噪音。我听见上百万颗时间的沙奇怪地、神秘地流动。"他告诉珀金斯。最后,汤姆认识到自己需要帮助,他向麦克斯求助。首先,他请麦克斯在曼哈顿附近找一个清静的地方,可以让他几乎完全与世隔绝地生活、写作至少三个月。在此期间,他希望珀金斯只要有空就和他谈话。最后,沃尔夫还希望珀金斯也能帮助他解决他生活中的一大烦恼：

> 我并不是请你治愈我的病，因为你做不到。那只有我自己才能治，但我非常渴望你能帮我做一些事，可以让我的治疗更放松，少受苦。

汤姆第一次向珀金斯开口，描述了他在与艾琳·伯恩斯坦的事情上所受的折磨，详细的程度堪比诊所问诊：

> 我在二十四岁上遇到了一个年近四十岁的女人，爱上了她。这里我无法详述我与这个女人之间漫长、复杂的故事——它长达五年……起初，我只是一个年轻小伙儿，要一个优雅、时髦的女人当情人，我也乐于如此；后来，不知何时，不知何故，我不知不觉深深爱上了她，对她的思念无时无刻不占据着我的生活。我想拥有她，占有她；我随时都会吃醋；内心开始滋生一种可怕的厌恶情绪，肉体的爱和欲望消失得无影无踪；但我还爱着这个女人。我无法忍受她爱别人，和别人有任何肉体关系，疯狂和妒忌心如毒药，如可怕的一事无成、颗粒无收一般吞噬着我。

沃尔夫说他原本不想作这次欧洲之行，但许多朋友希望他为她考虑，他只能屈从。他在去欧洲的船上给她写信，但此后就再也没有与她通信。在分别后的头五个月，她一封接一封地给他发电报。以下是其中片段：

> 我的最爱
> 救救我，汤姆
> 为何你要抛弃你的朋友，我太痛苦了，与你彻底分离我活不下去
> 没有你的音信，心重如铅。爱你的艾琳

她的来信折磨着沃尔夫,因为有时信的落款竟是她用血签名的。接着沃尔夫又收到一封电报:"没有你的消息活不下去,你是否愿意接受绝望的结果。"有几天,他觉得自己要发疯了,但他既不写信也不发电报。"我每天都会极度紧张地去收信,心想是否会收到某个电报带来可怕的消息,"他写信告诉珀金斯,"我盼望没有消息,又希望得到一些消息——但什么也没有,这几乎比有消息还要糟。"他想象她已经自杀了,而那些深爱她的朋友陷入悲伤之中,什么都不告诉他。他在美国报纸上爬梳讣告消息,直到有一天找到了她的名字——不是在讣告版,而是在戏剧版。他读了一篇记叙艾琳·伯恩斯坦在舞台上取得成功的报道。后来,沃尔夫遇到一个男人,后者问他是否认识她,并说就在不久前他还在纽约的一个酒会上见过她,看上去容光焕发。

在1930年最后几个星期,她的哀求又开始了。在她取得剧坛成功后,有两个月的沉默时期。但一旦这种成功逐渐减退,她的痛苦又重生了,沃尔夫又成为痛苦之源。她沮丧地写道:"在我需要的时刻,请向我伸出你的手。我无法面对新年。在你困难的年月我一直站在你身边,你为何毁了我?我爱你,至死不渝,痛苦难耐。"她伤心地发了八九次电报。沃尔夫回了电报,说他独自在国外努力创作,她发这样的电报公平不公平。

沃尔夫告诉珀金斯:"你也许纳闷,我为何跟你说这件事,我的回答是,如果我不能找你,这个世界上我就没有人可以找了。"他试图以倾诉来消除痛苦:从醒来的那一刻胸口的疼痛,整天的恶心和恐惧,直到晚上因为身体不适而呕吐。在过去三个月中,汤姆一直待在同一个地方,写了十多万字。他在伦敦给珀金斯写信道:"我是勇敢的人,喜欢自己在这里的所作所为,希望你也喜欢我,因为我敬重你,相信你能帮我拯救自己。"但汤姆想拯救的不仅于此,他"对爱情和人性美德原本坚定的信念"也动摇了。沃尔夫说："无论这个女人在诚实、忠诚方面可能犯了什么过错，我还是怀着对她的爱和信任希望解决此事……[因为]她依然美丽、可爱。"

他在信中对珀金斯说："我决不能死。但我需要帮助——人希望从朋友那里获得的那种帮助。我求助于你是因为我觉得你健康，理智，坚韧……[如果]你理解我的困境，就说你理解，并且会尽力帮助我吧。"麦克斯曾说沃尔夫从欧洲寄来的信似乎"不快乐"。沃尔夫希望他至少把不快乐的原因说清楚了。

珀金斯回信说："我会做你要我做的任何事，要是有所犹豫，也只是因为对做好事情缺乏信心。但是对于你想到要求助于我，我感到很高兴。"珀金斯已经在期盼沃尔夫的回国，希望他在当年夏天来到纽约，因为，他坦言，"我常常感到非常孤独。虽然这里人够多的，但是没有一个是我特别想见的。无论如何，我期待与你待一段时间……"

"我已经料到事情挺糟的，没想到实际上还更糟，"珀金斯继续说，触及到了沃尔夫的问题核心，"天知道换了我在这种局势中我会怎么办，但希望你能在什么地方获得力量摆脱困境……要是我也曾经历过类似的事情就好了。那样我就可以向你传经布道了。"他相信汤姆的出走是最好的解决办法。

> 至于我，我只能对她[他谈到艾琳·伯恩斯坦]感到愤怒。她也许真的不错。但女人的私心远超于男人，她们激怒我。但我知道我对她们有偏见。可是有哪个女人承认过自己对某件事情的看法是错的呢？我知道你一直像活在地狱里。我并不善于忍受痛苦，所以也很难鼓励别人忍受。但我绝对相信你做的是对的，你必须尽可能坚持住。

珀金斯能给沃尔夫唯一的安慰，便是听他吐苦水；唯一的帮助则是让他专心写作的老生常谈。除此之外，他能做的顶多就是说："我满心期待看到你捧着两三英尺厚的书稿走来的那一天。"1931年2月底，沃尔夫给珀金斯发电报："周四登'欧罗巴'号，现在不需帮助，我自己能行。必须独自工作六个月。问候。"

* * *

艾琳·伯恩斯坦已经玩过自杀的把戏。她在报纸上看到沃尔夫坐"欧罗巴"号邮轮回国的消息，吞下了大量安眠药，被送进医院抢救。"显然，像我这样爱你是失去理智的，"她写信对汤姆说，"——我的内心在激烈挣扎。我对你的爱永远不会停止，但我现在知道，你的心里不再有我，也不会接近我。"艾琳暂时退却了，但并没有放弃，她提出了一个请求。她希望沃尔夫在新书出版以前给她看看。伯恩斯坦夫人了解他的写作方法，已经意识到他会把他们交往后的这些年月写进书里。对于即将付印的书，她希望至少她能发点声音。如果沃尔夫对此踌躇，她建议请他的珀金斯先生来调解。

沃尔夫正忙着搬进布鲁克林维兰达广场49号的公寓，准备着要拿给珀金斯看的材料。他给艾琳发了份电报："现在我一定要熬过去，不然一切都没了。帮帮忙，你要健康快乐，做我的密友。你亲爱的。"

沃尔夫刚回来的时候，珀金斯只见了他几次，而且他们谈论更多的是他的生活，而不是写作。沃尔夫很绝望。伯恩斯坦夫人正竭尽所能说服汤姆回到她的身边。她写信对他说："我们生活在一个疯狂的世界，在这里，百分之九十九的人都会认为我爱你是一种罪，捞钱却不是罪。"一天，她去看了汤姆的公寓后，把一张一百元的纸币抛下布鲁克林大桥，心想："如果人们理解不了我多么爱你，那就让这玩意儿来取悦你们崇拜的神明吧。"从未陷入沃尔夫这种困境的麦克斯，觉得自己并没有帮上他多少事，但还是耐心地倾听。他只向伊丽莎白·莱蒙隐约提起过这件事。他在给她的信中说："我受不了再听到任何麻烦了。人人似乎都陷入了麻烦中。好像没有人、没有事是理性、健康的了。"

* * *

在沃尔夫回国的几个星期内，司各特·菲茨杰拉德的父亲去世了。和沃尔夫一样，司各特这一整年也很不顺。他努力找时间写完被他称为"百科全书"的长篇小说，这样才能清偿他欠斯克里伯纳一万美元的"国债"。噩耗传来时，他刚经历了一段给《星期六晚邮报》赶稿赚高稿酬的苦日子，正在格施塔德休养。他马上动身，直奔巴尔的摩。珀金斯在纽约和他见了一面，短短十五分钟却令他深感沮丧。他向海明威报告说："他变化极大，看上去老多了。但是他失去的还不止这些。他过去那种标志性的活力都没了——至少暂时是没了。但是也许这样对他反而更好，因为你会觉得他本质上还是一个真实的人。"泽尔达"情况仍然很糟"。

两周后，在菲茨杰拉德启程回欧洲前，和珀金斯一起吃午饭。他已经分别见了自己和泽尔达的家人，麦克斯猜菲茨杰拉德事先准备这两次探访的时候肯定很痛苦。但这次，珀金斯发现他还是老样子，两人在一起很放松。他在给约翰·皮尔·毕肖普的信里说："而且，这让我相信，他已经有了面对几乎任何事情的应变能力，最终总能挺过去。"

1931年5月，菲茨杰拉德在洛桑给珀金斯写的信里说："爵士年代结束了。如果马克·沙立文[他为斯克里伯纳出版社写的美国社会史著作《我们的时代》第五卷，已经从上一卷的世纪之交写到了世大战]还要写下去，那么你可以告诉他，给这个时代起这个名字的功劳应该归于我，它从1919年5月1日骚乱遭镇压开始，一直到1929年股市大崩溃结束——近十年。"

珀金斯知道，是菲茨杰拉德创造了"爵士年代"这个词，他的这一评语不能只是在一系列历史书里一笔带过，它更值得深思。他相信司各特至少应该写一篇文章谈这个年代，是某种生动的回忆，甚至是会让公众想起他曾影响这个时代的挽歌，同时，也会在他心中树立一座里程碑，从此以后，他就能进入事业的新阶段。珀金斯把这个想法告诉了社内杂志编辑部的弗里茨·达希尔，后者于是写信给菲茨杰拉德："没有谁比你更合适给它敲丧钟了。"司各特没有承诺写这篇约稿，但它在他脑中挥之不去。

直到8月底，他才又给麦克斯写信。当时，泽尔达的病情已经有了好转。在日内瓦郊外的一座疗养院接受精神治疗以及与司各特定期分开一年多之后，她定期发作的湿疹和哮喘以及偶尔发作的失去理智、歇斯底里都缓和了。她的病被认为是"一种自卑心理的感情反应，而这种自卑主要是针对她丈夫的"。司各特和泽尔达和睦相处了好几个星期，热切地讨论着回国。她的健康状况足以让她离开瑞士大夫，司各特还写信告诉麦克斯，她甚至"在写一些令人赞叹的东西"。在他们回国的邮轮"阿奎塔尼亚"号靠岸前四周，麦克斯收到了他之前提议司各特写的那篇文章:《爵士年代的回声》("Echoes of the Jazz Age")。

菲茨杰拉德的这篇文章引起了广泛讨论，不仅是因为它勾起了人们美好的回忆，也因为作者的直率。那段时期对风华正茂者似乎是玫瑰色的，浪漫的，菲茨杰拉德说："因为从此以后，我们再也不会对身处的环境有这么强烈的感情。"

✴ ✴ ✴

几个月以来，珀金斯对厄斯金·考德威尔近来的写作不太满意。不时会觉得他那些简练、令人发生共鸣的小故事太像海明威的某些短篇了。但他还不想把这个作者打发走。

考德威尔在珀金斯最初接受了短篇小说之后，继续写短篇，每篇都通过珀金斯转给《斯克里伯纳杂志》。杂志社编辑都觉得他的作品不符合杂志的定位，一篇都没有录用，它们最后的归宿是一些小杂志。过了好几个月，见《斯克里伯纳杂志》一篇投稿都没有要，考德威尔把他未发表的诗歌、短篇小说、速写等稿子装满三口手提箱，去了一间小木屋，重读一遍。第二天早晨他把全部稿子以及他保留的退稿便笺——其中许多来自珀金斯——都烧了。

付之一炬几个星期之后，考德威尔收到麦克斯·珀金斯一封与之前很不一样的信。编辑想出一个让考德威尔的故事走向大众的新办法。他建议考德威尔把他最好的短篇小说整理成一本三百页的书——一半故事背景在新英格兰，另一半在南方各地——也许过了元旦就可以出版。考德威尔用打字机打完这些故事，马上就赶去纽约，觉得这下有勇气面对珀金斯了。他还是坐着那部老掉牙的电梯上到五楼，但这次他没有临阵脱逃。他走进珀金斯的办公室，把打算结集的书稿《美国的土地》(American Earth)递给他。考德威尔回忆当时的情景：

> 他戴着一顶帽檐上翻的帽子，这帽子看上去至少小了半号。他在桌子旁坐下，慢慢翻着书稿看了一刻钟。坐在那里一声不吭。最后，他站起来，带着淡淡的笑容，不太自然地穿着一双亮褐色的新鞋子在办公室里踱步，偶尔往窗外看着楼下的交通，说起他年轻时在佛蒙特所经历的一些事情。

珀金斯就这样时而严肃、时而幽默地追忆着往事，过了近一个小时，才第一次提起考德威尔带来的这份书稿。说得很简单：他会出这本书。

《美国的土地》于1931年4月末出版。反响各式各样。大多数纽约的书评人仍然像闻到一股臭味那样看待考德威尔直言不讳的故事。这本书的销量不足一千册。为了让考德威尔的写作走上成功之路，珀金斯作了第三次努力，在那个年代，很少有出版人愿意这样干。珀金斯问考德威尔是否能写一部长篇小说。他不知道，其实这位作家已经写了一部长篇小说《烟草路》(*Tobacco Road*)的初稿，写的是佐治亚州边远林区里的人。到了夏天，他修改完拿给珀金斯看。

斯克里伯纳出版社于1932年2月出版了《烟草路》，但它的销售版税还几乎不足以抵扣考德威尔拿到的那点微薄的预付金。评论就跟当初他出第一本书时一样缺乏热情，但作者马上又埋头写新的长篇《秋山》(*Autumn Hill*)，写了一个生活在缅因州偏僻农场的家庭。一个月后就交稿了。珀金斯回信对他说："我们决定放弃《秋山》，我个人对此深感失望。"从这封信来看，珀金斯这么说并不是假惺惺的：

> 我很想说，我相信它，更相信你；我知道，它经受了方方面面的考虑。有六个人读了书稿——包括那些通常情况下不看书稿、更多从商业角度考虑问题的人。《美国的土地》和《烟草路》的销售成绩阻碍了它。实际上，令人沮丧的销售促使出版社以一种前所未有的现实态度打量这部书稿，简直没法跟那些纯粹以销售数据说话、只重实际的人争论。无法向你形容我遗憾的心情。

珀金斯觉得他无权对自己退用的书稿提什么意见，但实际上提意见已经成为他的习惯了。在一封信后的附言中，他不无矛盾地提到，他希望考德威尔修改一两处情节后再向其他出版社投稿——只因为

"我想看到你获得应有的成功"。

考德威尔的文学经纪人是马克西姆·里伯尔（Maxim Lieber）。他们俩一起到麦克斯的办公室来见他，友好地畅谈了一番。珀金斯说他希望考德威尔把下一本书给斯克里伯纳看看，而不是找其他出版社，虽然他们合约中的优先权已经失效。考德威尔现在可以在任何出版社出书，但他愿意给珀金斯看下一本书。里伯尔没等他当场许诺，就把他拉出办公室。里伯尔说，他喜欢那部新的长篇；考德威尔喜欢，麦克斯也喜欢。那就意味着肯定会有出版社愿意出版。如果斯克里伯纳出版社不要，他们就找别的出版社。考德威尔表示同意。

考德威尔回忆说："我认识麦克斯·珀金斯已经很久了，一想到这一决定意味着我再也不能随时去找他，获得他的帮助和忠告，我就难受。"第二天，他沿着第五大道去经纪公司，走到48街拐角停了下来，抬头看着五楼的窗子。"过了一会儿，我的眼睛模糊了，"他回忆说，"最后，我挪开步子继续走，心想我怎样才能告诉里伯尔，我改主意了，不想让他再找别的出版社了。"考德威尔一到经纪公司办公室，里伯尔就告诉他，离他们与维京出版社的哈罗德·金兹伯格和马歇尔·贝斯特的会谈只剩下几分钟。考德威尔想留下来向里伯尔解释他内心的变化，但里伯尔兴奋地跟他讨论着美好的前景。不到一小时，金兹伯格和贝斯特就罗列起他与维京签约的种种优厚条件——他们一边吃午餐一边谈，还让考德威尔想吃什么就点什么，不用考虑价格。他情不自禁地暗暗对比这顿优厚的招待和麦克斯韦尔·珀金斯唯一一次请他吃饭的情景。那是在一个午餐小店。麦克斯给两人各点了一份花生、黄油、果酱三明治和一杯橙汁。那顿饭考德威尔唯一记得珀金斯说的话是："在佛蒙特，男人消瘦而饥饿的面容是非常受尊敬的。"

考德威尔从未明说是否那顿小气的花生黄油果酱三明治留下的记忆令他改变了主意，但总之，他同意把接下来的三本书稿先交给维京出版社审阅。他们和斯克里伯纳出版社一样退了《秋山》，但考德威尔已经在写另一部以南方为背景的小说——《上帝的薄田》(*God's Little Acre*)。根据新签署的协议，维京出版社拥有优先权。到该书出版时，《烟草路》的戏剧剧本已经改编好，在之后的七年中，这出戏创下了百老汇的演出纪录。考德威尔的事业从此蒸蒸日上，但他再也没有在斯克里伯纳出书。

* * *

麦克斯·珀金斯相信，只要能让作者们专心写作，他们都能在事业上稳步前进，度过大萧条时代。在给海明威的一封信中，珀金斯提出了他那朴实的标志性个人见解："也许眼下这种令人丧气的状况会以那些挺过来的人境况得到改善而告终。"

远在蒙大拿的海明威写那本斗牛书正写得渐入佳境——但只持续到1930年11月。11月1日晚上，他和约翰·多斯·帕索斯结束了十天的打猎，开车送多斯·帕索斯回比林斯，迎面开来的汽车车灯晃了海明威的眼，车子一歪掉进了路边的沟里。毫发未伤的多斯·帕索斯爬出翻倒的车。海明威的右上臂骨折，必须紧贴着身体缠上绷带不能动弹。海明威开玩笑似的建议珀金斯让斯克里伯纳出版社给他买意外和健康险，那样就能获赔大把钱了，甚至可能比出他的书还要赚钱。自从与珀金斯签约后，他先后有过炭疽热，右眼球划伤，肾充血，食指和额头划伤，脸颊戳破，一根树枝刺穿大腿，现在又是手臂骨折。另一方面，他又强调在同一个时间段内他从不便秘。

欧内斯特向珀金斯推荐了好几个可以考虑签约的一流作者，来弥补自己不能写作的歉意。曾经与约瑟夫·康拉德合作的福特·马多克斯·福特多年前在巴黎主编《大西洋两岸评论》时就认识了海明威。他希望海明威向麦克斯·珀金斯暗示他想换出版社。福特告诉比他小一辈的海明威："我当然不是要你说你能保证我的书能畅销之类的话，但你也许可以提一下这件事。"虽然福特才高名大，但他的二十五本书没有一本是畅销书。海明威把他的信转寄给珀金斯，附带写了他对福特作品的分析，认为他间歇性写出好作品之后总会"尿出""妄自尊大"和成功来。海明威估计福特下一本书应该是本好书，好出版社应该"稳稳抓住他"。

珀金斯不知道该拿福特·马多克斯·福特怎么办。自从几年前一次偶然见面后他就喜欢这个胖得像头熊的男人，他也非常喜欢他的战争小说《再没有阅兵了》(No More Parades)。"但是，首先我敢说他肯定是个在乎高预付金的人，而且接纳一个到处都写、要求却越来越苛刻、时常换出版社、这次多半又要换的前辈作家，永远都是麻烦事。"麦克斯在信里对欧内斯特说。对珀金斯而言，做出版的主要兴趣还是"出版从未出过书或起步不久的作者，然后不只是出版他的这本或那本书，而是出版他的全部作品"。这样，一本书亏本也能承受，因为有作者的其他书盈利可以弥补。

心存疑虑的珀金斯仍邀请福特来到社里，了解他最新的写作计划，一套三卷本的《我们时代的历史》(History of Our Own Time)，从1880年写到现在。珀金斯觉得这套书也许可以让他们双方共赢，但福特时常把这部历史抛开去写别的选题。所以斯克里伯纳与福特的合作最终只是在《斯克里伯纳杂志》上发表了他回忆录《回到昨天》(Return to Yesterday)的一个章节。

这一年晚些时候，海明威以极高的热情给珀金斯写了一封推荐信。同样是他在巴黎认识的诗人阿奇博尔德·麦克利什（Archibald MacLeish）对他的出版社霍顿·米夫林不满意。海明威做推荐经常是出于他对该作者的一种施舍心理，但他对麦克利什是真出于写作上的尊敬。他在信中说，珀金斯要出当代诗人，麦克利什就是最佳人选，因为他"始终在稳步上升"而其他人不是原地踏步就是每况愈下。珀金斯对他海明威"好得没盖"了,而推荐麦克利什就是他最好的报答。欧内斯特说麦克斯不签他就是一个悲剧。麦克利什与珀金斯通了几封信,并从海明威和菲茨杰拉德那里了解到更多珀金斯的情况,于是说他愿意让斯克里伯纳出版社优先考虑他的下一本书,但它一两年之内未必能写完。麦克斯对欧内斯特说:"我非常喜欢他的诗。"

过了几个月,珀金斯看到了期待已久的麦克利什新作《征服者》(*Conquistador*)。这是一部以科尔特斯远征墨西哥为背景的叙事长诗,突出了男人对冒险的热爱。珀金斯认为它写得非常好。但由于霍顿·米夫林出版社还夹在当中,他怀疑斯克里伯纳出版社是否会下决心争夺《征服者》。斯克里伯纳愿意开出足以令麦克利什满意的条件,但麦克利什因为顾及自己与原来的编辑罗伯特·林斯考特的关系而难以接受。于是,珀金斯选择不争取这本书,也不让诗人为难。由于麦克利什对原来编辑的这种道义,他也就没让海明威代表斯克里伯纳出版社再干预。珀金斯向海明威叹道:"非常遗憾要眼看那首诗跑了,因为正是这样的东西才使出版显得真正值得一做。"(多年后珀金斯在要签罗伯特·弗罗斯特时也选择了相似的可敬立场。弗罗斯特过去是亨利·霍尔特出版社的作者。麦克斯和杰克·惠洛克[1]跟这位新罕布什尔诗人一起吃过两三次午餐。惠洛克回忆说,到了起草合同时,"弗罗斯特因为担心影响与霍尔特的关系而反悔了。麦克斯就觉得,他不能强迫作者"。)海明威在阿肯色州的皮格特从麦克拉什本人那里了解了情况,麦克拉什也为自己的作为而难受。欧内斯特觉得自己为珀金斯介绍作家的运气太差了,不过鉴于他那本斗牛的书《死在午后》(*Death in the Afternoon*)已经写了不少,他夸口说实在也"不需要再找其

---

[1] 杰克·惠洛克即约翰·霍尔·惠洛克。杰克是约翰的昵称。

他的海明斯泰因[1]了"。欧内斯特回到佛罗里达过冬,等待他那因骨折不能写字的胳膊痊愈。

1930年的国会选举完全符合珀金斯所认同的结果,尤其是禁酒令的问题。它终于启动了"解除酒禁"的立法,麦克斯希望它能启动废除禁酒法案。在最新的哈佛校友通讯录中,他罗列了自己兼职的组织,其中就有反禁酒修正案协会,他担任主席。至于出版业务,他在给欧内斯特的信中说:"似乎永远在变糟。"麦克斯感叹:"从来没有这么多人绝望得认为——或者至少是口头上说——资本主义制度要完蛋了,但老斯大林认为我们这次能挺过去——也许还能坚持一两次。我希望到那个时候,我的女儿们都已经出嫁,不是嫁给机械师,就是嫁给工程师。"

中断通信一年多后,麦克斯收到了伊丽莎白·莱蒙的一封信。他们的关系并不因时间的推移而改变。伊丽莎白在巴尔的摩忙于社交活动——她有许多追求者——没空写信;麦克斯也有工作要忙。但他们依然时常惦记对方。现在,麦克斯在信里解释道:"好几次我给你写了信,去年7月还把一封写好地址、贴好邮票的信装在兜里,放了一个星期,但后来被我撕了。"

第二天他向她寄了一封纯属闲聊的信,拉拉家常。麦克斯说他的大女儿、史密斯学院的优等生贝莎第一次年中考试不及格,他一点都不慌,因为他了解当时的情形。还有两天就要考试了,她根本就没有花时间温习功课;相反,她捧着《天使,望故乡》,什么事都不做,一口气读完才罢休。据她说,史密斯学院人人都在读这本书。麦克斯觉得这非同寻常,因为"它更多是面向男性读者的"。

3月初,跟麦克斯很亲近的内兄阿契巴德·考克斯去世,留下了七

---

[2] 海明威在这里玩了个文字游戏,即把他的名字和斯泰因合成为"Hemingstein",指他像斯泰因那样热心推荐其他作家。

个孩子。年龄最大的小阿契巴德在哈佛念书,正在考虑未来从事法律工作;他将成为新一代人中某些新英格兰人美德的象征——纯朴正派、明白事理、精明而不谋私利——正如认识麦克斯的人对他也有这种印象。

3月下旬,麦克斯去南方:湾流之行已成为他一年一度的固定活动。他看到欧内斯特身体状况很好,唯独右臂尚有问题。海明威用左手掌舵乘风破浪。经过巧妙架设渔具,他还能钓鱼,在麦克斯看来,这是他将恢复如初的明确信号。珀金斯和海明威等一干"暴徒党"这趟出海跑得很远,海明威储存在船上厨房里的百慕大洋葱都被吃了个精光;但他还是中途搭了一艘单桅帆船回基韦斯特岛,赶在暴风雨将他们困住之前赶回纽约。

海明威返航后不久,双臂都恢复了,他很快就投入了工作,决心满满地要成为天下第一作家。在他看来,赛过"当代的码字商"真是太轻而易举了。他在信里告诉珀金斯,他更在意写得比那些去世的大师还要好。只有他们才能构成真正的竞争,尽管他也承认威廉·福克纳"写得好的时候真他妈好,不过他经常写些没必要的东西"。珀金斯表示赞同。多年来,福克纳写了不少短篇小说,并以"坚持不懈的乐观态度"向《斯克里伯纳杂志》投稿,但几乎无一获得发表。他向杂志编辑部承认,"我相当肯定,我对短篇小说没感觉。我再也不写了"。在刚读过福克纳引起轰动的长篇小说《圣殿》(*Sanctuary*)的珀金斯看来,福克纳简直是"疯了",因为他认为《圣殿》是"一个才华横溢的作家所写的可怕的书"。福克纳的书能打开畅销局面的,一本都还没有,珀金斯认为这是把他延揽至自己旗下的好时机,但他没有行动。约翰·霍尔·惠洛克认为"麦克斯当时没有顺势找福克纳,是因为他怕此举招致海明威嫉妒"。海明威最近刚表示他相信托马斯·沃尔夫还会为珀金斯写出许多"滔滔不绝的书",也坚信菲茨杰拉德毋庸置疑的才华。但是,"在海明威的心目中,麦克斯的生活里容不下一个像威廉·福克纳这样对海明威的地位构成威胁的作家了。海明威是个极端自我的人，这点麦克斯很清楚"。

5月，欧内斯特去了西班牙。在那里，新成立的西班牙共和国取代了君主统治。海明威远离政坛风云，埋头写斗牛书的最后几章。

同一个月，道格拉斯·索瑟尔·弗里曼邀请珀金斯夫妇去里士满。此行看来比麦克斯的上一次里士满之行更具社交色彩，因为弗里曼的罗伯特·E. 李传记写作进展顺利。他接受了珀金斯特意为他规划的写作策略，虽说这好像适用于任何一个传记作者：

> 你要写的不是一本罗伯特·E. 李的研究专著，也不是你个人对他的阐释，而是首部或许可以盖棺定论的全传：它的一个重要特点是收入所有相关信息，其中许多应该是最新公开的。这毋庸置疑的一点应该统领整本书的特色——它防止你像斯特拉奇（Strachey）那样发挥想象，随意阐释。它也统领你选材，因为你必须纳入一切，而不仅仅是从纯粹艺术或文学的立场去选择有价值的材料。

珀金斯经常一针见血地指出弗里曼值得展开的主题，让他转述罗伯特·李生活的方方面面，避免这本书像干巴巴的档案。它不能是一个死气沉沉、仅仅为了纪念而树立的纪念碑，珀金斯提醒弗里曼，

> 任何个人插曲、轶事，如果能表现出他的行为，显示出他与众不同，或者能解释他如此受人爱戴、如此自制的原因，都能大大缓和叙述者无所不在的语气。

弗里曼有条不紊地又写了两年。1933年1月19日，他给珀金斯发电报："我自负地相信你将为我高兴，昨天写完李传记正文。仅剩

文字修改。"足足历时二十年，弗里曼的这部四卷本传记终于出版了。它以其卓越的品质获得评论界盛赞，荣获普利策传记图书奖，也成为畅销书。编这本书珀金斯花了近两年时间。1934年12月，弗里曼向珀金斯表达了感激之情："没有你对我的鼓励，这本书永远不会写完。有许多次写作进展缓慢时，你一句话就能促使我坚持。"

弗里曼已经在考虑接下来的十年他所要投身的写作计划是什么。珀金斯认为他可以写一部绝好的华盛顿传记：

> 写华盛顿，你同样会写到大量军队生活，不管人们对李的传记会说什么别的，我相信，你对战役、战争的描写，没有任何军事题材的作家能超过你。我第一次读书稿的时候就这么认为，现在我们知道，权威们也这么认为。那些战役描述之清晰，之激烈，令人手不释卷，深受启发。当然，华盛顿的传记中，军事战略可能简单得多，但是我认为革命时期的战役不会像内战时期那样易懂，而且我认为你会处理得非常出色。你为写李的传记而对战争以及之前所作的研究，是你写华盛顿的有利条件。

提完建议，珀金斯把弗里曼交给曾在编辑李传记中起了主要作用的华莱士·梅尔。弗里曼接着李的传记又写了《李的副官们》（*Lee's Lieutenants*），然后写七卷本的华盛顿传记。他去世的时候，最后一卷还没有写完。

* * *

在这个时期，虽然在地理上麦克斯与汤姆·沃尔夫仅隔着东河（East River），但他们主要通过书信联系，仅在沃尔夫写作安排得过来时才见面。1931年8月，珀金斯觉得该见面了，至少也得谈谈沃尔夫新小说的出版时间。珀金斯写信给在布鲁克林的沃尔夫:"你应该竭尽全力在9月之前完稿。上次见面时我就想跟你说。希望你尽快来一趟,告诉我是否能完成。"

沃尔夫回信说:"我知道你不是开玩笑,你指的是今年9月,而不是四年、五年、十五年以后的9月。好吧,今年9月要完成一本类似于书的完整书稿,是毫无可能的。至于明年9月,或者今后一百五十年内任何一个9月,我是否愿意拿什么东西示人,眼下对我而言还是一个最大、最痛苦的疑问。"

汤姆说这样一来势必影响珀金斯对他的信任,为此他很难过,就像他害怕自己失败一样。但"至于那帮无聊低能的作家,或者随便什么只会东闻西嗅、虚张声势的垃圾文人、恶毒的小猩猩是否对我失望,我可是丝毫不在乎的"。眼下沃尔夫只在乎他是否还有足够的信心和力量能支撑他写下去。他写信对珀金斯说:"现在没有人能夺走我珍视的东西,他们可以把他们廉价的、恶心的、七天速朽的臭名给其他傻瓜,我则百分百满意回到默默无名的状态,近三十年我就是这么过来的,也没什么困难。"他根本无意在一本书稿"剩余的腐烂发臭的鱼身"上磨磨蹭蹭;但如果有人想知道何时他会出新书,他会不带歉意地答复:"那得等我写完一本,再找到某个想出版的人。"

沃尔夫最流利的表达渠道是书写(在现实中,他激动的时候就结巴)。所以,他长篇大论地写信把自己究竟在想些什么告诉珀金斯,比当面对他说更为亲切。沃尔夫终于愿意告诉珀金斯,关于新书他有所疑惑,但并非绝望。他在信中对珀金斯说:"我以前觉得假如我生命不息,精力旺盛,假如我的精气神能注入每一页,假如我能一以贯之,那它将是一部杰作——

但是,接着我就怀疑我能否活得足够长,我觉得它足有十本书的篇幅，将是我写的篇幅最长的书。篇幅不是不够，而是过头——长得我的手发麻，脑子累得转不动——另外，继续写下去，我就想把一切都写进去，把能说的每一个细节都说出来，我在饥饿的岁月里搬运的巨量货色——读过的那么多书，取之不尽的记忆，还有几百本笔记——反过来要把我吞没。有时候我感觉自己好像要吞下它们，然后又被它们吞没。我要写一本庞大的书，而我就想一了百了地说：它不可能写完。

沃尔夫像拼贴马赛克似的写他的故事，一片一片的。他希望每一片都是一个完整的故事，合起来又构成整个计划。刚写的这部分本身已经成为一大本书，而且第一次在他脑海中展现出最细微的细节。他写信告诉珀金斯："它是由好多本书构成的一个完整计划的一部分，就好比一条汇入大江的小河。"

沃尔夫说，要让这些书全部出版，他知道他与斯克里伯纳出版社并没有任何形式的合同约束。斯克里伯纳既没有向他提出签什么合同，他也没有拿过不属于他自己的钱。他唯一清楚的关系是出于友谊以及对珀金斯所在出版社的忠诚而产生的关系。他仍希望既是珀金斯的朋友，也是他的作者，但他相信那些是要他争取才能获得的荣誉。对于珀金斯在《天使，望故乡》出版中付出的一切，他仍感激不尽，因而也不愿意再从珀金斯那里接受什么，直到他认为的人情债还清为止。所以他说保持他们之间关系的最佳方式是"两清"——既不预支版税，也没有纠葛。他在信里对珀金斯说："如果我写了别的什么我认为值得出版的或者你们出版社可能会有兴趣的东西，我都会拿给你看，你读不读，接受或者退稿，都悉听尊便，就跟你对待一个作者的第一本书一样。我不求别人。"

沃尔夫清醒地看到，在他们已经开始以"二十年代"统称的过去十年中,那么多作家身上发生的事。他不想与那些"肮脏的、贪杯的、醉醺醺的、嫉妒心重的假冒波希米亚小人"有任何关系。他深知这些文坛当权派在污染、腐蚀了作家之后,如何把他们踢出局,再招揽一批他们称之为"新一代作家"的人玩弄,汤姆知道他的名字已在其中。沃尔夫不会让自己被贴上像职业拳击手似的标签。他说:"现在我唯一的竞争标准在我心里:如果我够不上,就退出。"

这就是一局比赛,一场骗局——我是局外人[沃尔夫在给珀金斯的信里说]。我现在要做的就是必须为自己写作。我无所谓谁"领先于"我——这场比赛一钱不值:我只在乎我是否让你失望,而你的失望也就是我的葬礼。

他说,汤姆·沃尔夫小时候,常常把他敬仰的人称作"高级绅士"。在信里他告诉珀金斯:"我觉得你就是这样的人。我自己做不到——做不到你这样的风度,无论是生性、文雅还是自然而细腻的和善,都做不到。但如果说我领会了你对我说的某些事,我相信你认为世上最生动、最美的是艺术,最好、最有价值的生活就是艺术家的生活。我也这样认为:我不知道在我内心是否有艺术可以让我过那样的生活,如果有,那我想,我就拥有某种配得上你友谊的东西了。"

11

悲恸

麦克斯韦尔·珀金斯深处困境的朋友中最新的一位是林·拉德纳。1931年初,他卧床不起,显然是工作过度劳累、抽烟、喝酒造成的。"估计我是在为过去付出代价,"林在给麦克斯写的一封短笺中说,这封信里没有他往常的俏皮话,"我现在一年平均写的短篇小说不超过四个。最近写的那些都不值一提。恐怕今年秋天是凑不齐够格出短篇集的篇目了。"珀金斯相信拉德纳是去追逐"虚无缥缈的戏剧梦"而牺牲了真正的写作,然而他也没有因此而责备拉德纳。他确曾告诉拉德纳,希望他能远离百老汇的上流社会,花一年时间安静地生活,写一部长篇小说。"春天已经不远了,"麦克斯写信对他说,"而我发现,春天总能让人精神焕发。"

春天来了又去,拉德纳愈发衰弱。到了秋天,珀金斯终于发现是多年前拉德纳得过的肺结核复发,在吞噬他的健康。有一阵子,林为了钱给好几家报纸写一个"每日电报"的专栏,但这还不够。他的版税已经大为缩水——《聚拢》的印量虽已经升至十万册,但现在,书的销售跌落了——他的总收入下降之快令人担心。他妻子爱丽丝向珀金斯概括他们的困境:"林有五个月的时间什么事都不能干,拉德纳家非常困难。"身为这个家庭的新任财务,她向斯克里伯纳出版社要定于12月结算的版税208.93美元。珀金斯马上把支票寄给她。他知道这笔钱只能应急,不解决问题。显然,林的唯一治疗方法就是休息。麦克斯知道人在这么需要用钱的时候是很难休息的。爱丽丝·拉德纳见林不见好转,也听说了菲茨杰拉德夫妇这些年的境况,深为沮丧,她问珀金斯:"你认为这个世界上还有男人既身体健康,又聪明,又有经济实力吗?"

自《了不起的盖茨比》出版后,六年过去了。在过去的两年里,菲茨杰拉德几乎没有动过笔。当然,这段时期他写作上无所进展的主要原因是他妻子的病。至1931年秋天,他们已经买了一辆斯图兹汽车,搬进了阿拉巴马州蒙哥马利的一幢大得过头的房子,打算重整旗鼓收拾生活。司各特在信里告诉珀金斯,事实上,在蒙哥马利没人谈论大萧条;仿佛大萧条与这座城市擦肩而过,正如大萧条之前的经济繁荣也与之无关一样。但是,没过多久,菲茨杰拉德就发现这座城市节奏慢得让人筋疲力尽。想到日子就这样一天天流逝,他的名声日渐黯淡,晚上他就难以入眠。

11月,司各特突然收拾行囊,奔赴好莱坞。他要去八个星期,为米高梅电影公司写一个剧本大纲。他不在的时候,泽尔达就埋首写她自己的小说。司各特带着6000块钱,也满载着未来数年的写作材料回到阿拉巴马,回到妻子和女儿身边。他写信告诉珀金斯:"两年半了,我终于可以第一次连续五个月写我的小说了。"他的新打算是从已经写好的书稿里面挑出好的部分,再补充四万一千字。他要求编辑:"别告诉欧内斯特或其他任何人——他们爱怎么想就怎么想吧——只有你是无论怎样都始终信任我的人。"

菲茨杰拉德花了几个月时间,为这本当时名叫《酒鬼的假日》(*The*

Drunkard's Holiday)的书草拟了年表、目录、大纲和人物设定,事先考虑了每一个细节,这样一旦他动笔就不会磕磕绊绊了。在他的"总计划"开头,菲茨杰拉德写道:

> 要表现一个天生的理想主义者,一个半途而废的神学士,因为种种原因要跻身上流资产阶级[1],并在他步步爬到世俗世界顶端的过程中丧失了他的理想和才华,纵酒放荡,虚度年华。背景之一是正处于最显赫、最有魅力的有闲阶层如墨菲一家。

小说主人公名叫迪克,是一位精神病医生,他爱上了他的病人妮珂,她的大部分病史来自泽尔达的医院病历。菲茨杰拉德迟早会把头脑中正在考虑的政治经济学概念运用到这个故事中,并且探讨精神、心理层面。这位年轻的医生将释放他的所有活力,直至感情上崩溃,成为一个"掏空了的人";因而,这部小说将反映出菲茨杰拉德在过去十年的大部分时间里,让他筋疲力尽的所有内心折磨。

司各特到达蒙哥马利整理这本书的新版书稿不久,泽尔达的哮喘和预示病情的一片片湿疹又发作了。没过几天,她的行为举止又回到在瑞士时的状态。1932年2月,司各特把泽尔达送到巴尔的摩的约翰·霍普金斯大学医院亨利·菲普斯精神病诊所。他一回阿拉巴马,她的心情就有所好转——好得足以迈出一大步。自从泽尔达的芭蕾生涯停止,写小说就成为她的有效疗法;每次她独立写完一个故事,就有一种成就感。麦克斯了解这点,但他在3月收到她的一封信,还是吃了一惊。信中宣布:"另函寄发——相信这个专业词汇我没用错吧——我已经把我的第一本小说寄给你了。"那是一部标准长度的长

---

[1] 菲茨杰拉德的原文 Burgoise 拼写有误,应为 Bourgoise。

篇小说,名叫《为我留下那首华尔兹》(Save Me the Waltz),是泽尔达在菲普斯用六周时间完成的。她在信里告诉珀金斯:"司各特正忙于自己的工作,还没看过它,所以要说它可能有什么价值,我现在完全两眼一抹黑,但我自然也非常渴望知道你是否会喜欢它……如果这东西太粗糙不符合你的标准,你能提提意见吗?我知道,我这样滥用你的友谊简直到了没道理的地步。"

珀金斯不知如何是好。起先,这部稿子给他的印象是写得有点错乱,作者好像分不清什么是现实,什么是虚构。感情色彩很强又相互无关的场景在行文中比比皆是,其情节像司各特早年用夸张的风格写他们俩生活的作品,却经过了哈哈镜的反射而变形。《为我留下那首华尔兹》的主人公是蒙哥马利一位法官的女儿阿拉巴马·贝格斯,她嫁给了一位战时结识的英俊、前途无量的艺术家。在他初期成功的过程中,她发现自己不幸福,也不满足,于是开始跳芭蕾舞。泽尔达给这位艺术家取名艾默里·布莱恩,《人间天堂》的主人公。

当周,泽尔达发电报给珀金斯:"应司各特建议,请把书稿退到约翰·霍普金斯大学医院菲普斯诊所,感谢,遗憾,致意。"菲茨杰拉德终于知道了书稿的事,要抢在麦克斯之前先读。珀金斯回电报表示同意:"抱着极大兴趣已读大约六十页,非常生动、感人。望你再寄给我。"

珀金斯在给海明威的信中谈起这个小说。"看起来其中有许多不错的东西,但似乎也让人不由回想起《美与孽》的那些年月。当然,现在这样对艾默里·布莱恩这个人物的描写是绝对不行的。这样就对司各特太不礼貌了……我想她写完以后,这部小说应该是相当不错的。"

司各特搁下自己正在写的小说,跟泽尔达商谈,然后写信告诉麦克斯,她的书整个中间部分得"完全重写"。他说,那个艺术家的名字当然得改。不过，司各特如此反对，实际上不是因为这个书稿的质量本身。他是对泽尔达特别恼怒。她不仅没有给他看就把书稿直接寄给了珀金斯，好像故意背着他这样做，而且他很快意识到她大量利用了他们共同生活中的事件——过去这几年他为了赚泽尔达的医疗费，只能写一些庸俗的故事，使得他无暇把这些丰富的素材运用到他真正的写作中去。

为了安抚司各特，泽尔达竭尽所能，就差没扑倒在他脚下了。她给司各特写了一封情真意切的信，说："司各特，我爱你胜于世间一切，如果我冒犯了你，我很难过。"她知道自己做了什么："我……恐怕我们大概接触了同样的素材。"但她解释道："我是故意没有[在把书稿寄给麦克斯之前先给你看]——我知道你在忙自己的写作，也真心觉得我无权打断你的写作，让你认真提意见。而且，我知道麦克斯也不会希望这样，我宁愿先听他的意见修改……所以，我最亲爱的，请你明白我绝不是故意不先给你看稿子——只是时间安排和其他一些没控制好的因素让我对麦克斯的作用这么夸大。"

菲茨杰拉德于3月30日离开阿拉巴马，搬去巴尔的摩离他妻子较近的地方。5月，他向麦克斯报告："泽尔达的小说现在好了。各方面都有改进。是全新的了。她主要删除了那些令人联想到我们泡地下酒吧的夜晚/巴黎之行的部分。你会喜欢它……我距离太近，无法公正判断，但它也许比我想的更好。"当月中旬，他把书稿寄给珀金斯再读，并强调它具有任何一部处女作小说都难免的优缺点：

> 它更多的是一种强烈个性的表达，像《天使，望故乡》那样，而不是一个像欧内斯特·海明威那样的成熟作家之作。它会让成千上万喜欢跳舞的人感兴趣。它还是有一定意义的，而且绝对新鲜，会畅销。

起初，司各特担心无所保留的祝贺会助长医生在泽尔达身上发现的自大狂初期症状，当时他写信告诉珀金斯：

> 如果她的成功即将到来，她一定会把这成功与自己为之费尽心血的写作联系起来，它部分是在疲惫不堪、毫无灵感的情况下写的，部分则是她连回想最初的灵感和动因都得依靠心理学技巧诱导的情况下写的。她已不是二十一岁的姑娘，身体也不好，而她一定要避免模仿我风格的痕迹，这种风格在她心里自然是像火一般燃烧着。

但现在，他觉得无论麦克斯怎样夸奖泽尔达，她都当得起。她倾注了所有心血写这本书。起初她拒绝做任何修改，后来又全部推翻重写，"把那些与她不相称的肤浅、自我辩解的所谓'真实自白'改掉，写成一部诚实的作品"。

珀金斯把书稿塞进破旧的公文包去过周末。星期一，他发电报给泽尔达："读着你的小说过了一个美好周日。我认为它非常特别，有时令人深为感动，尤其是跳舞部分。乐于出版。"当天，他又写信给她："它从头至尾都生气勃勃。"麦克斯小心翼翼地提了几点建议，希望泽尔达可以考虑，主要是风格上的问题。和她以前写的短篇小说一样，她常常因为使用过多隐喻而离题太远：

> 许多隐喻很高明，但我倾向于认为……如果隐喻能少一点的话，效果会更好。而且在我看来，它们有时候显得太大胆，太有趣，因为这样一来就使得读者把注意力集中到它们自身上去了，而不是它们所要揭示的事物的含义。

泽尔达很激动。"你喜欢我的书，使我非常兴奋和满足，而将这种种兴奋和满足分门别类,你当然是驾轻就熟的,"她写信对珀金斯说,"你真打算出它,我感到非常惊奇,所以我得警告你,这可能是很快就会过时的平庸之作,就像1904年斯伯丁公司的草地网球说明书。天呐,墨水将会褪色,你也许会发现它没什么意思。我成为作家,这怎么可能呢?"她同意修改任何"值得商榷的部分",但珀金斯发现《为我留下那首华尔兹》实际上无法编辑,这真够奇怪的。整部书稿到处都是他所见过的最华丽的辞藻。她的明喻很自然地流淌出来,有时一页上就有几十个,当然,并非每个比喻都恰当。譬如她是这样描述二十年代末一船船的美国人到法国东游西逛的:

> 他们在凡尔赛宫蕾丝窗帘般的草坪上摆放了维罗纳糕点,在枫丹白露摆放了鸡肉和榛子,那里的树林犹如披上了抹粉的假发。圆盘一般的伞随着一曲悦耳、饱满的肖邦华尔兹舞曲热情伴奏铺满郊外的阶田。在远处,他们坐在阴沉、滴着水的榆树下,那些榆树就像一幅幅欧洲地图,它们的顶端磨损得就像黄绿色的羊毛,它们的果实一串串就像酸葡萄一般沉甸甸。他们以欧洲大陆人的胃口摆弄天气,倾听半人马抱怨马蹄的价格太高。

所有的人物、情感、场景,她几乎无不用这种夸张的文字修饰。但那又恰恰是她的写作有别于他人之处,正如这种风格也使她的演说生动起来。珀金斯碰到有这种问题的文字,多半就大度地手下留情,把它原汁原味地呈现给读者,任其自生自灭。

在丈夫的眼皮底下,泽尔达大幅修改了校样。整本书篇幅缩短了,主要是砍掉了他们放纵任性的婚姻生活。接下来的几个月中,校样忙碌地在珀金斯、作者和排字工之间来来回回——最后好像人人都被搞得精疲力竭而打退堂鼓,好像是为了逃避再寄一个循环似的。麦克斯想过提醒菲茨杰拉德夫妇要为这些额外的改校样付费，但他知道他们一定不计成本要把这本书做到他们想到的程度才会罢休。最后，难以计数的拼写错误、不清楚的段落，以及大部分洛可可式的华丽文字就这样印了出来。书装订好以后，泽尔达对书的厚度颇为惊讶，写信对麦克斯说："但愿你会和我一样对它满意。"

菲茨杰拉德夫妇的婚姻像跷跷板一样。1932年春天，当泽尔达对她的书满怀期望时，司各特情绪却很低落。他摆脱了过去，却看不到未来。"我不知道究竟应该做什么，"他情绪复杂地告诉珀金斯，"五年时间从我手上流走了，如果我算个人物，我还不知道我算什么样的人呢。"他锲而不舍地寻找一个住宅，可以让他感觉过上了一种永久、堂皇的生活，最终菲茨杰拉德夫妇搬进了和平庄园，这是一幢冷冰冰的、维多利亚时代的大宅，在马里兰占地多亩，归特恩布尔家族所有。泽尔达写信给珀金斯描述道："我们住的地方光线柔和，背阴，就像一个这家人的孩子长大以后就废弃了的没有漆的游戏室。"麦克斯希望这种平静的环境可以促使菲茨杰拉德夫妇生活清净。他还写信给海明威说："要是泽尔达能开始赚钱，她也的确可能做得很好，他们应该就能进入一种良好的状态，司各特就可以安心写作了。"

那年，司各特状态仍然低迷，但在他与珀金斯的全部通信中，这对编辑、作者的身份关系第一次，也是唯一一次发生了转换。菲茨杰拉德感觉到珀金斯像变了个人似的，几乎完全没有精神，好像不胜重负。"看在上帝分上，今年冬天好好休假吧，"司各特催促他，"你不在，也没人能毁了你们出版社，更不敢采取什么重要措施。给他们一个机会看看他们是多么依靠你，等你回来，就砍掉一两个脑袋空空的家伙吧。"

几乎没有外人知道，一段日子以来，麦克斯一直在为女儿贝莎原因不明的病症而忧心忡忡。她遭遇一次车祸，因为身体看似无伤，她就走开了。但接着她连续昏迷了十八个小时。麦克斯为女儿这种无法诊断却导致她定期抽搐的症状痛苦不堪。他把实情告诉了司各特,之后司各特时不时地主动跟他讨论病情,用他的话说,"对于这类问题,我能够兼顾科学的和门外汉的态度,比你能想到的任何人都会有帮助"。泽尔达也很关心。在她待过的精神病院里,她总是特别照顾病得最重的病人。

在那年 6 月的信中,麦克斯对泽尔达说:"我还要经受几重炼狱,但现在起的一个月内,我应该走出自己曾踏入的那片最深的密林。"

托马斯·沃尔夫也发现了珀金斯的变化。他相信他的编辑"愿意毕生保持和增益其美德——挽救可挽救的,栽培可栽培的,治愈可治愈的,保持美好的事物。但是对于不可挽救的事物,不可栽培的生命,不可治愈的疾病,他是不关心的。他对失去生命力的事物没有兴趣"。沃尔夫相信,如果珀金斯的女儿能够治愈,他就不会这么忧虑了。然而情况依然不见起色,汤姆注意到珀金斯的眼窝越陷越深,人越来越消瘦,经常在办公室加班,好暂时忘却家中的愁苦。沃尔夫自己也给珀金斯找了许多事情,让他的心思都放在编辑问题上。

过去几个月,沃尔夫大部分时间都埋头工作,不跟外界交往。他在维兰达巷的公寓里已经写了厚厚一卷书稿,现在他搬到了同样位于布鲁克林区的哥伦比亚高地。他的营生工具,仍旧是他在任何地方工作所用的那些:许多支铅笔、纸、空地板,以及一台冰箱。麦克斯曾告诉一个研究沃尔夫作品的学生,这四大要素对他的创作是多么重要:

> 沃尔夫先生用一只大手握一支铅笔写作。他曾说他可以为富及第冰箱公司的人写出他们所能想到的最好的广告,因为他发现这种冰箱的高度正好就是他站着把稿纸铺在冰箱顶部写作的高度,而且可以让他从容摆弄稿件。大部分时候他就是这样站着写作的,而且经常

因为一时找不到恰当的词汇表达自己的意思而在房间里大步走动。

完成每天的工作量后,沃尔夫就收拾起散了一地的稿纸,找人打字。除了打字员,他几乎从不让人看稿子。那年冬天珀金斯告诉海明威,他所看到的沃尔夫新作少数片段,"好得不能再好了"。不幸的是,汤姆一再发作的"自我怀疑病"又犯了,他纠结得都无法写作。1932年年初,麦克斯在给欧内斯特的信中说:"他老是不安心,现在也是这样。我要抽一个晚上和他谈谈,让他相信他又好起来了。他的确写得好。"

1932年1月26日,汤姆发了一通牢骚之后,跟着麦克斯去中央火车站,登上去康涅狄格的火车时他还在唉声叹气。沃尔夫需要说服自己有能力写作,所以麦克斯力邀其去他家过夜。然而当火车缓慢启动时,沃尔夫又突然改主意了。他必须回到布鲁克林,独处,写作。他沿着过道向车厢出口奔去,由于平台已经和出口错开,他就奋力跳到混凝土地板上。火车司机猛地拉下紧急刹车,汤姆躺在轨道旁,左肘流血了,珀金斯冲过去帮他。珀金斯送他去了中央火车站急诊医院,等他的手臂照了X射线,缝好线。汤姆在给妹妹梅普尔的信中说:"感谢上帝让我伤的是左臂而不是右臂,眼下我谋生可都指望着右手呢。"

当月,珀金斯还得再次照顾沃尔夫的需要,这回是当和事佬。珀金斯得到一份《天使,望故乡》的德国出版社通告,显示玛德琳·博伊德隐瞒了一笔给沃尔夫的版税。无疑,汤姆对此大为光火,要求他的经纪人到斯克里伯纳出版社来见他和珀金斯。在下午约定的会谈之前,沃尔夫和他的编辑一起吃午饭,商量下午的谈判策略。他一定要麦克斯在摊牌时在场,而且他自己会"毫不留情"。然而,会谈并没有如他们所想的那样进行。几年后,麦克斯把那天下午发生的事情写了下来寄给汤姆的朋友约翰·特里:

我们到办公室的时候，博伊德太太正坐在小藏书室里翻看某些文件。我马上进去了，但汤姆不知出于什么原因没有跟着进去。她立刻哭了起来。当时是大萧条时期最艰难的阶段，她入不敷出，日子过得很艰难。我不禁为她感到难过，但不幸的是，汤姆进来的时候，我正拍着她的背说："别哭，玛德琳，眼下每个人日子都不好过。"我突然意识到汤姆就在旁边。他居高临下看着我们，看我的眼神充满了鄙视。玛德琳竭力解释她没能把钱转给他是因为银行账户上出了点令她困惑的问题，其复杂程度连汤姆和我本人都听不懂。（回想起来她是曾经以玩笑的口吻跟我说过那个账号的故事，所以现在我估计这大概是真的。）但不管怎么说，汤姆跟她的合作算是完了。她承认问题即便不是她欺瞒，也是她的错。所以当他说："玛德琳，难道你不明白，事情必须到此为止了吗？"她也就同意了。

这次会面中，汤姆对她斥责之尖刻令麦克斯几乎忍不住要阻止。

这之前的一段时期，每次和沃尔夫在一起，珀金斯总是努力让沃尔夫树立自信，而沃尔夫在个人生活和作品编辑上对珀金斯的需求，也让珀金斯暂时忘却对家人的担忧。这个季节，沃尔夫给仍在向他召唤的艾琳·伯恩斯坦写信说："我的自信心回来了……我本来已经完全丧失了——而且我这辈子还从没像现在这样卖力工作。我曾濒于自我毁灭，但我还是能够振作起来的。"汤姆预言，再花三个月时间集中精力写作，他就能向斯克里伯纳出版社交出一部二三十万字的书稿，他们可在秋季出版。"但是假如我今年不能完稿，"为了将她拒之门外，他在信里说，"我就彻底完蛋——我再也不能写作了。"

在不那么乐观的时刻，珀金斯自己都害怕沃尔夫真会发生那样的事情。他一心抱着那年秋天出版沃尔夫最新长篇小说的期望，告诉沃尔夫假如他有足够的进取心坚持写作,交出稿件,作为回报,他可以休假半年,跟沃尔夫一起驾一辆福特汽车穿越美国。于是,沃尔夫怀着新的决心,回到他的电冰箱旁,渴望写完这本书,为珀金斯,也为他自己。他写信告诉艾琳:"他实在……太累了,这一年过得很糟。他女儿经常抽搐得昏过去,但又查不出究竟哪里有问题。麦克斯是个了不起的人,我认识的人里他是最好的,也是活在这世上的一个完人。"

正当最好的医生都在苦苦查找贝莎病因之时,心情痛苦的珀金斯还写信问海明威那本斗牛书的状况。"希望书稿能早点来……我盼着能从中得到许多收获,抵消我在各方面看到的那些事情。"海明威还得苦干一个月写完。

海明威自己认为,他"写作从来没有像最近这样顺畅"。他1931年秋天从西班牙回国时,只剩下"棒极了的最后一章"以及西班牙政府斗牛管理条例的翻译还没有完成。"这本好书"将以斗牛管理条例收尾。他和波琳在堪萨斯城住了下来,等待他们第二个孩子的降生。11月中旬,海明威宣布其第三个儿子格里高利出生。麦克斯发了一条极短的祝贺电报:"嫉妒你。"海明威回道,如果珀金斯能透露如何生女儿的诀窍,他就拿养儿子的秘密来交换。

到1932年2月1日,麦克斯收齐了《死在午后》的书稿。海明威辛辛苦苦写了这么长时间,自然特别期待珀金斯的反应。珀金斯写信对海明威说:"单单说它是一本极好的书未免傻了点——不过光是读读它就让我大为受用。有了它,我就可以乐呵呵地上床睡觉,把无数烦恼搁在一边(其实我想也没那么糟)。这本书为你增辉不少,对于那些起初不把斗牛当一回事的读者,它会变得很重要。"三天后,麦克斯跟他讨论在《斯克里伯纳杂志》上连载时写道:"它给人的印象是你自然而然写出来的,而不是构思谋划的产物。那正是一部伟大之作的特点。"珀金斯预见的编辑问题是开本。他想让这本书开本做得大一些，以便充分体现插图的效果，但他又不想把书价定得太高。第二个问题是摘哪些内容在杂志上登。"从这样一本书里挑些文章出来真是勉为其难的事，不过从我们所谓的商业立场出发，这样做对它还是有帮助的。"

海明威认为这些问题留待他们出海时可以轻易解决。他请珀金斯去干龟岛，说如果他不来"就让合同见鬼去吧"。不过这一年，海明威的最后通牒没有奏效。珀金斯辩解说出差经费不足，时间不够，但更主要的是他没心情。"现在我手头堆积的问题比我这辈子加起来还多。"他解释道。他女儿被送去波士顿，因为他听说"那里有更有名更好的神经科医生"。她的病因仍然查不出来，这令路易丝也顶不住了。她一心扑在孩子的病情上，把自己累垮了，在医院里住了好几个星期。"总觉得各路神仙都在为难我，很难摆脱这种挥之不去的想法，"他在信里告诉海明威，"正如你所猜到的，我心里有了事很容易放不下……但要是能够承受的话，就让霉运统统来吧。"他一头扎进工作里，甚至连因而错过去基韦斯特的机会都来不及后悔。

那年春天，在海明威从干龟岛回来以后，珀金斯说服他把书里的插图从两百幅降到六十四幅，并且跟他争论那个已经众所周知的"四字母单词"的使用。海明威同意遵照大多数州的法规，即把四个字母中的两个字母空出来，用麦克斯的话说，"这种法规当然构成了莎士比亚所说的——傻瓜法"。海明威很感失望，因为这本书将不是按照他设想的那样，做成豪华的摄影画册，不过约翰·多斯·帕索斯对《死在午后》的评语又令他精神振奋。多斯·帕索斯说关于西班牙的书，这是他所读过的最好的一本。遵照多斯·帕索斯的建议，海明威砍掉好几页说教的内容。珀金斯自己从来不提删稿的建议；假如他真建议了，也许就能减少海明威文字上的自我炫耀，让这本书写得更好。

随着《死在午后》的问世，海明威的词汇里多了 cojones 和 macho 这两个单词[1]，猛男硬汉的崇拜风也找到了代言人。他的确变得自我陶醉，写作不像以前那么节制了。珀金斯看到了海明威许多故作姿态的地方，但他宁愿相信在这背后还跳动着一颗真正的勇士之心。他敬佩海明威生活和文字中的男子气概。莎比记得她父亲曾经解释说："海明威喜欢为我们那些永远不敢直面危险的人写作。"正如珀金斯与菲茨杰拉德的关系像叔叔和爱享乐但受宠爱的侄子一般，他和海明威的关系则像另一种亲戚关系。对珀金斯来说，海明威就是一个胆大妄为的"小弟"，总是要闯入险境，总是要他"大哥"的劝告和提醒。海明威身上有一种"毛毛糙糙"的品质，让珀金斯想起自己快乐的童年，而他那种鲜明的男子气，又是珀金斯身为一个"绅士"无法在自己的生活中表现出来的，他很嫉妒。如同和菲茨杰拉德相处时一样，珀金斯再次间接体会到海明威和自己的风格是多么不同。他认同海明威的 machismo（男子气概），但自己在生活中却做不到。

海明威一边悠闲地修改着校样，一边在哈瓦那的"两个世界"（Ambos Mundos）旅馆住进了一个阳光充足的房间。他又催珀金斯来看他：这样两人讨论完书稿中可能有的问题后，麦克斯可以带走校样和配好文字说明的图片。麦克斯说他非常想来但在 7 月之前看来是不可能的。他在信里对海明威说："我现在比以往羁绊更多了，不过将来一劳永逸的希望也更大。"

就在海明威结账离开"两个世界"旅馆的前一天，他钓马林鱼钓得满身大汗，又赶上一场骤降的瓢泼大雨，被冰冷的雨水淋得湿透。到他坐船离开古巴时，他已经得了支气管肺炎，而他还浑然不知。他发着华氏 102 度的高烧穿过了佛罗里达海峡。一回到家，他就上床去

---

[1] cojones 意为睾丸，macho 意为男性，均为西班牙语词汇。

改校样。校样又让情绪激动起来。按照惯例，每页校样的页眉都要标以作者的姓和书名的第一个词。所以这本书稿校样的每一页页眉相应都标着"海明威之死"（Hemingway's Death）。海明威问珀金斯，他是不是觉得在每页上面印"海明威之死"很好笑，他这个作者可不认为这有什么幽默之处。他断言麦克斯是知道他这人是很迷信的，一遍一遍看到这么显眼的标题，真是"一桩该死的糟心事"。

珀金斯并没有看到校样上的那行字。他向海明威保证："如果我看到，我知道该怎么处理。因为要说预兆，你没法跟我说。我能比这地球上的任何人都见得多。有一次情况不大妙，我独自开车，一只黑猫穿过马路，我赶紧急转弯。要是车上还有家人，碰到这种情况，我就告诉他们，别干傻事。"

一连好几个月，珀金斯相信自己倒了大霉。好几位作者和同事都说，那年他的工作状态就像梦游一样，总是牵挂着女儿的健康。他忧愁得甚至都没有给伊丽莎白·莱蒙写信。那年6月，他又在信里解释说，好几次他给她写信起了个头就写不下去了：

> 今年以来发生的事，我只能抱着阴郁的心情写，而且我也羞于写——我只能阴郁地、懦弱地面对一连串霉运。所以每次写信总是还没写完就放弃了。

麦克斯的麻烦是，贝莎的病令他太沮丧了，那一年无论他谈论什么事情都无精打采的。他在信里对伊丽莎白·莱蒙说："别的时候，总有些事情出问题，但你总还能指望有的事情会顺利。但近来，我无论往哪里看，好像都埋伏着灾难。"麦克斯相信，只要他女儿康复，就能驱散任何厄运。病了一年多，她开始显出好转的迹象。"她的病让我陷入冰冷的恐惧中，后来路易丝的情况也挺可怕的，反正不大好。

再加上社里诸事不顺,实际上,这是糟糕透顶的一年。"

那年夏天,阿瑟·H. 斯克里伯纳心脏病发去世,距离他出任出版社社长仅过去两年。他的侄子查尔斯接替了他的位置,麦克斯·珀金斯则出任总编辑兼副社长。平日里,他总是牵挂着各种编辑事务:海明威又要干什么危险的事情;菲茨杰拉德新书不写了;托马斯·沃尔夫需要更多精力和感情上的支持;或者林·拉德纳由于对贫困的忧虑而引起的肺结核和失眠会恶化。现在,在此之上他又肩负起种种管理的责任。他对伊丽莎白·莱蒙说:"有什么关系呢?除了惨败一场,生活会怎么样呢?"在另一封信中,他说:

> 你知道,指望你的祝福对一个新英格兰人来说并无好处。反而更糟。这个新英格兰人会认为他获得的祝福恰好证明了他肯定背运,因为正义要求福祸要平衡。我父亲去世几天后,我母亲说:"我早就知道要有事情发生了。"我问她为什么,她说:"之前每件事都太顺了。"当时我只有十七岁,但我完全理解。

麦克斯希望相信,如果这个世界能够幸免于真正的崩溃,那就会变得更适宜他的五个孩子生活。他问道:"但是,它能及时安定吗?她们靠什么生活呢?前人赖以为生的东西都没有了。"

路易丝到维尔伯恩拜访伊丽莎白,在那儿休养几天,并问伊丽莎白是否能"照顾一下麦克斯",这年夏天晚些时候他要定期到约翰·霍普金斯大学医院来看耳科大夫。他在巴尔的摩一个人都不认识,常常独自在德鲁伊山公园一带散步。

麦克斯·珀金斯深受耳硬化症之苦,更具体地说,就是中耳镫骨底板骨质增生。他的左耳中经常响起杂音,听上去就像鸟鸣。今天的医生可以用人造骨替换那块小骨头,但在那时,珀金斯必须每隔三个月在耳中插入药线撑开耳咽管，使耳中的震动更清晰。1932年7月，麦克斯依约来见詹姆斯·柏德利医生。他觉得天气太热，正考虑请伊丽莎白以后再来见他，她却于星期六出现在瞭望楼宾馆。那天下午，她驱车载他去了葛底斯堡。四十年后，伊丽莎白回忆说："当时我觉得这是我这辈子最热的一天，但他爬上每一座纪念碑，古战场上的每一堵石墙都要看。我在车里等他。终于回到城里，我们热得直吐舌头。麦克斯渴死了，可一时买不到喝的，他说：'这是我见过的最干燥的城市。'"后来，他写信对她说："那是我所度过的最快乐的两天……为此我要永远感谢你。我想，一个月的假期都抵不上这两天。你让一切都似乎是对的，幸福的……谢谢伊丽莎白，你对我实在太好了。我永远不会忘记。"

第二天，珀金斯打电话给司各特，后者开车来到巴尔的摩接他去了和平别墅（La Paix）。麦克斯发现它"真是一个令人伤感的好地方"，让他有漫步四周、欣赏树林之念。但司各特认为他们应该舒舒服服地坐下来喝金利奇酒。他们在一个小阳台上拖了椅子坐下，等着微风吹起厚厚的落叶。泽尔达从屋里飘然而出加入他们，看上去气色不错——虽然不如以前那么漂亮，但比他以前见她时平静多了。麦克斯在她的言谈中发现她更"现实"了，但他对他们俩都放心不下。麦克斯想，在这夏天白晃晃的烈日照耀下，司各特神色困顿，绷得紧紧的，活像骷髅。泽尔达拿出几幅她画的风格怪诞的素描。和菲茨杰拉德夫妇吃完午饭，麦克斯把泽尔达送回镇上，她得回菲普斯诊所，然后他跳上回纽约的飞机。

"可怜的老司各特。"海明威看到珀金斯在信里描述和平别墅看到的那两个像经历战斗般筋疲力尽的人，悲叹道。欧内斯特仍然认为造成这番局面是泽尔达的错。他说菲茨杰拉德早该在五六年前，在泽尔达"最疯狂但还有销路"的时候，在她被诊断为"狂热"之前，换掉这个妻子。他也认为泽尔达当作家并不能让他们俩回归正常生活。海明威警告珀金斯，他要是出他随便哪一任妻子写的书，"我绝对拿枪射你"。他说，正是泽尔达使得 F. 司各特·菲茨杰拉德成了"我们这代巨大的天才悲剧"。

麦克斯写信对欧内斯特说："如果我们能给司各特结结实实六个月时间写作，兴许就可以把这个悲剧变成别的什么。泽尔达成为一个畅销书作家也未尝没有可能。她有许多写作坏把戏，不过她眼下正在克服最坏的部分。"事实上，他还希望泽尔达也许正是司各特最需要的那张王牌呢。珀金斯向海明威透露，斯克里伯纳出版社为司各特的新小说预支的钱太多了，即便这本书获得巨大成功，他要还清欠斯克里伯纳的钱也是不可能的。实际上，他们已经安排好，泽尔达版税的一半将用于支付司各特欠的债，直到他欠的 5000 美元还清为止。

最近的这次见面之后，麦克斯从没有像现在这样关切菲茨杰拉德。他写信对伊丽莎白·莱蒙说："如果一个人疲惫不堪，并且还有一个推脱的好借口——司各特的借口是泽尔达——他就很可能接受失败。他们也都对他丧失信心了，甚至包括欧内斯特。但愿他能搞定它，让他们好好看看！"

《为我留下那首华尔兹》出版于 1932 年 10 月。书始终卖得很慢，只有五六篇书评赞扬或者中肯地批评。在某些方面，珀金斯对这本书的全盘失败负有责任。那年他精力分散，没有在泽尔达出书之际有力地推她一把。《纽约时报》评论说："她的出版人不仅一直没有意识到应该限制她那堆砌繁复到可笑地步的写作，连合格的校对工作都没有做好。"

又一年，《星期六晚邮报》成了菲茨杰拉德夫妇的头号恩人。它在那年夏天刊登了司各特的三个短篇小说；8 月，他又寄给他们第四篇。这些故事基本无助于提高他的文学声望，但他终于又有钱继续中断了几个月的严肃创作了。他在自己的笔记本上写道："现在构思好长篇小说了。决不再让它中断了。"

泽尔达在给珀金斯的一封信里也证实道:"司各特的小说接近完成。他最近进展神速,看过稿子的人都说写得好。"她本人对书稿并没有直接的看法,她说,为了防止两人相互"偷猎"素材,"我们要等到彼此的稿子都做了版权登记之后才可以看,因为我多少想借鉴他的写作技巧,而且我们经历的事情有可能重叠"。

1933年1月,司各特来到纽约喝酒狂欢三日。后来他写信告诉珀金斯:"我正要打电话给你,可完全不行了,哼哼唧唧在床上躺了二十四个小时。毫无疑问,这老小子已经老得经受不起这种折腾了……我给你写这封信,与其说是像卢梭那样写《忏悔录》,不如说是跟你解释为何我到了城里却破了多年来养成的习惯,没给你打电话。"回到和平别墅,他发誓从2月1日起到4月1日,要滴酒不沾。他叮嘱珀金斯别把此事告诉海明威,"因为长久以来他就认定我是个无可救药的酒鬼,因为我们几乎总是在酒会上相遇。我在他眼里是个酒鬼,正如林·拉德纳在我眼里是个酒鬼一样,我可不想让他幻灭,即便是《星期六晚邮报》上的短篇小说也得是在清醒的状态下写的呀"。麦克斯在回信里颇为技巧地告诉他,司各特实际上是给他打过电话的。

由于菲茨杰拉德在这本小说上投入的时间比以往更多,那一年他的收入就只有大萧条时期开头几年的一半——不到16000元。即便搬出和平别墅,住进城里更小、租金低一些的房子,司各特还是发现自己得节俭度日。他问珀金斯,泽尔达是否还能从她的书上挣到钱。他写道:"她不好意思问你,不过要是有的话,兴许她还能用来给自己添一套冬装。"

泽尔达的版税基本没法让她买衣服。《为我留下那首华尔兹》卖了1380本,换成收入就是408.30元。按照标准,扣掉校样因为多次修改而产生的额外费用,珀金斯寄给泽尔达的支票上是120.73元,他同时写道："这个结果肯定不会让你高兴,鉴于事实如此,我也没想过问你是否还在写别的东西,不过我确实认为,那本书的最后部分,写得特别好;要不是眼下我们深陷大萧条,结果会大大不同。"那年斯克里伯纳出版社销量较好的都是成名作家的书,诸如高尔斯华绥的《还有一条河》(One More River),或者詹姆斯·特鲁斯洛·亚当斯(James Truslow Adams)的《民主进行曲》(March of Democracy),或者社会名流写的书,譬如克莱伦斯·达罗[1]的自传。

关于《为我留下那首华尔兹》的销量,珀金斯写信对菲茨杰拉德说:"在那么萧条的年份,那已经是高于平均销量了,但你看惯了大数目,再看这个就觉得很糟糕。"菲茨杰拉德以理解的心情接受了这个消息,尤其是他听说约翰·多斯·帕索斯的新作《1919》也只卖掉九千本。司各特不知道他自己的书怎么能还清他欠斯克里伯纳的账,因为多斯·帕索斯的美国三部曲为他在美国文坛赢得的声望,比菲茨杰拉德给《星期六晚邮报》写的那些短篇小说为他带来的影响大得多。麦克斯回信告诉菲茨杰拉德,他觉得多斯·帕索斯的书并不吸引人:

> 他那套理论认为书应该是社会学文件,或者近乎于此的东西。每当我拿起他的某本书,就必然要经受三四个小时的痛苦,只是对他才华的敬佩才缓减这种痛苦。它们是有吸引力的,但又会让你难受得好像打网球时的局末平分,谁都不可能想要那样。

麦克斯写信给菲茨杰拉德:"假如这个世界只有在某种稳定的基础上安定下来,人才能专心于自己的事务,我想你很快就可以开始稳

---

[1] 克莱伦斯·达罗(Clarence Darrow,1857—1938),被誉为美国历史上最伟大的辩护律师,以其精彩机智的法庭辩护闻名,律师生涯中成功地代理了多起疑难复杂的经典案件,包括著名的斯科普斯进化论审判案、李奥波德和勒伯少年杀人案等。

定、持续地写作了。这个基础随便是什么,只要它是个基础——一个相对固定的立足点,可以让人观察事物。"

《了不起的盖茨比》出版已经过去八年了。麦克斯仍在信中对司各特说:"无论何时冒出耀眼的新作家,我总是发现,你的才华、你的技巧都高于他们任何人;但是,种种情况已使你很久没有意识到这一事实。"那年夏天,麦克斯想出一个让菲茨杰拉德摆脱斯克里伯纳出版社沉重债务的办法:争取在杂志上连载他的最新小说。

1933年9月底,菲茨杰拉德答应到10月底完成整部小说的初稿。他写信告诉珀金斯:"我会戴着尖顶头盔,带着书稿出现。千万别拉乐队来庆祝,我可不想听音乐。"他如期出现了,吃惊不小的珀金斯拿到了将被命名为《夜色温柔》的小说第一部分书稿,他立刻宣布它"非常出色,不同凡响"。麦克斯预约好下次看柏德利医生的时间,这样周末他就可以和菲茨杰拉德在一起,读完整部书稿。

司各特占了珀金斯整整两天时间。珀金斯想一口气通读全稿,但发现它并未写完,杂乱无章。每次他全神贯注进入一个章节,司各特都要递给他一杯汤姆·柯林斯酒,仿佛试图让随后的写作更流畅。随后司各特抓起一沓稿子朗读。尽管仍有许多工作要做,珀金斯已经足以判断,这本书会成功。回到办公室,他写了以下合约条款:

> 斯克里伯纳出版社同意,从12月20日左右出版的《斯克里伯纳杂志》一月号开始,分四期连载这部新小说,稿酬共10000美元——其中6000元将抵消你欠我们的部分预支金,剩下4000元以现金支付,建议每刊登一期即支付1000元。

在日记中,司各特记下了他这几年来最快乐的事:"麦克斯看了第一稿就接受了这本书。"

**

现在，林·拉德纳每天至少可以写作几个小时了。但失眠夺走了他最好的状态，他仍然入不敷出。1932年8月，珀金斯给他寄去将在12月结算的版税报告。只有222.73美元，但林说："这真是救命钱，更确切地说，它延续了我的生命。"这句话值得一记，因为随后的几个月，他又要从这笔钱里面预支了。

为了帮助拉德纳多攒点钱，珀金斯想出好几个让他快捷地出版作品的办法。林以书信形式写过一个棒球系列，跟他出版过的《你真了解我》很像，还在《纽约客》上新开了一个谈广播的专栏。麦克斯建议把这些稿子都编成书。那年冬天，拉德纳的医生认为沙漠对他的健康有好处，命令他去沙漠。但拉德纳还没挣够这趟远行的旅费，只能借钱。他写信给珀金斯："我大概终有一天会意识到困顿的存在。"麦克斯又给他寄去100美元预支款，并提出斯克里伯纳愿意随书的销售同步结算版税，尽管目前他们出版的书很大一部分是通过寄售方式在书店销售的。

拉德纳去了加州的拉昆塔，把他刚写完的短篇小说《狮子狗》交给某个"穷作家的经纪人"去叫卖。小说先投给了两家刊物，其中一家退稿。这是拉德纳第一次碰到这种情况。几个月后他回到东汉普顿，病得很重，闭门谢客。珀金斯甚至都不愿意询问他的情况。

1933年9月25日，四十八岁的林·拉德纳历经七年的肺结核、失眠、疲劳、酒精中毒的折磨后去世。马克·吐温在《两份遗嘱》(*The Two Testaments*)中曾感慨："当人再无法忍受生命，死亡就到来，让他解脱。"这句话在悲哀之中，似乎是对的。

珀金斯写信对年轻时崇拜过拉德纳的海明威说：

严格来说，林不算是伟大作家。他总把自己当做报人，对文学作者有点狭隘的蔑视。他若写得更多，也许能成为大作家。无论是什么原因，阻碍他写得更多的原因也就是阻碍其成为伟大作家的原因。但他是个了不起的人，可惜才华未尽施展。

作为对拉德纳才华最后的致敬，珀金斯想出版一本林·拉德纳的作品集，请某位熟悉林的人选编他的代表作。他请菲茨杰拉德推荐人选，也并不掩饰请菲茨杰拉德本人担当此任的意图。菲茨杰拉德说，在自己的小说即将完稿的当口，他是不可能接下这一工作的。他推荐既是记者也是文学评论家的吉尔伯特·塞尔德斯（Gilbert Seldes）。

不到两星期，塞尔德斯就着手做这件事了。他特别着眼于收集拉德纳早期的作品，以及他到纽约之前散见于各种报纸的文章。在中西部报纸的资料室里扒梳了六个星期，塞尔德斯选好了这本选集的篇目。他起的书名叫《最初与最后》（*First and Last*）。塞尔德斯的选编方针是"每一篇均为'拉德纳的杰作'"。这本书没有收拉德纳写的第一篇文章，但确实收了最后一篇。对于他的读者来说，不会再有别的拉德纳作品可读了。正如塞尔德斯所指出的，拉德纳"已经病了多年，没有留下未出的书稿。为了他自己的声誉，他也不需要再写"。

* * *

1933年2月，麦克斯去波士顿探望贝莎，看到她接受精神病治疗之后正在好转，大人松了口气。差不多与此同时，医生们让路易丝采用的高蛋白食谱也奇迹般恢复了她的健康。困扰了麦克斯一年之久的忧虑终于结束。于是他很快又像过去那样投入地工作。

12

两性

"综合考虑，难道你当真不认为，女人要为这个世界四分之三的麻烦负责？"有一次，麦克斯·珀金斯狡猾地问他的朋友和作者斯特鲁瑟斯·伯特（Struthers Burt）。

伯特后来说："麦克斯非但不是讨厌女人的人，他还非常敬慕女人的潜力，因而他对大多数女人浪费自己的天赋而深感痛心。他认为，女性作为一个性别，是可怜的服务员；给她们自由，她们也宁愿做奴仆；她们完全能够在同等条件下，用坦率的态度和智慧去抗争，但她们太依靠阴谋、借口和性等可以比较轻易使用的武器了。这倒不是说他恨女人；他是太喜欢、太迷恋她们可能成为的那种理想女人。"不止一位有抱负的女作者写信问他是否真的不喜欢女人。他把这类信件都推给艾尔玛·威科夫，让她以他的名义答复。她曾经这样替他回信："是的，我不喜欢女人——可我也爱她们。"珀金斯读了这封信，告诉她："那真像我的口气。"

在三十年代，有许多女人带着自己的书和写书的计划来找珀金斯。他总是保持一定距离。他曾经告诉女儿佩吉："我见过太多男人被美色毁了。"漂亮女人令他尤其慌乱。他跟作者詹姆斯·博伊德坦白说："我只要碰到迷人的年轻女子就很害怕。"无论他害怕什么,他并不令女人反感。女作家普遍都觉得他有磁铁般的吸引力。她们感觉到他对她们想讲述的各种故事很敏感;他有魅力但在性的问题上不具攻击性,这令她们与他在一起时很自在。大多数女作者都写信取悦他,表达某种"安全"的爱意。

* * *

歌剧女演员艾尔玛·格拉克的女儿玛西娅·达文波特[1]在《纽约客》编辑部工作。1930年,二十七岁的她起意写一本莫扎特传记。她急于听听出版人的意见。于是她找到哈珀兄弟出版社（Harper & Brothers）的尤金·萨克斯顿（Eugene Saxton）——此人可算是麦克斯·珀金斯的对手。他说如果书稿写好了,他愿意看一看,但不能保证哈珀出版社一定会出版。

达文波特颇为丧气,直到一位友人、诗人菲尔普斯·普特南（Phelps Putnam）说他喜欢这主意。玛西娅·达文波特在她的回忆录《幻想太强烈》（*Too Strong for Fantasy*）中说:"那之前一年斯克里伯纳出版社出过普特南第一本诗集,他也加入了崇拜麦克斯韦尔·珀金斯的作家行列。他请麦克斯见见我。第二天,我就来到那以杂乱、多灰著称的办公室,坐在破旧的橡木桌前,桌上歪歪扭扭放着一堆堆书,还有一只驯马人烟灰缸;桌那头便坐着那位矜持、言辞简洁的人,他有一张敏感的脸,一双特别的眼睛。麦克斯几乎不说话。沉默寡言永远是他的个性,但他对作家和书有强烈的共鸣,知道如何让他们写出、说出内心想要表达的东西。全纽约大概没有比麦克斯·珀金斯对沃尔

---

[1] 玛西娅·达文波特（Marcia Davenport, 1903—1996）,美国作家、音乐评论家。她的小说《判决谷》《东边，西边》等在四十年代畅销美国并被改编成电影。

夫冈·莫扎特更不感兴趣的编辑了。但他坐着听完达文波特女士阐述写这本书的种种理由，一边听一边观察她，最后说："动笔写吧。我们会出版它。"珀金斯提议她先写几页让他马上看一下。多年后，他在给评论家爱丽丝·迪克森·邦德（Alice Dixon Bond）的信中说，从这几页中，"我们看到……她有技巧，就我们对她的认识来说，她是不可征服的，会完成她承担的工作"。玛西娅·达文波特在其自传里强调，"他用了最能代表编辑部意见的'我们'"。

经过一年半的写作，玛西娅·达文波特把书稿交给珀金斯。递稿子的时候，她第一次注意到他把书直接翻到最后一页的独特习惯。达文波特在回忆录里写道："我相信他一开始并不知道这对我意味着什么。但事实上，我准备写一本书的时候，就是先写结尾。"这是她童年练钢琴时母亲给她建议的延续："猛敲一下琴键，结束。"几天之后，珀金斯约见达文波特女士。她绕着街区转了将近两个小时，才鼓足勇气踏进出版社大楼。她想珀金斯一定会以同情的口吻告诉她，这本书不适合出版。但麦克斯没用几分钟就让她相信他对这本书抱有巨大热情。她后来写信对他说："当然，这本书可能会失败，可能根本没人买，但你赞许的态度正是我想找的（过去都不敢相信我会找到）。"

《莫扎特》在艺术和销售上都大获成功，不久，达文波特夫人就开始写新书了，这回，是长篇小说。

* * *

1928年，麦克斯·珀金斯已经见过南希·赫尔（Nancy Hale）。她是《没有国家的人》作者爱德华·艾弗莱特·赫尔的孙女，聪明，漂亮。二十岁的她正为《时尚》杂志写稿，杂志社的一位朋友问她想不想认识麦克斯·珀金斯。他们见面了，珀金斯于1931年5月看了她正在写的小说开头四分之一内容。夏末时，这部名为《年轻人死得其所》(The Young Die Good)的小说完成了。珀金斯建议稍加修改，翌年春天斯克里伯纳出版社即出版该书。这本书生命很短。几年后，南希·赫尔凭一个短篇小说获得欧·亨利奖。

第二部长篇小说跟第一部一样短命。珀金斯告诉同样认识她的伊丽莎白·莱蒙："她还没开始写作前，我就认为她能写。和你一样，弗吉尼亚人认为小马几乎还不会站的情况下，就会跑步了。所以我关注她，说服出版社在她还不出名的时候就出她的书。现在她在诸多杂志上是个大牌作者了，但我们出的书还没有大卖。所以我想证明自己没有看错。我总是处在这种境地。"

接着她的第三部小说来了。编辑看了三分之二，觉得这本书就是证明他判断正确的证据。麦克斯苦恼地写信对伊丽莎白说，她"开始孕育宝宝了"。

通过书信，他努力让南希·赫尔——当时的查尔斯·沃滕贝克夫人——不要担心她的作品：

> 写长篇小说是很难的，因为它要牵扯那么长的一段时间，如果你泄气，这并非坏现象，而是好现象。如果你认为你现在写得不好，那就对了，真正的小说家都是这么想的。据我所知，从来没有哪个人不是常常感到泄气，有些人甚至感到绝望，而我总是发现那是一种好兆头。

他意识到她还要好几年才能完成新书，但他愿意等。

※ ※ ※

麦克斯·珀金斯最敬重的作家是卡罗琳·戈登[1]。她是艾伦·泰特（Allen Tate）的妻子。艾伦·泰特是一个平均地权论者，主张艺术要回归南方古老的传统。后来被 G. P. 普特南出版社合并的明顿－巴尔齐出版公司出过泰特写的斯通威尔·杰克逊（Stonewall Jackson）和杰弗逊·戴维斯（Jefferson Davis）的传记以及他的第一本重要诗集《波普先生》。1932 年泰特转到斯克里伯纳出版社，他们出了他的诗集和散文集。"从那时起，我和麦克斯就成了好朋友，他也愿意出我的书，哪怕它们根本不赚钱。"泰特说。

1931 年，斯克里伯纳推出卡罗琳·戈登的第一部小说《彭哈利》（Penhally）。这部小说写了肯塔基州一个种植园三代人的故事，珀金斯认为这是一部写得很美的作品，"从头到尾毫不虚假"。它几乎不需要编辑即可出版。"对于任何有实力的作家，麦克斯·珀金斯几乎从不提什么意见。"她后来说。

在书店几乎无人光顾的特殊时期出版像《彭哈利》这样的好书，这令珀金斯心痛。斯克里伯纳出版社的利润大幅跳水。1929 年是他们的丰收之年，净收入为 289309 元；1932 年只有 40661 元。他只能无奈地通知卡罗琳·戈登以及所有作者，斯克里伯纳在预付金方面只能更缩手缩脚了。整个大萧条时期，麦克斯经常如戏剧独白般地说这个国家的经济灾难。马尔科姆·考利说过一个特别坚持要拿预付金的作家的故事。麦克斯跟她谈得太凄惨，以至于她仿佛看到自己跟他一起排队领面包的悲惨情景。谈完他邀请她去丽兹酒吧喝一杯。经过身着制服的门童时，她手按他的手臂，说："珀金斯先生，您确定出得起钱？"

---

[1] 卡罗琳·戈登（Caroline Gordon，1895—1981），美国著名小说家、文学评论家。1931 年出版小说《彭哈利》，1932 年获得古根海姆奖。

***

爱丽丝·朗沃思（Alice Longworth）是西奥多·罗斯福六个孩子中的长女。她六岁时就置身于政治环境中了，因此她以对华盛顿的社交生活自然而然的、不同一般的反应而著称。1901年她父亲竞选成功入住白宫后，罗斯福小姐引人注目的机智和即兴玩笑使她成为美国公众的宝贝。当人们得知她最喜欢的颜色是一种特别的灰蓝色时，这种颜色就被命名为"爱丽丝蓝"，成为热门的新词。1905年，总统家的这位长着俏鼻子、爱大笑的漂亮大小姐陪同她父亲的国防部长威廉·霍华德·塔夫特（William Howard Taft）去东方巡游，她受到了如皇室成员一般的待遇。这次同行的还有来自俄亥俄州的国会议员尼古拉斯·朗沃思。她比朗沃思小十五岁，但美国报纸都猜测两人之间有一段"热烈的恋情"。果然，第二年，西奥多·罗斯福在白宫东厅举行的婚礼上，将女儿托付给了朗沃思。朗沃思1915年出任众议院发言人，身为总统女儿和众议院发言人太太，爱丽丝自然独领华盛顿社交生活之风骚。她在使馆区一端的马萨诸塞大街操办的喧闹的沙龙，是华盛顿散布小道消息的中心。在她的沙发上放着一个枕头，上面用粗体字绣着她的格言："如果你对别人没有任何好话可说，坐到我身边来。"

1931年丈夫去世后，爱丽丝·朗沃思发现自己债务缠身。《女士之家》杂志提出付费连载她的回忆录——如果她能写得出来。她后来回忆说："一开始我觉得这种提议简直是场灾难。我这辈子写过的东西长不过一张明信片。"斯克里伯纳出版社得知此事，报价要出这本还没影子的回忆录，这主要是因为他们与西奥多·罗斯福的长期关系。早在十九世纪八十年代，他们就开始出版他的荒野西部和非洲探险纪实了。

朗沃思夫人和珀金斯初次见面是在纽约古老的丽兹-卡尔顿饭店。她回忆说："我一眼就看出他是个被女人控制的男人。我发现，在我们共事的整个过程中，这个奇特的麦克斯韦尔·珀金斯从来都没有直视我。他说话都是用嘴角说的，像这样。"说着，她把嘴唇努向左脸，"好像再多正视一个女人就很痛苦了似的"。

珀金斯发现朗沃思夫人谈起话来很迷人，落笔却很艰难。她说："我真对不起可怜的麦克斯，他费尽力气让我把事情挤出来。我并不是抵触，而是觉得写这本书就得透露许多内幕，这真可怕。"珀金斯认为如果能让她敞开心扉写出这本书，斯克里伯纳就挖到了一口金矿。第一次见面时，他就提了充分的建议，让她怎样渡过开头的难关。他说："你就当自己是在说话那样写。"

不出几天，爱丽丝·朗沃思就沉浸在她的回忆录中，整天坐在打字机前。她自称为急切的海狸[1]，很快就制造出几百页被她命名为《拥挤的时光》(*Crowded Hours*)的回忆录文字，从容地向《女士之家》杂志交了稿。在文稿中，朗沃思夫人一会儿生硬地追求文字的文学性，一会儿又像是无意义地闲聊——这两种风格还常常在同一段落中出现。她分不清哪些看法是犀利、恰当的，哪些则不然。对于她在杂志上的开头几篇连载，珀金斯写信对伊丽莎白·莱蒙说："我吓得全身发冷。"

珀金斯又见了朗沃思夫人好几次，希望她能写得更放松、更有料。她后来回忆当时的情景："他一遍一遍地对我说，你就不能说些比'塔夫特先生在那里'更有意思的话吗？"珀金斯一字一句把关，几乎对《拥挤的时光》第一章里的每一个场景都提建议。他提醒她慢点写，避免乏味。"要让每个人都有特点，每件事都像那么回事。"

---

[1] 急切的海狸（eager beaver），美国俚语，形容干劲十足、做事卖力的人。

他说。偶尔，朗沃思夫人会谈及某个很有意义的事件，却记不清细节。珀金斯劝她不用在书中为自己记性不好而道歉："不用告诉我们你不知道的事情；把你知道的告诉我们。"他反复要她描述一些人物，说出她对他们的个人看法。她写作的时候，就想象着珀金斯仿佛站在她身后，问她问题。

经过五六个月，朗沃思夫人的写作有了改观。她说："所有那些'教诲'终于都吸收了。"一开始的那种没有血肉、支离破碎的回忆文字逐渐有了眉目，成形，甚至不乏尖刻。谈到柯立芝，她写道："我真希望他看上去不像吃腌菜长大的。"她写了几段关于哈丁（Harding）以及跟他有关的丑闻，又说道："哈丁人倒不坏，只是是个笨蛋。"

10月下旬，珀金斯终于可以写信老实告诉伊丽莎白·莱蒙，"爱丽丝·朗沃思的这本书，我们是用猪耳朵做成了丝钱包，或者是她自己做的……[1] 现在它是本好书了，也许它应该更好。但要知道，我们是在写了比不写更糟糕的情况下改出来的"。一连几周，《拥挤的时光》在所有非虚构类畅销书排行榜上都是冠军。它的成功确立之后，麦克斯才承认说，与这位作者的合作相当有趣，虽然也是"一项极其艰巨的任务"。

* * *

玛乔丽·金南·罗林斯[2]是个漂亮的圆脸记者，又黑又高的眉毛下是一对眼神犀利的蓝眼睛。她和丈夫查尔斯住在纽约州罗切斯特，两人都是活跃的记者。她把自己在赫斯特报系做情感故事记者的经历描述为"犹如上了一所条件糟糕的学校，但我是注定不会错过它的……

---

1 美国俚语"你无法用猪耳朵做成丝钱包"，相当于"巧妇难为无米之炊"。
2 玛乔丽·金南·罗林斯（Marjorie Kinnan Rawlings，1896—1953），美国作家，作品以佛罗里达乡村生活为题材。小说《一岁的小鹿》获得1939年普利策小说奖。

当你必须写下人们所说的话，写他们如何应对人生中的巨大危机时，你必然从中学到许多东西。它教会你客观"。但她也说这种工作把时间切得"支离破碎"，一切都那么匆忙，"而我痛恨匆忙"。她的婚姻也并不比职业来得令她满意。1928年，她和丈夫放下新闻事业，试图过一种简单生活，挽救他们的婚姻。他们在佛罗里达霍桑市郊外的十字小溪买了一片七十二英亩大的橘园，在灌木丛生的乡下生活，种植四千棵树。

多年以后，她在自己的书《十字小溪》(*Cross Creek*)中写道："当我来到十字小溪，得知这老旧的橘园和农场即刻就是未来的家，心里是颇有些害怕的，这种感觉犹如人第一次认识到，人和地的结合正如人和人的结合一样，是一种人类的爱，那是一种同甘共苦的承诺。"

最初几年，她既忙于农活，也勤于写小说。1931年，她寄了好几篇写佛罗里达小丘的短文给《斯克里伯纳杂志》，并告诉自己，如果遭退稿，她就彻底放弃写作了。珀金斯读了这些文章后，推荐杂志以"乡民怒吼"为题发表。在随后几个月，他们又刊发了好几个她的短篇小说，接着，麦克斯鼓励她考虑一下出整本书的计划。

那年秋天，罗林斯夫人深入灌木丛林地带，跟一个老太太和她酿私酒的儿子一起住了好几个月，带回来一些有意思的故事，写的都是人在文明边缘挣扎谋生的生存状况。她一回来就写信告诉珀金斯："我对这种深入人私生活的调查做了大量笔记，再丰富的想象力也替代不了这种调查。"她的心里装满了成千上万个精神意象。整理时她意识到酿私酒必定是贯穿她全书的线索。后来，她写道：

> 这些人根本没有法律意识。他们过着完全自然而非常艰苦的生活，不干扰任何人。文明世界与他们无关，除非有人来买他们上好的玉米酒，或在狩猎季节越过他们的领地肆无忌惮地打猎。但他们

所做的事几乎都是非法的。可每一件事又是在那个地方维持生计所必须做的。那些古老的林中空地已经被过度耕耘,再也长不出"好"庄稼了。大树砍光了。做陷阱也捕不到什么猎物。他们酿私酒,因为这是他们在这个熟悉并且不愿离开的乡间唯一能谋生的手段。

第二年,玛乔丽·罗林斯向编辑提交了一部忠实于生活的小说《南方的月亮下去了》(*South Moon Under*)书稿。这个书名是一种当地俗语,指的是一年当中人们"感觉"月亮在地平线下的那段时间。

玛西娅·达文波特在《幻想太强烈》中说:"玛乔丽的心像她描写的灌木大丛林那么大。她是特点鲜明的美国人,深深扎根于乡土,而我不是。她爱吵闹,放声大笑,对待动物极其温柔,好客得没边儿,她是个一流的厨师,爱吃爱喝。"麦克斯觉得跟她很好相处,收到她那些有料有观点的手写信,总是兴致勃勃地看。

像海明威一样,罗林斯夫人也喜欢在写作中用些不雅的语言"调味"。她告诉珀金斯,她丈夫读了《南方的月亮下去了》手稿,建议她把那些"四字母单词"全都删掉,这样它不仅是一本常规的、面向大众的小说,还可以成为男孩们的读物。珀金斯附和道:"毫无疑问,海明威因为使用那些被我们称之为'四字母单词'的词汇而少卖了几千本书,我认为他不必那样写。事实上,那些被反对使用的词对读者的挑逗性影响,跟对于使用它们的人所起的影响是不同的。因而,在艺术上它们并不合适。它们应该只具有被人说出口时的确切含义。但是,当它们碰到不熟悉的耳朵和眼睛,它们的含义就完全变了。"

到1933年年初,罗林斯夫人算是把《南方的月亮下去了》写完了,而那些不怎么体面的词还在书里。麦克斯·珀金斯把这部小说提交给"每月之书"俱乐部,他们将它选入了春季书目。她在信里对珀金斯说:"我觉得,你对我照顾得真是太好了。至于我嘛,《南方的月亮下去了》

我是撒手不管了。这本书一点都不对我的心思,可目前我是尽最大努力了,我觉得现在它是你的包袱,不是我的了。"当珀金斯又写信催她写新的小说时,她回道:"想到如果斯克里伯纳出版社投资我的第一本书却颗粒无收,你再也不想看到我,更不会再提新小说的事,我就有种负罪感。"

罗林斯夫人的预言离实际情况相去不远。但讽刺的是,《南方的月亮下去了》最好的畅销机会却影响了它的销售。"每月之书"俱乐部推迟了发售此书的时间,而那一天却恰好是1933年罗斯福总统下令所有银行关门放假的日子。麦克斯原来认为销量可以超过十万册,实际上出版社卖出一万册。

在随后的几个星期,珀金斯和罗林斯相互写信,讨论写新书的想法。事实上,她已经有了一个新小说的构思,大致是讲一个英国人来到贫困白人之地。珀金斯对这个人物并不特别感兴趣。他时常想起《南方的月亮下去了》中的那个男孩兰特。他给罗林斯夫人写信道:

> 我只是想建议你写一本关于灌木地带一个孩子的书,我们可以定位为青少年读物。你应该记得《南方的月亮下去了》被你丈夫盛赞的部分就是写男孩的。的确如此。如果你写一个孩子的生活,不管是女孩还是男孩,或者两个一起写,它都会是一本好书。

罗林斯夫人喜欢这想法,但是她已经开始写那个英国人的小说了,不太愿意搁下它。她也担心那样写无法超越《南方的月亮下去了》。"的确,写作时你只能写你想写的东西,"珀金斯说,"但如果你能把这个小说放一放(它会一直在你的意识里日渐成熟),放足够长的时间再来写,我认为这样更好。"他主动提出,只要她写出来,她这本新书的任何章节他都可以先看。他说:"你可千万别被我这种新英格兰人的矜持所迷惑,以为我还对任何[别的]书这么感兴趣。"

其实,他对那个青少年小说更感兴趣,但他也认为那本书像这本写英国人的书一样,会在她脑海中慢慢成熟。在随后的几年中,他隔一阵子就会在信里提起这本书,因为这个主题在他自己的心里越来越清晰。他催促她动笔写。"关于一个男孩和他在灌木丛林地带生活的书,正是我们想要的——其中有美妙的河上航行,打猎,狗,枪,单纯的人们的陪伴,他们所关心的事情就和《南方的月亮下去了》里写的一样。很简单,不复杂——别让什么事情让你觉得它复杂啊。"这封信罗林斯夫人读了一遍又一遍,特别是他说已经把这本还没影子的书跟《哈克贝利·芬》、吉卜林的《吉姆爷》、大卫·克罗科特的回忆录、《金银岛》和《印第安纳学校的男孩》等书相提并论:"这些书主要都是写给男孩看的。它们的读者是男的,更是某些男人的最爱。其实男人最宝贵的部分就是他孩子气的时候。"她问编辑:"你有没有意识到,你坐在办公室里写信告诉我,要写一部经典,你居然那么镇定。"

过了大半年,珀金斯收到了她一直舍不得放弃的写英国人的小说《金苹果》(*Golden Apples*)书稿。珀金斯不怎么喜欢,但他知道她必须写完这本才可能调整好心态着手写下一本书。所以他从头到尾帮她编辑,顺利出书。麦克斯正把玛乔丽·罗林斯推向幸福的道路、巨大的成功,而她仍在抗拒。

***

欧内斯特·海明威提醒珀金斯别那么在意他的那些女作家而看不到她们的书跟他的差距。他说如果大做宣传,《死在午后》会大卖的;但要是珀金斯"缩手缩脚",在这困难时期这书自然会完蛋。

书业的状况比海明威所知道的更糟糕。许多零售书店濒临倒闭,包括纽约最大的三家书店。一本书如果不能肯定畅销,书店连一本都不会添货。

《死在午后》出版于1932年9月，一开始销量可观。从出版者的角度来看书评的情况都是好的，但麦克斯知道其中有些话是欧内斯特讨厌听到的。评论家爱德华·威克斯（Edward Weeks）喜欢这本书，但他在《大西洋月刊》的"书架"专栏中写道："我不喜欢他那种故意绕来绕去的风格。我对他放纵的性描写，既感到有趣，又觉得乏味，我也讨厌他偶尔摆出一副文坛'硬汉'的姿态。"《泰晤士报文学副刊》的书评人说："他的文风令人不快,他那过分突出的'男子汉气概'是野蛮而令人愤怒的。"但没几篇书评像他这么挑剔。大多数只是当它是不太重要的书而简单带过。珀金斯向海明威解释说，为了节约成本，不少报社是让领工资的编辑部人员而不是够水准的书评人来写书评。

海明威从怀俄明一路旅行去了基韦斯特，然后去阿肯色与波琳和三个儿子会合。那时，《死在午后》的销量停在了一万五千册。10月份过了两个星期，销量就逐渐下降，比往年的季节性下降整整提前了一个月。珀金斯相信，它的命运取决于感恩节后的走向。总统大选即将开始，富兰克林·D.罗斯福当选似乎是必然的。"你知道我的观点，如果罗斯福当选，我们就会有一个女总统了。"麦克斯给《现代月刊》（*Modern Monthly*）的左翼主编、在斯克里伯纳出过好几本书的V. F.卡尔沃顿（V. F. Calverton）写信说，"我见过罗斯福大人，我想，富兰克林性子不紧不慢的，可怜的他这下要被她骑在身上快马加鞭了。"珀金斯对胡佛[1]是投反对票的。

1932年12月中旬，海明威邀请珀金斯去阿肯色，租一艘可住宿的游艇出去猎鸭子，要住一个星期。麦克斯往他帆布包里只装了些保

1　赫伯特·胡佛（Robert Hoover, 1874—1964），美国第三十一任总统。

暖的衣物。欧内斯特猜麦克斯的那些女作者和家里唧唧喳喳的女儿对他的休假肯定会嚷嚷，但他觉得，他的这位编辑需要离开一阵子。他答应珀金斯，用他们曾祖父那个时代猎鸭子的方式打猎，如果珀金斯过得不愉快，他会推着独轮小车送他回纽约。

在一阵突然来袭的寒潮中，麦克斯在孟菲斯与欧内斯特会合，然后一半坐火车，一半坐汽车，赶了五小时的路。第一个晚上是在船上度过的。麦克斯脱掉外衣，只穿一身长内衣钻进了被窝。第二天早上，天还没亮，欧内斯特在一片漆黑中叫醒他，两人沿着结冰的河流逆流而上，找到一个候猎处。这天整个上午都没有太阳，随后一连五天早晨，他们蹲在雪地里，装弹，射击，看鸟儿被击落。下午，他们到因结冰而银光闪闪的森林里打猎。他们还登上好几艘住宅船买玉米酒，和一辈子都在水上讨生活的船主聊天。一天黄昏，麦克斯和欧内斯特听见河湾那里动静很大。一艘旧时的密西西比蒸汽船正"突突"向他们驶来，船的两侧挂着巨大的外轮，两个并排的烟囱喷着柴火烟。几年后，麦克斯在给一个作者安·奇德斯特（Ann Chidester）的信中说："这对海明威是稀松平常的，可对于我这样一个佛蒙特来的新英格兰人来说，就好像时光倒流八九十年，进入了马克·吐温的世界。"

麦克斯和欧内斯特一起打了几十只鸭子，不及欧内斯特一开始设定的目标数量。但麦克斯更感兴趣的是和欧内斯特在一起，而不是打猎本身。对于欧内斯特接下来可能写什么，他们谈了很多。麦克斯说他盼望着有一天能看到欧内斯特会写一本关于基韦斯特、在那儿钓鱼的书，一部"全是人、天气、当地风貌"的作品。晚饭后，两人喝着苏打威士忌暖身子，麦克斯听着欧内斯特评点他的其他作者。

他坦言他狂热喜爱托马斯·沃尔夫的写作，想见到这个珀金斯的"世界级天才"，虽然他也担心他们一见面，就可能因为相冲的脾气而不欢而散。麦克斯也和欧内斯特谈了不少菲茨杰拉德的事。欧内斯特翻过泽尔达的小说,但拿起它就发现"完全、绝对读不下去"。他相信,司各特已经堕落到追求廉价的"爱尔兰式的喜欢失败,背叛自我"。在海明威看来,到这地步,只有两件事能让司各特·菲茨杰拉德这样的作家恢复状态:一是泽尔达死掉,"这样他想做的事情还有完成的时候";二是他的胃彻底完蛋,他就再也不能喝酒了。虽然海明威说话刺耳,但与他的这些围炉夜谈,是麦克斯此行最珍视的收获。

麦克斯一感到自己身心放松愉快,就急着要回家。多年以后,欧内斯特跟查尔斯·斯克里伯纳解释说,麦克斯有某种"讨厌的清教徒式毛病",无论什么事情,只要做得开心,他就马上放弃。

珀金斯离开阿肯色几个星期后,海明威宣布他要来纽约。托马斯·沃尔夫就住在布鲁克林高地,于是麦克斯安排斯克里伯纳出版社这两位重量级作家见面。他知道两人的风格、写作方法迥异,但沃尔夫可能会从与欧内斯特非正式的会晤中获益。后来,珀金斯告诉沃尔夫的朋友约翰·特里:"我促成了这次见面,因为我希望海明威能影响汤姆,让他克服写作上的缺点,虽然这些缺点源自他自身的秉性,譬如爱重复、啰嗦。"麦克斯请他们到53街的切里奥餐厅吃午饭。他们围着一张大圆桌坐,他坐在两人之间,很少说话。大部分时间,他让海明威滔滔不绝地谈写作,汤姆则全神贯注地听着。欧内斯特传授的有益良方中有一条,要"善于在你'写顺手'时停手,然后舒舒服服地休息好,第二天就可以很快进入状态继续写"。珀金斯在给特里的信里还说:"海明威既能很直率,言谈中也能比我知道的任何人文雅。他是想帮汤姆的,这次会面一切都好,只是我想汤姆丝毫没受影响。"

海明威继续表示对沃尔夫的敬佩,主要是出于对珀金斯的尊重,但他其实对这样的"文学作家"并不耐烦。当他听说一个作家不在某个最合意的创作场所就没法写作,他坚持说,人只有一个写作的场所,那就是头脑。他认为汤姆就像一个天生的但未受训练的拳击手：他称之为"作家中的普里莫·卡尔内拉[1]"。他在信里告诉珀金斯，沃尔夫具有所有天才的通病——像个大孩子。但这样的人又是"责任的地狱"。海明威相信，沃尔夫才华过人，也精神脆弱，但他知道珀金斯替他做了许多作者应该考虑的事情。他提醒珀金斯，为了这个作者考虑，他千万不能失去汤姆的信任。

1933年六月号的《新共和》杂志刊登了一篇迟来的《死在午后》书评，作者麦克斯·伊斯特曼（Max Eastman）是海明威过去的朋友，也在斯克里伯纳出过《诗歌的愉悦》（*Enjoyment of Poetry*）等好几本书。这是一篇攻击性文章，标题叫"午后的公牛"。作者在文中讥笑海明威对"简单事实加以青少年般幼稚的泛滥抒情和矫情"。伊斯特曼写道："海明威是个大个儿男人"，但是他"对自己是个大个儿男人这一点还缺乏笃定的自信"。

> 我们大多数从小娇生惯养、长大后成为艺术家的人，都时而会受到内心那种隐隐的自我怀疑的困扰。但海明威身上似乎出过什么状况，使得他不断强迫自己展露他如何健壮阳刚有男子气。很显然，这不仅体现在他宽阔的肩膀和穿着上，也表现在他行文的风格节奏和他允许展现在外的情绪上。

伊斯特曼断言，海明威"牛皮吹得太过分"，甚至形成了一种"堪比在胸口上贴假胸毛"的文字风格。

海明威大怒，他认为这篇评论的目的是攻击他的性能力。他给《新共和》写了一封情绪激动的信，要他们"让麦克斯·伊斯特曼先生详

---

[1] 普里莫·卡尔内拉（1906—1967），意大利拳击手，身高一米九七，人称"移动的阿尔卑斯山"。他是意大利历史上第一位重量级世界冠军，但一直受黑手党控制，很多比赛有争议。

细说说他如何带着念旧的情绪猜测我阳痿"。他写信给珀金斯发泄说，要是伊斯特曼找到某家出版社胆敢出版这些"诽谤"文章，他们会付出高额代价，伊斯特曼也将为此在监狱里度日。法律上的报复和经济上的赔偿是次要的。他向珀金斯发誓，无论在哪儿，只要他看见麦克斯·伊斯特曼，就要用他的那一套让他尝尝滋味。

怒气未消的海明威向珀金斯承认，他都几乎决定再也不出版任何该死的东西，因为不值得为评论界那帮"猪猡"写作。他发现那篇"骗子文章"字字都如呕吐物般恶心。海明威坚称，他写的西班牙斗牛，字字句句绝对都是真的，是经过仔细观察写出的，所以他很气愤，居然有人付钱给对此一无所知的伊斯特曼，让他说海明威写的是矫情的胡扯，好像这位评论家真知道斗牛是怎么回事似的。他告诉珀金斯，那些人接受不了的是，欧内斯特·海明威是个男人，能把他们任何一个人打得"屁滚尿流"，而且最令他们难受的是，他能写作。

珀金斯向海明威保证，伊斯特曼的文章对他没有任何影响。他说："你写作的质量就是事实，谁都损害不了，即使有损也是暂时的。"在海明威动身去西班牙跟斗牛士西德尼·富兰克林一起制作《死在午后》的电影前，他收到了麦克斯·伊斯特曼的道歉信，海明威称之为"马屁信"。伊斯特曼为他俩之间的误会道歉，否认他的书评里有任何人身攻击。海明威仍没消气。

也许是作家与评论家之间的这种争论启发他为他最新的短篇小说集起名《赢家无所得》(Winners Takes Nothing)。海明威把它寄给珀金斯的同时也附了一条简短的格言，寓意是永远不要对海老爹失去信心。如果第一个小时鱼快要耗死他了，那么两个小时过后，总是海明威杀死鱼。珀金斯回电报说："我认为书名很棒，而且对伊斯特曼和其他人来说，你都绝对无懈可击。"

那年夏天，另一个"其他人"出现了。伪装成《爱丽丝·B.托克拉斯自传》的格特鲁德·斯泰因的回忆录正在《大西洋月刊》上连载。她在其中对好几个曾经是朋友的人颇有微词。同麦克斯·伊斯特曼一样,她的批评也因为涉及海明威的写作能力而激怒了他。斯泰因声称实际上是她和舍伍德·安德森成就了海明威,而且两人"对这件作品既有点自豪,又有点羞愧"。随即她对欧内斯特的力量和耐力表示怀疑。海明威责骂她这种公开背叛他的做法,痛惜"可怜的老格特鲁德·斯泰因"丧失了正常的判断力。他告诉珀金斯,在斯泰因小姐把他赶出家门前,他是一直忠诚于她的。后来她到了更年期,头脑发昏,跟"一群第四流的妖精"混在一起,鉴别力整个儿"烂到了家"。这种斯泰因已经衰颓的说法使得欧内斯特比较能够容忍她编派他的某些"编得很逼真的故事"。他说,他现在只为她感到难过,因为她写了"这么一本烂得令人同情的书"。他决定哪天自己好好写回忆录,因为他谁也不嫉妒,记忆力又好得不得了。

珀金斯也在读格特鲁德·斯泰因的那些文章,觉得她写这样一本书实在太糟了。他说它"把她给毁了"。它让人看到这位文坛女祭司"也是个小人物……而小人物是不会有多少成就的。她本来有很高声望,现在被她自己给毁了。而且我认为她这么说你,背后肯定有某种卑鄙的恶意"。麦克斯在信里对欧内斯特说:"还是很强烈的女人的恶毒,最糟的那种。这整场表演在我看来演得很拙劣。"

海明威表示他不在乎,但"可怜的老斯泰因"和麦克斯·伊斯特曼的羞辱影响了他的情绪,也激起了他的怒火。当时,海明威一家正要从基韦斯特出发,外出旅行。《赢家无所得》的校样还没有到,麦克斯的部分修改建议却先到了。海明威大怒。他说在这个时候如果他能得到一点忠诚他会很感激,结果却是这样,如果珀金斯觉得斯克里伯纳出版社后悔付了他那几千美元的预付金,他将乐于奉还并取消他们之间的出版计划。他说那样斯克里伯纳就太短视了,麦克斯·伊斯特曼错了，他海明威可没"完蛋"。他有一个新的长篇小说已经写了三分之一多，这书可比珀金斯出过的那些"可怜的俗人"写的任何书都好上百倍。

珀金斯为校样没有及时送到感到很遗憾，但他不能接受海明威的其他牢骚。两周以后，海明威为他这封鲁莽的信而道歉。作为和解的表示，他同意不在《赢家无所得》里使用脏话，虽然他仍然鄙夷"文雅的传统"。

海明威度过了混乱的一年，在这一年里，他写了一个"湾流"小说的开头就放弃了。随后他开始了长达数月的旅行。他去了古巴和西班牙，这两个国家都深陷政治动荡中。然后到了巴黎。在那里，他收到了珀金斯发来的第一份《赢家无所得》的销售报告。这本作品选最初的销量足有九千册，而且斯克里伯纳出版社两年来第一次收到通过电报发来的添货单。但珀金斯发现对此书的评论"绝对让人生气"。

它导致了一场对欧内斯特·海明威的公开讨伐。虽然这本书中有好几篇精彩的短篇小说，如《暴风劫》("After the Storm")、《一个干净明亮的地方》("A Clean Well-Lighted Place")、《你们决不会这样》("A Way You'll Never Be")，仍有许多评论者指责他的真实叙述是虚构的；另一些评论者则无视他虚构的部分，视为寻常的报道。1933年11月，海明威把这一切令人抓狂的批评抛诸脑后。他多年来梦寐以求，而珀金斯出于安全反复劝他彻底忘记的旅行，即将成为现实。海明威奔向非洲的青山。

到1934年1月，他已经抵达坦桑尼亚的坦噶尼喀。在欧洲、湾流地区和美国最偏僻的角落待了多年，欧内斯特觉得自己早已见多识广，但这是他所涉足过的最壮观的国家。他刚到达就给珀金斯写信说，非洲充满了实实在在的奇观，甚至令他说到想要定居。

在一次捕猎远游中，他染上阿米巴痢疾病倒了。他可不想因为生病而退出这次大冒险，所以摇摇晃晃硬撑了两个星期，期间除了两天之外，每天都打猎。几天之后，由于拉了几品脱血，他被人抬着担架送上小型飞机，飞到内罗毕。这段颠簸的航程长达七百英里，但白雪覆盖的乞力马扎罗山峰在远方雄伟地屹立，气势之大宛如能扛住天庭，令人过目难忘。过了几天，他就到恩戈罗戈罗火山口[1]与他的远征队会合，捕猎犀牛、貂羚和动作敏捷、捕猎难度高的条纹羚羊。他接着在非洲艰苦跋涉了好几个星期，怀着敬畏之心，已经在考虑如何把它诉诸写作。

＊＊＊

1933年1月，海明威结束了与珀金斯、沃尔夫的那顿午餐离开后，珀金斯邀请沃尔夫，等他去巴尔的摩看耳病的时候陪他一同前往。沃尔夫一口答应。在回去的路上，他告诉珀金斯一个新写的故事。这令珀金斯意识到，沃尔夫家里藏了满满一大包书稿，成打成打未用的稿子。麦克斯说："看在老天爷分上，把它拿来吧，给我们出版。"一如以往，接着就是一系列拖延，但最终，沃尔夫还是交出了六万字他尽其所能写得最好的作品。它"极其热烈"，几乎没有对话，直接叙述，但又确是一个完整的作品。

接着珀金斯又有了一个更惊人的设想。他回想起曾经读过沃尔夫堆积如山的书稿中的另一些片段，发现它们是相互呼应的；他意识到可以用它们来完成沃尔夫一直在写的那部庞大的书稿。想清楚如何组合这些片段后，珀金斯打电话给沃尔夫说："你现在要做的，就是合上手，你的小说已经完成了。"

他们谈了几个小时。汤姆不时地要摆脱这个思路，但珀金斯还是

---

[1] 恩戈罗戈罗火山口，世界第二大火山口，是坦桑尼亚著名的野生动物聚居区。

让他答应按珀金斯提出的修改意见来完成这本书。沃尔夫如期交了一些稿子，珀金斯甚至等不及到周末看稿。他在专心读稿前向沃尔夫解释说："无论何时我都很高兴读你写的任何东西，并乐意为它工作。这种情况，出版人是不常碰到的。"

珀金斯决心一定要在那年秋天出版托马斯·沃尔夫的这本书。他知道这意味着这个夏天的上半段时间他得全部扑在上面，但身为埃瓦茨家族的人，这种工作方式他是很自豪的。

但这个流程还不能说开始了。1933年4月中旬，沃尔夫来了，把大约三十万字的书稿放在编辑的桌子上，其中很多章节是麦克斯以前看过的。珀金斯手上已经有了十五万字左右的稿子，但他还是张开双臂迎接这些新稿子，他仍然相信这本书的定稿可以完成。他很高兴地发现新书中有六章写得比《天使，望故乡》任何部分都好。当这部书稿不断扩容、还难说即将完成的时候，珀金斯写信跟伊丽莎白·莱蒙说："我正在考虑一个计划，把书稿和沃尔夫一起带到乡下住一个月，虽说这一个月必定难熬。"但这个计划并未实施。

麦克斯知道他将不得不自己动手处理沃尔夫的所有书稿。他首先试图说服需要用钱的汤姆，书稿中的某些部分可以作为较长的短篇小说，在杂志上发表很合适，但沃尔夫对此很犹豫。因为把部分书稿交印刷厂印出来，就意味着定稿。在约翰·霍尔·惠洛克的协助下，麦克斯让沃尔夫明白，只有把作品给大众看到，一个作者才能被视为作者。1933年2月，"穷得只剩下七块钱"的汤姆总算从原始书稿中抽出一篇《无门》（"No Door"），作为一篇干净漂亮的短篇小说在七月号的《斯克里伯纳杂志》发表。

珀金斯还有一个对沃尔夫有说服力的论点。他说不预先看到大部分书稿，他就没法对一本书尽责。例如沃尔夫还没交出的一个书稿重要部分《彭特兰家那边的山》（"The Hills Beyond Pentland"）。麦克斯恩求道：

> 你为何不把这部分交给我呢……让我读一下，熟悉起来吧。当我们开始准备付印的时候，你总归希望我对书是充分了解的吧。况且这是一本大部头，又不那么容易理解。我希望你把那部分给我，让我读一读，别再谈它了。

在麦克斯的压力下，沃尔夫开始屈服。当时他还有许多东西要写，但过了几天，他把《彭特兰家那边的山》的书稿搬到了麦克斯的办公室。

伦敦的威廉·海纳曼出版社是沃尔夫的英国出版社，他们的编辑 A. S. 弗雷尔－里弗斯（A. S. Frere-Reeves）定期会写信给珀金斯，缠着他要沃尔夫的新书。他提醒珀金斯："我们的《天使，望故乡》确实卖得很好，但时间不等人，大众的记性可是短得要命的。"六个月后，他又说："我真的很着急，要让托马斯·沃尔夫在这儿像固定资产一样保值。"他提议先把沃尔夫的短篇小说结集出版，尤其是那些已经在《斯克里伯纳杂志》上发表的短篇。在 1932 年春天之后的十五个月里，他已经发表了五篇，全长超过十万个单词。其中一篇《巴斯康姆·霍克的画像》（"A Portrait of Bascom Hawke"）还在 1932 年《斯克里伯纳杂志》举办的短篇小说竞赛中获奖，是两篇最佳作品之一，奖金 2500 美元。而麦克斯认为他的另一个短篇《大地之网》（"The Web of Earth"）才是"复杂的佳构"，尽管评论界对沃尔夫流行的批评是他的作品不善于结构。珀金斯曾对他说："这一篇一字都不能改。"

珀金斯为自己没有早点安排出一本短篇小说集而感到遗憾，但沃尔夫和斯克里伯纳出版社发行部门都曾经反对这么做。出于种种原因，珀金斯认为现在不是出版短篇集的时机。现在除了等待作者把新书写完，什么都不必做。珀金斯向弗雷尔－里弗斯解释说："汤姆的问题并不在于他不写作，他写得很卖力。问题是他越写越多，好像失控了。"

珀金斯告诉伊丽莎白·莱蒙，是司各特·菲茨杰拉德新书完稿和爱丽丝·朗沃思新书的畅销，让他具备了足够的决心逼汤姆完稿。他调整了自己的日程表，使得两人可以每天单独见面，讨论书稿；近来，他不仅要等书稿到，还时常不得不等这位作者。珀金斯知道，沃尔夫只有在苦闷的时候才酗酒。艾琳·伯恩斯坦对沃尔夫不依不饶地纠缠，而他又难以摆脱，只能借酒浇愁。过去麦克斯还指望他守时，现在只要他在他俩见面时还没有醉，还记得见面时间就好……如果他做到了，则希望他头脑清醒得足以有条理地谈写作。

1933年10月3日是沃尔夫的生日，他在自己的笔记本上愤怒地写道："我三十三岁了，一无所有，但我可以重新开始。"他决定，在新的人生中，不会再有伯恩斯坦夫人的位置。"艾琳，你帮助我的时期已经过去，"他在一封未寄出的信中写道，"现在我不需要你为我做任何事情了。"虽然并没有收到他的这封信，她也知道自己在沃尔夫的心目中，已经被那个过去五年来她越来越讨厌的男人所完全替代。汤姆曾写道："今天，这个世界上只有一个人相信我会干出点名堂。那个人就是麦克斯韦尔·珀金斯，他的这种信任对我来说比这世上任何东西都重要，我知道，哪怕所有人都不信任我，只要他信任我就够了。"沃尔夫不再容许自己被艾琳所占据。他决心要占据麦克斯·珀金斯。

* * *

1933年初夏，刚在史密斯学院念完三年级的贝莎·珀金斯告诉父亲，她要带未婚夫回家。那是一个哈佛大学医学院二年级的学生，名叫约翰·福罗森厄姆。麦克斯对女儿很满意，但每次谈到她的订婚就发牢骚。"你看贝莎，哲学和历史学得真好！"他写信跟伊丽莎白·莱蒙说。婚礼那天早上，他来到女儿的房间，告诉她："宝贝儿，你不必嫁人的。现在不嫁还来得及。"几个小时以后，他在新迦南别墅的客厅里，把女儿嫁了出去。

不久，又发生了一件改变珀金斯生活的事情。长期向往城市热闹生活的路易丝劝说丈夫把家搬到她父亲以前在乌龟湾[1]地区的房子，就在纽约东49街246号。主要是考虑到女儿们的教育，麦克斯同意搬家，因为他意识到她们在新迦南的学校里得不到一流的教育。他写信跟伊丽莎白说，毕竟，"我们想要让她们受好的教育——这样她们就能给医学院毕业的丈夫们做做饭什么的"。麦克斯本以为要到冬天他们才能搬到曼哈顿住，可路易丝没过几个星期就开始搬家了。他的新家距离出版社只需步行几步即到。他再也不必每天早上赶八点零二分的火车从新迦南到纽约（而且总是差几秒就赶不上车），但他也没有改变到办公室的时间。过去他总是九点半就到，现在还是九点半。

到了办公室，麦克斯先是脱掉外衣，但不脱帽子，然后坐在办公桌前读信，向威科夫小姐口授信件，接待访客。一坐下来他就下意识地把右手伸进外衣口袋一阵摸索，从一包"好彩"牌香烟中抽出一支（后来他渐渐改抽"骆驼"牌香烟，乃至一天要抽两包）。上午的工作主要是各种非正式的编务会议，其中最重要的是和查尔斯·斯克里伯纳的会议。查尔斯·斯克里伯纳是麦克斯的同代人，他话不多，淡黄色的头发整齐地中分。他在新泽西远山镇穿着深红色猎装骑马打猎的样子，可比他在办公室时凶得多。他温文尔雅地处理公务，与他的总编辑密切配合。斯克里伯纳的秘书贝蒂·扬斯特罗姆评道："他和珀

---

[1] 乌龟湾（Turtle Bay），纽约曼哈顿一地区，在第43街到53街之间。

金斯先生之间有一种神秘的心灵感应。他们有一种超出公务和友谊之外的默契。他们俩都不用多说,但总能完全明白对方的意思。"上午的某个时间,一人就会走进另一人的房间,然后珀金斯开始讲述社里正在考虑的选题。"斯克里伯纳的文学品位不算高,但他确实对什么书会好卖很有感觉,"约翰·霍尔·惠洛克说,"他通常坐着,胳膊肘抱着膝盖,低着头听——总是一副似乎就要不耐烦的样子。无论麦克斯说什么,斯克里伯纳都点头。如果麦克斯介绍的书他赞同,斯克里伯纳就说:'这本书就进行下去吧。'"

十二点半之后的某个时间,通常是近一点光景,珀金斯离开办公室,向北走四个半街区,来到第53街,再向东一直走到53号,他最喜欢去的切里奥餐厅。进了门,他会先向皮肤黝黑的瘦小意大利人、餐厅老板罗米洛·切里奥打个招呼,然后走下一节楼梯,来到楼下餐厅紧靠楼梯左边的一张六人圆桌。桌上永远放着"已订座"的牌子和一瓶特制的辣椒粉。没有麦克斯韦尔·珀金斯的邀请,没有人会坐这个位子。这个桌子很少坐满,但永远都有一个作家、文学经纪人或是某个女儿和他在一起。麦克斯的一位作者、小说家斯特鲁瑟斯·伯特曾写道:

> 他不喜欢解释。我见过他做一件很奇怪的事情,而且还见他做过好多次。有一天,我们像往常那样去切里奥吃午饭。当我们走到楼下餐厅时,我惊讶地发现有两位漂亮的年轻女子占了他的保留座位。麦克斯一句话没说,从桌子旁擦身而过,径直走向吧台。我们在那儿喝了两杯鸡尾酒,我俩总是以此庆贺重逢。"我的桌子有人。"他嘴角一动,嘟囔着。然后他带我回到那张桌子,向我介绍两位入侵者。她们是他的大女儿和二女儿,两位珀金斯小姐。

麦克斯的五官特征都遗传给了他亲爱的五个女儿：
(左起)佩吉、简、贝莎、莎比和南希。

禁酒令废除以后，珀金斯总是在午餐时喝一杯马提尼，有时喝两杯。他的菜单几乎一成不变。他发现一道他喜欢的菜，就会天天点，直到不用他说服务生也会主动上菜。奶油鸡肉是他长期爱吃的一道菜，等到有一天他尝了烤母珍珠鸡鸡胸肉，才换了主食。只有当切里奥亲自端上另一道主食，珀金斯才会偶尔不吃珍珠鸡。要是服务生巡视餐桌发现麦克斯还没有开吃新的菜，就会把菜收走，换上珍珠鸡。

从切里奥餐厅出来，麦克斯会在街角买一份晚报，扫一眼各版标题，然后胳膊夹着沿着麦迪逊大街走。两点半前他回到办公室，接着读书稿或是会见访客，直到四点半和五点之间的某个时间，在他仍然坐火车通勤的时期，他就动身去开一天中最后一个也是时间最长的会。这个"下午茶"通常是在通往中央火车站路上的丽兹酒吧。这个位置可以让他赶上六点零二分那一班回新迦南的火车，同样，也得掐着时间将将赶上。其他坐火车通勤的人甚至怀疑火车是专门等着珀金斯的，但事实并非如此。不过，人们都知道，快到点时车站看门人就会张望珀金斯是否准时散会，常常会等他等到关门前的最后半分钟。

罗伯特·瑞恩（Robert Ryan）在成为著名演员之前当过报社记者，也经常坐那班火车。他回忆说："过了几个星期，我被这个家伙吸引住了。他在火车上总是坐在同一个角落，你知道，他从不脱帽。有天晚上我在去康涅狄格的路上一直盯着他看，这听起来很疯狂吧。但这很有意思。对他来说，整个世界都是模糊的。他一屁股坐下去，甚至都没有抬头打量周围，然后他就打开手提箱取书稿。接下来的一小时就是阅读。我注意到他阅读的时候嘴唇是动的。他总是有点迷惘的样子。我猜他正沉浸在某个作家的作品里。而我就几乎只干一件事，观察他。我从没走近这个男人。天哪，我都不敢跟他说话。也没人这么干。大家都注意到了他，虽然他并没有注意我们；但没人想打扰他，因为担心这样会断送某个可怜的作家的前程。"

***

经过二十多年的婚姻，路易丝琢磨着即使住在纽约不能令麦克斯振奋，至少也能满足她对文化活动的需求。现在她离戏剧界更近了。她还想着涉足表演：她排演了一些角色，出去试演。有一天，一位戏剧制作人登门，和路易丝讨论某个跟她外表看来年龄相仿的角色。当他看到家里有好几个接近成年的姑娘，她告诉他："哦，她们是我丈夫前妻生的。"伊丽莎白·莱蒙记得还有一位看过路易丝在业余剧团演出的制作人。他制作的戏剧《雨》暂停了六个月，他想说服她演剧中的塞迪·汤普森小姐。路易丝本来可以用丈夫沉默的反对为理由婉拒，但她说是因为女儿们——"南希喜欢我晚上给她读书。"后来，路易丝向伊丽莎白哭诉说："哎，哪怕上帝稍微给我一点勇气，我就演了。"这话说明是她本身缺乏自信，而不是麦克斯的反对，才让她没有成为演员。许多年后，伊丽莎白说："天哪，如果她真想演，她是能演的。麦克斯不会跟她离婚。"

麦克斯虽然在纽约安顿下来，但并不愉快。一天晚上，他坐在餐桌的头上朝餐厅的另一头望去，注视着他俩刚结婚时买的雕像。

"那个旧维纳斯像看起来不错。"他说。

"谢谢你，麦克斯！"路易丝马上答道。

他们经常吵架。他们都是个性很强而独立的人。她一个星期有好几次会因为他说了什么话而找茬拌嘴，开了头就一直吵下去，最终麦克斯就扎进他的扶手椅，开始他晚上的阅读，不再听她说话。

白天，路易丝偶尔路过他的办公室。要是她发现他站在办公桌旁，读着书稿还戴着帽子，她就会问："麦克斯，你在办公室戴着帽子干吗？"她明知他不会给她那个对付不受欢迎的访客时的标准解释——他正要外出。

"戴着玩的。"他软软地说。

"如果在这个地方只有戴一顶旧软呢帽才好玩,那我真为你感到难过。"她答道。

在艺术方面,麦克斯对路易丝的判断还是相当尊重的。他很少给出版社外的人看书稿,但他随时会把稿子给路易丝看。菲茨杰拉德交新书书稿时,珀金斯就带着稿子冲回家,听路易丝的意见,也希望她和他一样对这本书有热情。

麦克斯在给伊丽莎白·莱蒙的信里说:"有时候路易丝显得格外聪明,但是对于世事,她什么都不懂。"整个三十年代,伊丽莎白是看着路易丝过来的,她也相信这一点。她说:"路易丝是世界上最糊涂的人。碰到跟钱有关的事情,她简直一窍不通。有一天她的钱包里没钱了——一分钱都没有——只有一张1500美元的支票。"还有一次,她们在一列拥挤的火车上,她说:"伊丽莎白,你不讨厌债券吗?我爸给了我一只股票,可以拿到4000美元分红。可麦克斯太过分了。他把这些钱都投到债券上去了。债券!不就是上面画着铁路的纸吗?"

路易丝的父亲已经于1931年在加那利群岛去世了。虽然他留给了路易丝和她姐妹很多遗产,珀金斯一家还是靠珀金斯的工资生活。不是他挣的钱,他认为不属于他。他说这笔钱要留给孩子们将来用。麦克斯讨厌管理桑德斯家的家产,但他做得还是很尽力。负责处理桑德斯－珀金斯家账户的赫曼·沙因认为麦克斯的投资哲学就像一个胼手胝足艰难度过寒冬的农夫:"麦克斯认为如果他不存一点东西,以后就没有了。他极少投机。他很精明。"他不相信靠买股票发家。(他在给伊丽莎白·莱蒙的信中曾谈到这种做法:"我觉得这是不道德的,这么做的人应该亏本。")他从不碰本金,早早就把贬值的股票卖了,把三分之二收益重新投资,而不是花掉。令他认识的华尔街人士惊奇的是,麦克斯·珀金斯在大萧条最糟的那段时期在股票市场赚了相当一笔钱。

麦克斯对路易丝继承的遗产忧心忡忡,几个晚上失眠,他不知道该如何处置这么多遗产。但有一个故事至少显示,这个财务管理的任务并不一定令他情绪糟糕。艾尔玛·威科夫回忆说:"有一天,珀金斯夫妇到市中心的银行去办理跟她父亲的资产有关的事务。他回到办公室的时候,好像还在做梦一样看着我说:'威科夫小姐,今天你要是看见路易丝就好了。在华尔街的混凝土建筑丛林里,她灿烂得像朵玫瑰。'"

路易丝不是唯一吸引麦克斯的花朵。他喜欢看漂亮女人。珀金斯家有一个很俊俏的女佣,每当她在餐桌旁忙碌的时候,他就喜欢盯着她看,靠近他时更是直视她——就为了在事后向他的女儿们模仿她的反应逗乐。相应的,女人也常常被麦克斯所吸引。令他的女儿们厌恶的是,她们的法国家庭女教师总是和他调情,在斯克里伯纳出版社,也总有女人试图接近他,显然是希望提高自己。有一个秘书甚至提出不要钱也要为他工作,就为了在他身边。斯特鲁瑟斯·伯特证实,麦克斯对女性来说的确很有魅力,"尽管他的行为表现得好像全然不知这一点,并且丝毫不给她们机会"。

麦克斯对文学之外的艺术形式也没什么兴趣——其他艺术都有种近乎纤细、柔弱的特性,不符合他埃瓦茨家族所培养的品格。他倒是喜欢古典雕塑,他说每个年轻男子都应该有一张米开朗琪罗为美第奇墓所作的那个充满男子气概的雕塑《沉思者》的照片(虽然他只有女儿,他还是在每一所住宅里都放了这张照片)。由于他听力不好,又有耳鸣,他对音乐自然也几乎不感兴趣。极少几次他被迫去听音乐会,他都要求女儿们鼓掌喝彩不要太起劲,因为"他们可能重新表演"。他最喜欢的歌曲是那些最受欢迎的老歌,如《甜蜜的阿弗顿》《忧郁的眼睛》。他一遍又一遍地看维克托·赫伯特的轻歌剧《玩具王国的姑娘》。约翰·霍尔·惠洛克记得，有一次麦克斯被拖去夜总会，看到一排男舞者开始表演时，他尴尬得用手捂住脸，直到他们退场离开。没有什么表演能比他的某个女儿坐在珀金斯家那架走音的钢琴旁自弹自唱更令他快乐了：

> 我不需要女人，不管是淑女还是镇上的姑娘，
> 她们要男人图的就是他的钱，
> 等他倒霉了又当面嘲笑他。

那是外在的麦克斯。对于两性问题，他把内心更深处真实的感觉告诉伊丽莎白·莱蒙，这个他愿意袒露一些心迹的女人。"在这个世界上，女孩获得的机会不平等，相差岂止多少英里，"他在给她的信里谈到养育女儿时说，"如果我们是由一个公正的神灵主宰的，男人要么当一回女人，体验做女人的滋味——要么就是当过女人，这是我祈祷的。"

13

战胜时代

1933年秋，司各特·菲茨杰拉德还没完全写好新的小说，却已开始筹划宣传计划了。他跟珀金斯谈好了在杂志上连载。就在他寄出连载的第一部分之前，他写信跟麦克斯说："我得说，你们在提到这是我七年来第一本书的时候得小心，别让人感觉我这七年都在写这本书。人们会对它的篇幅和内容幅度都期望过高……这本小说，我的第四本小说，为我写盛世年代的故事画上了句号。也许强调它不是写大萧条时代这一事实，是明智的。不要强调它是写在国外的美国人——打着这个旗号的垃圾太多了……也不要用感叹的'终于，期待已久'之类的字眼，那样只会激发读者惊喜的情绪。"

菲茨杰拉德取的书名《夜色温柔》来自济慈的《夜莺颂》。珀金斯告诉《圣保罗电讯报》的詹姆斯·格雷（James Gray），这本书的故事"透过一个简单、淳朴的年轻人的眼睛，再现了无聊的富人在里维埃拉浮华的生活表面"。那个人叫露丝玛利·霍伊特，是个年轻女演员，她迷上了富有魅力的精神病医生、男主人公理查德·戴弗。菲茨杰拉德又将场景闪回戴弗医生和他妻子、也就是他以前的病人妮珂刚开始交往，到后来在米迪[1]生活的冲突。珀金斯写信告诉海明威："总的来说，这本书真的很好……它的情节很紧凑……是你会联想到亨利·詹姆斯作品的那种故事，但它无疑又是菲茨杰拉德风格的，不是詹姆斯。"他说与之前的作品相比，它来自菲茨杰拉德内心更深处，而且"要不是他因为泽尔达的病而接触到疗养院、精神科医生等方面，他也绝不会写出这本书"。珀金斯相信，以这部作品的复杂，真不应该把它拆分开，在杂志上连载，但"作家得吃饭，杂志得生存"。珀金斯觉得是他提议连载，才迫使菲茨杰拉德写完这本书："一旦同意连载，他就得写下去。"

为了按时连载，司各特得加快写作进度。现在，麦克斯要为他焦虑的是拿到完稿，准备出版单行本图书。他建议菲茨杰拉德把修改完的稿子分批寄来，他可以先排版而菲茨杰拉德可以继续修改剩下的部分。这个建议被证明是明智的，因为司各特进展很慢。他还是最一丝不苟的自我编辑。他检查每一句句子，不仅要看文字是否完美，还要看医学上是否准确。他发现要让自己满意看来还需要好几个星期，就写信告诉编辑："麦克斯，我终究是个苦干的人。"到1934年春天，他把整个小说重写了一遍。

珀金斯一拿到完稿，就一口气连读。他觉得小说开头部分有点拖沓，主要是因为在火车站的一节跟故事主体关系不大；他问菲茨杰拉德能否删掉这一节，因为"一旦读者看到迪克·戴弗，他们读这本书的兴趣以及他们对它重要性的认知就会提高百分之三四十"。

菲茨杰拉德和以往一样重视珀金斯的建议，但他不明白为何要删火车旁的那一幕。他说：

---

[1] 米迪（Midi），法国西南部靠近西班牙边境的比利牛斯山区。

我喜欢慢慢地展开,我认为这样做有一种心理上的重要性,不仅影响这部作品本身,总的来说也跟我写作生涯有关。这么说是不是该死的太自大了?

书的校样排好后,菲茨杰拉德还在不断地修改,直到校样改得几乎无法辨认修改的地方。斯克里伯纳重出了一遍校样,接着又出了一遍。菲茨杰拉德在退回一遍校样时说:"改得真是乱七八糟啊。"但他还是忍不住要改。与此同时,他又向麦克斯指示,应该把样书寄给哪些合适的书评人,广告应该怎么做,甚至质疑封面设计用红色和黄色,认为这让人想到更多的是意大利里维埃拉而不是法国蔚蓝海岸的那种蓝白色闪光。司各特说:"天哪,给你添了这么多麻烦真是太糟了,可是这本书现在就是我的全部生命,我无法克制这种追求完美的态度。"后来,他说:

我在这本书、这些人物中转圈转得太久了,好像除了这些人物,真实的世界不存在了,但是,不管这话听上去多虚伪(天哪,我居然要虚伪地对待我自己的作品),却绝对是事实——他们的快乐和悲哀,和我生活中的快乐和悲哀一样重要。

菲茨杰拉德自然很需要钱,但可以抵这本书版税的预付金之井已经干涸了。珀金斯又想出一个开源的办法:他从斯克里伯纳开出一张 2000 美元的支票作为贷款,利息为 5%,等小说卖出电影版权时再归还。

《斯克里伯纳杂志》的发行量随着《夜色温柔》的连载而上升。这鼓舞人心,但对小说的直接反馈几乎没有。菲茨杰拉德只听到少数几个作家和电影人的认可。"哎,"他写信对珀金斯说,"也许我又写了一本只适合给小说家看的小说,想要让每个人从口袋里掏出金子的机会几乎为零。"

麦克斯的期望更高。他回信说:"除非这本书因为某种原因令一般大众难以理解,可鉴于它这么吸引人,我看不出有这种原因。它应该比'可以预期的成功'更成功。"

菲茨杰拉德最终决定把这本小说题献给杰拉德·墨菲和萨拉·墨菲夫妇,在他写这本书的过程中,他们经常是书中主人公迪克·戴弗和妮珂·戴弗夫妇的原型。他在信里对珀金斯说:"我唯一的遗憾是这本书没能题献给你。原本应该如此,上帝知道在这写作过程中,你跟我同甘共苦坚持下来,而且时间那么长。"到3月中旬,首批印刷的《夜色温柔》已在装订、上胶。

泽尔达现在每天花好几个小时画画,读司各特的这本书。她惊愕地发现,他几乎原封不动地把她的书信和病历以虚构的名义照搬进书里。这对她的影响是显而易见的:她脸上的皱纹深了,嘴角开始抽动。她原本已经同意让一个画商盖瑞·罗斯在他位于曼哈顿的画廊展出她的画,但现在她无法应付筹备工作了。她旧病复发,回到了菲普斯诊所。她在那儿待了一个月未见好转,司各特就把她安置在一个豪华的疗养院克莱格庄园休养,坐船从纽约沿哈德逊河向北两小时可到达那里。

3月底,司各特带着女儿司各蒂来纽约参加泽尔达画展的开幕式。司各蒂待在珀金斯家。泽尔达因为画展而获准出来一个下午。她和麦克斯、司各特一起吃了午饭。珀金斯发现她根本没有好。她的双眼深陷进去,水汪汪的;曾经与她在蓝色海岸晒成古铜色的皮肤相称的一头金发,现在失去了光泽。她的画展只能算是一般的成功。奇怪的是,司各特的气色倒是比几年来麦克斯见到的任何时候都好。珀金斯写信告诉海明威:

我相信，因为写作《夜色温柔》，司各特即使不能变得更好，至少也会完全恢复状态。经过修改，他已经把它改进了很多——我读的时候它几乎乱七八糟的——现在他把它变成了一部真正非凡的杰作……尽管在家庭问题上他的情况仍然很糟，但我能看出，就他个人而言，他已觉得自己焕然一新。现在他有各种各样的写作计划——他想马上开始写另一部长篇小说。

那个星期，路易丝为司各特·菲茨杰拉德举办了一场晚宴。同居了一年刚刚结婚的艾伦·坎贝尔和多萝西·帕克出席了，伊丽莎白·莱蒙也来了。这个晚宴是个古怪的大杂烩。司各特喝醉了，吵吵闹闹的，多萝西·帕克说话刻薄起来，餐桌上的每个人都被她嘲讽了一通。路易丝竭力让这场聚会欢乐一些。麦克斯整个晚上像木板一样端坐不动。伊丽莎白穿一身浅灰色帝国风格礼服，胸口饰有一朵天鹅绒大玫瑰花，看上去很可爱——除此之外，他觉得那个晚上很无聊。"他跟艾伦·坎贝尔夫妇在一起很不自在，"伊丽莎白说，"因为他认为他们俩仍生活在罪恶之中。"那晚到了最后，盖瑞·罗斯试图喝得超过司各特，结果喝得昏死过去，躺在沙发上哼哼。"我肯定，如果我们是在其他场合认识他，我们肯定喜欢他。"路易丝仁慈地说。"哦，路易丝，"多萝西·帕克插嘴道，"你说得好像上帝总是在听着似的。"在离开纽约的慌乱之中，菲茨杰拉德忘了付阿岗昆饭店的房费。麦克斯替他付了。

1934年4月中，《夜色温柔》出版了。菲茨杰拉德对销售趋势的发展很关心。"《了不起的盖茨比》因为篇幅短，又纯粹是写男性感兴趣的话题，影响了销路，"他写信对珀金斯说，"但这本书……是适合女人看的。我想，如果机会合适，按照目前情况下小说的销售来看，它是能打开局面的。"评论都在报刊显著位置刊登出来，有些是赞赏的好评。詹姆斯·布兰奇·卡贝尔[1]、卡尔·范·维克滕[2]、沙恩·莱斯利、约翰·奥哈拉[3]和《纽约客》的那帮人善意的来信像花瓣一般飘落在菲茨杰拉德面前。珀金斯给莫里·卡拉汉寄了一本,卡拉汉给他写信说:"这是一本迷人的书,一本绝对有生命力的书……司各特大概是唯一一个——至少是我认识的唯一一个——具有法国人那种经典的品质的美国人,他能够观察到人物的性格点,然后机智地加以一番总体的评述,但同时又使之成为跟全文相融合的部分。"司各特感谢所有这些美言,但他最渴望听到的,欧内斯特·海明威的看法,他还未置一词。

海明威在国外漂了七个月(其中三分之一时间在非洲)之后,回到了基韦斯特。他告诉珀金斯他希望《夜色温柔》获得好评,尽管他读了之后仍有些个人看法。他认为它和所有菲茨杰拉德写的东西一样出色,也存在大多数同样的缺陷。书中有华丽壮观的文字瀑布,但在表面之下,在"司各特如陈旧的圣诞节装饰品一般的文学观"背后,也似乎有什么地方不对劲。欧内斯特相信,司各特对他塑造的人物和对他自己一样,抱有一种幼稚甚至愚蠢浪漫的看法,受制于此,那些人物的塑造者在感情方面好像对他们一无所知。譬如说,海明威看出菲茨杰拉德把杰拉德·墨菲和萨拉·墨菲放进了小说,把"他们说话的语调、他们的家和外表都写得很好"。但接着却把他们压缩成浪漫主义的小人像,不知道他们到底是怎样的人。他把萨拉写成一个精神病态的人,然后写成泽尔达,又写回萨拉,"最后写得谁也不像"。同

---

[1] 詹姆斯·布兰奇·卡贝尔(James Branch Cabell,1879—1958),美国作家、幻想小说家,在 H. L. 门肯和辛克莱·刘易斯等同时代作家中拥有较高名望。
[2] 卡尔·范·维克滕(Carl Van Vechten,1880—1964),作家、摄影家,一战后美国"哈莱姆文艺复兴"的赞助人之一,也是格特鲁德·斯泰因的遗著保管人。
[3] 约翰·奥哈拉(John O'Hara,1905—1970),爱尔兰裔美国作家,以短篇小说成名,后出版长篇《刹迈拉的约会》和《青楼艳妓》等,跻身当时重要的畅销小说家行列。

样，迪克·戴弗也被安排做一些司各特本人做过的事情，而这些事情杰拉德·墨菲是根本不可能做的。

珀金斯同意海明威的观点，即菲茨杰拉德是在竭力留住年轻时的梦想，但他也相信，"他写过的许多好作品，正是来自于某种青春期的浪漫主义"。麦克斯刚去巴尔的摩见了司各特，跟他讨论了这一点。所以他向海明威解释道：

> 在某些基本问题上他抱有最奇怪、最不切实际的想法。他一直都是这样的。但其中有一种错觉，我想是我施加的影响。眼下，他只有三十五六岁，还有充沛的精力写作，却处于无助的境地。但你若想直接跟他谈这个问题却是徒劳——要对他施加影响的唯一办法，是有人能采取拐弯抹角的途径，而且这个人得比我聪明。

短期内，《夜色温柔》在纽约成了畅销书，但在全国的销量勉强超过一万册，远远不如同时期的其他好些小说。如赫维·艾伦（Hervey Allen）的《不幸的安东尼》（Anthony Adverse），在1933和1934年间卖了一百多万册。菲茨杰拉德甚至还不及珀金斯的一位名声不大的作家斯塔克·扬（Stark Young）。扬在一连串不成功的书之后，经麦克斯的指点写出一本关于旧时南方的畅销小说《玫瑰多么红》（So Red the Rose），成为当年的热门话题。

菲茨杰拉德又沦落到欠债的境地。他把泽尔达从纽约"贵得离谱的诊所赎了出来"，转进巴尔的摩郊外的谢泼德和艾诺奇·普拉特医院。她实际上得了紧张症。为了让菲茨杰拉德应急，珀金斯又从斯克里伯纳出版社挤出600美元，作为他下一本短篇小说集的预付金。然而，珀金斯和菲茨杰拉德都没料到，出版那本书的准备工作竟然会那么艰难。这本新小说集中的许多故事都是在他受困于那本长篇小说的最后阶段时写的,司各特已经"忍痛割爱"把它们当中最有力度的段落都"剥"出来补充《夜色温柔》中薄弱的部分。这个小说修改之多,菲茨杰拉德都记不清哪些内容还保留着,哪些没有了。所以现在他只能爬梳整部小说,看看哪些措辞已经用过了。珀金斯说,他看不出有什么理由作家不能偶尔重复自己写过的东西,海明威就这么干过,司各特责备他的编辑这话是"似是而非的推论":

> 我们每个人都有自己的优点,而我的优点之一,恰恰是对我的作品有一种强烈的精确感。他也许可以忍受那一行文字中有个小错,可我不能忍受,而且毕竟最后得由我来断定在这些情况中怎么做是最合适的。麦克斯,我第三次重复一遍,这根本不是一个懒惰的问题。这完全是一个爱惜自己的问题。

四个月后,菲茨杰拉德还在日复一日地检查这部小说中他抄袭自那些短篇小说的句子,他写信对珀金斯说:"我知道有些人会一遍又一遍地读我的书,对于读者来说,没有什么比发现作者重复使用一样的措辞更令他气恼、失望的了,就好像作者的想象力枯竭了。"

为了还债,菲茨杰拉德重又加班加点为《星期六晚邮报》写稿,但没过几个星期他就身体不支病倒在床。他在日记里写了一笔:"我的困难时期开始了。"在他养病期间,托马斯·沃尔夫给他写来一封温暖人心的短信,赞扬《夜色温柔》。菲茨杰拉德回信说:"万分感谢你在我颇为低落的时候给我写信,令我更感温暖。我很高兴地从我们共同的家长麦克斯那儿得知,你将要出书了。"至于整理菲茨杰拉德短篇集,这事说比做容易。

沃尔夫的新经纪人伊丽莎白·诺维尔说:"在出版界,一个无名作家的小说是很难卖的。而唯一比这更难卖的是某个已经小有名气的作家写的小说，他因为较长时间不出产作品而变成了过气作家。"自《天使，望故乡》之后，麦克斯·珀金斯最关心的是沃尔夫的前途。但在沃尔夫的第二本书付印之前，珀金斯也无能为力。一连几个月，他都疯狂地把自己生活中的事情塞进小说里，珀金斯甚至害怕他接近枯竭。麦克斯也担心如果沃尔夫接着写下去，他的这本书会厚得难以装订成一册。它的篇幅已经是《天使，望故乡》未删节书稿的四倍，是大多数小说篇幅的十多倍。而且沃尔夫还在以每个月五万个单词的速度继续写，为作者的福祉考虑，珀金斯在考虑采取断然行动。

到1933年底，沃尔夫精神越来越紧张，不是失眠就是充满罪恶的噩梦。"他不能这么下去了！"麦克斯几次对约翰·霍尔·惠洛克这么说。麦克斯后来在给《卡罗来纳杂志》写的一篇文章中解释说："时间，宿敌，素材的广泛和艰巨，人们对他新书进度经常性的、并不总是友善的打听，还有经济压力——所有这些都包围着他。"珀金斯确信，沃尔夫正在走向崩溃，害怕他可能发疯。一天，麦克斯站在编辑部中心的公共区域，摇着头向同事们宣告："我想我只能把那本书从他手上拿走。"

沃尔夫清楚地记得珀金斯的行动。"那年12月中旬，"他在很短的纪实书《一部小说的故事》里记载道，"编辑……在整个折磨人的时期静静地关注我，他叫我去他家，然后平静地告诉我，我的书写完了。"沃尔夫也写了自己当时的反应：

> 我只能惊愕地看着他，最后，我深深地觉得无望了，只能告诉他，他错了，这本书还没写完，它可能永远写不完了，我再也写不出了。他用同样平静的语气下结论说，不管我知不知道，这本书都写完了。接着他让我回我的房间，用随后的一个星期时间把过去两年积累起来的手稿按照正常顺序整理好。

汤姆服从了。一连六天他蹲在公寓地板的中央,周围是像山脉一般的手稿。12月14日晚上,大约十一点半,沃尔夫才赶来和珀金斯见面,仍像通常一样迟到了。他走进麦克斯位于西南角的办公室,在桌子上放下重重一捆东西。它用棕色的纸包着,用绳子捆了两道,有两英尺高。珀金斯打开发现里面都是打字稿——足足有三千多页草稿,是小说的第一部分。这些用各种纸张写的稿子并没有依次编页码,因为各个部分也不是依次写的。"天知道,其中许多内容还是支离破碎的,"沃尔夫后来在给母亲的信中说,"但不管怎样他现在可以看了,也可以说说他的意见了。"

第二天,沃尔夫写信给珀金斯说:"你经常说,如果我给你的东西是你能接手并且能自始至终全部掌控的,你就能积极参与,帮我走出森林。好了,现在你的机会来了。我想我俩面前就是一个令人绝望的作品,但如果你觉得它值得一做,让我做下去,我就会觉得这世界上简直没有什么事情是我不能做到的……我不羡慕你面前的这份工作。"

沃尔夫说,尽管书稿如大理石花纹般贯穿了被珀金斯称为"酒神赞歌"的韵律和赞歌,但"我想当我通读一遍,你会发现其中有许多叙事——或者应该说是你通读一遍——因为我必须不好意思地承认现在我比以往任何时候都更需要你的帮助"。

沃尔夫这么说是认真的,珀金斯也知道。几年后在《卡罗来纳杂志》上发表的文章中,珀金斯透露了他的任务核心到底是什么:

> 我认为汤姆是个天才,我也喜爱他,不忍心看着他失败,对他的书我几乎跟他一样拼命,有那么多事情要做。而事实上,如果我要真正地为他服务——我的确是这样做的——那就是要信任他,令他不至于丧失自信。在长期的困境中,他最需要的是同志般的

托马斯·沃尔夫站在装满《时间与河流》手稿的木箱前。这部手稿装了三只这样的木箱。《时间与河流》是坦金斯编辑生涯最耗心力的书。他用两年忙碌的时间才编完这部庞大的书稿,还时常与作者激烈地争论。其结果先是书出版后获得巨大的成功,接着是作者与编辑分道扬镳。作者把这本书题献给编辑:"一位杰出的编辑……和坚定的朋友。"

情谊和理解，而这些是我当时能够给他的。

多年后，麦克斯在给约翰·特里的信中说道："我对自己发誓，一定要把这本书编出来，哪怕它把我累死——有一次我早早离开晚宴回办公室见汤姆时，范·怀克·布鲁克斯就说它会把我累死。"

1933年圣诞节的前两天，沃尔夫交出了剩下的书稿。在过去几年，麦克斯已经断断续续看过其中大部分内容。他终于第一次可以连贯地细读整部书稿。沃尔夫告别了珀金斯，心里带着对他的信任，正如他在《一部小说的故事》中承认的那样，珀金斯的直觉又一次被证明是对的——"他说我已经写完了这本书，这话丝毫不假。

它还没有到可以出版或者可以阅读的程度，从这个意义上说，它还没有完成。与其说它是一本书，不如说它是一本书的骨骼，但这是四年来第一次，整个骨架在那儿了。我就像一个溺水的人，在垂死挣扎中吸了最后一口气，却突然觉得双脚又踩在了陆地上。一个前所未有的巨大胜利令我的精神重新振奋起来。

在阅读这一百万字的整部书稿时，珀金斯发现无论从年代顺序还是主题来看，它实际上包含了两个独立的完整故事。第一个正如沃尔夫后来逐渐想清楚并具体阐述的那样，"描绘了一个年轻人处于漂泊和饥饿阶段的情节"，这个故事源自于"每一个男人都在寻找他的父亲"这个概念，其主人公还是尤金·甘特，他在这里寻找自我。这部分的标题是《时间与河流》。另一部分"描述了更自信的阶段，受单一的激情所支配"。这部分写的是"猴子"乔治·韦伯的故事，仍归在《十月集市》的标题下。第二部分写得更完整，但作者同意编辑先出另一部分的提议，接上尤金·甘特漂泊的旅程。

想到这本书可能要在1934年夏天出版，珀金斯和沃尔夫开始每天下午在斯克里伯纳出版社一起工作两小时，从周一到周六。麦克斯检查了第一部分，发现有两方面欠缺。《时间与河流》已完成一半，但还需删节，另一半还没写。他们每天争论。珀金斯主张写作时对素材有所选择是作者的责任。沃尔夫则辩称作者的首要任务是把一整套生活方式呈献给读者。而最初的几百页手稿刚刚整理完，珀金斯就意识到要花费好几个月的工夫才能把稿子编好付印。他和沃尔夫决定晚上在办公室加班，一周六次，从八点半开始。

珀金斯有时就把简短的指示写在汤姆整本书的详细提纲上："插入火车上的一节"或"结束李奥波德"。其他指示涉及更广泛的内容：

第一遍修改时要立即做的事：

1．开头的场景中把那个富人写得老一点，更像个中年人。
2．把提到以前的书和成功的地方删掉。
3．用所有的对话，把监狱和逮捕的场景写充分。
4．把"轮盘上的人"和"阿伯拉罕·琼斯"里的素材用到第一年在城市和大学的场景里。
5．把爱情故事从头到尾讲完整，描述和女人的见面等。
6．在妒忌、疯狂的场景之间穿插更多和女人对话的场景。
7．使用"轮盘上的人"中回乡和新兴小镇的描写。也许可以把它们接在火车站那一幕场景之后。渲染回乡的渴望，思乡和不安的情绪，然后展开描写他不熟悉家乡了，感到陌生，醒悟自己再也不能在那里生活。
8．可以考虑用他回到城市，站在窗口的情景和段落作为全书的结尾，最后说："有些事情永远不会改变。"
9．在车站场景前的夜晚那一幕，用对话把那天晚上发生的事情都交代完整，包括在地铁发生的死亡。

10．删掉提到女儿的地方。

11．尽可能用对话完成所有的场景。

12．再补充几个故事和对话，把童年记忆的场景写得更充分。

沃尔夫和珀金斯忙于埋头工作。纽约到处流传着夸大他们工作的传言。几乎每一个文坛聚会上，他俩都成了笑料。"因为工作而受影响的人是斯克里伯纳出版社的编辑麦克斯韦尔·珀金斯，"评论家约翰·张伯伦在"时报之书"（Books of the Times）专栏上写道，"传闻珀金斯先生为了说服托马斯·沃尔夫删掉一个短语，一连三天跟他摔跤，还是自由式的。大家都说沃尔夫的书稿是用卡车装到斯克里伯纳出版社门口的。"这些故事大都是杜撰的，但基本上都有些事实根据。

1934年春，沃尔夫决定让他新雇的打字员把他手上所有的书稿都打出来，以便于麦克斯可以"尽可能看到整部作品"，因为只有她能破译"我那极其难懂的中文"[1]。这是必要的步骤。汤姆向一个作家朋友罗伯特·雷诺兹（Robert Raynolds）承认，"我似乎再也没有能力辨认自己写的东西了"。谈到珀金斯，他在信里跟雷诺兹说：

> 上帝知道没有他我会怎么样。有一天我告诉他，等这本书出版的时候，他可以宣称这是他写过的唯一一本书。我想他是花了大力气，用始终如一的决心才把我从泥淖中拉了出来。

整个春天，珀金斯和沃尔夫都在苦干。"现在我在拼命删，删了

---

[1] 沃尔夫指自己笔迹潦草。

好多，"麦克斯写信对伦敦的弗雷尔-里弗斯说，"虽然事后肯定会跟汤姆有一番争论。"他们一章一章地修改——每章的结尾通常是珀金斯点明的——每一个段落，每一个句子都不放过。"删减总是我写作中最困难、最讨厌的部分，"沃尔夫在《一部小说的故事》中承认。珀金斯对素材提供了沃尔夫所欠缺的客观和洞见。

麦克斯从汤姆那一大包书稿顶端开始改，那是紧接着《天使，望故乡》结束的地方往下写的。即将翻山越岭去哈佛大学的尤金·甘特站在阿尔塔蒙特火车站的月台上，跟家人道别。这一段长达三万多字。珀金斯说应该压缩到一万字。他在《哈佛图书馆简讯》(*Harvard Library Bulletin*) 中记录下了当时他是怎么跟汤姆说的："当你在等待火车开进站的时候，就有悬念了。要有事情发生了。在我看来，你必须保持住这种悬念感，不能扩展到三万字。"珀金斯把可以删掉的材料都做了记号，给沃尔夫看，沃尔夫表示理解。他自己给罗伯特·雷诺兹写信说：

> 我对某些删节感到非常痛苦，但我知道也只能这么做了。有些真正的好东西没了，会像重度的扭伤一样疼，但你可能也知道，有些东西是好，但在一本书的规划里找不到位置。

珀金斯在他给哈佛写的那篇文章中说，和《天使，望故乡》时一样，"没有 处删节不是汤姆同意的。他知道删节是必要的。他的冲动就是把他的感受统统说出来，但他没时间修改、精简"。

并不仅仅是沃尔夫书中场景描写太多，令它这么难以精简。他写作上的另一个麻烦之处，正如他后来所描述的，是他试图"把一个场景本身用文字原原本本地再现出来"。例如在这本书的一个部分中，有四个人一刻不停地交谈了四个小时。"他们全都是好口才；经常是同时说话，或者想要同时说。"沃尔夫写道。等到他把他们所有的想法都表达出来，他已经写了八万字——在一本已经很厚的书里为这样一个不重要的场景要排二百页。珀金斯让他明白，"它虽然写得很好，但方向完全错了，只能拿掉"。照例，汤姆争辩一番，然后同意。

海明威请珀金斯6月去基韦斯特，但他不愿意离开纽约。"我还陷在与托马斯·沃尔夫先生的某种生死搏斗中，抽不出身，"他解释说，"看来要持续整个夏天。"麦克斯给他另一个在佛罗里达的作者玛乔丽·金南·罗林斯写信说：

> 如果他照目前的速度再写个六星期，这本书差不多就完成了。我甚至现在就可以——如果我胆子够大——先把三分之一的内容送印刷厂。可是汤姆总是威胁说要回到前面的部分重新写，如果他真这样干，我也不知道结果会怎样。我现在像着了魔一般为它工作，是那种你只能告诉自己哪怕搭上性命也得做的事情。

现在，汤姆和麦克斯星期天晚上也要加班了。有时候沃尔夫拖过一把椅子坐在麦克斯的桌角旁，在那儿亢奋地奋笔疾书麦克斯要他写的起承转合的段落。桌子的另一头正对着他的，就是面前放着一大叠书稿慢慢阅读的麦克斯。他用他那不整齐的笔迹画着修改符号。每次珀金斯整页划一根斜线，都会看到汤姆的眼睛正盯着他的手。沃尔夫痛苦得脸上直抽搐，好像麦克斯割了他的肉。珀金斯则扫一眼他的笔迹，清了清喉咙，直率地说："我认为这部分应该删掉。"

经过好一阵沉闷的停顿，沃尔夫说："我认为它写得好。"

"我也认为它写得好，但这件事我已经说清楚了。"

"不是一回事。"

那年夏天就是在这样的一个晚上，汤姆刚为一大段删节而争辩后，眼睛定定地看着挂在麦克斯帽子和大衣旁的响尾蛇皮，说："啊哈，一个编辑的肖像！"两人一番大笑后，结束了当晚的工作，去了查塔姆走廊，也就是查塔姆宾馆酒吧的露天加座喝酒，然后又在夜空下走了一个小时。

让汤姆认可删节的必要性只是珀金斯任务的一部分。他还留出了位置补充某些漏掉的材料，但现在沃尔夫想塞进一堆冗长的东西来弥补以前的缺失。例如他们讨论到主人公父亲去世，麦克斯说这件事一定得写。他说，由于尤金当时在哈佛，汤姆只需要写下噩耗传来尤金的震惊，以及他赶回家乡参加葬礼。珀金斯估计这事只要写五千字就可以了。汤姆同意了。

第二天晚上，沃尔夫带着好几千字的书稿来了，写的却是参加老甘特葬礼的医生的生平事迹。"汤姆，这写得是好，"珀金斯说，"可它跟书有什么关系？你在讲述的是尤金的故事，要讲他看见的和经历的事情。我们不要在这种跟故事不相干的内容上浪费时间了。"汤姆接受了他的批评，但次日晚上他又拿来长长一段写尤金的妹妹海伦的段落，写她在阿尔塔蒙特逛商店以及后来躺在床上听到一列火车在远处呼啸而过时，在想些什么。"汤姆，看在上帝的分上，你就打算这样写完这本书吗？"麦克斯问。"你已经浪费两天了，结果非但没有减少长度，干正事，反而在增加篇幅，加一些跟书无关的内容。"

汤姆很懊悔。他没有反驳。他答应只写小说需要的内容。过了一个晚上，他又带着几千字写甘特生病的稿子回来了，这也完全不是珀金斯认为小说需要的东西。麦克斯把这件事嘲笑了一通，说："我看这真不是关键的内容，我们应该向前推进。"但珀金斯也觉得这些稿子写得太好了，弃之可惜。甘特去世的场景留在了书里。那也是沃尔夫写得最出色的片段之一。在这一年中，沃尔夫曾估计自己额外多写了超过五十万字的内容，只有一小部分最终被收进了书里。

1934年6月,麦克斯在给海明威的信里说:"两天前的晚上,我告诉汤姆,他在书里写的许多好东西都得拿掉,因为有了它们只会弱化书的效果。说了这话,我俩在那里足足坐了一个小时,一句话也不说,汤姆恼怒地瞪着眼,陷入沉思,在椅子上坐立不安。然后他说:'那,你会承担责任吗?'我说:'我必须承担责任——而且,我还得两头受气。'"

有时候,增加篇幅是麦克斯造成的。他想起在《天使,望故乡》的开头他曾删过一个场景,为此他已后悔了五年——那一幕写的是年轻的甘特和他哥哥看着南方邦联军行军去葛底斯堡。他发现这段内容可以塞进书里,作为老年甘特临终前回忆的一部分。他也确实这么做了。

一天晚上,麦克斯把他的红铅笔一推,带沃尔夫去卢乔餐厅[1]。在那儿待了几个小时,汤姆想步行回去,好消化量大料足的德国菜。他一定要珀金斯陪他去布鲁克林高地看看他写过许多书稿的公寓。恍惚间,沃尔夫带麦克斯来到一幢褐石公寓楼,他几个星期前刚从这里搬走。他发现大楼门锁着,找了一通钥匙,然后咆哮了几句钥匙丢了之类的话。他带麦克斯顺着太平梯往上爬,最后进入顶楼的一套宽敞的、装修好的车厢式公寓[2]。汤姆指着冰箱说那就是他写书的地方,然后给麦克斯搬了一把椅子坐,又从客厅桌上的酒瓶里倒了一杯威士忌。好几口下肚,住在这套公寓里的一对夫妇走了进来。麦克斯立刻明白了怎么回事,深深地陷进了椅子里。

妻子跑去报警后,沃尔夫给那丈夫倒了一杯他自己的威士忌,很快就用慢吞吞的、套近乎的语调施展他的魅力。多年以后,珀金斯回忆说:"那个人二十年来除了道奇队的记分牌,什么都不读,可是汤

---

[1] 卢乔餐厅(Lüchow's),位于曼哈顿东14街110号,在联合广场附近,由德国移民奥古斯特·卢乔所创立,过去是纽约文化娱乐界人士经常光顾的著名餐厅。现已关闭。
[2] 车厢式公寓(railroad flat),指几个房间纵长排列的、无走廊、门在当中的公寓。

姆把他当做《大西洋月刊》的主编一般，向他请教写短篇小说的建议，请他在新书出版时提供帮助。"等到警察来的时候，这个男人正在向珀金斯和沃尔夫生动地讲述他自己的人生故事呢。两人又在那里待了一个小时。过了几天，汤姆又拿来三万五千字的新稿子，想放进《时间与河流》，讲的就是他们那晚在布鲁克林的事。这段最终没有收进书。

进入 7 月，他们仍在工作，要给全书找一个结尾。麦克斯认为他们可能完成不了，因为在他看来最困难的部分还没有解决——也就是关于尤金·甘特与艾丝特·杰克关系的那些内容。艾丝特·杰克的原型就是艾琳·伯恩斯坦。

麦克斯和艾琳·伯恩斯坦互有所闻已经有五年了，但珀金斯从没见过她，直到编辑《时间与河流》的时候。有一天，有个人在切里奥餐厅介绍他们认识。麦克斯小心翼翼，几乎没说话。但之后不久，伯恩斯坦夫人就打电话给珀金斯约在他办公室见面。在那里，她发誓，如果这本书里有她为原型的人物，她要尽一切可能阻止它出版。珀金斯只能代表汤姆，所以他丝毫不作让步，但他的态度仍是诚恳而不带偏见的。她要离开的时候，他伸出了手。但艾琳把手藏在身后直摇，说："我视你为敌。"

沃尔夫写的关于艾琳·伯恩斯坦的整个内容，珀金斯从来都没当真。他觉得它"太新，不可能写得客观"。他也知道为此他们会有一番斗争，他心里发怵。然后他有了个新主意。他们也许可以就把这本大部头写到尤金从欧洲返美途中初遇艾丝特就结束了。麦克斯知道，把他俩的故事留待下一本书并不会解决问题，但至少他可以推迟问题。《时间与河流》最后以一个戏剧性结尾告终。

在这之前，珀金斯的工作和家庭生活是分得很清楚的。他和路易丝只跟少数几个作者有工作之外的交往，但她很注意避免把工作和休息搅和在一起。托马斯·沃尔夫是麦克斯一生中唯一在公私两边都能自由出入的作者。珀金斯一家刚搬到纽约,沃尔夫就经常利用他这位编辑的好客。就连珀金斯家那几个害怕汤姆的女孩们都逐渐认识到,汤姆本质上是一个极其文雅的人,虽然他可能下一刻就拔高嗓子大吼。在餐桌上,她们害怕坐在沃尔夫旁边。最后,最小的女儿南希证明了自己的勇敢。南希回忆说,一天晚上,"我正坐在爸爸的左边吃饭,沃尔夫坐在他右边。汤姆可怕极了,对着爸爸又是诅咒发誓又是胡言乱语,好像这屋子里没有别人一样。"他的话深深伤害了她,她当场就哭了起来,对他大吼不许那样对她爸爸讲话。麦克斯微笑着用轻轻的嗓音安慰她:"没事的,宝贝,别介意。真的,没事的。"珀金斯从来不为沃尔夫道歉,但他确实想为沃尔夫的行为作解释,就像他有一次向沃尔夫本人解释那样:"汤姆,你身上有一万个魔鬼和一个天使。"

纽约的天气渐渐热了,但珀金斯和沃尔夫还在工作。7月7日那天,汤姆和麦克斯、司各特·菲茨杰拉德一起吃午饭。从巴尔的摩来纽约的菲茨杰拉德想在压缩书稿的事情上安慰一下沃尔夫,他说:"你从书里删掉点东西,以后绝不会后悔的。"第二天,汤姆写信给罗伯特·雷诺兹说:"不知道这是不是真的,总之,我会在剩下的时间里竭尽全力,然后就只能把这件事情交给众神,交给麦克斯韦尔·珀金斯了。"这之后三天,他们争得非常激烈,珀金斯甚至包扎好部分书稿,不经继续讨论就把它送去印刷厂。

汤姆急得赶紧抗议。等到他清醒过来,他给朋友凯瑟琳·布雷特(Catherine Brett)写信说:"我想我是心里放不下它了,就像一个人心里可能放不下某个大得吓人的孩子,当我不得不放手的时候,我有点恐惧。

这意味着从现在开始的几个星期之内,校样就会陆续回来了,也意味着所有我期待、念想、希望做的事,都要在两个月多一点的

麦克斯在妻子路易丝（左二）陪同下和艾琳·伯恩斯坦（左一）在一起。伯恩斯坦曾是托马斯·沃尔夫的情人，也是他早期创作的灵感源泉。这两个女人都痛恨麦克斯花了那么多时间与沃尔夫在一起。

时间里做完。在这之后,就不能挽回了。我想珀金斯先生是对的,我应该服从这个必要性,而且写了这么长的一本书,花了这么多时间,人是可能患上某种强迫症的。老是想力求完美,所以没完没了地改,把想加的一切都加进去,但我相信现在结束它,去做其他事情,对我来说更重要。

在过去的一年,珀金斯第一次花这么少的时间陪伴家人。那年夏天,他的女眷们散在各处。路易丝出海旅行了,贝莎结婚了,住在波士顿,莎比和佩吉去了斯特鲁瑟斯·伯特在怀俄明州的牧场,而两个小女儿简和南希去了新迦南。刚从西部回来,莎比和佩吉就说她们一辈子都不结婚,麦克斯写信对伊丽莎白·莱蒙说:"因为牛仔们养不起她们,东部的男人还不如他们。"麦克斯完全理解她们的反应:

当一个人指着我说我是威尔·詹姆斯时,我从未感到这么受宠若惊——听我这么说,比尔只是露出惨淡的微笑。这是我们有冲突的一个原因:一个在写字台下弯着膝盖过日子的男人,只能算半个男人,我们都知道这一点。人们贬低军人的时候,约翰逊博士说过:"如果此时一位将军走进此间,我们都会羞愧。"同样,如果一个好工匠或好技师走进董事会的会议室,董事们都会羞愧。如果我们印刷厂的工头老齐默曼,一个像亚当·比德[1]的人,穿着条纹围裙走进我们的高层会议,我们都会羞愧。这是真的,一定意味着什么,究竟是什么,我就不知道了。

1934年9月8日,麦克斯的第一个外孙爱德华·珀金斯·福罗

---

1 亚当·比德(Adam Bede),英国女作家乔治·艾略特同名小说的主人公,是个秉性高贵的乡村木匠。

森厄姆出生了,是贝莎夫妇的儿子。有好几个月,珀金斯都用"她"来代称这个小宝宝,他坚持说这是出于习惯。

在最后几个月,麦克斯总能找到一些时间——通常是在沃尔夫不按时赴约后的几个小时——向伊丽莎白·莱蒙报告他和汤姆的进展情况。就在他计划去巴尔的摩看柏德利医生的前几天,他又给她写了封信,说他马上要来了,希望能和她见面。他说:"为了避免太失望,我假装对自己说,你不会来的。"在麦克斯动身前一天,伊丽莎白想到请托马斯·沃尔夫陪伴珀金斯,两人一起去。她准确地猜到那天晚上麦克斯和汤姆会在什么地方,并且用公共广播寻呼的方式,找到了在查塔姆走廊的沃尔夫。她邀请他们俩去维尔伯恩庄园。汤姆遗憾地谢绝了。他还想对他的书稿做许多修改,而时间很紧了。他说,不过他希望伊丽莎白能把麦克斯从巴尔的摩引诱到弗吉尼亚待一阵子。他在第二天给伊丽莎白的信中说:"我想他现在非常累,休假对他大有好处。在我这部庞大的书稿上,他流了许多汗,花了许多心血,他的关心和耐心难以言表。我真不知道该怎样表达我的感激之情,只希望这本书能多少对得起他的耐心和关心。"

在约翰·霍普金斯大学医院治完耳朵,珀金斯去巴尔的摩看司各特·菲茨杰拉德,然后两人坐火车去华盛顿。伊丽莎白开车到乔治敦见到了他们俩,然后带他们北上去米德尔堡。麦克斯认识伊丽莎白已经十多年了,但这是他第一次去维尔伯恩。第一眼就似乎是他心目中的样子。但过了几分钟,他紧张起来。他不想这么近切地端详这个地方,生怕现实破坏了他理想中的画面。(十年前在给她的信中,他曾说:"魅力的迷雾在事实的太阳底下就消散了。")他感觉自己像一个擅闯禁地的人,于是提议去看几个内战的纪念碑。伊丽莎白同意开车带他们去阿波马托克斯[1]。参观完景点,麦克斯坚持要回纽约。伊丽莎白有点吃惊,因为她已经说服他想待多久就待多久,但她还是送他去了华盛顿火车站。在送他上带空调的火车车厢前,她也公开地邀请他和菲茨杰拉德还有托马斯·沃尔夫下次再来,多待几天。过了一星期,他给伊丽莎白写信说:"我只想感谢你一番好意带我们去维尔伯恩,此行就好像我喝了一次天堂里的琼浆之后,看见一个迷人的地方。"

托马斯·沃尔夫写信告诉莱蒙小姐:"那次旅行以后,麦克斯不下上百次地提起那地方。他说那是他所见过最美的地方。我看你快把他变成南方叛军了,而我曾以为那是不可能的。"菲茨杰拉德感谢珀金斯带他去了一个"新奇、激动人心的环境",因为他已经单调地生活了很久。即使如此,麦克斯仍然认为他的作者们不该这么轻易地被维尔伯恩的美景所吸引。他这么说倒不是出于妒忌。他试图向伊丽莎白解释这是出于职业上的关切,但他发现很难被理解,因为"自古女人的烦恼就是难以理解男人的事"。

"你想让汤姆·沃尔夫和司各特玩,可我想让他们工作。"他责备伊丽莎白,并且说:

> 我想让他们写作,主要是为他们着想,而不只是为斯克里伯纳出版社。要是计算一下我为汤姆的书花费的时间,以及为此而把其他事情放在一边,那么汤姆的书无论怎样都是不可能补偿斯克里伯纳的。但他必须结束它,这是为他考虑。这件事对他至关重要……天底下我最不愿意触怒的人就是你……但是,伊丽莎白,你必须原谅我为司各特和汤姆而提这个要求。我真的比你更了解他们的情况。

---

[1] 阿波马托克斯(Appomattox),位于弗吉尼亚州的小镇,是美国南北战争最后双方交战之地。1865年4月9日,李将军率领的南军在这里向格兰特将军率领的北军投降。

而且，麦克斯曾告诉她，如果她继续邀请他们，她以后会发现自己被他们写进小说里。他说："司各特会对你做些修饰，但汤姆会原封不动地把你写进去。"

菲茨杰拉德对《夜色温柔》的销量停在一万五千册感到失望。书出版后，他还在定期地把短篇小说卖给刊物，但他的心思并不在这上头。每当他想要休息一阵的时候，他就往南去弗吉尼亚。他去了米德尔堡，周旋于有钱的绅士阶层，让自己完全扮演一个绅士小说家的角色。但伊丽莎白知道，菲茨杰拉德一个下午喝光的水罐里，其实是满满一罐纯杜松子酒。他还带着书名改为《起床号》（*Taps at Reveille*）的短篇集校样，但根本没看一眼。要是伊丽莎白指出他给同一个小说人物起了两个不同名字，他就把校样扔在她面前，说："在这儿。你来修改吧。"

珀金斯下一次去巴尔的摩的时候，又见了司各特和伊丽莎白。菲茨杰拉德仍然没有走出一个绝望的时期，他还跟珀金斯讨论了他的精神状态："我后来觉得羞耻，也感到很懦弱。但要否认这些情绪越来越强烈，是徒劳的。"令麦克斯压力最大的是，他无法帮上忙。他在信里跟伊丽莎白说："看来我办不到。也许是因为我所经历的麻烦根本不能跟他的相比。所以体会不到他的感受。他和我的确是朋友，只是他认为我了解的情况不够多。"

几年以后，伊丽莎白写信给路易丝说："麦克斯来巴尔的摩的时候，司各特打起了精神，试图让他看到一个假象，而直到今天，我还不知道麦克斯是否实际上已经看穿他，但那些努力也使得司各特得以维持下去，麦克斯也好像是当真一般，认可了他的努力——也许他们是当真的，也许麦克斯已经得到了他的真相，就像他得到每个人的真相一样。"珀金斯很清楚司各特·菲茨杰拉德有时候是多么恼人，但他宁愿忽略不计。一天晚上，华盛顿联合车站的中央位置正在展览珀尔曼公司的现代卧车车厢，菲茨杰拉德醉醺醺地爬上卧车床铺，蜷起身子，张开双臂喊："路易丝，来我这儿！"麦克斯别转脸望向别处。还有一次在广场饭店喝"茶"时，又喝醉的司各特碰碰莎比·珀金斯的手臂，说："我随时都可以带你上楼。"多年后她回忆说："爸爸看了我一眼，意思是我们应该为菲茨杰拉德感到难过，但他随即又假装没听清他说的话。"伊丽莎白·莱蒙还记得另一个珀金斯没有参加的场合。"司各特把我介绍给阿奇博尔德·麦克利什，并说：'她以前是麦克斯·珀金斯的姑娘。'言下之意，现在我是他的姑娘。"伊丽莎白说："但是天哪，认识了麦克斯·珀金斯，怎么会有人做司各特的情人呢！"

菲茨杰拉德认为贝丝·莱蒙很"迷人"，好奇"她究竟为何不结婚"。珀金斯对司各特喜欢伊丽莎白感到高兴。（他告诉菲茨杰拉德："别叫她贝丝，这名字根本不适合她，我永远不会这么叫她。"）在回家的火车上，麦克斯给她写了一封信，但又被他撕了，因为信似乎没有什么意义。他后来解释："麻烦的是我见了你之后，会一连四天处于一种恍惚的状态，就像济慈写的那个骑士。[1]"

1934年11月，菲茨杰拉德的短篇小说《她最后的箱子》（"Her Last Case"）在《邮报》上发表了。维尔伯恩成了故事发生的背景。如果没有《邮报》为此支付的3000美元，司各特这一年几乎难以为继，因为查尔斯·斯克里伯纳出版社的组织架构和过去不同了。现在，出版社分成了六个不同的部门，每个部门负责人都对出版社的经营方针有发言权。珀金斯比以前更同情菲茨杰拉德的经济窘境，但他写道："要让这样一个人，譬如说教育类图书编辑部（顺便说，在大萧条时期他们的产出比我们的多）的主任理解，是不可能的。他会认为我们才用《夜色温柔》的出版方案差不多填平了你以前的赊账，现在又要让你

---

[1] 济慈名诗《无情的妖女》（*La Belle Dame Sans Merci*）写一个骑士思念妖女。

欠一屁股债，真是疯了。我特别希望——我知道你也特别希望——我们能找到某种解决办法。但你已经倒了一阵霉运，并且非常英勇地与之对抗，有句话说得好：关于运气，唯一肯定的是它会变。这话至今不假。"

* * *

1934年10月，汤姆·沃尔夫对文字厌烦透了，于是离开纽约几日去看芝加哥的世界博览会。这是他工作一年来第一次给自己多放了几天假。他离开后，麦克斯把他整本书稿拿去排版：四十五万个单词排在二百五十张长条校样上，最后会变成一本九百页的书。沃尔夫回到纽约，得知他的编辑趁他不在时做出了这么独断的决定。他没等作者看一遍就打算把校样退给排字工人。珀金斯见过沃尔夫在斯克里伯纳出版社的藏书室，一连几星期全神贯注地读小说的第一部分，却不修改。如果没有一个最后通牒，他可能会永远抓着校样不放。珀金斯告诉他，他每天要发出二十个经过惠洛克校对的长条校样，排上版面。

"你不能那么做，"汤姆抗议道，"书还没定稿呢。我必须还要六个月写完。"珀金斯答复说，这本书的确写完了；而且，如果沃尔夫再写六个月，到时候他会一次一次再要六个月。他会完全沉迷在这本书上，永远写不完。沃尔夫在《一部小说的故事》里记载了珀金斯的其余论点：

> 他说，我不是福楼拜型的作家。我不是一个完美主义者。我脑子里有二十本、三十本乃至无穷的书，重要的是把它们做成书，而不是不断修改完一本书把我的余生都耗在它上头。

在给《哈佛图书馆简讯》写的文章里，珀金斯说："据说托尔斯泰始终不愿意将《战争与和平》的书稿脱手。你可以想象这本书他写了一辈子。"沃尔夫和《时间与河流》也是如此。

"我想我是中了邪，几乎总是知道自己应该做什么，"麦克斯在给伊丽莎白·莱蒙的信里说，"要是你不知道就好了。你明知道而不做，那就很糟。"结果，他坦白道："为这本书我冒了很大的风险，但我不得不做。这件事必须做，因为这本书的情况之特殊，除我之外没有人能做下来并且完成它。有一天你也许会听到我因为它而被人咒骂，但我一开始就考虑到了这一点。理智上我做好了准备但情感上是否准备好了，我不知道。"

那年深秋，沃尔夫不再拒绝伊丽莎白·莱蒙的邀请。在麦克斯向两人分别介绍了那么多对方的情况后，他们终于在米德尔堡见面了。伊丽莎白仰慕汤姆。她说："他是一个比菲茨杰拉德自然得多的人。司各特的自卑情结使得他总在人前炫耀。汤姆有一种更为基本的尊严感。他是一个完全真实的人。"由于沃尔夫对周围的每一个人都报以真挚的热情和兴趣，她也就宁愿忽略他偶尔的骂骂咧咧。有一天她带他在米德尔堡四处转转，有一位女士跟他俩谈论起文学，无意中说到，无论是哪本书的作者，她总是记不住名字。伊丽莎白记得："于是汤姆整天都闷闷不乐的，但直到我们要走的时候，他才把怒气发泄出来。'如果她想羞辱我，为、为什么还要、要让我过来？'他怒吼道。"

离开维尔伯恩后，他给伊丽莎白写信说：

> 你的美国不是我的美国，因此，我总是更爱她——弗吉尼亚有着无尽的沧桑和悲伤——有一种庄严的死亡感……而我得在此地，在布鲁克林和曼哈顿，在这座城市所有的迷雾和溽暑中，在地铁中，在火车站，在火车上，在芝加哥畜牧场，找到我的美国。很高兴你让我看到了你美丽的家园，见识了一点乡村，以及你在那里过

着怎样的生活。

那年10月,艾琳·伯恩斯坦大为出人意料地联系了珀金斯。随着时光流逝,她接受了既成事实,过去对他的敌意也就淡了,但她也已筋疲力尽。她知道《时间与河流》出版时间近了,而且艾丝特·杰克这个人物在书中仅在最后一个场景中出现。如今,她告诉珀金斯,多年前汤姆拿着古根海姆基金会的项目资助经费出国的时候,曾把《天使,望故乡》的手稿交给她。她说,最近她住医院了,没法工作。她要去加利福尼亚休息,急着要把她在纽约州阿蒙克的房子脱手。离开之前,她想把手稿像它的作者一样,从她的生活中清除。"我想把手稿给你,如果你想要,"她在给珀金斯的信里说,"但有一个条件:无论怎样你都绝不能把它还给汤姆。如果你不想要,我会在走之前销毁它,因为除了你我,我不想让它落入别人之手。"

珀金斯提出把手稿存放在斯克里伯纳出版社,比较安全,但他又说:"我永远都会把它视为你自己存放的东西,因为我了解它送给你的来龙去脉。"

艾琳感谢珀金斯对她本人和对汤姆的宽容慷慨。后来她写信告诉麦克斯:"时至今日,我的伤痛仍旧仿佛那天[汤姆]觉得有必要摆脱我之时一样。"但她又说:"我一直都相信汤姆会成为当今最伟大的作家,有你始终在他身边,这是大好事。"她接受了麦克斯的提议,但坚持要求这份手稿最终是要由编辑保管的。"因为你为汤姆做了一切我曾希望为他做的好事。"

而对于沃尔夫新的书稿,珀金斯实际上还希望能再多修改一些,但他知道一个编辑最终也必须对一本书稿放手。他写信告诉伊丽莎白·诺维尔:"这本书里用的形容词太多,重复太多,踩重音也太多。那都是汤姆一直改不了的缺点。"不过,他还是认为它会给人留下很深的印象，获得成功，而且他认为对这几点的批评也会驱使沃尔夫在写作上更严格地要求自己。

* * *

欧内斯特·海明威知道，在这一整年的时间里，珀金斯已经把大部分精力放在托马斯·沃尔夫身上。1934年10月，他直率地告诉珀金斯，他认为沃尔夫的短篇小说"越来越做作"了，而长篇小说的副标题"青年渴望的传奇故事"真是"糟糕透顶"。海明威相信，珀金斯的"世界级天才们"这么长时间不出新书的原因是他们害怕人们发现新书是"冒牌货"，而非"世界巨著"。他说写书最好一次写一本。就让评论家们跳出来骂他们不喜欢的内容，为自己的所作所为亢奋异常好了，因为作者本人知道哪些部分写得好。

海明威承认他最近变得有点自大，因为他刚完成了两个季度前开始的那个工程，而且他不需要人帮他删节或完成它。他还自命不凡地决定，今后还是不再说他那些"智商太低、脑子不好使的同时代人"的坏话为好——不过他也告诉麦克斯，虽然"老掉牙的东西"会让你"在交给出版社的时候感到简直难以忍受"，但写作的时候你并不会意识到你也能写出这种东西。

11月13日上午，海明威写完了他那本关于非洲的"又长又难写"的书。这份七万字的书稿一开始是一个短篇小说，后来越写越长，书名暂定为《非洲的高原》（*The Highlands of Africa*）。欧内斯特坚持说它在形式上不是长篇小说，而更像《大双心河》[1]。它有明确的开头和结尾，中间有许多情节。海明威说，在此之前，他还从来不知道有一本书能让他看到、感受到一个真实的非洲。他说书中写的绝

---

[1] 《大双心河》（"Big Two-hearted River"），海明威于1925年出版的第一部短篇小说集《在我们的时代里》中的一个短篇小说，由两部分组成。

对是真的,没有任何胡编乱造,只有他这个"混蛋"在那个时候可以做到。

海明威觉得他在《永别了,武器》以后,丢失了一大部分忠实读者,现在他用真正的文学而不是附庸风雅的水货,把他们争取回来,让珀金斯那些"华而不实的家伙"像气球一样膨胀,最后爆掉。他觉得七万字对于一个短篇小说来说长了点,但他想把它和其他东西合成一本书出版,让人们感觉"超值"。他提议把他最近给《先生》(*Esquire*)杂志写的几篇文章收进去。珀金斯反对。他指出,不管海明威是否视其为长篇小说,它都是一个完整的作品,而且比一般单本书起码的篇幅长不少了。麦克斯认为,把这个故事跟其他作品并在一本书里只会分散评论家对主要作品的评论。他郑重地说:"我希望你愿意单独出书。"

海明威、菲茨杰拉德和沃尔夫的书都差不多好了,珀金斯觉得现在他可以南下去基韦斯特读欧内斯特的书稿了。"我很想来,"他告诉海明威,"我愿意花一整个下午在码头上看那些懒洋洋的海龟游来游去。"

* * *

1月的第二个星期,在珀金斯动身去基韦斯特岛的前夜,托马斯·沃尔夫的书还有两部分内容尚未达成一致意见。第一部分是沃尔夫已经写好的前言。麦克斯力劝他放弃。他解释说:"读者是想把小说当做现实一样进入,自己去体会的,而前言很有可能让这种幻想破灭,并让他以看待文学作品的方式来看它。"另一个还需要讨论的部分是献词页,沃尔夫自动笔写这本书起,就在考虑把它题献给谁了。最近几周,约翰·霍尔·惠洛克一直在帮他润色这一页。麦克斯几乎一无所知,但心里有所怀疑。现在,在动身去佛罗里达前,他决定把想法说出来。他写信对汤姆说："身为一名编辑，没有什么能比我最敬佩的作家真诚地把书题献给我，更让我快乐和骄傲了。

但你不能，也不应该试图改变你认定我使你的书走样，或至少妨碍了它臻于完美的罪名。因而，你要完全真心实意地把这本书题献给我，是不可能的，也不应该这么做。我知道我们是真正的朋友，同甘共苦经历过那么多事，而对我来说，题献这件事不能和那些事挂钩，也不应挂钩。这是另一码事。我早点跟你说这些就好了，只是担心你可能误解我的意思。但清楚的事实是，编辑你的稿子，无论结果是好是坏，都是我编辑生涯中最大的快乐和最有趣的事，纵然也有种种痛苦的时候。我们呈现这本书的方式，一定要证明我们（以及我个人）对它的信心。但我所做的，已经影响了你对它的信心，因此你千万别做出与这一事实相悖的行为。

这一次，路易丝陪同麦克斯一起去基韦斯特，在墨西哥湾度过了美好的八天，麦克斯钓到一条硕大的旗鱼。他从基韦斯特岛给司各特·菲茨杰拉德寄了一张明信片，上面写道："海明威的书写他自己在非洲狩猎，但与其他狩猎书都不同，最后的三分之一很美妙。事实证明路易丝是一个捕鱼高手。我的脸都晒黑了。星期一回来。"

珀金斯休完假开始工作时，发现他是成功地让沃尔夫撤掉了前言，但没能阻止沃尔夫把小说题献给他。整本《时间与河流》正在印刷——包括沃尔夫洋洋洒洒的献词。惠洛克后来说："当时我跟汤姆力争把它最低限度地控制在可以接受的篇幅内，以免令麦克斯尴尬。"献词是这样写的：

基韦斯特岛，1935年：麦克斯、欧内斯特和战利品。海明威每年都想让忙碌的编辑离开写字台，和他一起度假冒险，但只有少数几次劝说成功。这次虽然成行，但他并不满足。一张照片捕捉到他自己给麦克斯拍照的场景，也说明了这一点。

献给

麦克斯韦尔·埃瓦茨·珀金斯

> 一位杰出的编辑,一个勇敢、诚实的人,他坚持与本书作者共同度过苦涩、无望和疑虑的日子,让作者在绝望之时也不放弃。这部将以"时间与河流"为名的作品就献给他,希望它的一切都值得他忠诚的付出和耐心的关照,作为一个无畏、坚定的朋友,他将这些倾注在它的每一部分,没有这些付出和关照,也就没有这本书。

珀金斯一看到这段话,就写信对沃尔夫说:"无论它所显示的公平程度如何,我无法想象还有比这更令我幸福的了。我不会再往深里琢磨我的感受:我是新英格兰人,不会用最高调把我的感受说出来,不过我的确想说,我认为这是一段非常慷慨、非常高尚的评语。当然,对于一个这样说我的人,我应该如实做到评语所说的我已经做了的事情。"

《时间与河流》产生于两种艺术力量相互依存的合作——沃尔夫的激情和珀金斯的判断。两人虽然经常争论,但是他们一起完成了各自生涯中最伟大的作品。

1935年2月8日,麦克斯写信对汤姆说:"我发誓,我相信这整个过程,对我来说真是很愉快的一次编辑经历。我在想也许我们可以再干一场这样的战争。"

在沃尔夫的日记里,有一张撕下的纸,从未寄给过珀金斯,上面写着:"我这辈子,在遇见你之前,一个朋友都没有。"

To

Maxwell Evarts Perkins

A dauntless, loyal, and unbroken friend, a man who stuck to the writer and this book through times of bitter hopelessness and doubt, and never let him give in to his own despair, a work to be known as Of Time And The River is dedicated, with the hope that all of it may be in some

第三部

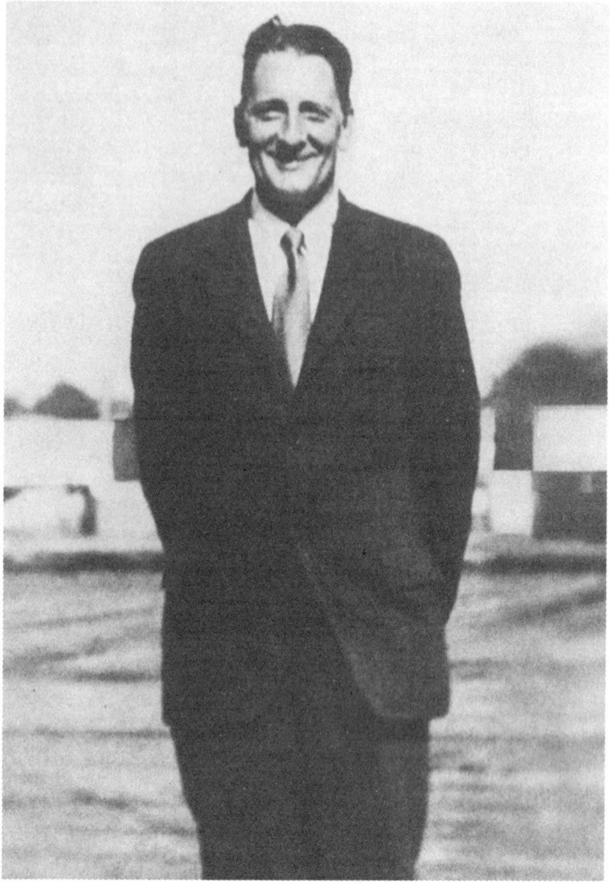

14

重返家园

1935年2月初,麦克斯韦尔·珀金斯从基韦斯特回到纽约的时候,他催查尔斯·斯克里伯纳和《斯克里伯纳杂志》的弗里茨·达希尔赶快连载海明威的新书,它现在的书名叫《非洲的青山》(*Green Hills of Africa*)。它不仅描述了深入塞伦盖蒂平原的探险,也是对当代文学的一次考察。和《死在午后》一样,海明威使用第一人称写,像一个向导。远征途中到了位置便利的水泉,他便停下来谈论作家和写作;比如他在某处想到托马斯·沃尔夫:

> 作家是在不公正中铸就的,正如剑的锻造。我不知道如果他们把汤姆 沃尔大送到西伯利亚或者干龟岛,给他必要的打击,让他删掉冗言赘语,让他有均衡的意识,是否会造就他成为作家。可能会,可能不会。

珀金斯发电报告诉海明威,《斯克里伯纳杂志》对他的书很感兴趣,但在正式同意支付5000元稿费之前,他们还要研究一下书稿。

这 5000 元是麦克斯在湾流钓鱼时提出的。问题在于书稿的篇幅而不是质量。一周后，珀金斯先拍电报告知："正写信谈稿酬事，拟付 4500 元。五月号开始连载。10 月出书。"

这封信的信息量跟那通电报几乎没什么差别，除了表达他对稿酬变化的气愤。他知道如果海明威把书给其他更大的杂志连载，他能得到的报酬至少是这个的两倍。"这根本不是《非洲的青山》值不值的问题，"珀金斯解释道，"而是我们如何恰当地支付稿酬，同时在目前形势不太好的情况下，让杂志运行在一个近乎良好的经济基础上。"

收到这份报价的时候，海明威已经"大为不满"了。他对《非洲的青山》是否被采用的焦虑超过以往任何一本书，因为在书中他不仅猛烈攻击其他作家，也反击过去几年竭力贬低他的那些评论家。海明威把自己的前途押作了赌注；而且他在头脑发热中，把珀金斯对于稿费高低的牢骚解读为诱使他拒绝接受报价，从而使《斯克里伯纳杂志》摆脱买此书连载权的负担。海明威告诉麦克斯，据他所知，这本杂志从来就没有过良好的经济基础；不过海明威自己也没有过。他认定无论在哪里，他都没让他的出版人亏过钱，除了贺拉斯·利弗莱特……那次是因为换出版社。珀金斯为了避免冲突，又说服《斯克里伯纳杂志》付给海明威 5000 元。

这年春天，欧内斯特第一次航行去了基韦斯特岛东北方向 175 英里外的渔夫天堂比米尼岛。珀金斯要等《非洲的青山》校样排好再发表编辑意见，希望海明威在比米尼岛待几个月能让他冷静下来。

差不多同时，菲茨杰拉德去了北卡罗来纳州亨德森维尔的一家旅馆，休息四个星期。经过了十五年的写作，他比刚开始写作时更缺乏安全感。他现在一贫如洗，他开始意识到自己既要保护好自己的身体健康，也得省着用钱。珀金斯在给海明威的信里说："我想他没什么大不了的病，只是被写作和酒精弄得筋疲力尽了。"回到巴尔的摩的家以后，菲茨杰拉德写信告诉麦克斯，他"彻底戒酒一个月，连啤酒、葡萄酒都不碰，现在感觉很好"。

这个消息令珀金斯高兴，但他相信菲茨杰拉德很快会出现脱瘾的症状——先是消沉，然后是一番挣扎。他知道菲茨杰拉德需要一切朋友的支持，越多越好，但那时的菲茨杰拉德很难找到什么朋友。那年几乎同时，他与珀金斯的三个作者都疏远了。

几个月前，菲茨杰拉德曾公开承认在文学水准上他不及海明威。他写信对海明威说，他的敬佩简直难以用语言形容，"除了少数几个已经去世和将要去世的老人，你是当世美国唯一使我这么仰慕的小说家"。但他们之间的个人关系已经逐渐疏远了，其原因与其说是菲茨杰拉德的妒忌心理，不如说是海明威的傲慢。珀金斯曾建议欧内斯特找点时间，找个理由给菲茨杰拉德写信，激励他振作起来面对戒酒以后"必须面对的危机"，海明威说如果要不伤及司各特的感情，他想不出这封信该怎么写。

但是，过了好几个月，海明威又要珀金斯转告司各特，让他吃惊的是每多读一次《夜色温柔》，就愈发觉得书写得好。菲茨杰拉德很高兴听到海明威的夸赞。这本书的销量已经一落千丈，但作者仍然满怀信心。"事情总是在变化，所以我可不认为它会像被预言短命的孩子那样注定夭折。"他告诉麦克斯。另一方面，他与海明威的友谊已经是"一生中值得纪念的亮点了，只是我仍然相信这种事情难免告终，可能是物极必反吧，我相信我们以后再也不会有那么多交往了"。

菲茨杰拉德读了珀金斯寄给他的《时间与河流》样书后，也想避开托马斯·沃尔夫一阵子。他佩服沃尔夫洋洋洒洒的献词，写信告诉麦克斯："我相信汤姆在献词里所说的对你的感激之情没有丝毫夸大——那也代表了我们这些有幸成为你作者的人想说的。"菲茨杰拉德认为这本书从那儿以后就走下坡路了，但他请麦克斯无论如何别告诉汤姆。"照他对待批评的反应,我就知道那样一来会令我们终身为敌,还可能会无休止地、不必要地伤害对方。"

《时间与河流》帮助菲茨杰拉德意识到,"要让一部长篇作品有精致的结构,修改时有最好的洞察力和判断力,就得远离酒精"。他知道,喝一瓶酒可能催生一个短篇小说,"但写一个长篇小说,你要思维敏捷,能够保持头脑中整个的框架,并且要像海明威写《永别了,武器》那样,毫不留情地删除细枝末节。如果头脑转得慢了,你就只想着个别情节,而不是书的整体;记忆也迟钝了"。菲茨杰拉德仍在戒酒中,内心充满清醒的悔恨,他告诉珀金斯,"假如我当时可以不借助酒精刺激来写《夜色温柔》第三部分的话,我愿意付出一切。如果我能完全清醒地再写一遍,相信会有很大不同"。

菲茨杰拉德和埃德蒙·威尔逊多年的友谊也破裂了。两人分道扬镳。他们一个以学者名世,一个以挥霍著称,对立因而日益严重。这种对立在就此问题的一次争论中爆发。"吵架的是邦尼[威尔逊的绰号],不是司各特,"几年后,珀金斯在信里告诉海明威,"邦尼的言行,都让我觉得他很幼稚。"而现在,珀金斯还觉得威尔逊是一个"了不起的家伙,自然、正直",他在斯克里伯纳出版的最后一本书《美国的极度恐慌:衰败的一年(1932)》(*American Jitters: A Year of the Slump*[1932])就写得非常精彩。但在接下来的几年里,威尔逊对菲茨杰拉德的敌意也蔓延到珀金斯这里。有好几次他来找麦克斯预支未来新书的版税收入。有一次只要区区 75 元;还有一次他请斯克里伯纳出版社帮助他担保申请一笔银行贷款。几年后,威尔逊写信对珀金斯说:"你们一次都没帮我忙;可同时又像喝醉的水手一样送钱给司各特·菲茨杰拉德,他也像个喝醉的水手一样乱花钱。当然,你是期望他给你写一本小说,让你赚的钱比我的书可能多得多。即使是这样,对我的区别对待也太过分了一点吧。"威尔逊认为这并不是恶意的。"你是我在那儿唯一想见的人,而且我总觉得我跟你关系很融洽。"威尔逊对珀金斯说。他认为原因是"整个斯克里伯纳似乎陷入了一种冷漠的、等死的状态,老斯克里伯纳去世后,你们那些人就没有显示出任何生命的气息,除了对某个作家有周期性发作——通常是非常不靠谱的司各特或者汤姆·沃尔夫——就像是一个醉得稀里糊涂的法国国王对一个新宠一样,把金钱和精力都挥霍在他们身上"。几年后,威尔逊承认:"我……从来都没有进入他最喜欢的作者之列。"这也是他在三十年代中期离开斯克里伯纳,转到另一家出版社的原因。那个时期他陷入了一种对马克思主义研究复杂的迷恋,因而看到菲茨杰拉德对社会、历史的认识浅薄,他感到释然。一直要到几年以后,菲茨杰拉德才会和这个被他称为"知识分子良心"的人再坐下来重归于好。

司各特有好几次机会在巴尔的摩的小型聚会上见到伊丽莎白·莱蒙。(这令麦克斯嫉妒。他已经有好几个月没见到伊丽莎白了。"我知道,我命中注定了不能常见到你,"他在信里对她说,"即使中间间隔几年,我也能忍受,只要能让我提前知道要忍受多久。")麦克斯觉得,伊丽莎白只是短暂地见了菲茨杰拉德几面,就对他产生了很好的影响。他对她说:"司各特还不到四十岁,如果他把酒戒了,也许能取得他根本没想过的伟大成就。我知道你并非有意或者直接地影响司各特,但你无意之间让他获得了启示。"珀金斯相信,如果菲茨杰拉德能从此再不喝酒,主要应该归功于伊丽莎白·莱蒙。

司各特这次戒酒是多年来时间最长的一次。他发现生活"没有刺激",但他相信,这应该是他最多产的时期。"我只是得安排一些夏天做的事情,让自己回到生活中去,"他写信告诉珀金斯,"但到底要做什么,还没想清楚。"

麦克斯提不出更好的建议,只是催促司各特继续写他已经起头的那个长篇小说,背景设置是中世纪欧洲——与西卵远隔十万八千里了。菲茨杰拉德回信说，这本九万字的书，书名将是《黑暗伯爵腓力》(*Philippe, Count of Darkness*)，主人公是一个全副武装的法兰克硬汉——"它写的应该是欧内斯特的故事。"菲茨杰拉德在一本笔记本中写道。然后他介绍了各部分的构想，各个部分他可以拆开卖给不同的杂志。他说珀金斯到1936年春末就可以拿到全部书稿。"我倒希望能像沃尔夫和海明威那样把一大堆一大堆的书稿都存起来，"菲茨杰拉德在信里对珀金斯说，"但恐怕这只鹅身上的毛已经拔得差不多了。"

1935年5月，菲茨杰拉德来纽约见珀金斯。泽尔达健康好转的一个时期其实是短暂的。那天晚上他们在一起时，司各特的心情已经反映出来了。他咄咄逼人，逼问麦克斯出版社即将出的书有哪些。他对汤姆·沃尔夫表达了极大的不满。司各特最近读了沃尔夫发表在 V. F. 卡尔沃顿（V. F. Calverton）主编的《现代月刊》上的短篇小说《他父亲的房子》("His Father's House")。它体现了沃尔夫所有的优缺点，也让菲茨杰拉德心想，汤姆如果变成一个别人能与之讨论写作的人，该有多好：

> 一会儿是乱糟糟的句子"随着猪肉肠骗子急促颤抖的声音，繁荣、丰厚的猎鸟开始了"，一会儿是措辞精美的"优美动听的唧唧声，桃李般的圆润、沁人心脾的清澈"，他怎么能把这些良莠不齐的句子胡乱堆在一起呢。我不明白。他这种无论什么时候都能把语言写得含蓄、精妙的人，不应该让人囫囵吞下鱼子酱当正餐。

菲茨杰拉德罕见地向珀金斯发脾气，主要是他自己的健康问题引起的。就在几天前，他经常疑心自己生病的问题，也因为肺部发现一个阴影而坐实了。沃尔夫的家乡素以空气清新，益于结核病康复著称，于是司各特在阿什维尔的格罗夫·帕克旅馆订了间房。他说,搬到北卡罗来纳去住一阵子是为了给自己"减刑",因为他的医生说,如果他再回到过去的生活方式,就等于宣判他的"死刑"。在接下来的几个月里,菲茨杰拉德写的回信地址是"阿什维尔,甘特之墓"。

回到巴尔的摩后,菲茨杰拉德给珀金斯写信说:"我当时非常沮丧,也很可能是嫉妒了,总之请忘了那天晚上我说的一切。你知道我总是认为美国之大,足以容纳不止一个好作家,所以你肯定相信那不像我。"

珀金斯知道菲茨杰拉德对沃尔夫的所有看法都是千真万确的,但没有一个人,包括珀金斯,能对此做什么。"即使你享有绝对的行动自由,而不是经常遭受侮辱(比如被指责用该死的哈佛腔英语,拾亨利·詹姆斯的牙慧,等等),那还有编辑修订语句的问题,而那是很容易出差错的事。"珀金斯向菲茨杰拉德解释。他认为批评意见和年龄的增长都会产生影响,沃尔夫的写作总归会自行臻于成熟。至于现在,他说:"他并不是自认为高人一等。他只是根本没有考虑过别人。当他读别人作品的时候,他也只是短时间内对别人兴致比较高,但[他们对他来说并不重要]因为他自己正在做的事情才是重要的。"

《时间与河流》的出版是1935年春天最受期待的文学事件。在3月8日这个正式出版日之前,它就已经被谈论了好几个月。麦克斯把第一批样书寄给了他大多数朋友和作者,即使他知道其中有些人肯定不会费神去翻这本912页的厚书。范·怀克·布鲁克斯看出了这本书每一页都沾着珀金斯耕耘的汗水,他忘不了珀金斯耗费数百个小时"在丛林般的仲夏夜"辛苦工作,"努力爬上一头跃入水中的鲸鱼的鳍",随着它潜入水底。欧内斯特·海明威说这本书"大约有百分之六十是胡扯"。

沃尔夫相信,要避免再次出现像第一本书引起的那种公众歇斯底里的批判和对他个人生活的困扰,最好的办法就是离开美国。他后来在《你不能再回家》一书中,通过乔治·韦伯这个人物谈到了他对逃离的看法:

> 他的第一本书出版的时候,野马都不能把他从纽约拉走:他要在场,确保不会错过任何东西。他呆呆地等着,读了所有评论,差点要在[他编辑]办公室里安营扎寨,一天天期待着不可思议的成功,而成功始终都没有到来……所以现在,他听到出版日期就怕了,决定远离这段时间——离得越远越好。他虽然也不相信会再重复当年的经历,但还是做好了最坏的准备,当那日子到来时,他铁了心要不在现场。

沃尔夫订好"法兰西岛"号轮船的船票,把所有的东西都装进木箱保存。他此行的安排就和归程一样模糊。3月1日晚上,也就是沃尔夫启程的前夜,一辆出租车在东49街246号门前停下。一个男人跳下车,重重地敲珀金斯家的门。麦克斯下了楼,看到沃尔夫站在门口并不感到意外,但看到他带来一口 5*2*1.5 英尺大的木头货箱,就大吃一惊了。里面装着他这本书稿的全部稿纸,其中包括他们过去五年来一起修改的一捆纸。汤姆、麦克斯和司机一起把箱子从出租车上抬下来,搬进屋子。然后汤姆问司机叫什么名字。他说:"拉奇。""好运!"[1] 汤姆高声叫道,上下摇着这个人的手。看来是个好兆头。三个人刚刚一起完成了一件力气活。他们都站在那里,相互微笑片刻,然后握起了手。"好运"开车走了,那口大货箱就搁在珀金斯家的客厅里碍手碍脚放了好多天。

---

1 司机名字叫 Lucky,即"幸运"的意思。

沃尔夫出海后，艾琳·伯恩斯坦给他的一封信寄到了斯克里伯纳出版社。珀金斯给她回信说，他目前只能把信收着，因为汤姆特地关照他不转寄任何信件。他离开是想要一个完完全全的两个月假期，不想被私人信件和书评所打扰。

结果，在"法兰西岛"号还没开到公海之前，汤姆自己倒是在桑迪岬给艾琳·伯恩斯坦寄了一封二十页的信。他在信中说，他在珀金斯那里留了一本他的新书，是送给她的。然后又说，麦克斯"是一个多好多了不起的人"。艾琳意识到，再激起麦克斯的敌意只会断送她联系上汤姆的希望。可她最不愿意的联系手段，偏偏就是找麦克斯。她只好用一种友好的语调，给珀金斯写了一封长信。这封信她是在好莱坞写的，当时她在雷电华电影公司（RKO）工作。她说，她的身体状况真的无法让她胜任这份工作，"这么多年汤姆带给我的痛苦和悲伤，终于把我耗尽了"——但她想帮助她的家人，过去这几年是他们在竭力帮她疗治心病。伯恩斯坦女士请麦克斯把汤姆给她的那本书寄到加利福尼亚。她解释说，"我现在不能看"，因为"任何跟汤姆有关的事情都会深深触动我，就连报纸上出现他的名字，我的全身都会像被飞镖刺中一般痛苦。我想不通他这么决绝地背叛我，但我已经来到人生中的一个地方，那里一切都是谜。请原谅我，这样给你写信，但……我想你我现在或曾经是汤姆最亲近的人。我的整个生活仍然还有他，就像我们过去在一起的那么多年一样，而现在，我不想在我的生命中失去他的友谊"。

应伯恩斯坦女士的请求，麦克斯把她那些寄到斯克里伯纳出版社的信都还给了她，也把汤姆的书寄给她。

因为她的家人，她又给珀金斯写了一封信。她知道《时间与河流》是怎样结尾的。尤金·甘特在从欧洲远游返乡的船上，看着一个玫瑰色脸颊的、年龄比他大的犹太女人。艾琳明白沃尔夫很快要开始写他

们之间的交往了。她担心,他的下一本书会把他们的恋情统统呈现在世人面前。她给珀金斯写信说:

> 我已经度过自己的大好年华。但以前他[给我]念过他写我姐姐和我孩子的部分,那是绝对不能出版的……在汤姆几乎摧毁我轻快的灵魂和爱人的心灵时,是他们支撑着我。我不会让他们受到诋毁,我会不惜采取任何手段阻止。这不仅关系到我,也关系到拥有编辑权力的你自己。

> 汤姆经常跟我说你恨女人,毫无疑问,现在的我,就是你恨的那种女人。我就算是吧。我认为做女人是受了一种诅咒,既做女人又做艺术家就是双重诅咒,但就像我无法选择自己眼睛的颜色一样,这是没有办法的事。汤姆和我初恋的时候,我告诉他,那是我唯一一次因为自己身为女人,能让他的生命完整而感到快乐。我仍然为我和他的关系而感到骄傲,不管是它带给我的恐惧害怕,还是爱情的美好。

沃尔夫曾发誓,在把《十月集市》交给珀金斯编辑前先给艾琳·伯恩斯坦看。那是很久以前的事,当时,它将成为他出版的第二本书。"他这么多次违背对我的诺言,这次我无法信任他。"她对珀金斯写道。"所以我求助于你,"她恳请他理解,"他绝不能,我也不允许他再次背叛我。"

珀金斯回信说:

> 从你的上一封来信我判断,你认为汤姆曾经使我相信你是一个"魔鬼"——这完全不是真的,但我现在倒是怀疑他肯定给了你理由

使你认为我是这样一个"魔鬼"。你很懂心理学的,知道被认为是恨女人的那种男人表现出来的是相反的面目,他们要建立一套"防御机制"。我认为女人极其恼人,但那是因为一个男人看女人的角度。不管怎么说,没有人能完全理解你在信里把我当做编辑而对我说话的那部分,总之《十月集市》在一年内不会出版,也许更久,在汤姆回来之前,我也说不准。

《时间与河流》出版的那天,珀金斯违反了对沃尔夫保持沉默的承诺,但不是因为艾琳·伯恩斯坦。他向美国运通公司巴黎分公司发了一通给他的电报,交代书的情况:"评论大好,有些预料中的批评,充满最高评价。"并不等待邮件但有时会会查查信息的沃尔夫收到了电报,他漫步于巴黎的林荫大道间,沉浸在幻想中。接下来的六天究竟是怎么过的,他后来几乎什么都不记得了。但珀金斯的话就像一小口荣耀的美酒,他垂涎已久却无法尽兴。沃尔夫回电报说:"你是我最好的朋友。我不怕真相只怕该死的不确定。请直言相告。"珀金斯的第二通电报语气更为激动:"评论界一片沸腾。人人都说它是真正的巨作。都把你跟最伟大的作家相比。高兴地享受假期吧。"

同一天,珀金斯又给他写信说:"《时间与河流》所激起的反响,令出版社和整个出版界都为之惊讶。"大多数评论都把他与陀思妥耶夫斯基、辛克莱·刘易斯这样的大作家相提并论。珀金斯写道:"说实话,除非你根本没有预料会有任何反面意见,因为当然会有人说它篇幅太长或者我们都谈到过的那种问题,不然我无法想象你为什么要压制自己开开心心地度假呢。如果谁能靠着荣誉休息一阵子的话,那个人就是你了。"

1935年春天,经济继续恶化,书业也是如此。但斯克里伯纳出版社很快印了五次沃尔夫的书,印数达到三万册。几周内这些书就差不多卖完了，使得《时间与河流》在每一个畅销书排行榜上都名列前三位。到当年年底印数又增加了一万册。

《纽约时报》《纽约论坛报》《星期六评论》都给了沃尔夫整个头版的篇幅，他的照片也处处可见。如路易丝所言，那些星期天出来喝下午茶的人会发现，即使没有出版业内人士在场，人们也在兴奋地谈论这本书。就连曾经把文学比作"精神糖果"的珀金斯七十七岁的老母亲都在读，尽管她的反应并不太正常。一连四五天，她坐着读这本书，神态仿佛一尊印第安人木雕，除非有人问她在干什么。好像已经为这个问题等了一个星期，她合上书放在膝盖上，抬起脸宣布："我这辈子从没读过这样的语言。"她对一个外孙女喊道："茉莉，到楼上去给我拿一本简·奥斯丁的书下来，我要换换脑子！"

沃尔夫与外界隔绝了联系，旅行了几个星期。他在欧洲着陆时已疲惫不堪，《时间与河流》使他精神紧张，连信都没法写。然而，这本使他陷入此种状态的书，现在又让他振作了起来。"麦克斯，麦克斯，"沃尔夫写信对他的编辑说，"也许你认为我痛恨所有形式的批评，但令人悲哀的事实是，虽然人们以为我完全缺乏批判能力，但和那些评论家中的大多数相比，我的批判性可强多了。"沃尔夫寄回国的第一封信，主要是讲他自己对《时间与河流》的反应。无论他走到哪里都用胳膊夹着一本，但他发现自己读真是折磨，除非每次只读一两页。即使在那时，他就发现了"与我整体的创作意图相比，写作表现上的缺陷处处显现在我眼前"。最刺眼的是措辞、校对、内容前后不一致等方面发现的无数错误。他承担了所有出错的责任。在书出版后的头两个月之内，斯克里伯纳出版社的人员发现了二百处错误，包括书中人物王先生神秘地再次出现。王是个圆脸的中国学生，尤金·甘特半夜回乡为老甘特奔丧前向他借了50美元。尤金要把钱寄还给王。沃尔夫写道："这小伙子再也没有见过他。"但隔了65页，尤金轻轻敲响王的家门,问这个中国佬,能否让一个朋友在他家的沙发上过夜。

"我在最后的工作上栽了跟头,"汤姆承认,"这本书日复一日的写作、打字,赶紧给你改,都是急急忙忙赶出来的,我都没来得及发现打字员使劲辨认我的笔迹时造成的错别字——这类错别字有几千个。"

他罗列了几个:

巴特西小屋应为巴特西桥
我脑袋的特征——我脑袋的直径
非洲人——非洲国王
摇他的胡子——摇头

"麦克斯,麦克斯,我没法列下去了,"汤姆开了一个必须修改的错误清单后写道,"我们应该再等半年的——这本书,就像恺撒一样,提前从它母亲的子宫里挣脱出来——像理查国王那样,'身体一半都没长好'就来到了这个世界。"[1]

沃尔夫花了一个多星期给珀金斯写这封由四个部分组成的信。他首先陈述了自己对这本书的批评,然后点评起书评人来,他把别人不满的地方都视为对他个人的攻击。马克·范·多伦(Mark Van Doren)一年前曾评论道:"公众有理由问沃尔夫先生,他在将来要出版的书里可不可以不把自己写进去。"现在,沃尔夫对此言论提醒珀金斯:"你亲自告诉过我,你曾经带一个女儿走过中央火车站,让她看二十个仿佛从狄更斯小说里走出来的人,他们就是生活中的真人

---

[1] 出自莎士比亚《理查三世》第一幕第一场的台词,"Deformed, unfinish'd, sent before my time/Into this breathing world, scarce half made up"(使得我残缺不全,不等我生长成形,便把我抛进这喘息的人间)。

但又值得写进小说。"由于伯顿·拉斯科（Burton Rascoe）说沃尔夫显然没有幽默感，沃尔夫就罗列了他认为有喜剧色彩的书中场景。克利夫顿·法迪曼（Clifton Fadiman）说，"他究竟是位语言大师，抑或语言是他的大师"，这是可以争论的。对此，沃尔夫用好几个段落怒吼反击。

他在信的第一部分结尾说，希望"我回来的时候，我的地位得到很大的提升,既然我们已经取得了真正的巨大成功。如果真的实现——如果我们真的克服倒霉的第二本书所带来的震动灵魂、令人心碎的可怕障碍——我相信我将以过去那疯狂而受折磨、心灵虚无的五年所无法做到的镇定、专注和全部的力量回来工作"。

那年春天，路易丝·珀金斯决定带两个女儿莎比和佩吉去周游欧洲列国。沃尔夫得知这个酝酿中的计划后，就请她也说服麦克斯休一个短期假。沃尔夫给路易丝写信说："据我对麦克斯的观察，过去几年里他让我担心、而且他显然是错误的一件事情，是他与日俱增的沉迷于工作的固执——有时候一些可以由别人代劳或少花精力的事务，他还要全神贯注地包揽，这在我看来是不理智的。"他认为这无疑是一种虚荣心，一个像麦克斯这样谦逊的人，都会觉得少了他几个星期，工作就无法展开了。汤姆相信，麦克斯正处于"才能的巅峰"，他最优秀的成果还在后头。沃尔夫写道："如果这时候他仅仅因为没有抓住机会恢复体力养好身体，因而损害了他杰出的才华,[那]将是悲剧。"

珀金斯没有流露出离开办公室哪怕一天的打算。就在那个月，他给伊丽莎白·莱蒙写信说："我独自在这里度过一个可怕的夏天，但某种意义上这也是我盼望的。我想做的事情不会很多，但我不必做任何我不想做的事。也许我这是在愚弄自己吧。"当然，他不用出去参加酒会了，搬到纽约来以后，他和路易丝晚上经常参加这种酒会。

出发前，路易丝·珀金斯发病一般做了一场春季大扫除。她费了些力气清理书架。她用木桶装满了好几百本书，然后花了5美元请一个书贩子把书都拖走。几星期后，斯克里伯纳出版社里的古董书行家戴维·兰达尔（David Randall）走在第二大道上，一边走一边浏览沿街的二手书店橱窗，有些展示品突然跳进了他的眼帘。那是几十本高尔斯华绥和其他一些著名作家给麦克斯·珀金斯签过名的书。麦克斯得知此事后，请兰达尔去回购这些书，对方开价是500美元。"多年后，兰达尔回忆说："最后我们以25美元成交。当时我说卖书给他的不是珀金斯太太，而是疯癫的女佣。我说如果他要价再高，那就法庭上见了。"兰达尔记得，麦克斯"像他往常那样轻轻笑出声，摇着头，好像只有他太太才可能做出这样的事"。

珀金斯的夏天果然如他所预料的那样可怕。"你不知道这里的晚上有多孤独，"1935年8月28日，他写信给伊丽莎白·莱蒙，"白天我投入地工作不知孤独，有人请我晚上一起做点什么事，我说不行接着就后悔了。但如果我说行也会后悔，只是工作少做一点。待在这里就跟我待在巴尔的摩你却不在一样糟糕。甚至更糟，因为在那里我还能抱着一种希望，希望出现什么奇迹能把你带回来。"一天晚上，他怀着斯巴达人一般坚韧的精神，告诉负责照料他的女佣，他晚餐只吃奶油干酪和面包。她的双眼注视着他，然后转向天空，仿佛在说他疯了，这也使得他在第二天晚上固执地提出了同样的要求。每天晚上，她都困惑地转悠，看着他吃这简单的晚饭。而麦克斯则固执到底，一连几天要吃同样的主食。他在信里告诉伊丽莎白："所以现在面包成了永恒的食物。"但实际上，他偶尔还是会溜出去到巴克莱宾馆的餐厅，独自享用美食。

那个季节，一个老友的出现打破了珀金斯孤独的生活。范·怀克·布鲁克斯没有事先通知就来找他，状态似乎跟以前一样好了。就在不久前，他还陷在长期的抑郁症之中。珀金斯相信，如果不是他的妻子埃莉诺不离不弃地支持，耐心地操持家务照顾家人，直到他重新站立起来，他是不会康复的。"在我所知道的别人做的事情之中，这是最美好的之一，"麦克斯写信告诉伊丽莎白·莱蒙，"我相信没有一个男人能做得这么好。"

布鲁克斯在过去五年里碰到的另一个好运发生在他的职业生活中，是珀金斯锲而不舍的结果。多年来，麦克斯一直认为布鲁克斯的《爱默生传》(*The Life of Emerson*)是挡在他事业前途上的一根横木。在珀金斯耐心的鼓励下，布鲁克斯于1931年完成了这部传记。但这并没有让他摆脱心理上的折磨。

布鲁克斯依然坚称，作为作家他没前途，他写的所有东西不值得印出来。珀金斯和杰克·惠洛克都读了书稿并反复强调说，它写得"相当不错"，他们迫切希望斯克里伯纳出版社尽快出版。布鲁克斯解释说这本书他已经答应给 E. P. 达顿出版社了，珀金斯就说服布鲁克斯交稿，然后他亲手把稿子交给达顿的出版人约翰·麦克雷(John Macrae)。与此同时，珀金斯联系文学公会俱乐部的卡尔·范·多伦(Carl Van Doren)，希望他去说服俱乐部把这本书收入他们的采购书目，出俱乐部版。达顿出版社和文学公会都接受了这本《爱默生传》，但布鲁克斯拒绝交稿排版。1931年春，麦克斯委派惠洛克去位于纽约州卡托纳镇的一家名叫"四面来风"(Four Winds)的小型私营疗养院，当面劝说布鲁克斯，因为他觉得惠洛克是布鲁克斯最信任的朋友。

"小伙子们去采浆果了。"惠洛克刚到那儿，疗养院的服务人员就告诉他。惠洛克走进树林，找到了拿着空桶的布鲁克斯。布鲁克斯几乎一句话都不说，一副拒人千里的样子。他瞪着惠洛克，仿佛要看穿他似的，但布鲁克斯完全知道惠洛克的来意。他们默默地在荆棘中行走，直到惠洛克开口恳求："难道你不让文学公会出版了？"

"不出。"布鲁克斯咆哮道。

惠洛克说他们愿意出版是因为这本书已经达到了一流的水准。

"很差！很差！很差！"布鲁克斯大叫，于是惠洛克走了。

接下来的数月中，珀金斯自己去见了布鲁克斯，仍旧试图说服他同意出版。布鲁克斯渐渐地回心转意了，最后，要麦克斯来出这本书——"只要能够确保这样的安排不伤了麦克雷先生的感情，他一直对我很好。"珀金斯觉得这没法解决。1932年，达顿出版了这本书。它大受好评，也解决了布鲁克斯的收入危机。他才明白他是可以凭写作过上体面生活的，他的病情也大为好转，在他接下来的三十年人生中，他一直稳定地写作。1935年夏他去见麦克斯的时候，他的杰作《新英格兰的兴盛历程》（The Flowering of New England）正写到中途。两年后，它获得了普利策奖——而此书正是题献给麦克斯韦尔·埃瓦茨·珀金斯的。

* * *

虽然《时间与河流》获得了巨大的成功，汤姆·沃尔夫仍经历了他第一本书出版后困扰他的那种不安。在他再也受不了这种压力的时候，他突然想到德国，一时极其向往。和《你不能再回家》中的乔治·韦伯一样，德国对于沃尔夫来说——

> 是他最爱的国家，仅次于美国，在那里，他觉得就像在家里一样放松，对那里的人，他也怀有最自然、最亲近的同情和理解之情……现在，经过数年辛苦写作、筋疲力尽之后，只要想到德国，他的心灵就平和，他的人就放松，快乐，古老的魔力再度显灵。

不光沃尔夫对德国有热情，德国对沃尔夫也有热情。《天使，望故乡》已经于1933年在德国翻译出版。德国人正翘首盼望他的归来，虽然汤姆并不知晓。

"据说拜伦勋爵二十四岁时，一天早上一觉醒来发现自己天下闻名了，"1935年5月23日托马斯·沃尔夫给麦克斯·珀金斯写信说，"而我在三十四岁的时候，一天晚上到了柏林，第二天早晨起来去美国运通分公司，发现至少在两个星期前，我在柏林就出名了。"他收到了信件、电话留言、电报，来自各行各业——德国记者、出版人和各种外交官。一连两个星期，他忙着会见一群群的崇拜者，出席酒会，接受采访。

但沃尔夫告诉珀金斯，关于德国他有些"烦人的事情"要跟他说。在一些宁静的乡村，他听到了穿皮靴的人走路发出的声音，军队卡车开动的轰隆声，夹杂在欢歌笑语中颇为刺耳。这种不和谐的声音令他害怕，但国家主义的狂热也让他想念美国。这使他对祖国、对自己的骄傲和信念有了新的认识。在柏林，他又给珀金斯写信道："我觉得自己又开始精力充沛，充满活力了，如果我在家乡真的有了一些好运和成功，我现在就可以回国，把以前做的都抛在一边，当然我可以趁此机会让那些给我下了定论的评论家和读者大吃一惊——我可能还会给你带来一两个意外呢。"

珀金斯原本计划出版沃尔夫的一本短篇小说集，还请他想一个书名，沃尔夫恳请珀金斯不要太快出版。"我还要做些修改，把它们写得更好，"他向麦克斯保证，"只要你能耐心等我，我就着手干，我们会有一本很好的短篇小说集，跟我知道的任何短篇集都不一样。"但正如沃尔夫过去就常常三心二意的那样，此时他已经沉浸在另一本彭特兰家族小说的构思之中。它像一场暴风雨一样，在他脑中膨胀，集聚，他告诉珀金斯："我觉得在我四十岁之前如果还能有机会写出什么好东西的话，那就是这本书。"汤姆决心要过一种比过去更封闭的生活。在埋头写这部新作的时候，他也想和麦克斯更密切地联系。"我要比以往更深入地挖掘自己的内心，"他向珀金斯保证道，"你一定要尽你所能帮助我。"

就在这番筹划之时，沃尔夫收到一封律师信，发信人叫亨利·韦恩伯格。他代表玛德琳·博伊德，要求沃尔夫支付《时间与河流》以及他将来出版之书的全额经纪佣金。这一招像炸弹一样把沃尔夫炸晕了。"这就是你说的'不可能发生'的事，这就是你说的她知道她已经毁于不诚实所以'不敢做'的事，"汤姆写信对珀金斯说，他想起就在两年前在珀金斯办公室发生的那一幕，"总之，她还是做了，我跟你说过她会这么做——因为我们都是傻瓜，太仁慈，太心软，太软弱——随你怎么说都可以。"沃尔夫认定，当初在她因为隐瞒版税的罪行暴露，害怕后果而呜咽、啜泣、哭着的时候，他们就应该"让小偷在偷盗行为的忏悔书上签字画押"。

在沃尔夫回国之前，这些法律事务只能搁置，珀金斯又转告他获邀参加7月举行的科罗拉多作家大会。他将参加为期十天的圆桌讨论会，和学生作家会谈，为此大会主办方会支付沃尔夫250美元。麦克斯希望这能吸引沃尔夫回国弄完那本短篇小说选。他请沃尔夫发电报答复说明可能回国的日期。三天后，沃尔夫发来电报："接受科罗拉多邀请，6月初回，短篇集名没想好……等我。"

麦克斯等不及了。半年时间过去了，艾琳·伯恩斯坦整天担心沃尔夫会在书里写她，现在又开始变得歇斯底里了。她按捺不住来找珀金斯讨公道。她的高声叫喊隔着珀金斯办公室的墙壁都能听到。第二天她才稍微自制一点，但仍然情绪高昂。"我真希望你看到的是我好的一面，是朋友们喜爱的那个我，"她写信对珀金斯说，"我不习惯对人强硬，可我只能这样，就为了把我想的全都告诉你。"她解释说，这样做并不是出于报复：

> 我还爱着汤姆，对他没有恶意，我的要求只是出于对我自己家人的感情，我也深信我对汤姆的爱，他对我的爱，即使已经过去，也不应该成为公众消费的话题，既然他选择了切断联系我俩的纽带，我认为他也就没有权利使用我给他的素材。

"我对出版是怎么回事一点儿也不懂。"她在信里对珀金斯说：

> 不知道是不是由你本人来拍板决定你们公司的事情。如果不是，如果有某个委员会有某个人和你一起承担责任，那我要申诉我的事情，尽管我不寄希望于任何人会做出有违其切身利益的决定，哪怕我泪流成河。
>
> 现在到了人必须在善与恶之间做出抉择的时刻。我懂得责任、友谊的复杂，懂得所有把我们绑在一起生活的绳索的复杂，懂得男人的关系对他本人来说是多么复杂。无论这本书是由你还是别人出版，你都要正视你的决定，是否要伤害一个家庭、一个人。

艾琳更加确信，是珀金斯在干涉她的生活，唆使汤姆跟她断绝关系。几天后，她又给他写信："我再也不会相信你在努力顾全大局。"

珀金斯尽量使得这件事情合理一些。他不想让伯恩斯坦夫人认为他干预了她的生活。他写道：

> 我不干涉别人的私事。当然，任何人，无论年纪多大，都绝不会冒险去干预那种事情。

> 有鉴于我必须履行的种种义务，哪怕它们可能对我自身不利，我仍衷心希望可以做任何有利于你的事，只要我力所能及。

伯恩斯坦夫人接受了珀金斯的建议，给沃尔夫写了一封信请珀金斯转交，在信里向沃尔夫恳求。

珀金斯猜测，沃尔夫应该会在 7 月 4 日独立日那天回到美国。在沃尔夫仍在回国船上的那个星期里，麦克斯还在为他最近与伯恩斯坦夫人的交流而焦急不已。她一度提到了枪，但枪指向他，还是汤姆，或者她自己，珀金斯不知道。"我宁愿她指向我，"他在给伊丽莎白·莱蒙的信里说，"我受够了争辩，不想再跟不理智的人纠缠下去了。"麦克斯起初想让沃尔夫对麻烦事做好准备，又转念决定还是专注于自己的事情，回温莎去更好。

托马斯·沃尔夫在酷热的 7 月 4 日回到美国。这时候，伯恩斯坦夫人反对汤姆下一本书的出版已经到了完全不讲道理的程度。麦克斯相信突如其来的激烈指责会毁了沃尔夫的整个前途，所以他待在纽约，去码头向汤姆平静地说此事。他发现沃尔夫的行李已经在码头上了，就等在行李旁边。当汤姆终于下船时，珀金斯正坐在一个小提箱上，垂着脑袋。麦克斯正琢磨着艾琳·伯恩斯坦的问题，突然听到一个低沉的南方口音："麦克斯，你看上去真悲伤。怎么了？"麦克斯没有马上说艾琳·伯恩斯坦的歇斯底里。他们寄存好汤姆的行李，去了梅菲尔游艇俱乐部。在东河边，轮船来往疾行，汤姆急于知道他关心的所有事情。于是麦克斯把伯恩斯坦夫人的事从头到尾讲了一遍。然而，沃尔夫似乎并没有把这事想得太严重。他还问是不是讲完了。得到了麦克斯肯定的回答后，他说："那现在，我们可以好好放松一下了。"

在去拉法耶特宾馆的路上，汤姆在第八大道上停了下来，伸出手指。"那儿，麦克斯，就是我住在阁楼里写《天使，望故乡》的地方，"

他说,"我们上去看看能不能进去。"他们走上楼梯敲门,但无人应答。汤姆继续敲门,麦克斯则从大楼后面的窗子看出去,发现有一条太平梯通向沃尔夫所住阁楼敞开的天窗。"这样吧,汤姆,"麦克斯说,"如果你真想看看小鹰积蓄力量长羽毛的窝,就来吧。"于是,查尔斯·斯克里伯纳出版社总编辑,戴着软呢帽,身着西装,率先走上了第二次非法闯入的征程。他爬到太平梯,往上爬到窗口,就进去了。沃尔夫跟在后面。"你可以称它是一间阁楼,"多年后,珀金斯在给约翰·特里的信里向他描述当年的情景,"因为它是在房子的顶层,墙壁的上半部分有一定的斜度。但它很壮观——根本不是你以为的那种诗人居住的阁楼。实际上,我可以说这是汤姆住过的最好的地方。"离开前,沃尔夫找来一支铅笔,在门廊的墙上胡乱写道:"托马斯·沃尔夫在此住过。"

他们在拉法耶特宾馆喝了酒,然后过了东河去布鲁克林。太阳正在落山,麦克斯和汤姆去了圣乔治宾馆,在宾馆屋顶俯瞰这座城市。一幅奇观仿佛在他们眼前展开。阳光渐渐隐入黑暗,曼哈顿在无数闪烁的灯火中苏醒过来。

他们离开布鲁克林,回到拉法耶特又喝了一会儿,然后外衣搭在肩上,在溽热中向城中走去。一路上一直说话。凌晨三点左右,在49街附近,他们在东区的一个酒吧告别。早上九点,眼睛通红的珀金斯头昏脑涨地坐在"白山特快"列车的卧铺座位上,在隆隆的火车声中,北上去温莎。

15

关键时刻

珀金斯在佛蒙特只待了几天。汤姆·沃尔夫回到了纽约城，这意味着在编辑职责之外，又多了法律和爱情问题。麦克斯觉得他必须在纽约。

沃尔夫回来一个多星期后，还没有回复艾琳·伯恩斯坦最后那封信，她只好放低姿态，再次寻求珀金斯的帮助。"我很苦恼，"她在信里对麦克斯说，"如果你能请他给我回信，我将感激不尽。他一定还在气头上。"她还附了一封给汤姆的信，没有装信封，这样麦克斯也能看——

> 我想让你和珀金斯先生知道，我不会因为你写我或者利用跟我有关的素材而对你和你的出版社诉诸法律。不管你们是否因此松了一口气，我都不在乎。如果我无法和你达成个人之间的、符合情理的协议，我也打算放弃了⋯⋯以前我们在一起时，我曾相信即使你写这本关于我们的书，你也会像你常常承诺的那样，站在我一边。那时你答应得那么坚决。现在我知道了，我知道不能要求

得到任何形式的爱,如果现在的我不配拥有它。也许我是一个傻瓜,指望得到善待:我曾信任你,汤姆。

沃尔夫完全不知道该如何应对,他什么都没做,包括写作。为了让他把心思放到写作上去,麦克斯告诉他斯克里伯纳出版社里有好几袋信件等着他处理。珀金斯见过很多狂热读者给作家的信,但谁也没有沃尔夫收到的这么多。他的读者崇拜他,要向他表示谢意。于是汤姆开始每天来斯克里伯纳出版社五楼的图书馆,给他的崇拜者们热忱地回信。

尽管沃尔夫还没有开始修订他那本短篇小说集的校样,珀金斯还是觉得他很快适应了回来以后的生活。在去科罗拉多参加作家会议之前,他只是在打发时间。麦克斯很了解汤姆,担心他可能只顾着即将到来的旅行,而把短篇集抛诸脑后。所以他几乎每天,在午饭或喝东西的时候,都会催促沃尔夫加紧写作。沃尔夫回到美国不久的一天下午,他们正在查塔姆宾馆酒吧喝"茶",伯恩斯坦夫人出现了。

艾琳独自坐在靠墙的一个小桌子旁,头低着,半边脸被帽檐遮住了。珀金斯认出了她,指给汤姆看。汤姆立刻向她走去,但酒吧毕竟是公共场所,不适合这种重聚的场面,于是他们三人就回到麦克斯的办公室。在那里,沃尔夫鲁莽地提出要用金钱来补偿艾琳,为她过去给予他的所有帮助。他问麦克斯能否单独和他谈一会儿。在珀金斯的办公室,他说要给她一部分《时间与河流》的版税——此时该书销量已经达到四万册。在此期间,伯恩斯坦夫人在电梯旁用栅栏隔开的前台区域等候。汤姆出来找她的时候,她正拿着一小瓶药片往嘴里倒。他冲过去把瓶子从她手上拍掉。艾琳一软晕倒在他的怀里。珀金斯怀疑她已经吞下了过量的巴比妥药片,赶紧按电梯铃把守夜人叫来,守夜人告诉他们斯克里伯纳大楼里有一位皮肤科医生在加班。这位医生数了数药片，打电话问了药房，确定药片都还在。于是，托马斯·沃尔夫和艾琳·伯恩斯坦开始勉强达成和解。

几天后，艾琳·伯恩斯坦写信向珀金斯道歉：

> 很长时间以来，我一直生活在痛苦之中，我在为两件根本无法改变的事情而受到惩罚。我生得太早，爱得太深。我真想让你看看我的内心，让你明白我多么理解你为汤姆所做的一切，多么理解你特殊的品质。我对你说了我不该说的话，因为我明白了你和他走的这条路是什么。

她向编辑解释了她无法对沃尔夫明说的想法，汤姆想用支付现金的方式一笔勾销他欠她的感情债，但她绝不接受任何形式的补偿：

> 那些年我为他的写作所做的一切，都是出于我们深深的爱和我对他的信赖。让我保存着它吧，那是我一生中最美好的记忆。永远都不存在任何要求回报的问题，当然也不会有要求用金钱补偿的问题。

这段时间，艾琳·伯恩斯坦日夜在剧院工作，疲惫不堪但又失眠。她时不时地见到沃尔夫，但总是不满意：他心思总是在别的事情上，他们在一起不自在了。7月的最后一个星期，她的身体终于垮了，一连昏迷了三天。她得了胸膜炎。"很难受，我在一个氧气帐用力呼吸，疼得厉害，"她苏醒以后给沃尔夫写信说，"我从没有病得这么厉害，但我会很快恢复好的，我还有很多事情要做。希望你永远别得胸膜炎。"

7月27日，沃尔夫出发西行，去科罗拉多大学博尔德校区参加作家大会，8月中，麦克斯收到了他发出的第一封信："此行已经是，并且将继续是一次精彩的旅行。"他在动身去丹佛并继续向南行之前给麦克斯写信说道。经过了讨论、讲座、朗读、聚会等种种活动，他也筋疲力尽了。

珀金斯最关心的是汤姆的短篇选集，现在的书名叫《从死亡到黎明》(From Death to Morning)。沃尔夫仍对《时间与河流》中的错误耿耿于怀，他对珀金斯说："在我回到纽约之前，那本短篇小说集的校样你千万别定稿。如果这意味着这本短篇集不得不推迟到明年春天出版，那也只能推迟。但这次我得找时间自己看看校样，无论怎样都得跟你谈谈应该做的修改、变动、增删，不然我可不会允许你们把校样从我身边拿走，拿去印刷，出版。我是当真的，麦克斯。"他还补充道："我宁可现在尽量面面俱到地把书准备好，去面对、反驳上一本书遭遇过的那种严厉的批评。"

麦克斯已经通读了校样，再度为之赞叹。"它们表明你既可以客观，也可以多变。"他写信对汤姆说。他说，事实上，整本书将是对以前负面批评的一种有力反驳。

沃尔夫还在西部巡游，见了许多人，比如艾德娜·费勃[1]和在好莱坞的多萝西·帕克，珀金斯则不断写信提醒他别忘了还没改的校样。沃尔夫寄回给他的，只是一些赞叹风景或转述轶事的明信片。9月1日，沃尔夫终于决定结束这次已经延长到六个月、谁都会觉得足够长的假期。他告诉麦克斯，现在他够内疚的了，得回去工作。

在归途中，沃尔夫就在琢磨未来的写作计划。在博尔德和其他地方，他曾谈及一本"夜晚之书"正在他脑中盘桓。他向珀金斯解释道：

---

[1] 艾德娜·费勃（Edna Ferber, 1885—1968），美国小说家、短篇小说家和剧作家。她的小说作品尤其受欢迎，《画舫璇宫》《壮志千秋》《巨人传》等均改编为热门电影、舞台剧等。

> 我谈了我的生活多少是在夜晚度过的,也谈了黑暗带来的奇妙反应,它对我们的生活所起到的奇特、魔幻的作用,夜晚的美国,河流、平原、山川、月光下或黑暗中的河。

沃尔夫认为美国人是一个"夜间的民族",他相信这是他最宝贵的发现之一,值得他为此写本特别的书。最后他想尽量由外及内地写,去创造一个他本人不是绝对中心的世界。他在信里对珀金斯说:"我要毫不妥协地坚持我的神圣权利,做这本书'万能的上帝',成为推动它的精神,隐身其后的精神,从不现身,能粉碎别人说是'自传'的说法,却能骄傲地保持不主观的自传性。"

"我们接下来干什么?"他往东走的时候写信问麦克斯。他要写《十月集市》,要写那本"彭特兰家族的书",还有《夜晚之书》(*The Book of the Night*),短篇小说……要不然他应该接受许许多多讲座的邀请吗?麦克斯有的是时间琢磨怎样答复,因为沃尔夫还在晃荡。例如,9月中旬,他在里诺停了下来,这座城市的赌场、酒吧和舞厅永远闪着光,他看得眼花缭乱。

珀金斯仍然认为短篇小说集这一本必须先出。他已经把他确定能改的地方都改了,并且退给印刷厂改正后重新出了校样。"汤姆一到这里,我就说服他读,"珀金斯给伦敦的弗雷尔-里弗斯写信说,"如果他不肯,我就想办法从他手里拿回校样,直接付梓。"现在这本书有九万五千个单词,篇幅适中,而珀金斯就担心沃尔夫还想增加几篇他还没开始写的故事。"我会极力反对这么做的,"他告诉弗雷尔-里弗斯,"想到出版一本篇幅适宜的书,他就觉得是一种耻辱似的。"

7月25日星期五,珀金斯去巴尔的摩见预约好的柏德利医生。上次来巴尔的摩,他曾答应伊丽莎白·莱蒙一件现在想来失之草率的事——到她家去拜访并且住一晚,那将是他首次在米德尔堡过夜。星期六下午,她见到了他,在他们交往了十三年的友谊中,这是麦克斯第二次去维尔伯恩。那天傍晚,伊丽莎白开着她亮闪闪的福特新车,载着他沿新近开通的天际线公路,在蓝岭山脉间行驶。麦克斯眼袋大大的眼睛一眨不眨地看着沿途美好的景色。在伊丽莎白看来他显得很疲惫。她从没主动要求他谈论工作,但这一天她轻轻地说,她对他的工作究竟是怎样的几乎一无所知。麦克斯说他改天会写信告诉她。

麦克斯果真在维尔伯恩住了一晚,但第二天一大早,他就整理好行囊,分明是要告辞的样子。伊丽莎白说服他多留一会儿见几个她的亲友。之后他就动身回了纽约。后来,在远离了与她在一起时那种令他难以平静的状态之后,他给她写信说:

> 你过的真是一种幸福、美好的生活,远离世俗的污秽,那就是你在我心目中永远的形象……伊丽莎白,你思考的时候总是那么悲伤——从世俗的角度你也许过得不幸福——你也不想这种幸福——但你已经做得很好了。如果再让我活一次,我还会记得你冒着酷热来巴尔的摩的那些场景,我会为此而感激你。

珀金斯不喜欢欠别人的情,"但不包括你——"他对伊丽莎白写道,"相反,那是我的幸运,因为我欠你的情多得永远无法偿还。和你几次相聚后,我又总是觉得,那些现在似乎渐渐成为幻象的事情是真实发生的……上个周末的相聚,我会永远铭记于心,想到那里的每一件事,每一个人,心中充满感激和愉快。"之后麦克斯再也没有去过维尔伯恩,但它留给他完美的印象是永远的。

珀金斯遵守了诺言,向莱蒙小姐描述了他一个典型的工作日:1935年7月29日。麦克斯说,如往常一样,他首先处理堆在他桌上的信件。他在信里告诉伊丽莎白,"一封信,是来自一位经纪人,他要我们接手出一个年轻的纽约东区作家……作家［名叫亨利·罗斯］出过一本书《称它睡眠》(Call It Sleep)"。珀金斯翻过这本小说，并且很遗憾这本书不是他出版的。它开头紧凑流畅地描述埃利斯岛挤在一起的人群，麦克斯钦佩罗斯富有洞察力地在纽约城"D 大道"附近再造了一段微观的美国生活。珀金斯告诉伊丽莎白："这样的作家会给我带来无尽的麻烦——因为他蔑视一切常规——比我出版过的任何一个作者都更难缠。但是，我还是用鼓励的语气给他写信，希望读［他的下一本］书。我们毕竟还是出版社。"

珀金斯告诉伊丽莎白，那天下午他去跟查尔斯·斯克里伯纳谈一本关于训练捕鸟猎犬的书，他们决定出版。然后他又和斯克里伯纳谈起出版一本威廉·巴特勒·叶芝作品限量版。斯克里伯纳内心对诗歌是有疑虑的，但珀金斯认为叶芝是二十世纪最重要的英语诗人，坚称这样的书有需求。他提醒斯克里伯纳，他们出的一套同样不被看好的奥尼尔戏剧集也赢利了。斯克里伯纳作了让步，让麦克斯和麦克米伦出版社联系授权的事。

麦克斯接着写，这之后，S. S. 范达因打电话来"通知"他最晚将在 8 月 1 日带来最新的书稿《绑架谋杀案》(The Kidnap Murder Case)。"很好，"珀金斯说道，"但为何要设期限？"

"因为，"范达因答道，"你说过我在结婚后就不准时交稿了。"珀金斯确实常跟那些拖到四十多岁才肯结婚的人开玩笑，比如范达因。"都过了那个时间，何必再自寻烦恼？"他常说。

上午剩下的时间，麦克斯都在向秘书口授他的信。他和斯克里伯纳一起去附近"有空调"的朗香餐厅吃午饭，珀金斯向他描述了那条在蓝岭山脉间盘绕的美丽的公路。

回到办公室，麦克斯在网球冠军海伦·威尔斯·穆迪（Helen Wills Moody）来到办公室之前，口授完他的几封信。斯克里伯纳出版社出过她的打网球指南,现在她正投入写作一本详细讲述她与海伦·雅各布斯最近比赛的书。"她当然有她独特的美,强壮,健康,你会想到美国式的自然。"麦克斯告诉伊丽莎白。他承认她的第一本书是成功的。但他告诉莱蒙小姐:"海伦·威尔斯不会写。"他想告诉她"趁年纪还轻赶紧生孩子,忘了写书这码事",但他查了她的书的销售数据,又决定加印。"我不擅长编那类东西,"麦克斯说,他指的是非文学类作品,"因为它让我感到乏味。"

海伦·威尔斯·穆迪之后他还见了好几个人。下午下班之前,他还收到托马斯·沃尔夫的律师一封信。律师说沃尔夫在他的文件中翻检,发现了律师和正起诉他的玛德琳·博伊德之间的通信。麦克斯觉得他们和她之间的麻烦看来可以结束了。后来沃尔夫请麦克斯帮忙,尽可能让他将来远离这种"可耻的、搞破坏的侵犯"。珀金斯做事是会全力以赴的。但是,他回信对汤姆说,这种攻击也是生活的一部分。"正如我们常说的狗身上的跳蚤,也许对我们是有益的。"

那天傍晚,珀金斯不必出去跟人喝一杯,所以他待在办公室读书稿,只是被一本宣传推广用的样书打断了一会儿。他告诉莱蒙小姐,总的来说,"这是充实的一天"。他把一个跟阿帕奇人打过仗的老猎人讲述他在美国西南部经历的书稿塞进公文包,带回家晚上读。

"我的工作之多样超过大多数人。"麦克斯曾在信里告诉莱蒙小姐,解释他如何说服自己放弃休假。事实上,他说,这个工作太适合他了,他不明白为何不能每周七天都工作。"没有人认为上帝创世的工作做得非常好,"他告诉伊丽莎白,"他很有可能太赶了,为了在第七天休息一下。因为这我们星期天不工作,我恨它,还恨所有的假日,还有晚上。"

1935年9月,路易丝和两个女儿从欧洲回来了。佩吉甩掉了在欧洲结识的一个赛车手,他们认识不到一星期他就求婚了,遭到她拒绝后还企图自杀。

9月末，还有另一个重要的人来。汤姆·沃尔夫回到纽约了。麦克斯早就准备好了为短篇小说集校样的事跟沃尔夫大干一场。令他大感惊奇的是，沃尔夫二话不说，立刻修改，也没提任何要求。珀金斯之前力辩这本书必须马上出版显然说服了他。不到一个月，书就在书店上架了。

现在沃尔夫搬到了第一大道865号的一套新公寓，离珀金斯家住的东河一带只有两个街区的距离。很快，麦克斯又经常和他在一起了。沃尔夫已经成了珀金斯家里的固定成员，而现在，据汤姆的经纪人伊丽莎白·诺维尔说：

> 他几乎就像家庭成员一样住在那里了——或者说，就像珀金斯的儿子，就其实质来说，他就是。珀金斯好像永远都看不够他，而珀金斯太太则负责喂饱他，照顾他，倾听他讲述遇到的问题，并以圣母般的耐心招待他的朋友。

1935年秋天，司各特·菲茨杰拉德陷入了最苦恼的麻烦。《黑暗伯爵腓力》在《红书》（*Redbook*）上连载了三期后，杂志主编埃德温·鲍默尔（Edwin Balmer）对它失去了兴趣。司各特负债累累，病倒了，无法写作。一连几个星期他面目憔悴。珀金斯从他那里收到的只是电报和要钱的简短信件。"我知道他最近贫病交加，"珀金斯写信告诉海明威，"不过他的病可能部分是他的老毛病忧郁症。"

那年冬天，菲茨杰拉德在一篇名为《崩溃》（"Crack-Up"）的文章中表达了他的痛苦，它分三期刊登于每月一期的《先生》杂志上：

> 我突然有一种强烈的直觉，我必须单身……我发现就连我对最亲

近的人的爱都渐渐变成只是一种爱的企图，而我与他人的偶然联系，一个编辑、一个卖香烟的、一个朋友的孩子，只不过是我曾告诉自己过些日子要做的事情。

珀金斯不知道司各特写这篇文章到底是怎么回事。趁自己去巴尔的摩看医生，他去看望司各特，发现他得了流感躺在床上，呼哧呼哧地大口吸气。"我见了司各特，但这对他一点帮助都没有，反而可能有害，"这次访问后，珀金斯写信告诉海明威，"我不可能去跟他说话，最后我趁他昏睡走了，如果能说那是睡着的话。"

奇怪的是，珀金斯认为菲茨杰拉德这篇发表在《先生》的文章反而证明菲茨杰拉德的病情并非无望改善。他向海明威解释说：

没有人会写那种文章，如果文章中说的都是真的。我怀疑一个绝望的人或者一个永远一蹶不振的人会把实情说出来。我认为那样的人什么都不会说，正如真想自杀的人绝不会告诉任何人。所以我以为，当他写这些文章的时候，在他的内心深处一定是在想他的情况总会好转。他对写作也许失去了曾经的那种激情，但他是个技巧高超的作家，只要能够控制好自己，理顺生活，就一定能写出佳作。

珀金斯同意约翰·皮尔·毕肖普的建议：只有回归天主教，司各特才有希望。"我知道，而且从他写的第一篇作品就知道，他内心是有这种倾向的。"麦克斯告诉欧内斯特。菲茨杰拉德公开承认他的精神危机，令珀金斯猜想他可能即将宣布皈依天主教。

极度缺钱的菲茨杰拉德整个春天都忙于为《先生》写一些小文章，为《星期六晚邮报》写几篇不值一提的短篇小说。这一年他的收入跌

珀金斯两位差异极大的作者的一次会面。左边是因菲洛·万斯侦探小说系列而取得巨大商业成功的S. S. 范达因，他衣着讲究，充满书卷气；海明威则爱嘲讽"文质彬彬"的作家，他很少系领带。右边站着的是查尔斯·斯克里伯纳三世和珀金斯。

到一万美元，是他自《人间天堂》出版以来收入最少的一年。

欧内斯特·海明威认为那几篇连载的《崩溃》很"可怜"。他说，人们在生活中都经历过空虚，人应该做的是奋斗而不是公开发牢骚。他给司各特写了几封信，鼓励他振作起来，却发现他以"可耻的失败"而骄傲。海明威说，从第一次见到 F. 司各特·菲茨杰拉德起，他就认为如果让这个人去参加那场他总是遗憾错过的战争，他迟早会因为懦弱而被击毙的。海明威相信司各特的麻烦都是他自找的。他太迷恋青春，直接从童年跳到了老年而没有经历成年，这对司各特是很糟的事。

那年春天海明威难得来了一次纽约。他紧张《非洲的青山》出版后能否受到好评，也为正义事业忧心忡忡。随着三十年代法西斯主义在欧洲抬头，左派"杂文家"——许多美国文学评论家乐于这么自称——宣称文学的功用是医治社会的弊病。他们对海明威身为美国影响力最大的人之一，却拒绝加入他们的事业而感到愤怒。他不参与任何团体，只专注于自己的写作。他的声誉正隆，他告诉珀金斯——安德烈·纪德、罗曼·罗兰、安德烈·马尔罗刚邀请他参加一个国际作家大会——但他没有上当；评论家们是会拔出刀子的。但是，他估计他们短时间内是灭不了他的。"海爸爸是很有韧性的。"他请珀金斯放心。

1935 年 8 月末，珀金斯收到海明威寄来的《非洲的青山》校样，他认为书稿什么都好，除了海明威新加的间接攻击格特鲁德·斯泰因的内容。"我认为最好不要把那个老姑娘称为'母狗'。"珀金斯写信跟海明威谈他间接提到她的地方。海明威指出，他并没有提到斯泰因小姐的名字，也没有任何地方可以明白无误地证明他说的就是她。而且，他问麦克斯，如果不用"母狗"，该用什么词呢？当然不能是"婊子"。海明威建议在这个名词前再加一个形容词"龌龊讨厌的"或"搞同性恋的"来修饰，但是，如果有谁可以被称为母狗，那个人就是格特鲁德·斯泰因,他说。他不明白珀金斯为何对这个词大惊小怪,除非他认为这个词会给评论家们一些别的理由"吃饱了撑的乱打嗝"。

在《非洲的青山》中,海明威认为,读评论家文章的作家实际上是毁了他们自己:

> 如果他们对说他们伟大的评论照单全收,那么看到说他们是垃圾的评论也必定全部吃进,于是就失去了信心。眼下我们就有两位好作家因为读了评论而失去了信心,写不出东西了。如果他们写的话,有时候会很好,有时候不怎么好,有时候则相当差,但是好的总会出版。不过他们读过了评论,他们就必须写出杰作。就是评论家们说他们写过的那种杰作。其实当然不是什么杰作。不过是些挺不错的作品罢了。所以他们现在根本就不能写了。[1]

海明威几乎用同样的措辞,与珀金斯谈论过司各特·菲茨杰拉德和托马斯·沃尔夫。

最后,他还是采取了在他看来是和解的举动,把称呼格特鲁德·斯泰因的用词改成"女的"(female)。他认为那足以使她暴跳如雷,同时也让珀金斯满意。

麦克斯预料评论界会对《非洲的青山》很冷淡,倒不是因为海明威料想的评论家对他有积怨。麦克斯见证了够多作家的创作生涯,知道他们自然会有潮起潮落。他知道即使评论家们手上没什么现成问题可以拿来挑剔海明威,他们也会编一个出来。"每个作家似乎都得经历一段受到冲击的时期,"珀金斯在给菲茨杰拉德的信里说,"欧内斯特现在写的一些书,一般来说会被认为是他的次要作品,在这个时候

---

[1] 译文引自《非洲的青山》,张建平译,上海译文出版社1999年版。

受一些冲击,即使情况再糟糕,也是好一点的。"

《非洲的青山》评论果然不温不火。查尔斯·普尔(Charles Poore)在《纽约时报》上写道,"放在任何地方,这都是写狩猎大型动物写得最好的故事",欧内斯特的写作"比过去更好,更饱满,更丰富,更有深度,只是还在寻找能完全施展写作的题材"。埃德蒙·威尔逊则在《新共和》杂志上发表了被海明威称为"马克思主义胡话"的评论,说这是海明威"写得最弱的书"。威尔逊曾是海明威最早的崇拜者之一,但过了几年又成了对他最敢言的批评者。

欧内斯特为这些评论耿耿于怀。《永别了,武器》获得成功已经六年多了。他相信他的新书是被两个本来可以避免的缺陷给毁了。他认定,第一个是他冒犯了那些每天写评论的人,因为他在书里把纽约人称作"瓶子里的蚯蚓",把评论家称为爬在文学身上的虱子;他们联合起来攻击他。但珀金斯认为,这个问题他们俩谁都无能为力。他解释说:"我当时知道——而且我做梦都没有想到你当时不知道——你在《非洲的青山》里说评论家的话都是实情。我本该提醒你的,但我那时就认为你不需要,而且你肯定一秒钟都不会考虑。我也认为你不必……你说出了他们的真相,因此对你造成的负面影响不会很久,只是暂时的。"

海明威说的第二点是书的推广。斯克里伯纳出版社过去有位畅销作者小约翰·福克斯曾写信跟老查尔斯·斯克里伯纳说:"出版人就是书卖不动遭受指责,书畅销则被忽视的人。"现在海明威就抱怨斯克里伯纳出版社推《非洲的青山》力度不够。珀金斯说:"广告宣传这码事,没人说得准。要说它们没有坏过事,那是蠢话。"但《非洲的青山》在广告宣传方面获得的支持跟珀金斯在那个季节出版的其他新书是一样的,这其中包括马克·沙利文最新一卷《我们的时代》、S. S. 范达因的《花园谋杀案》(*Garden Murder Case*)、罗伯特·布里福

（Robert Briffault）有争议的畅销书《欧罗巴》(*Europa*)。根据多年的经验,麦克斯发现,"对于负面评论,你不能在它发表两三天后就跟着反击……这样做是愚蠢的,我们确信如此"。

过了两个月,销售仍然惨淡,珀金斯这样向作者解释这本书的失败:

> 这很可能是由于出版界经常发生的事情:公众对一本书的内容有了一个肤浅的印象。他们对这本书的印象是讲述一次为期很短的非洲狩猎之旅,因此明显是一部不重要的作品。

"我应该预见到这一点的,"麦克斯写道,"公众认为你是小说家。"于是他又一次提醒海明威必须拿出新的小说了。这一年里他已经提过多次。

海明威立刻开始了公众期待他写的那种创作。他写信告诉珀金斯,那将是一部短长篇或者说"一个长得要死的短篇小说",背景是在湾流地区。麦克斯真想能去基韦斯特待一阵子,他们可以一起讨论,但他得力助手的突然离去使他难以分身。约翰·霍尔·惠洛克必须休息一段时间,没人知道他会离开多久。"又一次莫名其妙的崩溃。"麦克斯向海明威透露。

过去几年熬过大萧条的压力,对惠洛克造成了精神上的紧张。一阵一阵的恐慌使得他觉得力不从心,他无法编他作者的书,甚至无法完成他自己的诗集。在惠洛克离开之前,麦克斯和他谈了许多,猜想"他老觉得这里的人都认为他应该打起精神努力干,他的这种感觉多少是一种病症了"。事实上,斯克里伯纳出版社里没人这么想。惠洛克去了马萨诸塞州的斯多克布里奇休养;麦克斯让他放心,不必担心他在斯克里伯纳的工作。"从工作角度,你是在一年中最好的时机离开的。所以别担心。我跟你说的是实话。"这是一个善意的谎言。不出几天,他就给伊丽莎白·莱蒙写信说:"不知道没有他我怎么工作,但也只能这样了。"

1936年1月,范·怀克·布鲁克斯到斯多克布里奇看望惠洛克,恰好与几年前两人的境况相反。像过去一样,麦克斯仍然是那个各方都可与之讨论事情的人。布鲁克斯认为他们的朋友情况比任何人想象的都严重。"这种病是看不见的,"他给麦克斯写信说,"我认为杰克有一种感觉,觉得大家对他总的印象是在装病。"范·怀克建议斯克里伯纳出版社立刻将惠洛克的诗集付印。"这会让他在春天的那几个月对外界有强烈的兴趣,让他觉得自己完成了多么优秀的工作。"珀金斯立刻照他说的办。

到了2月,惠洛克觉得自己恢复得差不多了,可以回去工作了。他的医生都说他还没完全康复,回去工作也只是尝试一下。"他不一头栽在工作里是做不到的,"麦克斯写信告诉范·怀克,"不可能阻止他,除非他自己按时下班。那正是他应该做的,我也希望如此。"珀金斯找惠洛克坐下谈了一次,跟他约定固定的工作时间。惠洛克严格遵守,到他的诗集出版的时候,精神状态就焕然一新了。这本书帮助他获得了波林根诗歌奖(Bollingen Prize)。

* * *

随着托马斯·沃尔夫的第一部短篇小说集《从死亡到黎明》的出版,沃尔夫开始遭遇海明威所遭遇的同样的负面评论。那些评论批评他软绵绵的滥情,缺乏适当的修改。沃尔夫内心深处的敌意流露在外,也影响到他对珀金斯的言行。1935年11月29日,麦克斯和路易丝去一家叫"路易丝和阿蒙德"的餐馆跟汤姆喝杯睡前酒。事后证明这是一次错误,因为汤姆不是一个喝酒有节制的人,两三杯下肚,难听话就出来了。那天晚上他痛斥"资本主义的不公",封麦克斯为"头号资本家",说了一些侮辱他的话。第二天,沃尔夫下午一点来到珀金斯的办公室,愧疚而诚恳地说他必须继续写作,要珀金斯帮他决定接下来写什么。麦克斯同意明天晚上再跟他讨论这个问题——既不在他家里,也不去咖啡馆,而是在东河上的一座桥的正中间,一英里内都找不到威士忌。

几周以后,沃尔夫又跟珀金斯起口角了。这次的争执源于汤姆又要执行那荒唐的计划,为伯恩斯坦夫人往日的恩惠付她钱。一个星期四的晚上,他要求麦克斯最晚第二天上午十一点以前拿出1050元钱。麦克斯说不行;汤姆说不行也得行。珀金斯按时送来了钱,但当他在那天傍晚七点再见到沃尔夫时,才知道他一下午都在打瞌睡。那些钱被揉成一团塞在他的口袋里。麦克斯让他答应直接去高谭饭店,路上不得停下来喝酒,把钱存在保险箱里,直到星期一可以去银行存钱。后来,珀金斯说起这件轶事就哈哈大笑。

接着就是那个汤姆表现最恶劣的可怕的夜晚。伯爵夫人埃莉诺·帕尔菲是路易丝和麦克斯的一个美国朋友。最近她的一只眼睛看不见了,因为她的丈夫出于妒忌心理用一把左轮手枪的枪柄打中了她的眼睛,导致那里肿起了一个包。她出医院的第一天就打电话给麦克斯,问她能否去他家晚餐。埃莉诺一直对作家感兴趣,而路易丝说他们可以邀请汤姆来。麦克斯知道这两人见面会像甘油碰到硝酸。他知道这个女人的社会态度、贵族头衔、都市派头都会激怒汤姆,所以请路易丝不要这样安排。路易丝则坚持说那天晚上大家会很开心。

沃尔夫为了这顿晚餐好好热了身,先喝了好多酒,麦克斯担心的一点不差,他到的时候已经酩酊大醉了。还没进门,他就冲着埃莉诺猛烈抨击了。他那长篇大论的基本观点是:她不比任何人强,他也不比任何人差。汤姆非常肯定她是个势利眼,所以也是反犹太人的,他甚至告诉她，他的父亲，石匠 W. O. 沃尔夫，是一个犹太拉比。结果这反而让她更觉得他有意思。有一度，沮丧的汤姆从餐桌旁站起来，脱下外套展示商标，说："这是伦敦最好的裁缝做的！"

麦克斯竭尽所能打趣，来消解汤姆粗俗的话，但他意识到大概只有汤姆的离开才能让这场闹剧结束。过了一会儿，沃尔夫自己站了起来，像是要哭了，跺着脚向前门走去。珀金斯在客厅里拦住他，劝他回去，言行要文明。那是一个错误。汤姆回到了座位，但嘴上照样不干净。他对埃莉诺说的每个字都要连嘲带讽，说话越来越刻薄，直到她说了一句话激怒了他，他在她眼前晃动着长长的食指说："跟那只眼睛一样假。"

埃莉诺说她该回医院了。汤姆自告奋勇送她，但珀金斯坚持自己送。结果两个男人都去了，途中在曼尼·沃尔夫餐厅停下来喝一杯，汤姆又骂骂咧咧了。珀金斯终于发火了。十年后珀金斯回忆说："这是我这辈子头一次冲他发火，让他闭嘴。我发火的时候总是大声呵斥，那次引起了许多人围观。"麦克斯激烈地斥责了他一通，连吧台的服务员都小声地喝彩。几个星期后，埃莉诺又获邀去珀金斯家晚餐。麦克斯请汤姆先到，好向他交代一番如何弥补上次的失言。"他果然态度老实地来了，还带了一大捧玫瑰花。"珀金斯回忆道。汤姆努力道歉，也确实结结巴巴地说了一些表示友好的话。但后来，很明显他始终都记恨着麦克斯以这种方式让他受辱。

那一整年珀金斯都感到汤姆在考验他：麦克斯的友谊，他的耐心，他对沃尔夫作品的信心。他甚至告诉珀金斯，维京出版社有个编辑读了他最新书稿的副本，说这样的书当然不能出版。当珀金斯对这个编造的挑衅反应激烈时，沃尔夫乐不可支。"我不该信以为真的，"珀金斯说，"但汤姆总是能用这种话愚弄我。"麦克斯意识到："汤姆对他自己有一种奇怪的不信任感，显然这使他实际上不相信其他出版社会要他,他经常暗示要离开我们,但我认为他只是要看看我的反应而已,这种情况一直持续到1936年春末。"

珀金斯看出沃尔夫正在找茬跟他吵架。"我不是说汤姆在存心或者有意识地制造离开我们的理由,"多年后麦克斯写道,"但潜在的理由强烈刺激着他,而他又没有明确意识到,因此他把借口当做真实的理由。"

沃尔夫正在写一本新书,把《时间与河流》最初的前言和他在博尔德所做的演讲、会议发言稿整合在一起。所以这不是小说,而是一本非虚构的小书,书名叫《一部小说的故事》(*The Story of a Novel*)。

实际上,《一部小说的故事》是珀金斯另一个想法在沃尔夫心里生根发芽的产物,正如他在这本书开头所写的那样:

> 一位编辑,同时也是我的好朋友,大约一年前告诉我,他很遗憾没有记日记,把我们俩[为《时间与河流》]共同工作的经历记下来:全部的努力,困难,推进,停顿,结尾,成千上万次尝试,替换,胜利,屈服,最终造就了一本书。这位编辑评论道,其中有些是美妙绝伦的,不可思议的,完全令人惊叹的,他还十分周到地说,整个这次经历是他进入出版业二十五年中最有趣的一次。

沃尔夫讲述了这个故事,一本小书也就形成了,《星期六文学评论》要连载。珀金斯暗暗担心汤姆要突出赞扬他对《时间与河流》的贡献。他觉得自己抛头露面已经够多的了。沃尔夫详细讲了编辑的工作,但始终没有提到珀金斯的名字。而麦克斯对《一部小说的故事》在编辑上的唯一贡献是说服汤姆删掉两三段没必要的谈论政治的文字,因为这些"跟这本书的主旨没什么关系,书本身是要反映他的心灵如何被他所亲眼看到的贫困与不公正所扭曲"。但正如麦克斯所担心的,汤姆在他上一本小说中无法表达的对麦克斯所作贡献的所有话,这下在这本新书中说了个痛快。这就让人感觉沃尔夫好像试图用这种向珀金斯殷勤致敬的方式,跟他两不相欠,以后摆脱他也就更容易一些——就跟他硬塞钱给艾琳·伯恩斯坦以获得心安是一个道理。

现在,步行去47街上的斯克里伯纳出版社拿邮件成了沃尔夫每天生活的一部分。这也是放下工作的一个好借口,而且,到斯克里伯纳出版社去观察那些过去六年来一直与他相处的人,对他来说也很重要。他们并没有察觉,他既把他们当做工作伙伴,也会是他将来文学创作的素材。

沃尔夫意识到,虽然他大半辈子都是单身,但他从未真正独立过。现在他进入了一个必须改变自己的时期——把他认为生活中可有可无的一切人和事都置之度外。这样的决定当然首当其冲就会涉及艾琳·伯恩斯坦和麦克斯·珀金斯。于是他就利用起那本书,他们两人都在其创作过程中起过重要作用的《天使,望故乡》。汤姆算计,把这本书的手稿卖掉将一劳永逸地还清他欠伯恩斯坦夫人的债。在随后的几个月中,他不断与艾琳纠缠,并力图把珀金斯拉进两人之间的讨价还价。他原本已经把那份手稿送给艾琳了,可现在又不合常理地要她写信跟麦克斯说,沃尔夫送她手稿是为了偿还她给他的钱。艾琳知道那根本不是真的。"我当时的理解是你把它送给了我,它是一件爱情与友谊的礼物,一个代表你当时对我的感情的信物,"她写信对汤姆说,"我不可能把它视为别的什么东西。"尽管如此,不到一周,汤姆还是逼着她给珀金斯写信说了他口授的所有话。她告诉汤姆,她发现自己是一个傻瓜,竟让汤姆给说服了,但她又在另一封信里对他说,"我非常爱你。"

沃尔夫与珀金斯的见面,因为他言辞变得尖刻而一本正经起来。

即使当路易丝为了弥合他们的隔阂而邀请沃尔夫来家里，他在乌龟湾还是咄咄逼人。一天晚上，两人争论越来越激烈，几乎要打起来了。麦克斯很快恢复了镇定，回自己房间去了。汤姆也走了，走时重重地关上门。那天晚上，路易丝给沃尔夫写了一封短信。"汤姆你听好，"她说，"如果今晚换作别人跟你这样硬碰硬，你肯定跟他动手了！你知道他是你的朋友——真正的朋友——他是令人尊敬的。那还不够吗？请你别再这样。在一定程度上也是因为我以前很糟糕，令他很失望，我求你别再这样做了。"

最近几年麦克斯和沃尔夫大段大段的时间在一起，并没有使麦克斯和路易丝更亲近。内心深处她只能迁怒于她丈夫只顾着汤姆。为了排遣寂寞，路易丝继续纵情于戏剧表演。她保留着一份所有经典角色的剧目，还能凭记忆表演独白、演讲、诗歌朗诵。麦克斯的一位哈佛大学时代的老友、剧作家爱德华·谢尔顿说，路易丝的"天赋足以胜任职业的舞台演出"。一天晚上，在一个珀金斯夫妇和沃尔夫都参加的小范围晚宴上，麦克斯和汤姆热烈地讨论起文学。路易丝很想参加讨论但眼看着自己插不进嘴，她用胳膊肘轻推旁边的人，小声说："叫我朗诵，叫我朗诵。"

伊丽莎白·莱蒙说："路易丝嫉妒麦克斯；她总想成为大家注意力的中心。"也许更准确地说，路易丝是以个性外露来引起别人的关注，而麦克斯则以距离感吸引人。麦克斯通常不会把他对别人的负面看法说出来；一次有人说某个作者是狗娘养的，他说："是的，不过是无意识的那种。"路易丝则相反，她肆意在外人面前表露自己的情绪，对别人的憎恶也常常是显而易见的。在另一次小规模聚会上，她整个晚上都在挑汤姆·沃尔夫的刺，聚会快结束时，路易丝在座位上盯着她的敌人看。最后她对一个朋友说："上帝，他是多恨我，我也多恨他啊。"这话说得几乎听不清，但汤姆的耳朵可竖着呢。"不，路易丝，"他慢吞吞地低声说，"我对你充满敬仰。"麦克斯耳朵不好，两人的话都没有听到。这倒也好。在其他场合，汤姆和路易丝还曾畅谈至夜深，谈他们对麦克斯共同的爱和尊敬，最后彼此理解时，敌意也就消失了。

为了取悦麦克斯，也为了满足自己创作的需求，路易丝在三十年代中期重新开始写作。麦克斯高兴地看到她定期地去她在第二大道上租的一间工作室报到。她向报刊卖出了好几篇新写的故事和诗作。她以前是写过儿童剧的（这些剧作的合集《魔灯》自1923年出版后还一直在版），但在1936年，路易丝的心思放在了一项更具挑战性的工作上。她想到他们家的隔壁邻居就是凯瑟琳·赫本（Katherine Hepburn），想为赫本写一个关于波利娜·波拿巴[1]的九幕剧。这是一个服饰华丽、对话僵硬的戏，没几个人关心比剧中人物穿戴的首饰、长袍分量更重的事情。无疑，是麦克斯对拿破仑终生的迷恋让路易丝把注意力放在那个时代，而她自己的研究却使得她迷上了颠倒众生的波利娜。她发现波利娜这个宫廷中最激动人心的女人和他的哥哥拿破仑之间的关系非常像她自己对麦克斯的感觉。如同路易丝，波利娜·波拿巴"很容易像猫一样发脾气"；她对政治的认识跟孩子一样幼稚，对戏剧演出则充满热情。她生活在一个她尊崇的男人支配之下，虽然他已经阻碍了她的个性发展。在第五个场景中，当拿破仑把她的情人德·卡努维尔打发走时，她说：

> 我真是厌烦了失望和苦闷。我一直被拖在拿破仑的战车后面，被碾压，被路石踩躏。我投入生活的所有热情都烟消云散。

---

[1] 波利娜·波拿巴（Pauline Bonaparte，1780—1825），拿破仑·波拿巴之妹，瓜斯塔拉女公爵。

然而，就像路易丝之于麦克斯，波利娜依然是拿破仑最狂热的拥护者。"当人们恨我的时候，"她说，"我感到遗憾，我努力让他们重新喜欢我。可当他们恨拿破仑的时候，我打心底里憎恶他们，恨不得杀了他们。"波利娜说她哥哥是为了国家的福祉而退位，这与路易丝对麦克斯的感情颇为相似，尤其是在她见证了丈夫多年遭受作者的恶言、自己做出那么多牺牲之后。

> 他的心灵像一道闪电……无论他们怎么对他，都毁灭不了他的光芒。现在我爱他胜过世上任何人，我会对他忠贞不渝直到我死。

"她是个长相可爱的人，喜欢兀自伸手去拿她永远得不到的东西，我觉得，她生活在一个不凡的男人的阴影中。"凯瑟琳·赫本这样说路易丝·珀金斯。这位演员认为这部以波利娜为主角的戏是"迷人"的，也有一些可以弥补的缺陷。但路易丝对它的投入充其量只是断断续续的，而且她始终没有解决这个戏存在的问题。

"妈妈是个精力旺盛的人，"她的女儿佩吉说，"但她讨厌做单调累人的事情，也没法逼自己去做，这大概是她没有写得更多的原因。"

两个女人，路易丝和凯瑟琳·赫本，成了朋友，但赫本小姐甚至根本不认识麦克斯·珀金斯。"他常常在47街上跟我那个绰号'47街市长'的司机走来走去，不是跟他交谈就是沉默不语，"她回忆说，"我总期待有一天他会对我说话。"赫本小姐写到麦克斯·珀金斯时说。但他始终没有。

* * *

在《一部小说的故事》即将付印，并定于4月29日出版之前，珀金斯和沃尔夫终于讨论起这本书的合同细节。因为这本书将比通常的大众图书薄很多——更别提通常的沃尔夫自己的书了——它的定价也必须降低,这就使斯克里伯纳更难以收回成本。因此,珀金斯提出的给沃尔夫的首印版税也减少了。汤姆同意把首印三千册的版税从以往的15%降低到10%。但就在出版之前,沃尔夫得知这本书的售价将是1.50美元而不是他以为的1.25美元。他勃然大怒。斯克里伯纳降低了给他的版税却抬高了定价。当天晚上他就去见珀金斯谈谈。没说多久他那些难听的骂人话乃至于人身攻击的话就滔滔不绝地喷出来了。第二天上午,他写了一封道歉短信。"我的用语是没道理的,我想告诉你的是,我现在知道那是不对的,"他写道,"请你忘了它。"

尽管如此,沃尔夫对这个问题还是耿耿于怀的。他并不想把昨晚的余灰重新烧旺,但他之所以同意降低版税率,是因为麦克斯说即使斯克里伯纳不太可能从这么薄的一本书上赚钱,它的出版本身就很有价值。而为了证明自己没有被利用,沃尔夫认为珀金斯应该恢复到他原来的版税率。

"七年以来,你一直是我的朋友,也是我一生中最好的朋友之一,"汤姆写信对麦克斯说,"我不想看到现在你做的这件在法律上和技术上都没问题、但在我看来就是纯粹商业操作的事。"沃尔夫承认书价和版税很有可能并不是珀金斯本人定的;但他又说:"我知道我期待的是什么,也希望现在你作为我的朋友做点什么。"

沃尔夫变得越来越蛮横,越来越强悍。"如果你决定了拒绝我在这件事上的要求,坚持要我执行我已经签的《一部小说的故事》合同条款,"沃尔夫质问道,"难道你不认为我,或者碰到这种事的任何人,从今以后就有正当理由认为我和你以及斯克里伯纳出版社的关系首先是一种生意、商业性质上的关系,如果你们以这种方式利用商业上对你们有利的条件,难道你不认为我也就有正当理由在掌握有利条件的时候利用一下吗?或者你认为只会出现对你们有利的情况?我不认为是这样,也不认为这个世界上任何心存公正意识的人会这样想……你们不能想怎么定版税就怎么定,一方面要人全心投入,另一方面商业上又占据有利条件。"

第二天珀金斯就强令把沃尔夫《一部小说的故事》的版税率从首印起恢复到 15%。这样调整后沃尔夫会增加 225 美元版税。"我们当然认为我们不应该保留那笔钱,如果它会造成这么大的怨气,消耗这么多的时间,也令我们所有人都焦躁不安。"他写信对汤姆说。珀金斯认为作者有权采取任何符合自己最佳利益的行动,但他觉得沃尔夫在这件事情上的反应过分了。"我当然不希望让你为了我而做出任何你认为是一种牺牲的事情……"他写信对沃尔夫说,"我也希望无论你做了什么,都是你深信正确的——我知道你深信你给我的这封信里提出的论点都是正确的。我从没怀疑过你的真诚,以后也不会。希望你也能这样看待我们。"

珀金斯刚把版税率调回 15%,沃尔夫又说他宁愿维持他签过字的那份合同不变。"合同中我的其他责任也同样不变。"他告诉麦克斯。现在他想到"人生苦短,何必为这么小的事情和朋友争吵"。他说他在收到珀金斯的回信前一天就已决定这么做。他甚至打电话给他,跑去看他,就为了告诉他"对我来说,世界上所有该死的合同加起来都不如你的友谊重要"。沃尔夫想让下一本书快点诞生。他告诉珀金斯,为此,"我比任何时候都需要你的友谊和支持"。

一天下午珀金斯步行下班回家,刚走不久,汤姆追上来说,他想谈谈。他的语气听上去非常坚定,于是他们在 49 街拐弯进了华尔道夫酒店,而不是他们常去的曼尼·沃尔夫餐厅。刚在酒吧落座,沃尔夫就提起最近对他的批评。然后他又说起他想写一部纯客观视角的、非自传式的书。

"汤姆处于一种绝望的状态,"几年后,麦克斯写到那天下午的事情,"不仅是评论家的批评使他想写客观视角的书,而且他知道他写过的那些书对他最爱的人都造成了巨大的痛苦。"他指的是沃尔夫在阿什维尔的家人。

沃尔夫继续描述他想写的书;珀金斯开始兴奋起来。当汤姆表示出自己能否写好这样一本书的疑虑时,珀金斯立刻告诉他,毫无疑问他应该写,他几年前就相信有一天沃尔夫终究要这么做,并且在美国只有他能写出这样一本书。

沃尔夫打算给这本书起名《保罗·斯潘格勒的幻觉》(*The Vision of Spangler's Paul*)。他开始动手,很快就构思出一个大部分是虚构的故事。许多他要展开描述的人物在现实中都没有原型。就已经写出来的全部篇章来说,他有意识地保持简单的风格,避免辞藻修饰,使得它读起来跟他以往任何的写作都完全不同。它失去了他以往写作中富有韵律的、诗意的特质,但获得了客观性和简洁。

用汤姆自己的话说,他"开始像火车头一样启动"。那年春天,沃尔夫还住得离珀金斯家很近。一天凌晨三点,麦克斯的另一个邻居、他的作者南希·赫尔听见有人在反复唱歌,而且声音越来越大。她从床上爬起来,探出窗外看。她家位于靠近第三大道的东49街上。她看到托马斯·沃尔夫戴着一顶黑色软边宽帽,迈着他那登山家式的大步,黑色雨衣如波涛翻滚,口中唱着:"我今天写了一万个单词——我今天写了一万个单词。"

"上帝知道结果会是怎样,"那年春天,珀金斯给伊丽莎白·莱蒙写信说,"但我怀疑它会是我的终结。可能是比《时间与河流》更艰难的奋斗,除非他先改换出版社。"沃尔夫这本书的主人公一开始起名保罗·斯潘格勒,然后改成乔·道克斯,再改成乔治·斯潘格勒。后来,又把姓改成乔伊纳,最后用的是韦伯。一次次地改,沃尔夫又滑向了他更熟悉的模式:自传体。除了一些身体特征不同,乔治·韦伯实际上跟《天使，望故乡》和《时间与河流》的主人公尤金·甘特是同一个人。

但至少，沃尔夫正快乐地创作新书，麦克斯可能也觉得他和汤姆的麻烦就此过去了，只是每当事情进展太顺的时候，他那新英格兰人根深蒂固的宿命论就会浮现。几天后，在1936年4月25日出版的那一期《星期六评论》上，托马斯·沃尔夫的长期死敌伯纳德·德·沃托（Bernard De Voto）发表的文章坐实了珀金斯的焦虑。

这篇打头的文章《光有天才还是不够的》配了一张德·沃托的照片，他带着柴郡猫式的诡异微笑，下垂的手里竖拿着左轮手枪。他的射击目标就是沃尔夫。德·沃托写了几段话之后就评论说，在很大程度上，沃尔夫作为作家的发展前景仍然是暗淡不清的。德·沃托写道："《一部小说的故事》终结了人们的各种猜测，但带来了一些意想不到但有益的启迪。

> 他不成熟的确凿证据就是如下事实：迄今为止，这个艺术家不可或缺的一部分并不属于沃尔夫先生，而属于麦克斯韦尔·珀金斯。这本书所体现出的组织能力、批判智慧，并不出自艺术家的内心，也不出自他对作品形式和完美的感受，而是出自查尔斯·斯克里伯纳出版社的办公室。五年来，艺术家像"火山喷发岩浆"一样洋洋洒洒写了那么多，却几乎不知道写它们的目的是什么，属于哪一本书，各章节之间的关系是怎样的，什么是必需的，什么是无关的，或者说，也不知道手头在做的工作，是要给完成的这件艺术作品突出重点呢，还是着色。然后让珀金斯先生来决定如何解决这些问题——从外部，通过传言所说的"组装"这种方式。但是，艺术作品不能像汽化器一样组装——它们必须像一棵植物那样生长，或者用沃尔夫先生最爱用的明喻来说，像胚胎那样生长。这

位艺术家会用一万个单词去写一辆火车：珀金斯先生则判定这辆火车只要用五千个单词就够了。但这样的评判其实是超出珀金斯先生能力之外的；它必须是与书本身息息相关的艺术家非常清醒的自我评判。更糟糕的是，这位艺术家还不停地写，直到珀金斯先生告诉他小说写完了……

沃尔夫先生会写小说——他已经写了几部当代最好的小说。但是，他所写的很大一部分根本不是虚构：那些只不过是小说家努力想要消化却没能成功的素材……珀金斯先生和斯克里伯纳出版社的组装线对他无能为力……

要说敬佩沃尔夫先生，他值得敬佩的地方只有他最大限度地认识自己、追求伟大的决心。但是，在小说创作中无论天赋能起到多大的作用，光有天赋还是不够的——在任何艺术中，天赋永远都是不够的，过去不够，将来也不够。最起码，它必须辅之以把材料整合成型的能力、使用工具的简单能力。在沃尔夫先生掌握更多技巧之前，他是不会成为一个此刻他正被广泛认为的那种重要作家的。要成为一位伟大的小说家，他的情感也必须足够成熟，能够比现在更深入地看到人物的内心，他也必须学会给他的文字穿上紧身衣。再说一遍：他自己的铁匠铺才是他获得这些进步唯一可能的地方——它们不可能在任何他今后可能认识的编辑办公室里获得。

德·沃托只用这样一击，就摧毁了沃尔夫沉浸在成就感中的喜悦。沃尔夫对珀金斯所作出的贡献表示感谢，到了评论家那儿就成为攻击他的把柄，使得他的书似乎都像"工厂"生产的产品。沃尔夫向每一个肯站住听他说话的人痛斥德·沃托，但是在更深的层面上，他的怒气是冲着麦克斯发的。珀金斯根本就不想要这种公开的声誉，而是竭力避开，但这一事实根本影响不了情绪失控的汤姆。麦克斯曾以暗示的方式告诉他，编辑是应该始终待在幕后的；而现在，拜德·沃托所赐，麦克斯要永远站在台前了。这是汤姆不能无休止忍受的事，而麦克斯比谁都更早、更清楚地知道这一点。

16

信

"沃尔夫的《一部小说的故事》真令人难以忍受……"玛乔丽·金南·罗林斯写信对麦克斯·珀金斯说。作家在书中那么诚实、那么残忍、又那么优美地表达他的痛苦,令她不忍卒读。"这种痛苦要是自行减弱一点,他将是美国诞生的最伟大的艺术家。"在给珀金斯的同一封信中,她还提出了另一个至少同样肯定的观点:"在我们所有人都完蛋的时候,你将是我们之中在文学史上最伟大、最睿智的人。"

在玛乔丽·金南·罗林斯的上一本小说《金苹果》早已被人遗忘的时候,她终于能够专注于写作那本关于男孩的书,珀金斯早在几年前就建议她写,并且一直都温和地催促她。1936年3月,她把自己关在一间被废弃的小屋写那本童书,该书讲述一个孩子在灌木丛林地带养一只小动物。她问麦克斯是否喜欢书名《小鹿》(*The Fawn*)。珀金斯回信说:"我很高兴你在认真思考这本书。我觉得《小鹿》这书名不错,但我不确定它在这里是否明智,因为它似乎太诗意,或者甚至有点感伤。"作者同意重新考虑书名。

罗林斯夫人发觉这本书很难下笔,于是就经常给珀金斯写信听他意见。她还经常翻看1933年他写给她的那些信，尤其是他说了如下几句话的那封信："关于一个男孩和他在灌木丛林地带生活的书，正是我们想要的——其中有美妙的河上航行，打猎，狗，枪，单纯的人们的陪伴，他们所关心的事情就和《南方的月亮下去了》里写的一样。"过了一阵子，珀金斯的建议中有三点她开始有所领悟。第一点是这本书她要写的是一个男孩，而不只是为了男孩而写。她也意识到自己写作的长处不是构思复杂的情节，而是把各种小故事串起来。她开始明白她最擅长的材料是她在灌木丛林地带挖出来的、原汁原味的乡土故事，而不是信马由缰想象出来的什么东西。她描写一幕幕场景：鳄鱼、响尾蛇、狼群、高鸣鹤翩翩起舞、1871年的东北暴风和随后而来的洪水。

玛乔丽·罗林斯想要在故事里写一段捕猎狗熊的情节，于是她徘徊乡间，寻找有过相当经历的人。最后她遇到一位住在圣约翰河畔的老拓荒者，他是那一带有名的"坏人"。她就跟他和他的妻子住在一起，直到搜集够他的轶事、他打猎的故事和荒野地区人们的生活细节，这样她就可以丰富她笔下的人物阵容，也增加一些基本的戏剧性场景。回到家里，她想清楚了这本书的思路，写信告诉珀金斯：

> 全书将以男孩的视角来叙述。他的年龄会在十二岁左右，书中的时间跨度不会很长——不超过两年。我想在他进入青春期之前，也就是在其他因素尚未搅乱他单纯的世界观之前，透过他的视线来讲故事。男孩们都会喜欢这本书，如果写得足够好，以前喜欢《南方的月亮下去了》的读者也会喜欢。自《金苹果》出版以后，我才明白人们喜欢我的作品中的什么东西。我的意思不是说我是为谁写作，而是说我现在可以尽情描写我感兴趣的简单细节，那些奇异的发现、同样会引起他人兴趣的简单细节——很有可能只是

出于我自己的兴趣和同情心而产生的纯粹想法……

现在，请别再给我写"你必须做你觉得正确的事"这种客套话了。告诉我你究竟在想什么。

珀金斯回答道：

我以"你必须做你觉得正确的事"这种口吻给你写信，是因为它一直就是我的信念——我不知道有谁会对它的正当性有异议——一本书必须按照作者对它的概念尽可能接近完美地呈现出来。然后出版的问题就出现了——也就是说，出版社不能试图让作者去迎合商业等其他方面的要求去写书。恰恰必须是相反。

珀金斯告诉玛乔丽·罗林斯，他希望她自己想办法，但他偶尔也提建议。他鼓励她写一段坐船溯河而下的情景——"因为那里的河流那么美，叙述中有旅行的内容也总是很有用的，尤其是对年轻人而言。"珀金斯说他知道如果她能够保持淳朴、自然的风格，这本书就会很成功。"如果它成为你最好的作品，我一点都不会惊讶，"他宣称，"可能它也会是最畅销的。"

和珀金斯的许多作者一样，罗林斯大人经常会有一阵阵的疑惑和抑郁。她向他寻求帮助解决这些问题：

你知道，麦克斯，你对我负有责任，你一定要每隔两三个星期就给我写信啊。有时候你的来信是唯一能让我振作的事。即使其他所有事情都失败了，我还能知道，我能否写出一部作品，写得好不好，你都是在意的。

他从没忽略她。

玛乔丽·罗林斯写了六个月后,还在为书名苦思冥想。她把她想的几个书名列出来,寄给珀金斯问他的看法。他不喜欢"震动的磨坊"这个书名。对"杜松岛",他说:"我觉得拿地名当书名不好,感觉不到人的气息。"对于她的第三个书名,他说:"我觉得包含有'一岁的小鹿'这层意思的书名应该是对的。"他越琢磨越喜欢这个书名。1937年春天,他写信给她说:"它不仅在意思上符合这本书,而且似乎还有更丰富的内涵。"书名就这样定下了。[1]

在这本书上花了大约一年之后,罗林斯夫人突然认定她写得很糟,把稿子都扔了。当她告诉珀金斯时,他非常震惊。但除了鼓励她继续写,他也无可奈何。他不断地给她写信安慰她,终于让她重新写作,虽然比以前写得慢但更有信心了。

1937年12月,她把书稿寄给珀金斯。他花了几天读完,不过正如他说的,那是个好迹象。"书写得越好,我读得越慢,"他解释说,"我认为后半部分写得更好,整本书越往后越好。但我也觉得现在的开头很完美,父亲母亲,整个对生活的描写,还有乔迪在岛上的生活,都写得不能更好了。"他觉得有少数几个部分因过分戏剧性和浪漫主义而逊色,建议她舍弃它们,以保持全书的自然主义风格,也就是对一个有时残酷、吓人的世界做忠实的描述。《一岁的小鹿》中充满了坚韧的人,他提醒罗林斯夫人:"这种坚韧不拔应该表现得更为鲜明。"

玛乔丽·罗林斯以前的书都不走运,但这本则事事顺利。"每月之书"俱乐部把它选入1938年4月的主打书。总体来说,那年的图书销量仅仅是大萧条前销量的三分之一,但《一岁的小鹿》一夜走红,

---

[1] "一岁的小鹿"原文为 The Yearling, 即年满一岁的动物。张爱玲曾将此书译成中文,书名《鹿苑长春》。后该书几个中文版均以此为书名。为了体现上下文中罗林斯夫人与珀金斯为斟酌书名的缘由,译者统一将该书名直译为《一岁的小鹿》。

一上市就畅销。它也获得了普利策奖。

* * *

在这时来运转之前两年，也就是 1936 年 6 月，玛乔丽·罗林斯和一个朋友去比米尼群岛钓鱼玩。在那里她得知欧内斯特·海明威已经成为当地最受欢迎的传奇偶像。最新一个到处流传的故事说海明威击倒了某个人，因为后者说他是个又高又肥的粗俗汉。"你可以说我是粗俗汉，"海明威说，"但你不能说我是又高又肥的粗俗汉。"说完就把他打倒了。比米尼的当地人把这事谱上曲子，在确定海明威离得足够远听不见的时候，就用卡利普索音乐的拍子唱道："那个又高又肥的粗俗汉在港口。"

当海明威听说麦克斯·珀金斯的另一个作者在同一片海域，就去拜访她。"你对他那么好，我就应该知道他不是一个喷火的食人怪，"玛乔丽给珀金斯写信说，"但我在比米尼听到许多他到处把人打倒的故事，所以我还有点以为他会大声宣称绝不接受别人介绍他认识女性小说家呢。恰恰相反，一个非常可爱、紧张而敏感的人伸出一只大手温柔地握住我的手，并说他非常仰慕我的作品。"

在她离开前一天，海明威与一条 514 磅重的金枪鱼搏斗了六个小时五十分钟。那天晚上，当他的"比拉"号在九点三十分开进港口时，岛上的所有居民都涌来看他捕到的这条鱼，听他讲故事。"不久前有个笨老头驾着一艘新游艇带着一个年轻的新娘来到这里，号称他听说捕金枪鱼有各种困难，其实很容易，"罗林斯夫人写信告诉珀金斯，"所以海明威拴好'比拉'号，从船边游上岸，醉得气势汹汹，嚷嚷道，'那个说容易的狗娘养的在哪里？'据那天晚上最后一个看见他的人说，他独自站在船坞上，他那条巨型金枪鱼倒吊在拉索上，被他当沙袋打。"

在比米尼这短短的时间里，罗林斯夫人就觉察到海明威内在的冲突。"他是多么伟大的艺术家，根本不必采取守势。他这么高大健壮，根本不需要打倒任何人，"罗林斯夫人告诉珀金斯，"但他不断地防护着某种至少他认定容易受伤害的东西。"她认为这种冲突可能部分是因为他常交往的人主要是些运动爱好者：

> 海明威经常和他们在一起，他们喜欢、崇拜他——他的个性，他超凡的运动技能和他的文学威望。我觉得他在潜意识中肯定很在乎他们的看法。他肯定害怕在他们面前袒露折磨艺术家的痛苦。他肯定害怕在他们面前掀开帷幕，让他们看见原本只向虔诚的眼睛展现的美。所以，在《死在午后》中，他写得很美，然后马上用一个轻率的评论或一句故意的秽语转向。他那些爱运动的朋友不会理解美的部分。他们会被轻浮的话逗得哈哈大笑。

1936年那年，海明威正处在他自己所谓的"好年头"（belle époque）。他写了两个以非洲为背景的短篇小说，对它们颇为满意。从比米尼回来后，他去了怀俄明，在那里开始写作新的小说。珀金斯只知道这本书的故事背景是佛罗里达群岛、哈瓦那和其间的海域，他在《先生》杂志上发表的两个短篇小说的主人公哈里·摩根也将是这本新书的主角。"我没法说故事情节"，珀金斯写信告诉英国出版人乔纳森·凯普，但他想象"书中的人物会有一些是靠打鱼、走私为生的船夫，并且多少参与了古巴革命之类的事，其中一个重要情节是一场飓风。我想这听起来确实是很好的，我正迫不及待地期待它"。

怀俄明的青山替代非洲那些青山果然很合适。海明威在那里收获了两只羚羊、三只灰熊和五万五千个单词的书稿。他计划先完成初稿，存在保险箱里，再去西班牙。珀金斯每次都担心海明威把自己置于危险境地——他甚至劝欧内斯特在写完书之前，离那些灰熊远一点。但他知道，没有任何事情能阻止海明威远离西班牙内战。珀金斯告诉他，就报纸上读到的信息来看，他可以想象最近的西班牙要塞托莱多城堡之围就可以写成一个恢宏的故事。"如果你去了那里，并且安然而退，那会是一个多么精彩的故事！但我还是希望你别去西班牙……不管怎样，我不希望任何事情打断小说在春天出版的计划。而且它也应该早点出。"海明威决心要去前线，但他并不急着去。他猜想西班牙人要打很长一段时间。

1936年春天，海明威又开始欺负司各特·菲茨杰拉德。在给麦克斯和司各特本人的好几封信里，欧内斯特都要指责一番现在风雨飘摇的菲茨杰拉德。他说他不愿意相信司各特成了作家中的"马克斯·贝尔"[1]，落魄潦倒；而现在这个男人似乎自甘堕落地躺倒在"失败的无耻"之中，海明威对此都没辙。

* * *

1936年6月，菲茨杰拉德回到巴尔的摩，住在约翰·霍普金斯大学一街相隔的一套七楼公寓里。泽尔达还是病着，换到了海兰医院，这是北卡罗来纳阿什维尔附近的一座疗养医院。司各特依然情绪慌乱，无法动笔写大部头的作品，但他满脑袋都是出书的新主意，大多数都是怎么再版他的旧作。他非常需要钱，但他咬牙不开口向出版社要钱，坚持了一阵了。到了7月，他才请求预支1500元，不过这次是直接向出版社社长查尔斯·斯克里伯纳本人请求。斯克里伯纳给他寄了支票，但同时也命人叫来总编辑——麦克斯。两人一起清点了菲茨杰拉德的账目，算出这位作者欠出版社的钱已经累计6000元了，这还不

---

[1] 马克斯·贝尔（Max Baer, 1909—1959），美国著名重量级拳击手，1934年获得世界重量级拳王称号。1935年在一场著名拳击赛中败于挑战者詹姆斯·布拉道克，就此一蹶不振。

包括这笔刚付的钱。"这件事做起来很令人不快,我希望它不会让你感到头疼,"斯克里伯纳写信给菲茨杰拉德,在信中详细列出了所有他预支的清单,"不过,麦克斯和我都觉得把这些数字写下来,对你对我们都好,以明确我们和你是有约定的。"

除了欠出版社的钱,菲茨杰拉德还向珀金斯本人借过几十次钱。菲茨杰拉德欠珀金斯的钱每一次从未超过3000元,但几次累计就有那么多了。在过去的十八个月中就发生了七次借款,总数达到1400元。珀金斯曾经写信给托马斯·沃尔夫的朋友约翰·特里,说他垫付钱是"因为出版社里已经没有经济上的正当理由可以继续借钱给他。我想让他能够专心写作,避开好莱坞以及诸如此类花天酒地的生活"。

7月中旬,珀金斯去巴尔的摩短暂地探望菲茨杰拉德。司各特在那段时间的写作是对麦克斯所见所闻的最好记录。他的文章《崩溃》描述了司各特在此前那个冬天深深的抑郁;现在,他为八月号《先生》杂志又写了一篇,题为《一个作家的下午》("Afternoon of an Author"),描写了一次好转:

> 他醒来的时候,觉得自己的状态比过去那么多个星期都好,这从负面清楚地告诉他——他没有病。他在卧室和浴室之间的门框上靠了一会儿,直到确定他不觉得眩晕。一点都没有,就连他蹲下来找床底下的拖鞋时也没有晕。

在他1938年的短篇小说《资助芬尼根》("Financing Finnegan")里有一个名叫乔治·贾格斯的编辑经常把自己的钱借给这个被称为"美国文学绝对的未来"的作家,助其摆脱困境,他说:"芬尼根的确在走下坡路,过去短短几年中他遭受了一次又一次打击,但现在他重振旗鼓。"

进入1936年夏天,菲茨杰拉德大为好转。他住在巴尔的摩或北卡罗来纳，离泽尔达很近，感觉很好。7月，他去阿什维尔附近的一个泳池游泳，从十五英尺高的跳台上做了一次燕式跳水。但他根本就不会这种跳水姿势。他狼狈地跌入水中，导致他锁骨骨折，左手臂还脱臼了。他给装上一种特殊的吊带，允许他写字，但也令他始终保持着法西斯敬礼式的僵硬姿势。

肩膀还没痊愈，司各特就为《夜色温柔》的新版忙碌起来，他曾催着贝内特·瑟夫[1]把它收入"现代文库"。他开始修订工作，把两年前它初次连载时麦克斯对它的评论都找出来重温。现在他明白了麦克斯说书的开头不清不楚是对的。菲茨杰拉德这次重视了意见，把第一部分（在里维埃拉）和第二部分（迪克·戴弗的经历）换了个顺序，这样故事就按照时间顺序讲述而没有倒叙了。另一个重大修改是删去了一句话。迪克有个说法："我从来不跟胯下干巴巴的人做爱。"司各特现在觉得"这是一句很有力的话，但太伤人"。

当菲茨杰拉德把工作重点转向为那些以前写的书出新版的时候，他也不跟外界往来了。"任何人任何事情我都不管了。"他在日记里坦白道。

在八月号《先生》杂志上，排在菲茨杰拉德《一个作家的下午》之前的文章，是海明威的《乞力马扎罗的雪》（"Snows of Kilimanjaro"），排了八页，麦克斯也是第一次看到。故事讲的是一个在非洲打猎的作家希望"把脂肪从灵魂中清除出去"，这样他就可以写那些"他以前留着素材没写，想等到自己了解得透彻再写的东西"。主人公自思自忖：

……你说你要写这些人，写这些非常有钱的人；你说你实在并不

---

[1] 贝内特·瑟夫（Bennett Cerf, 1898—1971），美国出版人，兰登书屋的创办人之一。

属于他们这一类,而只是他们那个国度里的一个间谍;你说你会离开这个国度,并且写这个国度,而且是第一次由一个熟悉这个国度的人来写它。

当然,这个作家的自我怀疑与海明威是相似的。但在故事结尾,欧内斯特瞄准了他真正的目标。再次提到"那个有钱人",他说:

> 他想起可怜的司各特·菲茨杰拉德和他对有钱人怀着的那种罗曼蒂克的敬畏之感,记得他有一次怎样动手写一篇短篇小说,他开头这样写道:"豪门巨富是跟你我不同的。"有人曾经对司各特说,是啊,他们比咱们有钱。可是对司各特来说,这并不是一句幽默的话。他认为他们是一种特殊的富有魅力的族类,等到他发现他们并非如此,他就毁了,正好像任何其他事物把他毁了一样。[1]

《先生》的编辑阿诺德·金里奇(Arnold Gingrich)后来说:"那种对司各特的挖苦我觉得没什么。我根本就没多考虑。"

但是,菲茨杰拉德始终没有忘记。他在阿什维尔给海明威写信,告诉他,平心而论,他认为《乞力马扎罗的雪》是海明威短篇小说中的杰作,但它似乎是对他自己的《崩溃》等文章一种恶意的回应。他讨厌海明威拿着抬棺人的那种严肃气写他。"出书的时候请别提我,"他说,并补充道:

---

[1] 这两段译文引自海明威短篇小说集《乞力马扎罗的雪》(汤永宽、陈良廷译,上海译文出版社2006年版)。这篇小说收入短篇集正式出版时,司各特·菲茨杰拉德的名字被改成了朱利安。

如果我什么时候选择写《忏悔诗》¹，也并不意味着我想要朋友们围着我的尸体高声祈祷。你无疑是好意，但这害得我一夜都睡不着。以后你要[把这个故事]放进书里的时候，能不能把我的名字去掉？

菲茨杰拉德考虑再三，写道："富人从来都没有让我着迷，除非他们具有最迷人的魅力或者独特之处。"

海明威照例把菲茨杰拉德的反应告诉珀金斯。在过去的半年，司各特一直在《先生》杂志上"自我爆料"，可海明威一指责他所说的崩溃，他就受不了的。欧内斯特说，五年来，他没有写过任何熟人一句坏话，因为他为他们难过。但他最后意识到人生短暂，他不能再当谦谦君子，他得继续当小说家。

菲茨杰拉德也写信给麦克斯。他说，海明威已经回信，答应他将来出书的时候不提到菲茨杰拉德的名字：

他给我回了一封疯狂的信，告诉我他是一个多么伟大的作家……回他这封信就像玩弄一根点燃的爆竹。无论怎样，我还是喜欢这个人的，不管他说了什么，做了什么。可是他要是再炸一响，我想我也只能用全身的力气压向他那帮人，把他放倒。没人能因为他的头两本书而打击他。但他现在已经完全没了头脑，而且这事他反应越迟钝，他就越像电影里被重拳打得晕头转向的拳击手击打自己。

菲茨杰拉德与海明威就富人问题的一番争论，最后以海明威盖过

---

1 原文为拉丁文 *De profundis*，《圣经》中"诗篇"第130首，是忏悔诗之一。历代有许多作家艺术家以此为题写作，其中奥斯卡·王尔德在狱中写的该题书信很有名。

菲茨杰拉德胜出，这是从那个时代开始流传的一则文坛轶事。但这是不实的，麦克斯·珀金斯就很清楚，事实并非如此。"答辩会"在纽约一家餐馆发生的时候，珀金斯就在场。司各特·菲茨杰拉德不在。在场的有海明威、茉莉·科伦和珀金斯。事实上，是海明威先说起富人。"我开始结交富人了。"他宣称。在这一点上，他说得不及茉莉·科伦，她说："富人和其他人的唯一区别就是富人更有钱。"让一个女人占了上风，海明威为了挽回面子，征用了这句妙语，好像是出自他自己之口，并再一次让司各特成为牺牲品。珀金斯觉得海明威的行为是卑劣的，在给伊丽莎白·莱蒙的一封信中也如实说了。他并没有给海明威写信指出他的错误，但他留着心，确保菲茨杰拉德的名字没有在海明威的下一本短篇小说集中出现。

海明威的攻击使菲茨杰拉德度过了又一个抱憾的夏天。9月，司各特写信给麦克斯，说起他自从肩膀上了石膏以后的种种经历。"我都差不多适应这东西了，可有天在浴室里伸手拉灯时摔倒了。我躺在地上，得了一种叫做'肌炎'[1]的轻微关节炎，导致我在床上躺了五个多星期。"他说。在此期间，令菲茨杰拉德更为痛苦的是，他的母亲去世了。他很想赶去华盛顿见她最后一面，但无法成行。同样，整个夏天他在阿什维尔离泽尔达只有一英里半的路程，但他能见到她的次数不超过六次。泽尔达和司各特之间仍然说着情话，大多数通信显示出的是他们对过去之爱的爱；而泽尔达经常跟着幻想天马行空，走到哪里都带着一本《圣经》。

司各特的母亲留下来的26000美元现金和债券比他期望的要少。他打算用其中一部分来还债，休息两三个月。最后，菲茨杰拉德向珀金斯承认："我不像五年前那么有活力了。"这个夏天他全部的成果是

---

[1] 菲茨杰拉德原文用的是 Miotoosis，英语中并没有这个词，应为 myositis（肌炎）的误植。

一个短篇小说和为《先生》写的两篇文章。

随着菲茨杰拉德的健康再次出现问题,珀金斯考虑送去一些"储备力量"来让他振作。他写信给玛乔丽·罗林斯,她之前一直在找一个清静的地方继续写《一岁的小鹿》,现在她住在北卡罗来纳州的班纳厄尔克,离阿什维尔不远。他想她来拜访一趟一定对菲茨杰拉德大有好处。

就在他给她写信的第二天,又发生了一件令人丧气的事情。在 F. 司各特·菲茨杰拉德四十岁生日之际,《纽约邮报》在头版上刊登了一篇题为"天堂的另一边"的文章。它主要是一篇由迈克尔·莫克(Michael Mok)所做的长篇访谈,其目的显然是要说明司各特·菲茨杰拉德现在其实崩溃到什么地步。珀金斯读了文章吸了一口冷气,因为司各特似乎一心自毁。显然莫克设法取得了菲茨杰拉德的信任,让他尽情说,然后把他说的全都发表出来,甚至包括那些司各特认为不应公开的话。"他当时信任那个记者,"珀金斯写信对海明威说,"他的护士也是——当一个男人给自己请一个专业护士的时候,那也是对他自己绝望的开始。他们两人都说那个记者肯定知道那些事情是不应刊登的。"珀金斯的印象是菲茨杰拉德成了"惨败的、酗酒的人,丧失了希望,默认自己的堕落"。

"这件事情很可能令菲茨杰拉德彻底完蛋。"玛乔丽·罗林斯读了这篇文章后写信给麦克斯。她说她对一个记者竟然如此残忍地写出这样的文章感到震惊,尽管她也忍不住想毫不留情地痛骂一顿菲茨杰拉德。但她对麦克斯说:"我知道这种精神状态是怎样渐渐控制人的,我自己经历过这种挣扎。"她经历过风雨飘摇的婚姻,经历过酗酒的日子,所以能够理解麦克斯希望她去看望司各特的原因:"这个男人遭受了惨败,而且……你知道我也遭受过许多打击,但我拒绝失败。"

在珀金斯的坚持下,菲茨杰拉德同意见一下罗林斯夫人,尽管他因为关节炎躺在床上,而且她来访的那天还发着高烧。从她到的那一刻起他就精神了。"情况根本不令人沮丧,"回去后她向珀金斯报告说,"我非常高兴见到他,他肯定也和我一样高兴。他像只猫一样紧张,但他已经戒酒了——他让护士把酒都拿走。"午餐时他们只喝了雪利酒和一种低度酒,并为麦克斯碰杯。他们继续滔滔不绝地谈着,一直谈到三点半菲茨杰拉德的护士打断他们说他得休息了,玛乔丽·罗林斯才告辞离开。后来她给司各特写了一封短信,鼓励他不要抑郁。最后她还坦言:"谁会知道我有时候还想用我那支小小的点32左轮手枪对自己来一枪。"

麦克斯深深感谢罗林斯去探望司各特。"我认识他这么久了,也这么喜欢他,"他解释道,"他的健康也是我自己的事情。只要他康复我愿意做任何事。"但是,接下来的几个月菲茨杰拉德仍然认定自己完蛋了。

珀金斯还请他的另一位作者、住在北卡罗来纳的汉密尔顿·巴索(Hamilton Basso)去看看司各特的状况。在麦克斯的指导下,巴索正在写一部自传体小说《法院广场》(*Courthouse Square*)——二十年后,麦克斯本人将成为巴索最畅销的小说《庞贝之首镇的风景》(*The View from Pompey's Head*)中的一个人物。对于巴索来说,跟菲茨杰拉德的会面很困难,但他很愿意为他们共同的编辑效劳。

菲茨杰拉德的问题根源,还是在于空空如也的银行存款。他算了一下,写一本新书需要消耗两年的闲暇时间,而他每年的开销无论如何也无法少于18000美元。还了债后,他继承的那笔遗产已经所剩无几。在《夜色温柔》销售不如人意之后,他也不能指望从出版社那里预支36000美元之多了。菲茨杰拉德估计自己只能为《星期六晚邮报》写文章赚一次性的稿费,或者再去好莱坞淘金。但司各特对珀金斯说:"每次我去好莱坞,尽管报酬丰厚,最后总是使我在经济上和写作上都出现倒退。

当然,我还有一部小说要写,但它也许会成为这个世界上没有写出来的小说之一。把我女儿送去公立学校,把我妻子送去公立精神病院,这些虽然都是亲近的朋友随口提出的建议,但它们都会打断我的思路,折断我那带着思考的铅笔尖。

"上帝啊,"菲茨杰拉德哀叹道,"欠债真难受啊。"

那年11月,菲茨杰拉德给了他的出版社一份"商业证明",今后如有应急之需,他的所有作品权利和他母亲遗产的收益均转给查尔斯·斯克里伯纳出版社。

* * *

珀金斯已经很熟悉作者们对待批评的各种反应了。譬如说,海明威通常会过分地强调他对批评压根无所谓。而托马斯·沃尔夫近来则说话少得令人害怕。几个月以来沃尔夫默默地忍受着折磨,珀金斯相信他本人和斯克里伯纳出版社作为他作品"组装厂"的形象仍然困扰着他。麦克斯知道伯纳德·德·沃托的问题始终在沃尔夫心中打转:是天才就够了吗?他进步到成为艺术家的程度了吗?他能完全依靠自己写一本书吗?

最初,沃尔夫只是把德·沃托的文章当做一种挑战。在珀金斯的鼓励下,他继续写"客观视角"的书,一天能写几千个单词。到1936年夏天,他积压的怒气终于爆发出来,他相信他等于"世上所有的德·沃托"。

那个夏天,沃尔夫经常和珀金斯拌嘴,主要是为了他计划写的东西。现在,他说要以他在查尔斯·斯克里伯纳出版社认识的人物为原型,写一组新的人物。"当汤姆打算写我们大伙儿的时候,要当心!"多年来麦克斯常这么开玩笑。但现在,他得向约翰·霍尔·惠洛克、查尔斯·斯克里伯纳和其他同事承认他当真感到焦急了。"查理的反应很幽默,"几年后珀金斯回忆说,"虽然我敢说他暗中是担心的。他似乎并不当回事,好像这是一件比任何事情都有趣的事。事实上,只有我是非常担心的,因为是我把大家伙儿卷进来的。"

汤姆的许多素材不是来自他的直接观察,而是当初他和麦克斯在连续多日讨论《时间与河流》之后,一起放松时所获得的内部信息。"麦克斯是个十足的酒鬼,"约翰·霍尔·惠洛克说,"他虽然从不胡乱说话,但跟汤姆喝到一定程度话就会多起来,而且会用一种信任的语气对他说话,就像父亲对儿子——虽然麦克斯从没有这个儿子。"这些素材的第一篇复制品是短篇小说《老人河》("Old Man Rivers"),伊丽莎白·诺维尔说它是《斯克里伯纳杂志》退休的主编罗伯特·布里吉斯(Robert Bridges)"一副苦涩的肖像"。另一篇是《早晨的狮子》("The Lion at Morning"),写的是查尔斯·斯克里伯纳二世。第三篇叫《没有河了》("No More Rivers"),写的是编辑华莱士·梅尔。最后一篇描写了一家名叫詹姆斯·罗德尼的出版社的运营情况,这是汤姆第一篇尝试写珀金斯的小说。麦克斯在伊丽莎白·诺维尔面前读了这个故事。这位经纪人回忆说:"起先他坐在办公桌旁,腰挺得笔直,脸颊涨红,两眼冒火,拒绝谈论这篇小说。"很快,他的情绪缓和下来,带诺维尔小姐去查塔姆宾馆喝杯酒,在那里打开了话匣子。

珀金斯深感懊悔,觉得自作自受。"我早该知道他会这么做,"他向她承认,"虽然我把出版社和社里人的各种需要绝对保密的事情都告诉过汤姆。"比如说,沃尔夫知道斯克里伯纳有一位高层"从来没什么本事"。另有一位名声很好的出版社管理人员,一天夜里被麦克斯撞见和他同样名声很好的秘书搂在一起。珀金斯并不反对汤姆写他珀金斯本人，但为他可能泄露同事们的隐私忧心忡忡。

"你明白吗？"珀金斯对诺维尔小姐说，"假如汤姆把那些事情都写出来发表，会毁了那些人，而那全都是我的错！"

珀金斯说服诺维尔小姐向沃尔夫提要求，把写华莱士·梅尔的那篇故事改得难以辨认身份。随后，想了片刻，他脱口而出："那本书如果出版，我就辞职。"但他突然意识到对她这么说不妥，要她保证绝不告诉任何人——最起码不告诉汤姆。

后来诺维尔小姐说："珀金斯向斯克里伯纳出版社辞职就跟上帝向天堂辞职一样不可想象。"但她还是鲁莽地把他说的都原原本本地告诉了沃尔夫，令沃尔夫又气炸了。"他似乎认为，写北卡罗来纳的那些乡巴佬是完全正确的……斯克里伯纳出版社的他那些朋友则是特殊人种。"汤姆愤怒地回信说。他说如果这就是珀金斯的态度，那就太糟了，因为他打算想怎么写就怎么写。他修改了《没有河了》，把编辑写成一个音乐会钢琴家，删掉了关于出版社内部的传言。但珀金斯知道汤姆"对此是耿耿于怀的，情况只会越来越糟。不管怎么说，这次的事情充分表明他要离开我们"。沃尔夫的确给其他出版社草拟了信，郑重其事地问他们是否希望出他的书。"目前，我正忙于完成一部长篇作品，而且我对任何出版社都没有必须完成的义务，不欠人情债，不欠钱，没有契约，也没有道义责任，所以我写这封信问询你们是否对这本书有兴趣……坦率地说，我这么做并不是对以前的关系存有任何贬低之意——我是觉得在我的创作生命中需要一种新的开始。"他在一封信中写道，这封信他是打算寄给麦克米伦、哈珀、维京、诺顿、利特尔－布朗、霍顿·米夫林、朗文－格林、多德－米德和哈考特－布莱斯等出版社的。

两个朋友都觉得需要缓和一下对彼此的情绪。7月底，沃尔夫回到德国。德国的小镇到处是为奥运会来的游客，但对于刚从纽约来的人而言，整个国家显得非常干净、清凉。在柏林，他见识了正步前进的德军方阵："我们永远学不会那些小伙子的步伐，"他在柏林给麦克斯寄的"勃兰登堡门阅兵"明信片上写道，"而且他们似乎时刻准备再走一遍。"他遇见一个女人，离婚了的艺术家西娅·沃尔克（Thea Voelcker）。相识才几天，他们就陷入了一场暴风骤雨般的热恋，随之而来的是贯穿他所有恋情的激情与痛苦。离开柏林几周之后，汤姆还在考虑和她结婚，直到他意识到带她去美国困难实在太大，不值得这番折腾。最后他们友好分手。

沃尔夫离开后，麦克斯和路易丝去魁北克待了两个安静的星期。9月，他在女儿莎比的婚礼上，将她交给了英俊的画家道格拉斯·高斯林（Douglas Gorsline），上一年莎比在波士顿将他介绍给麦克斯。她的四个姐妹都充当接待员。菲茨杰拉德和海明威收到了邀请但都无法出席。托马斯·沃尔夫在一天前刚刚抵达美国。路易丝让他们一位共同的朋友去请他，让他准时到达新迦南并盛装出席婚礼。他在火车上拿出出门前匆忙塞进口袋里的一把领带，挑选合适的，但没有一条是满意的。在仪式后的静谧中，客人们都听到他洪亮的、带着南方口音的声音："你没告诉我我的帽带有汗臭味。"路易丝在宴会上唠唠叨叨地说有一个宝贝离她而去了。麦克斯虽有同感，但他婉转地说："两个已经消停了，还有三个要走。"

沃尔夫从德国回来主要是为了参加1936年的总统大选投票。他觉得这是自1860年以来最重要一次总统大选。沃尔夫自认为是"社会民主党人"，但为了刺激珀金斯，他常常假装像一个街头演说的共产党人。他相信富兰克林·罗斯福的改革会使他获得最大限度的权力。珀金斯则是一个有独立见解的民主党人。他担心新政会造成一个主宰一切的政府，唯有一个积极的反对党才能制衡限制它，所以，他虽然相信罗斯福会再次当选，仍然决定投共和党的票。这令沃尔夫失望和愤怒。他称珀金斯是一个"保守派"，指责他成了管理阶层的一员，因为继承了金钱而失去了为人生奋斗的动力。

沃尔夫与珀金斯的关系急剧恶化。沃尔夫承认他曾经很需要珀金斯；在他的小说《你不能再回家》中，主人公乔治·韦伯对他的编辑说：

> 因为我已迷途，需要一个比我年长、比我更有智慧的人给我指路，我找到了您，您替代了我已故父亲的位置。

但韦伯又说："现在，那条道路又伸向了与你的初衷相反的方向。"

到11月，沃尔夫想和他父亲的替身决裂的冲动已经压过了对他的忠诚、感激之情。在那个月，一个名叫玛乔丽·多曼（Marjorie Dorman）的女人无意中成了决裂的导火线。

"我一直都对玛乔丽·多曼的那件事感到几分内疚。"珀金斯十年后说道。

多曼小姐曾经是沃尔夫在布鲁克林租房住的房东，也是沃尔夫的短篇小说《没有门》中"疯莫德"·维泰克的原型。沃尔夫在故事中讲了莫德有间歇性精神病，她父亲和三个姐妹也有精神病。虽然莫德病情也不太稳定，但她从小就挑起了照顾全家的重任。这篇小说先在《斯克里伯纳杂志》上发表，后来收入沃尔夫的短篇小说集《从黎明到死亡》。小说在杂志上发表不久，多曼小姐就来找过珀金斯。她想让他读一篇她写的文章（后来麦克斯仔细读后退给了她），并告诉珀金斯，沃尔夫所写的深深地伤害了她。

许多个月过去了，多曼小姐再没有消息。珀金斯以为既然小说在拥有三十万读者的杂志发表后她并没有提起诽谤诉讼，那么把它收入一本读者可能只有三万人的书里，她应该也不会怎么样。然而，1936

年12月，多曼小姐和她的家人起诉了。珀金斯告诉约翰·特里，他猜测他们打官司的原因是生活拮据，又有人告诉他们可以从出版社那里弄到钱。

由于沃尔夫写的几乎每一个字都是写他自己的事，他笔下的所有人物也差不多都有现实中的原型，因此，被起诉的风险总是存在。"我怀疑汤姆根本没有考虑过这个问题，"珀金斯后来对约翰·特里说，"不过，让汤姆尽可能远离法律风险当然也是我的责任。"

珀金斯认为斯克里伯纳出版社会胜诉。但官司让汤姆很狂躁，等待宣判的那段时间他憋得受不了，整天不是沉思就是咆哮。他的写作也停下了。多曼一家意在庭外和解，麦克斯则担心陪审团的不可预测性，沃尔夫因而就更抓狂了。珀金斯和查尔斯·斯克里伯纳知道他们必须让这个作者摆脱这种焦躁不安的状态。一天，沃尔夫来到斯克里伯纳出版社五楼，三人站在珀金斯办公室里俯瞰第五大道的窗边。查尔斯·斯克里伯纳解释说要打赢这场官司可能要付出更高代价，而且一场庭审的宣传效应可能会激发四面八方的人提起诽谤诉讼，已经另有好几个人要威胁起诉了。沃尔夫同意了和解的方案，但很快他就到处说他对出版社拒绝为他辩护而感到非常气愤。

近年底的时候，沃尔夫和珀金斯在一起待了一个晚上，他痛骂"在这个无聊透顶的国家"他所遭受的各种不公，相比之下德国就像"雪一样纯洁"。他多次提到"亲爱的老阿道夫"和他的党卫军，说他们知道怎么对付"向艺术家发难的恶棍"。而美国是一个"老实人被无赖抢劫殴打"的地方。接着，他摇着手指指着珀金斯，大声说："现在，你把我拖进了这场要价125000美元的诽谤诉讼！"沃尔夫和斯克里伯纳出版社最终以3000美元和多曼一家达成了和解。律师费等法律手续费还有两千多美元。按照汤姆的合同，他应该承担全部费用，但斯克里伯纳出版社主动支付了一半。

1936年11月12日,沃尔夫最后一遍写出他已经考虑了好几个月的一封信,并寄给了珀金斯:

> 我想现在你应该给我写一封信,明确表述我和查尔斯·斯克里伯纳出版社之间的关系性质。我认为,你应该说,我已经忠实、体面地履行了对查尔斯·斯克里伯纳出版社的全部义务,无论是财务上的,个人的,还是合约上的,我们之间不存在任何形式的进一步协议或义务了。

对于这一年中发生的一切,沃尔夫说,信仰上的不同和根本的分歧,他们已经"非常公开地、坦率地、投入地讨论过一千遍,并最终导致了这次不可挽回的、令人痛心的分手",他觉得珀金斯本人早就应该写他现在要求的那封信。

沃尔夫的信寄到的时候,正逢每月一度的斯克里伯纳出版社董事会会议召开。会议持续了整个下午,因而珀金斯抽不出时间当天就作出详尽的回复。但他还是手写了一封短笺寄了出去:"从来没有一个人像你这样,让我觉得在根本上是如此一致的。另外还必须说的是,我知道你绝不会做不诚实的事和任何你认为不正确的事。"

第二天,珀金斯又口授了一封信,申明沃尔夫已经"忠实、体面地履行了对我们的全部义务,今后我们之间不存在任何协议了"。他接着说:

> 我们的关系和我们与其他作者的关系一样,就是一位出版人激赏一位作者的作品,并以竭尽所能出版其作品而深感自豪。这些关系并不授予我们在这位作者未来的作品上拥有任何权利,或者导致我们拥有这些权利的途径。与惯例相反,我们甚至没有获得审

读任何新书书稿的优先权。

珀金斯用私人的信笺，以一种更为随意的语气第三次答复沃尔夫的独立宣言：

> 我无法十分轻松地表达我的某些感情，但你一定明白我对你的感情是怎样的。从《天使，望故乡》起，你的写作一直是我生活中最关心的事，除了有时候你在控制运用你积累的大量素材使之成书方面有所欠缺，我对你的前途没有任何怀疑。你似乎认为我一直想控制你。但我只是在你寻求我帮助的时候才这样做，并尽我全力做好。所以目前的一切也让我深感困惑，但无论未来怎样，我希望你并不是想与我们互不相见，再也不来我们家。

两天以后，斯克里伯纳出版社应沃尔夫的要求，给他汇去了应付的账款。"希望能再见到你，"珀金斯在附言中写道，"但我不想强求你。"

珀金斯后来确实见到了沃尔夫，而且没有发生不快。汤姆到珀金斯家来参加圣诞晚宴，高兴地说起他第二天要去新奥尔良。他只字不提他于1936年12月15日写的一封私人长信，其中列出了他要彻底离开珀金斯的种种理由。他也没有提这封信的补充件，一封他于12月23日写的"业务信"。这两封信他压了几个星期，旅行途中还随身带着，对于是否要寄出，他犹豫了几个星期。他一直没有寄出那封业务信，但时间从1936年12月进入1937年1月，他决定寄出那封私人信。

最终促使他做此决定的却是一个不幸的误会。一个名叫柯内留斯·米切尔（Cornelius Mitchell）的律师代理了沃尔夫的另一起法律纠纷，他给身在新奥尔良的沃尔夫写了一封信。汤姆以为是珀金斯违背他的要求，把他在新奥尔良的地址给了米切尔。沃尔夫收到米切尔来信的那一天，他正要和一个新结识的朋友、他的文学崇拜者威廉·B.威兹德姆（William B. Wisdom）共进晚餐。汤姆吃饭时喝了酒，吃完饭威兹德姆走后他继续喝。第二天也就是1月7日早上，他给珀金斯发电报："你竟敢把我的地址给别人？"之后他又陷入了昏睡状态。两天后，汤姆醒来发现自己正躺在酒店浴缸里，裤子的膝盖处破了，脑子还一团糨糊。不知为何，他又给珀金斯发了一封电报，问他："你出什么价？"珀金斯对两通电报一头雾水，他回了电报："如果指的是书，等你回来面谈，具体安排要看你要求。"他继续在电报中说，他不是随意泄漏汤姆地址的，只是米切尔作为沃尔夫本人的律师，跟麦克斯说过沃尔夫跟他保持联系很重要，麦克斯因而认为给他地址是有道理的。

清醒后的沃尔夫为电报向珀金斯道歉；他说，他醉得真是太厉害了，连电报的内容他都想不起来了。为博同情，他写道："过去两年来，所有的担忧、悲伤和失望快让我崩溃了，而米切尔的这封来信成为压垮骆驼的最后一根稻草。我非常需要休息和安宁——那封信毁了一切，毁了一切我希望从这次旅行中得到的幸福和快乐——这整个事情可怕的不公正快让我发疯了。"

米切尔的信事关一个被沃尔夫称为"讹诈"的纠纷。有一个名叫默多克·多尔（Murdoch Dooher）的手稿商人曾为沃尔夫代理出售他的手稿，但他藏着沃尔夫想收回的一些手稿不还。珀金斯建议要不惜代价达成和解把手稿买回来，他觉得这样可以从根本上结束这一系列让沃尔夫情绪糟糕透顶的诉讼。充满了自我怜悯、自我怀疑心理的沃尔夫却责备珀金斯竟选择和解，他认为这也证明了麦克斯想要削弱他。他又写了一封信，连同那封"私人信"一起寄给了珀金斯。他在信中说：

你——我在这个世界上最信任、最尊敬的人——是不是为了某种我无法猜想的疯狂理由，想要毁了我？我该怎样理解过去两年中发生的一系列事情呢？难道你不希望我继续下去？难道你不希望我写新书？难道你对我的生活——我的成长、我的才华充分施展——不寄予希望？那究竟是为什么呢？我的健康濒临崩溃——担忧、悲伤、幻灭感几乎摧毁我的才华——这就是你想要的结果吗？为什么呢？

沃尔夫一切愤怒的根源，在于人们普遍相信，没有珀金斯，沃尔夫的作品没法出版——充其量是个实力不逮的作家。沃尔夫自己推动了这一观点的传播，是他把珀金斯曾经竭力保密的一些事情公之于众。沃尔夫在《时间与河流》中题献给珀金斯的献词，《一部小说的故事》的很大篇幅，都详细描写了麦克斯在增进两人关系中所作出的贡献，但是这些文字却在产生截然相反的效果。此时，它们在驱使沃尔夫去开辟自己的道路。在他的私人信里，沃尔夫引用评论家们的论断，比如沃尔夫依赖于珀金斯"技术性的、批评性的帮助"，他称这些评论家是"卑鄙的，他们的指控当然是虚假的，无论他们最终揭示什么我都毫不畏惧"。

沃尔夫承认"你给了我最无私、最深刻、最宝贵的帮助"，但他认为"许多其他有技巧的人也能够给我这种帮助"。沃尔夫承认，"我需要的是一个既具有个人独特的天才又具有毫不妥协的正直品格、因此获得我认同和尊敬的人"的理解，"他的帮助是我需要的，我想我已经获得过那种帮助，而且我比以往更加迫切地希望我应该获得它，我祈求获得它"。

沃尔夫在信里同意珀金斯的看法，他们两人奇特地彼此达到了一种"完全而根本性的"一致。这是他们这段艺术因缘中最反讽的事情之一，因为沃尔夫问："有史以来还有哪两个人会像我们俩这样完全不同？你知道还有哪两个人，无论是脾气、思维方式、情感和举止，任何方面都大相径庭吗？"沃尔夫不知道怎样才能确切地定义他们两人各自代表的极端，但他认为麦克斯韦·珀金斯本质上是"保守的"，而他是"革命的"。

沃尔夫相信他在过去的两个月里构思出了有生以来最具挑战的新书，一部充满想象力的杰作。但他几乎难以向珀金斯启齿，因为"害怕这样一部我不能视同儿戏、可能一辈子才碰到一次的作品，刚起步就被你冰冷的谨慎、冷漠，被你保守主义的恐惧和教条所扼杀"。沃尔夫说，他的这种犹豫，这种对麦克斯疏远的感觉，对沃尔夫而言似乎足以证明他们之间已经出现裂痕。他说，如果麦克斯不同意，那么就应该"告诉我，在我们身边的生活中，究竟哪些是一致的：我们对政治看法不一致，对经济看法不一致，对我们目前生活的体系，诸如人们的生活方式、应该采取的变化，看法完全不一致"。

珀金斯曾反复强调，无论沃尔夫写什么他都想出版。但汤姆说他怀疑麦克斯的诚意：

> 有许多我曾要你出版的东西你并没有出。其中有些还没有出版要么是因为对杂志来说篇幅太长了，要么对图书来说篇幅太短，或者构思和特点太独特，无法归类为短篇小说，或者是太不完整，难以称之为长篇小说。

沃尔夫说，他并不是批评珀金斯或者那些技术性因素导致这些作品没能出版，但他坚信，"一个人能写出的最好的东西，往往并不遵循那些容易模仿但极其有局限的现代写作形式"。正如"革命"的沃尔夫曾经对珀金斯说过的，"在我看来，有些事物存在，并不代表它们应该就是那样"。

现在，沃尔夫描述起他头脑中的那部大作。他要写一部能和《尤利西斯》相媲美的作品，一部充满原创性和力量，彻底摆脱出版业条条框框的作品。第一卷已经在写了，叫《黑暗的猎犬》。汤姆告诉珀金斯："像乔伊斯先生一样，我也要随心所欲地写，这次可不会有人删改我写的东西，除非是我请他改。"沃尔夫说，自从《天使，望故乡》出版以来，他感觉到珀金斯寄希望于这些年的磨砺能够使得作者具有"更强烈的保守主义，更温和的正直，更文雅的节制"。沃尔夫说，某种程度上，这种变化已经发生了。在这仁慈的压力下，他做出了让步，放任自己动摇目标——偏离他全部生命的冲动和天赋驱使他奔向的方向。"尽可能限制使用我的形容词，规范使用副词，减少生硬、泛滥的修辞，"沃尔夫在信里对珀金斯说，"但是，不要让火车脱轨，不要开着太平洋公司的火车，转轨开往霍格沃特枢纽站去。"

沃尔夫相信，珀金斯担心他可能写到的人和事——而这些担心可能影响他的编辑判断力。如果这种提心吊胆的状态持续下去，并且从此以后他对沃尔夫写的一切东西都有这种担心，那将是"对我写作生命的要害致命一击"。沃尔夫归纳道，如果他希望继续在斯克里伯纳出书，他将不得不接受"最严格的审查，也就是从我写的东西中，删去任何可能跟查尔斯·斯克里伯纳出版社或者七大姑八大姨有关的片段、场景、人物或者任何让人可能联系起来的内容，无论这种联系究竟有多远"。

这当然是指去年夏天沃尔夫以斯克里伯纳出版社的人为原型写那些故事所引起的不快。在珀金斯告诉伊丽莎白·诺维尔如果这些小说发表他就辞职，而她又把这话传给沃尔夫之后，珀金斯只能向汤姆本人阐明他的立场。他说，他"总是站在有才华的人一边的"，假如要约束沃尔夫，他的确宁可辞职。珀金斯说的很可能是真心话。他并不希望沃尔夫开始自我审查,他觉得,如果他向斯克里伯纳出版社辞职,那么无论沃尔夫怎么写出版社,他个人都能承担这个责任。

沃尔夫回信说:"哦,不必担心,你根本不用辞职。"他说,首先,

> 你的管理和编辑职能是如此特殊和宝贵,这个世界上无人能替代。没有它们,相关的业务就做不了了,就像一幢房子的灯关掉了一样。

其次,沃尔夫说,他不愿让任何人因为他而辞职,"因为我不会在那里成为辞职的理由"。

"让我们了断这桩见鬼的事情吧,"他在信里继续对珀金斯说,"让我们像男子汉一样拿好枪。让我们向前进,努力工作,无所保留,无可畏惧,无需道歉。"沃尔夫说他已准备好继续写新作。"如果不能按照我在这里所说明的条件做下去,"他写道,"那我要么自己扛着,要么另找门路,如果我能找到的话。"

> 你愿意做什么?……现在你必须坦率地说出你会怎么决定,因为就等你决定了。至于我对这些事情怎么看,你就不要再疑虑了。我认为你没有理由再怀疑严重而危急的困难的确存在。

1月10日,沃尔夫终于把他这封二十八页长的亲笔信投进了邮箱。

没有史料记载麦克斯·珀金斯读这封信时的表情。可以知道的是他一边读信,一边在空白处做了旁注。随后的几天里,他接连写了三封回信。

第一封很简短。麦克斯只是想说明两条基本原则。他说,他相信推进沃尔夫的作品就是他"唯一重要的最高目标"。

任何促进这一目标的就是好的,任何妨碍它的就是坏的。而特别妨碍它的并不是实施过程中的困难和痛苦——因为你是懒惰的反面,你疯狂地工作——而是外界的烦恼所施加的折磨和煎熬。当你对我说到这桩诉讼的和解时,当时就很清楚,而且之前也很清楚,这次诉讼是极其严重的困扰,足以伤害你的写作。正是出于这个原因,我提出了我的意见。我想,那就摆脱它,忘了它,为真正重要的事扫清道路。可现在,关于这个敲竹杠的讨论却使事态完全换了一个面目。

其次,他说,无论汤姆何时需要,他都随时准备提供力所能及的帮助。

你写《时间与河流》时就请我帮忙。我既高兴又骄傲地帮了。任何明事理的人都不会相信我的帮助能给这本书带来什么重要的影响,相信那只是技术性的帮助。它的篇幅确实显得太厚,很难出成单本书。那是第一个问题。还有可能遇到像乔伊斯的书在这个国家多年被禁止出版的那种问题。只要你想,我们愿意出版你写的任何书,除了诸如被禁之类的问题——有些情况是难以避免的但我无法预料。篇幅的问题还可以通过拆成几部分出版来解决,不管怎样,除了我们不可能更改的篇幅问题和法律限制,我们愿意出版你写的任何东西。

那天晚上,麦克斯又仔细地读了沃尔夫的信。他不明白为何汤姆推迟了这么长时间才寄这封信。"基本上没有什么是我不能完全接受的,"珀金斯写道,"即便有不能接受的,我也非常理解。"他认为这封信是"一个作家对他写作信念出色的宣告,比我所见过的都要出色。尽管我和大多数人一样有着强烈的虚荣心，它也带给我巨大的快乐——这种快乐来自于听到真诚、高尚地说出的勇敢、真挚的信念"。珀金斯只就他认为沃尔夫误会很深的几个问题与他商谈。珀金斯说，在他试图解释这些问题的时候，他意识到应该首先反省自己。"但是你要我反省我自己——这样一个我不再那么有兴趣的人——并给你一个理由充分的答复，这是一个多么艰巨的任务。"他在收到汤姆来信的第二天写道。在那之后两天，也就是1937年1月16日，他接受了任务，做出了充分的答复。

珀金斯完全认同沃尔夫的作家信条。他说："比方说，如果不是根据你所见、所感、所想来写作，那么你就不会成为一位重要的作家，写的书充其量是消遣读物。我总是认为没有比书更重要的东西了，也确实有不少好书，所以我的想法当然跟你是一致的。但是还存在着时间、空间和人类法律的限制，我们不能当它们不存在。"珀金斯认为作家就应该是按照自己的意图写作的人，如果按照空间的法则必须删减，作家就应该是那个删减的人。

"但我印象中是你要求我帮忙，是你的需要，"他写信对沃尔夫说，"而且，我的印象中那些改动并不是强迫你做的（汤姆，你不会允许别人强迫你，我也不喜欢强迫别人），而是经过了争论，经常是几个小时争论的结果。"除非沃尔夫将来还需要帮助，否则是不会强加于他的。"我相信，"珀金斯写道，"不管怎样，作者永远都是最后的裁判者，我认为你也应该这样。我一直都是持这个观点，有时候看到书因而受损，但至少对作品经常是有帮助的。书属于作者。"

珀金斯知道汤姆的记忆力惊人，但汤姆似乎忘了他们是怎样一起工作的。在为那些书付出的劳动中，沃尔夫从没有一次被制服。"你以为你是可以任意揉捏的泥巴吗！"珀金斯用不相信的语气写道。"我可从没见过比你更倔的人。"在讲述沃尔夫生活的厚书稿里确实有一些片段被删了，但那些删节都是为了书的艺术性。（有一次，在编辑沃尔夫的作品时，珀金斯对杰克·惠洛克说："也许汤姆就是这样的。也许我们就应该照他原稿出版，结果也可能很好。"）珀金斯问沃尔夫，他现在是如何经常对过去扪心自问的："如果我们当时没做［删节］，结果很糟糕，你会不责怪我吗？我肯定会非常严厉地自责。"珀金斯不希望时间的流逝让沃尔夫"变得谨慎或保守"，而应该让他能够充分控制运用自己的才华。

珀金斯谈到他们是否"基本一致"的问题。"我总是本能地觉得我们的确基本一致，"他对沃尔夫解释道，"而且说到我相信的东西，你比谁都说得多。从我开始读你第一本书的那一刻起就是这样的。可以说，没有别的东西能让如此不同的人经受那样的考验之后还能在一起。"

珀金斯的社会变革观确实不如沃尔夫那么激进：

我相信唯一阻止进步的事情是暴力带来的破坏，或者说，挥霍无度导致的暴力所带来的破坏。正因为此罗斯福需要一个反对派，这是他唯一的严重缺陷。我相信真正的变革来自伟大而深刻的原因，其复杂性还不能为当代人或者任何时代的人所充分理解，当像列宁那样的伟人试图突然推翻整个社会的时候，结果几乎可以肯定是糟糕的，而正确的结果，自然的结果，来自于无数人做正确之事的努力。

但在这个问题上，珀金斯也坚持认为他们本质上是一致的："更多的情况是我和你喜欢、赞赏同样的东西，讨厌许多同样的东西，喜欢或讨厌同样的人，对某些事情是否重要观点一致——至少在我看来是这样的。"

珀金斯诚恳、有道理的回信平息了沃尔夫的怒火，延缓了他离开斯克里伯纳出版社的时间。但在沃尔夫内心里，距离已经产生。1937年1月的某天，他动笔写一封信（很可能是写给他的律师柯内留斯·米切尔的），这封信他最终没写完。"我知道我现在孤身一人了，"他在一段的开头写道。"至于珀金斯先生——"他在这封未写完的信最后一段写道，"他是这一代最伟大的编辑。我曾经尊敬他，视他为最伟大的人，最好的朋友，我所认识的最了不起的人物。现在我只能对你说，我仍然认为他是我们这个时代最伟大的编辑。至于其他方面——他是一个诚实但怯懦的人。他不是一个勇于面对危险的人——我不指望得助于……"

* * *

珀金斯给沃尔夫回信后，便将沃尔夫的信放在办公桌的抽屉里，而不是归档保存。约翰·霍尔·惠洛克说麦克斯白天经常把它拿出来，揣摩字里行间的意思。他说，令麦克斯伤心的是沃尔夫埋怨他胆小懦弱。"汤姆开始认为麦克斯是个懦夫，后来甚至认为他根本不像个男人，"惠洛克说，"那封信差点把麦克斯气死。但他从未反击。托马斯·沃尔夫是对编辑工作挑战的极限，其中包括对他个人脾性的容忍。"那年春天的一天，惠洛克碰巧撞进珀金斯的办公室，看到他对着那封信几乎要落泪。麦克斯一看见惠洛克，就悄悄把信塞进抽屉里，接着处理工作。他从未给别人看这封信，也从未寻求别人的同情。

17

悲伤的告别

1937年1月2日，海明威发电报给麦克斯，说他完成了那部湾流小说。麦克斯没看到书稿就兴奋坏了。他觉得这本书"有一大显而易见的特色，即描写了一个我认为从来没有人好好写过的地区，一个非常丰富多彩的场面"。他回想起他第一次在湾流中航行的情景。那是八年前，当时海明威告诉他，要等到他对湾流熟悉得连鹈鹕这样的角色都搞清楚的时候，他才能够写它们。"但你终究还是克服困难写了，"麦克斯给海明威写信道，"在你吸收了一幕幕场景，理解了一切事物在那里的格局中所扮演的角色之后。所以我现在无比渴望读到这部小说。"海明威脱稿后通常会搁几个星期，然后重读，寻找新的视角。所以麦克斯还得再等几个月才能审阅书稿。

海明威眼下的计划是以北美报业联盟特派员身份去西班牙报道内战。这次他对西班牙的兴趣来自玛莎·盖尔霍恩（Martha Gellhorn），美貌出众的二十九岁女作家，小说《多么疯狂的追求》（What Mad Pursuit）的作者。海明威那个冬天刚认识她，离她结识罗斯福政府的联邦紧急救济署主任拉里·L. 霍普金斯（Larry L. Hopkins）

刚好一年。霍普金斯派她调查工业发达地区接受救济的人群生活状况。她把报告的四个部分改写成短篇小说,结集成书《我所见的麻烦》(*The Trouble I've Seen*)。盖尔霍恩小姐的社会信仰超越美国国境。她尤其了解西班牙内战的情况,海明威对她说的每一个字都深信不疑。在一次短暂的纽约之行中,即将交稿的海明威私下里问珀金斯有没有可能出版玛莎·盖尔霍恩的书。事实上,她已经写了一个短篇小说《流亡者》("Exile"),有意在《斯克里伯纳杂志》发表。麦克斯欣赏《我所见的麻烦》一书,几天以后,杂志社收下了《流亡者》。

2月27日,珀金斯登上一艘开往法国的班轮,为海明威、海明威的朋友埃文·希普曼(Evan Shipman)和斗牛士西德尼·富兰克林送行。"我希望他们别在那里遇到麻烦,"他在给菲茨杰拉德的信里写道,"他们似乎渴望战斗。"一个月后,玛莎·盖尔霍恩在马德里与海明威会合。在西班牙待了六个星期,欧内斯特去了巴黎取回他的小说手稿,回到比米尼修改,在那里与他的孩子们和波琳重聚。几周以后,他又来到纽约,在卡内基音乐厅为第二届美国作家大会做一次演讲。在听他之前的那些演讲时,玛莎就坐在他旁边。她的影响也许能够解释他的演讲所显露出来的新的政治倾向。"真正的好作家在几乎任何能够容忍的政府制度之下,总能获得回报,"他在作家大会上说,"只有一种政府形式不能产生好作家,那就是法西斯政府。法西斯主义是恶霸的谎言。不愿意撒谎的作家是无法在法西斯政权下生活、写作的。"

造访纽约期间,海明威去珀金斯家拜访。就在到达之前,有人告诉他司各特·菲茨杰拉德也在纽约。路易丝·珀金斯虽然从没受过海明威的语言攻击,但在这次见面之后对他的印象更差了。她特别反感他不把她丈夫当回事。"欧内斯特·海明威进了屋,"路易丝后来告诉伊丽莎白·莱蒙,"几乎没看麦克斯一眼,就嚷嚷道:'电话机在哪儿?

我得跟司各特说话。他是美国唯一配得上跟我说话的人。'"但海明威还是找时间跟麦克斯单独聊了一会儿，并向他表达了自己对新小说的疑虑；他担心篇幅太短，无法单独出书，所以他建议再收几个短篇小说一起出。他答应在7月5日之前向麦克斯交稿。

飞往南方途中，海明威又有了新主意。他觉得也许可以编一本全新概念的东西——"一种新鲜的综合文集"。他写信告诉麦克斯，在总标题《有钱人和没钱人》(*To Have and Have Not*)之下，可以收入他五万字的小说《哈里·摩根》(*Harry Morgan*)、三个他最新的短篇小说、一篇谈1935年飓风的文章《谁杀了老兵？》("Who Murdered the Vets?")、一篇他发自马德里的报道和他最近这次公开演讲的文本。他说珀金斯可以宣称这部大杂烩是一部"重要作品"，让购买者觉得物有所值。但这本书的整合工作看来要交给珀金斯了，因为接下来的几个月西班牙要爆发大规模的流血冲突，海明威想去那里围观。

几天以后珀金斯才拿到那份演讲稿。这使他对出版综合文集产生犹豫。"我确实认为收进一篇演讲稿就因为它是现成的稿子，可能会使整本书显得太杂乱。"他写信对海明威说。珀金斯说他倾向于抽掉这篇演讲稿，但仍然愿意考虑出这本文集。

海明威于7月的第一个星期回到纽约后，珀金斯才得以读到《哈里·摩根》书稿。读完以后他只是说它"非常好，非常感人"，但把大部分批评意见忍着没说。他高兴的是海明威又写起了情节激烈的小说："这是一个紧张的故事，充满暴力情节，结局非常悲惨，"珀金斯写信告诉海明威的朋友沃尔多·皮尔斯，"你肯定会喜欢哈里·摩根，尽管他是个坏人——或者说就因为他是坏人。"海明威的人生哲学似乎还是像过去一样残酷："不管怎么样，男人落单就他娘的没机会了。"哈里·摩根临死吐出这么一句话。但珀金斯认为人物写得跟漫画似的。

他多次把摩根比作一种"典型"。但是对海明威，珀金斯保持沉默。他曾告诉女儿简："给欧内斯特提建议得看时机。"麦克斯知道眼下海明威要的是无条件的支持，而不是有建设性的批评，他就这样做了。

到7月底，珀金斯大体理清了这本书的头绪。他考虑单出一本短篇小说集，抽出那个长篇小说。但最终，海明威被人说服了，同意单独出版那个小说，不加别的短篇小说，书名就叫《有钱人和没钱人》。"这是我们书目上非常令人满意的一本书。"他热情洋溢地向英国的乔纳森·凯普推荐道。书付印以后，麦克斯在纽约的家中趁着跟海明威"喝茶"的工夫提到了他的一些批评意见。他只是希望海明威考虑一下他的意见，也许对他以后的写作多少有所帮助。但欧内斯特还没心思听取这样的批评。听得不耐烦了，他挥掌往咖啡桌上一拍，叫道："去你的，那你叫汤姆·沃尔夫给你写好了！"

和珀金斯一样，事实上所有书评人都觉得《有钱人和没钱人》紧张生动，但赞扬中都还有所保留。书写得近乎自嘲。埃德蒙·威尔逊在几年后写的一篇文章中说："英雄主义的海明威传奇此时侵入了他的小说，令象征他的角色燃烧、膨胀，塑造出一个不真实的混血儿，一半是海明威，一半是自然之谜。"这正好也是珀金斯个人的看法，虽然他很少也很不愿意承认这一点。

《有钱人和没钱人》一连几周都是风靡全国的畅销书。两万五千册的销量使得它名列畅销书排行榜第四名。珀金斯对它这么受欢迎颇感吃惊，因为他认为这本书远不如海明威以前的那些书重要。是因为素材的新鲜还是海明威回归小说写作所致，珀金斯始终没明白。但它至少可以让海明威在美国文坛重新获得了自《永别了，武器》淡出人们视线之后的桂冠地位。

8月11日，离坐船返回西班牙还有几天，海明威顺道造访斯克里伯纳出版社，他没事先打电话就坐着电梯上了五楼，信步走进他的编辑在拐角处的办公室。和珀金斯面对面坐着、背对着门的，是麦克斯·伊斯特曼。他俩正在讨论出他的著作《诗歌的愉悦》再版的事。欧内斯特闯了进来，马上意识到另一位是谁了。海明威经常跟珀金斯说，如果让他碰到伊斯特曼会怎样对付他，因为几年前伊斯特曼写的那篇文章《午后的公牛》。珀金斯强忍着，飞快思考对策。他寄希望于幽默能缓和气氛，对伊斯特曼说："你的一位朋友来了，麦克斯。"

海明威和伊斯特曼握了手，相互寒暄几句。接着，欧内斯特咧着嘴笑着拉开衬衫，露出毛茸茸的胸膛，珀金斯觉得他胸毛多得让大多数男人都自叹不如。伊斯特曼也笑了，这时，欧内斯特笑嘻嘻地上前伸手解开伊斯特曼的衬衫扣子，露出他那光秃秃的、如男人秃顶的胸膛。两相对比，大家都哈哈大笑。珀金斯也准备展示他的胸膛，自信可以排名第二。这时，海明威恶狠狠地质问伊斯特曼："你造谣说我阳痿，你什么意思啊？"

伊斯特曼否认说过这话，两人争吵起来。伊斯特曼说："欧内斯特，你都不知道自己在说什么。这儿有，念念我的原话。"他拿起珀金斯出于其他原因放在桌上的一本《情节的艺术与生命》(*Art and the Life of Action*)，都没想起其中就有《午后的公牛》一文。但欧内斯特没有读伊斯特曼指定的一段，而是读了另外一段，读着读着，声音渐渐小下去，变成嘟嘟囔囔的脏话。"把全文都念了，欧内斯特，"伊斯特曼催促道，"你不懂……来，让麦克斯念吧。"

珀金斯眼见事态越来越严重。他开始念了起来，以为这样多少能缓和紧张的气氛。但欧内斯特一把抓过书，说："不行，我来念。"没念几句，他的脸涨得通红，转身将打开的书本扔向伊斯特曼。伊斯特曼朝他扑过来。珀金斯担心欧内斯特会杀了伊斯特曼，绕过桌子从背后拉海明威。两个作家扭打在一起，珀金斯桌上堆得摇摇欲坠的书和报纸统统倒下来，两人都滚倒在地。珀金斯一心想要制止海明威，就用力抓住上面那个人。但低头一看，海明威仰面朝天正看着他，破了的眼镜晃荡着，咧着嘴淘气地大笑。显然，在正要对伊斯特曼大打出手的时候，他恢复了冷静，哪怕伊斯特曼压在他身上，他也不作反抗。

海明威和伊斯特曼分开后，珀金斯叮嘱前来围观的雇员们不要声张。大家都答应不走漏一字。但是，麦克斯·伊斯特曼把此事详细记录下来，并在第二天的晚宴中，当着许多新闻界人士的面大声念了出来，此举显然是受了他妻子的怂恿。接下来的一天，珀金斯的办公室挤满了记者，另一群记者则跑去码头采访即将启程赴欧洲的海明威。据《纽约时报》报道："海明威先生对伊斯特曼先生感到抱歉，因为他扇了他耳光，令他尴尬下不来台。'那个人并没有动手。他只是对麦克斯·珀金斯抱怨，到底是谁来见你，是欧内斯特还是我？'于是我就出来了。"

珀金斯在公开场合保持着沉默的中立态度，但对司各特·菲茨杰拉德和伊丽莎白·莱蒙这样关系特殊的好友说了全部实情。他相信海明威如果真想干，是有可能干掉伊斯特曼的；但他也提到，伊斯特曼确实把海明威的双肩钳住了。菲茨杰拉德感谢珀金斯把他俩拳来脚往的详情都告诉他，因为他已经听到各种各样关于这场打斗的版本，就差"伊斯特曼和宝琳逃到上海去了"。关于欧内斯特，司各特在给麦克斯的信里继续写道：

> 他现在完全生活在自己的世界里，别人根本帮不了他，即使我此刻与他很亲近，当然实际上并不如此。我还是很喜欢他，如果他出了什么事，我会揪心。

海明威去西班牙报道那场他认为将会解放马德里的"运动大战"了。

司各特·菲茨杰拉德那一年也奔波不停，但没有海明威的那种目的性。1937年初途经纽约短暂停留后，他写信对珀金斯说，他依然苦恼于"同样该死的兴趣索然、暮气沉沉，这时候我就只想以写作来排除胡思乱想"。珀金斯担心司各特正在丧失对成功的执念。他相信这个问题来源于他总在扮演一个角色，最近的这个角色是"一个耗尽心力的四十岁男人"。"现在应该有一个人去西班牙看看与他这辈子经历完全不同的事情。"珀金斯在给玛乔丽·罗林斯的信里说。相反，司各特退居北卡罗来纳州的特莱翁，在那里再度接受医学观察。

春天，菲茨杰拉德考虑去好莱坞。他需要不顾一切地赚钱，因为在用他母亲的遗产支付掉大部分急需还款的债务后，他只剩下几百美元了。而好莱坞预示着改变前景。他在信里对珀金斯说："我感觉自己已经在墓地里生活多年。"

菲茨杰拉德的经纪人哈罗德·欧伯（Harold Ober）安排他去米高梅电影公司工作，周薪1000美元。来到西部以后，司各特写信告诉麦克斯，现在是他几年来最快乐的时候。每个人都待他很友好，对他不再酗酒表示惊讶之余松了一口气。而且他在认真写剧本的同时，也严格控制开支。他打算在那里工作到还清所有债务，攒够钱让他感觉足够安全，那样"四十岁的灾难"就不会重演。司各特抱歉第一年他只能还给斯克里伯纳出版社2500美元，因为他还有几千美元要还给哈罗德·欧伯，他和珀金斯一样，也是个人借款，因而应该先于公司还款。珀金斯告诉菲茨杰拉德他的借款随便什么时候还都可以。但菲茨杰拉德还是开始还了。麦克斯写信告诉海明威："我的口袋里塞满了每个星期寄来的支票换的钱。要是他戏剧性地现在就回来，也许说明一切都好了。"

菲茨杰拉德想知道他那些同为斯克里伯纳出版社作者的情况。他要珀金斯告诉他海明威和沃尔夫或者任何新作者的事。麦克斯不能不提的最精彩故事，是斯克里伯纳出版玛西娅·达文波特五年来第一本书的奇特过程,这部小说叫做《关于莱娜·盖尔》(Of Lena Geyer)。

大多数图书要么一开始就很畅销,要么始终平平淡淡卖不动——很少有书进入下一年仍旧畅销。玛西娅·达文波特的这本讲述一个著名歌剧女演员的小说在没有什么书评赞扬的情况下,花了几个月销量才超过一万本。接着,令人费解的事发生了:销量上涨了。很快又卖掉一万册,销售节节攀升。无论是编辑和作者都觉得《关于莱娜·盖尔》并非很扎实的小说。珀金斯第一次读达文波特夫人的作品《莫扎特》时,就似乎很清楚她有能力写小说。而现在,他也只是把《关于莱娜·盖尔》视作达文波特夫人向小说家转型过程中必经的一个阶段。但即使有了珀金斯的鼓励,达文波特夫人仍然认识到,她跟托马斯·沃尔夫那样的作家不一样,正如她在回忆录《幻想太强烈》中所说:"我之所以写作,是因为我想写我知道的事情,而不是写我自己。"

玛西娅·达文波特写完《关于莱娜·盖尔》后,在船上巧遇汤姆·沃尔夫,他正从慕尼黑奥运会回美国。这大概是珀金斯的作者中反差最大的两位了——无论是外形、举止还是观念。达文波特夫人娇小,优雅,见多识广。沃尔夫则像头野牛,说话大声,行为莽撞。他们一起去了船上的酒吧,沃尔夫点了喝的,就开始讲话。五个小时过去了,他们还坐在那里,沃尔夫仍旧滔滔不绝。"话题就是他自己,"达文波特夫人回忆说,"他是唯一话题,从头到尾。"她记不清他到底说了些什么,"但核心就是他要证明,他,不是麦克斯·珀金斯一手培养的作家,他声称这是整个文学界都确信的事实。"

"我要让他们看看,没有麦克斯我也能写书。我要离开麦克斯,换一个编辑。我要离开斯克里伯纳。"他告诉达文波特夫人。

"你在上一本书的献词里是怎么说的?"她问,"难道你是个伪君子吗?"沃尔夫对她的置评充耳不闻,继续抱怨珀金斯把那本书里他写得最好的一些东西拿掉了。他一遍又一遍反复说要离开斯克里伯纳出版社,直到玛西娅·达文波特忍不住驳斥他。

"我看你就是个叛徒,"她说,"你忘恩负义,毫无良心。那些献词真让人倒胃口。它说是献给麦克斯,实际上一点没诚意,暴露了你真面目。你不忠不义。没有麦克斯和斯克里伯纳出版社,有你今天吗?你就是不正视事实。"几个月后,这些指责仍然在沃尔夫的耳边回荡。

汤姆从新奥尔良回到纽约并且跟珀金斯互通了那些长信之后,两人都觉得他们的友谊似乎也受伤了。但沃尔夫仍旧几乎每天走几个街区到珀金斯家,仿佛一切都已修补如初。1937年4月,他写信给珀金斯的另一个作者、小说家汉密尔顿·巴索,说:

> 是的,麦克斯·珀金斯和我都很好。就那件事来说,我认为我们过去一直这样。隔一阵子,我就出去打个六十回合,把对方打倒,然后跟自己打持久战,但我想麦克斯是理解的。

汤姆继续跟自己较劲,相信最终能渡过难关,因为他在什么地方看到这样一句话:"从没听说有哪个作家还有一章没写完会上吊自杀的。"

这阵子沉静并没有持续多久。那年4月的一天傍晚,沃尔夫打电话给珀金斯说,有个教堂山来的朋友带着太太刚到城里。他说的是乔纳森·丹尼尔斯(Jonathan Daniels),即将担任富兰克林·罗斯福总统助手的《罗利新闻观察者报》主编。汤姆问麦克斯和路易丝能否参加他们以及其他朋友的晚宴,其中包括《星期六文学评论》的发行人诺贝尔·凯思卡特(Noble Cathcart)。珀金斯夫妇接受了邀请,而路易丝马上主张他们先到她家来集合,喝点鸡尾酒。当麦克斯迎接汤姆的贵宾时,丹尼尔斯说了一句庸俗无聊的话。他说他以为麦克斯韦尔·珀金斯有一口长长的白胡子。从那时起,珀金斯就觉得这个人"很傲慢"。

在切里奥餐厅的晚宴在欢乐的气氛中开始。沃尔夫越来越得意忘形,有一个随凯思卡特夫妇一起来的女人眼睛像沾着胶水一样一直盯着他看,足足看了一个小时,突然灵机一动,脱口而出:"哦,我知道你是谁了。我在《星期六评论》上读过一篇写你的文章。那是伯纳德·德·沃托写的。"珀金斯暗叫大事不好。他马上知道她说了错得不能再错的话,德·沃托的那篇文章仍然具有激怒汤姆的威力。

麦克斯注视着汤姆在内心里愤怒地收缩成一团,陷入沉默。接着丹尼尔斯开始大声质疑为何沃尔夫只在《斯克里伯纳杂志》上发表文章。他问珀金斯《斯克里伯纳杂志》究竟是怎么了,也就是用半开玩笑的口吻表示它应该办得更好。"但在汤姆听来,他本来就对自己的能力不自信,"麦克斯后来说,"这话似乎在说他们出版他的作品是一种判断失误。"在接下来的半小时里,汤姆的幽默变成了尖酸刻薄,他向餐桌旁的每一个人挑衅。人人都不以为意,但沃尔夫的脸变得煞白,好像喝了许多酒一样。这种情况麦克斯见得多了,知道"怀疑和害怕正在他内心沸腾。他已进入极端危险的状态"。

过了一会儿,从餐厅另一头踉踉跄跄走来一个男人,他本来是和女伴在那边吃饭的。他用一种友好的但醉醺醺的语气冲着沃尔夫嘟囔着什么。眼见一场混战就要爆发,麦克斯赶紧去叫这人的女伴把他带回他们的餐桌。等到麦克斯回到自己的座位,每个人都站了起来,除了沃尔夫。他们都发现情况不妙,赶紧溜出门外。汤姆的一腔怒火都集中到珀金斯身上。餐厅老板切里奥焦急地站在旁边,似乎非常担心接下来可能发生的事情。珀金斯听不清沃尔夫在说什么,但有这么一个身高近两米的大汉杵在那儿像个棒球投手那样蠢蠢欲动,麦克斯当然明白他要干吗。"汤姆,"他说,"我知道如果被那把老铁锤砸中,那可让人够受的,不过它也可能砸不中。"沃尔夫继续两眼喷着怒火瞪着麦克斯。麦克斯也是为切里奥着想,说:"那好,如果咱俩一定要干架,就到外面去干吧。"就在他们朝门口走去时,另一个出版人,哈考特-布莱斯出版社的哈里森·史密斯走了进来,跟珀金斯握手,仿佛明白点什么似的说:"看来你跟作者有麻烦。"珀金斯和他说了片刻,就离开了餐厅。汤姆正站在人行道边上,在街上等他。珀金斯后来说,他当时想"只有发生奇迹才能阻止一场每个人都会后悔的可怕事发生"。奇迹一般的事情果然发生了。

从邻近的一家餐厅里走出一群人,其中有一个高挑俊俏的黑发姑娘。她径直奔向汤姆,出其不意地一把抱住他,说:"这就是我到纽约来要见的人。"她是里士满一个名门望族的女儿,麦克斯和汤姆在米德尔堡见过他们家的人。她刚和伊丽莎白·莱蒙的姐姐、姐夫,也就是霍尔姆斯·莫里森夫妇吃完晚餐出来。她是真的渴望见到汤姆。在接下来的三四分钟里,这个弗吉尼亚乡下姑娘玩笑般地咒骂汤姆,珀金斯从来没听到一个女人嘴里吐出这么下流的脏话("连夜总会舞娘都望尘莫及。"麦克斯后来写信告诉伊丽莎白)。这女人完全转移了汤姆的注意力,于是双方其乐融融地结伴进了曼尼·沃尔夫餐厅。

回到住处,沃尔夫又想草拟一封信,寄给除了斯克里伯纳以外的其他所有出版社。他表示希望遇到一个对他的作品有足够兴趣、愿意听他讲故事、出版他将来书稿的人。他絮絮叨叨地描述了一番他和珀金斯之间的分歧。他没有寄出这封信,但他心心念念要离开,整天挂在嘴边不说别的事情,甚至当着麦克斯的面也说。最后,珀金斯也被激怒了,有一天吼了道:"那好吧,你一定要离开斯克里伯纳,就走吧,但是看在老天分上,请你别再说了!"

于是,这漂泊的浪子多年来第一次决定回家了。那年夏天,他告诉朋友和家人,他已经回到阿什维尔——他租了一个林间小屋——"住一段时间,把事情想想清楚。"他想到的事情之一是他春天旅行后写完的短篇小说《柴拉基人》("Chickamauga")。他认定这是他最好的作品之一，让伊丽莎白·诺维尔寄给《星期六晚邮报》，但遭退稿。他们说它"故事性"不够。他在阿什维尔时，它又被《美国信使》杂志退稿，然后沃尔夫又请诺维尔小姐投给几家小杂志。他知道他还可以走回头路投给《斯克里伯纳杂志》，但他一心想在别处发表，证明他并不是只有依靠查尔斯·斯克里伯纳出版社才能发表东西的。沃尔夫希望到他回纽约时会有杂志接受这篇故事。

珀金斯一家那个夏天也离开曼哈顿，回到新迦南，但麦克斯仍经常待在城里，工作到很晚。汤姆弃他而去使他比往常更感凄凉。那年8月，他写信给伊丽莎白·莱蒙，这是他沉默了一年之后第一次给她写信，也是他最伤感的信之一。他没有说他伤感的原因，但无疑就是因为他和沃尔夫的关系令人痛心的恶化：

> 某种意义上，我碰上了倒霉日子，这就是我没有给你写信的原因。处境不好的时候，我从来都没法写信。那总会使我担心孩子们，但她们似乎生来就是另一种类型，只会在不顺心的时候才会写信。说到倒霉日子：我们都会经历的，那不算什么，只要我们能挺过去。但我想让你知道怎么回事，为什么我没有写信。你是我的朋友，知道这一点就使我无比满足了。让未来见鬼去吧，我将记住过去。

路易丝·珀金斯可不想在新迦南无聊地打发一个宁静的夏天。她已经获邀去协助著名的萧伯纳戏剧女演员帕特里克·坎贝尔夫人（Mrs. Patrick Campbell），作为她的替角参加康涅狄格州米尔福德的戏剧剧团。路易丝明白这样的良机机不可失，对她这样事业都未开始的演员来说更是如此，于是她接受了邀请。不幸的是，那位明星演员身体好得令路易丝只能沮丧地在后台白白等了一个夏天。这次经历之后，麦克斯在这年夏天给汤姆·沃尔夫写的一封信息量很大的信里说:"我想她现在受够戏剧的那种喜怒无常了。"

夏末,沃尔夫的《柴拉基人》终于得以在《耶鲁评论》发表,伊丽莎白·诺维尔也接连帮他安排发表了另外六个短篇小说。汤姆还得到了司各特·菲茨杰拉德对他发表在《纽约客》上的故事《E》的赞扬。司各特坦率地表示钦佩沃尔夫的写作,称他的才华"在国内外都是无与伦比的"。接着,司各特试着"给你举个例子,证明发展另一个自我、成为一个更有自觉意识的艺术家是多么必要……

> 强者对他内在的倾向越清楚,他就也越确信这些倾向会显示出来,因而就更有必要提炼它们,节省地利用它们。人们会说,一部精心挑选事件的小说是福楼拜那样的大作家有意舍弃某些材料的产物,而这些材料,某某作家(在福楼拜这个例子里就是左拉)则会用他们日常的语言全盘照搬进书里。而大作家只会写唯独他看见的事物。所以左拉的文学地位随着时代的变迁已经摇摇欲坠了,《包法利夫人》却成了永恒的经典。

"你的来信所谈之多,真令我大感意外,"沃尔夫给菲茨杰拉德回信道,"你的这束鲜花散发着玫瑰的芬芳,也狡猾地暗藏着好些大块的碎砖。"他发现司各特拿来劝说他的例子跟当时的普遍批评观点差不了多少,而他期待的是更好的批评。沃尔夫觉得福楼拜和左拉跟他的写作没什么关系。

沃尔夫在信里对菲茨杰拉德说:"我要再到树林里待上两三年,

> 我要全力以赴,写出我这辈子最重要的作品。我要独自完成。我准备失去我可能已经获得的薄名,默默地去听,去了解,去忍受

一切猜疑、蔑视、嘲弄和他们巴望着看到我生前的尸检报告。我知道其中的滋味,你也知道。我们都经历过这些。

他相信他能挺住,但也希望寻求斯克里伯纳出版社之外在精神上真正理解他的朋友。"如果你认为我需要批评,就请毫不留情地批评吧,"他在信里对菲茨杰拉德说,"但别像德·沃托那样。如果那样,我会跟你摊牌。"

那年秋天,斯克里伯纳重新粉刷了他们五楼的图书馆,换了新地毯。珀金斯对人人都说那个地方"现在像个女人的化妆间",但他知道有些纽约的女性文学经纪人会在那里感觉更自在,而且看来他还得跟更多的女经纪人打交道。确实,女性正大规模地涌入这个行业,以至于麦克斯甚至建议爱尔兰诗人 A. E.(乔治·威廉·罗素)之子迪尔米德·罗素(Diarmuid Russell)和沃尔夫的朋友、曾在纽约大学教英文的亨利·沃尔肯宁,在"那些讨厌的女人接管这个行业之前"合伙成立自己的文学经纪公司。在这次装修期间,他们发现了三个装着托马斯·沃尔夫手稿的大包裹,其中一个是一大捆汤姆从来没有出版的《十月集市》。沃尔夫过去以为他或者斯克里伯纳出版社把稿子给弄丢了,但麦克斯记得是汤姆自己把这些手稿放在那个地方。"所以,"麦克斯写信对伊丽莎白·莱蒙说,"汤姆交到我们手里的一切东西,现在还在我们手里,完好无损!"

除了沃尔夫的事业。在北卡罗来纳的小屋里待了三个月,沃尔夫回到纽约,仍然纠结于他与出版人之间的关系。伯纳德·德·沃托在 8 月 21 日出版的《星期六评论》上又是一通扫射,批评沃尔夫和梅尔维尔"很长的段落写莫名其妙的情绪",这使汤姆更坚定地决心换出版社。

夏末的一个上午,沃尔夫打电话给好几家大出版社,每次打通电话他就对第一个接电话的编辑唠唠叨叨地说他是托马斯·沃尔夫，他们有没有兴趣出版他的书，有些出版社还以为这些电话是乱开玩笑。但阿尔弗雷德·A.克诺夫出版社的伯纳德·史密斯（Bernard Smith）说他很乐意跟沃尔夫谈谈未来的出版计划。阿尔弗雷德·哈考特还拜访了珀金斯和查尔斯·斯克里伯纳，问他们是否介意哈考特－布莱斯出版社合理地接受沃尔夫提出的条件出版他的书。珀金斯说他"认为没有其他可能"，意即沃尔夫是一个不能错过的优秀作家。他和斯克里伯纳都请哈考特放心，他们不会对他有任何怨言，因为沃尔夫分明已经铁了心要换出版社。哈考特告别了珀金斯，觉得沃尔夫会和他的出版社签约。但是忠心耿耿在斯克里伯纳出版社待了近十年的沃尔夫，还想在这种新获得的关注中尽情戏耍。他跟每一个对他有意的追求者半心半意。

几个星期以后，霍顿·米夫林出版社的罗伯特·林斯考特（Robert Linscott）在他们的纽约办公室见了沃尔夫。他们很快就打成一片，互相直呼其名。他和汤姆达成一致，帮他妥善保管一大箱子手稿。林斯考特公事公办，交给作者一张说明物件收讫的收据。那天晚上，沃尔夫沉浸在自己找到一家好出版社的喜悦中，他伸进兜里摸出了那张收据。上面有这么一句："我希望你知道，在这种情况下，它（那箱书稿）的安危概由你承担后果。"沃尔夫当即就与霍顿·米夫林出版社解约。在一封他没有寄出的信里，他愤怒地说："我认为你们必须承担后果，一旦你们提出了保管它的要求，你们就应该承担保护作者财产的全部责任，这是你们独自要承担的。"他又退回到和各出版社你来我往的阶段。

有好几个星期，沃尔夫的家人对汤姆和珀金斯的决裂还一点都不知道。麦克斯收到朱莉亚·沃尔夫的一张明信片，她对儿子感到担忧，因为她已经有一个多月没有儿子的音讯了。麦克斯还收到汤姆的哥哥弗雷德类似的来信。珀金斯回复说，汤姆一切都好，只是现在关于他的信得寄到伊丽莎白·诺维尔那里，而不是寄到斯克里伯纳出版社给他。在给弗雷德的回信里，珀金斯说："他已经对我，对斯克里伯纳出版社背转身，所以我也根本没见到他，虽然我很想见。"很快，他们决裂的各种故事在爱嚼舌头的沃尔夫家族里传开了。汤姆向他们证实他现在没有出版社了，而他离开斯克里伯纳的原因还得源自1935年。沃尔夫现在意识到他和斯克里伯纳出版社之间的关系并没有一刀两断。在给珀金斯写的一封长达五千个单词的信中，他试图答复所有他听到的据说来自珀金斯的指责。"首先，"他说，"我没有对你和斯克里伯纳'背转身'，我认为任何这么说的人都是误导别人，言不由衷。"其次，他认为他们双方无论是谁断言不知道他们究竟为何分手，都不符合事实。汤姆相信麦克斯对原因一清二楚，因为他们已经反复讨论几百次了。

"你什么都不欠我，我得想想我欠了你多少，"沃尔夫说，"我现在不想承认我第一次见到你就发现、明白你是一位伟大的编辑，但我确实曾经发现、明白了这一点，后来还写下来承认，由你自己的出版社印刷出版了。""所以现在这一点已经是公开的记录。无论如何，世人总会发现你是一位伟大的编辑。"汤姆强调说。但现在当人们严肃地提醒他珀金斯是多么了不起时，他发现又讽刺又好笑的是，正是他自己首先公开指出了这一事实。"和任何人一样，是我把原来深藏不露的锋芒给露了出来。"他自夸道。

"这封信，"他继续写道，"是一次悲伤的告别，但我希望它对我们俩都是一个新的开始。"他还说：

我是你的朋友，麦克斯，因此我才写这封信——让你知道是这样。如果我在这里说许多别的，那我的本意就被遮蔽了——唯一要说的重要事情，就是我是你的朋友，并希望你也是我的朋友——请把最后这行字当做我绕了半天想要表达的中心意思。

珀金斯又看到沃尔夫的字迹，还是感到高兴的。"我是你的朋友，而且我想我永远都是你的朋友。"他回信道。珀金斯说，过去几个月最令他伤心的是汤姆瞒着他自行安排换出版社，所有桌面下的交易都是"令人蒙羞的"。他给弗雷德回信时说他不理解汤姆的行动，那是说实话。最后，麦克斯说，所有这一切都改变不了什么。他写道，既然他们已经不再是工作伙伴了，"希望我们不久就能像朋友一样见面"。12月，珀金斯从罗伯特·林斯考特那里得知，沃尔夫准备和哈珀出版社尤金·F. 萨斯克顿的助理爱德华·C. 阿斯维尔（Edward C. Aswell）签约。

上一年圣诞节，沃尔夫是在珀金斯家过的。这一年圣诞节，他去了纽约州恰帕夸的阿斯维尔家，和他的家人、朋友一起喝着香槟，激动地举杯庆祝。

沃尔夫把换出版社之举视为他这辈子"最幸运、最快乐的事情之一"。哈珀出版社给了他一大笔预付金，但签约还不仅是因为钱。沃尔夫做出这个决定是基于一种个人的直觉，因为即将和他搭档的爱德华·阿斯维尔是他的北卡罗来纳同乡，还跟他同龄。"我相信这会是一次美好的经历，"他写信对他的朋友、住在田纳西州布里斯托的安娜·阿姆斯特朗说，"我觉得这个男人很安静，但非常深沉、真诚，他认为我是最好的作家……不过，我还是为过去感到有些难过。"但是，他问她："你不能再回家了，对吗？"

珀金斯很有风度地接受了沃尔夫离开，因为他相信这是不可避免的——"我可以想象二十年后写汤姆的传记会把他的这次行为归因于他天性的、充满男子气概的那种想要挣脱任何羁绊而独立的决心。"

几个月后,他在给玛乔丽·金南·罗林斯的信中说。但麦克斯已经知道,他生命中的重要一部分过去了。这年年末,他写信给汤姆·沃尔夫:"每天晚上,我独自在曼尼·沃尔夫餐厅喝一杯麦芽酒,等待报纸送来……这个圣诞节我们过得很好,但我们都想念你。"

18

迎着悲风

1937年圣诞节后不久，已是哈珀出版社作者的托马斯·沃尔夫不得不请麦克斯·珀金斯帮忙。沃尔夫和那个二十一岁的书稿代理人默多克·多尔之间的官司即将开庭。汤姆写信给麦克斯，请他出庭作证，"不仅是因为个人关系和友谊，还要为人类伸张正义"。珀金斯很乐意作证，尤其令他高兴的是沃尔夫信中请他帮忙时并没有流露出懊悔、焦虑的情绪。但此时，这个案子中的许多细节珀金斯记不清了。2月1日晚上，他和汤姆在切尔西宾馆大堂见面，核对一下细节。沃尔夫刚搬到这里，珀金斯提议在此见面。这是他们七个月以来第一次见面，并没有痛苦的感觉。

这桩官司跟《时间与河流》的手稿有关。以前，多尔为沃尔夫卖出过他的几个小物件——书、文件等——所以沃尔夫授权他出售这部小说的手稿。多尔到斯克里伯纳出版社来拿那堆手稿，并加以核对。他发现沃尔夫给他的手稿并不是送去出版的稿子，而是从书中删掉的一些内容。在沃尔夫的坚持下，他去斯克里伯纳出版社跟作者一起清理这些未出版的手稿。

碰巧，沃尔夫的英国出版人 A. S. 弗雷尔－里弗斯那天刚从伦敦来纽约，珀金斯跟他不熟，约了他下午五点在查塔姆宾馆见面。麦克斯觉得最好让沃尔夫一起去打个照面，就走进沃尔夫和多尔工作的房间，带着沃尔夫走了，"只是去喝一杯"。但沃尔夫喝了好多酒，多尔等了几个小时。等到沃尔夫回去的时候，多尔发火了，然后沃尔夫一气之下就不让他干这件事了。多尔暴跳如雷，寄给沃尔夫一张1000元的账单，要他付服务费——具体地说就是为他联系到一个买家和整理材料的费用——还有他因取消委托代理而损失的佣金。多尔手里还掌握着许多沃尔夫的手稿，扬言沃尔夫不付钱他就不还。于是，沃尔夫开始打官司，要求拿回自己的财产。后来，麦克斯以他的方式表达了他在这件事情上要承担的责任，他说："是我把错误的材料给了多尔，是我导致他们两人气得不可理喻，应该责备的人是我。"

和沃尔夫一起为开庭做准备时，麦克斯想起汤姆1935年去欧洲前夕，曾书面授权他为法律事务代表。麦克斯的回忆让沃尔夫欢欣鼓舞；他认为这是他辩护的关键，因为它清楚地表明他始终无意让多尔未经许可——如果不是沃尔夫本人，至少也得有麦克斯的许可——擅自做主达成交易。

1938年2月8日，珀金斯去泽西市出庭。他发现沃尔夫"在各种压力之下显得坐立不安，愁眉苦脸的"，但在法庭上给所有人留下了真诚、有尊严的深刻印象。证人们相继出庭为沃尔夫作证，很快，珀金斯判断沃尔夫将胜诉，他可能不用出庭了。但他还是同样被传唤出庭。到麦克斯把手放在《圣经》上起誓的时候，沃尔夫几乎控制不住自己的情绪；伊丽莎白·诺维尔注意到沃尔夫感动得热泪盈眶，因为，这是第一次在公开场合，麦克斯戴上了助听器。过去，他固执地拒绝在任何场合使用助听器，即使和他说话的每个人都注意到他的听力变得很差。但珀金斯感到对沃尔夫有一种责任，一种理解所有程序的义务，与此相比，使用这个笨拙的装置而带来的尴尬、不适都不重要。事实证明，他是表现得最严谨、最客观的证人。律师问了珀金斯两遍，沃尔夫这么迅速地授予他法律代表权是否为了好控制多尔。"当我说我不能肯定时，我觉得自己像个傻书呆子，"后来麦克斯向约翰·特里回忆道，"那个律师肯定鄙视我，我也有点鄙视我自己。"珀金斯能够作证的是，那以前他从未被授予过这种权力，因此，这种授予显然是为了那个目的。

晌午时分，法庭宣判沃尔夫胜诉。珀金斯松了一口气，庆幸他的折磨结束了，他觉得这个在法庭上度过的上午"很好玩"。珀金斯相信沃尔夫的胜诉"多少恢复了他对至少一种美国制度的信心"。他们一起坐渡船回到曼哈顿，去切里奥餐厅吃午饭。后来，麦克斯意识到，以后再也不会因为工作关系见到托马斯·沃尔夫了。

麦克斯给他的好几个作者写信说了汤姆离开他的事。他坚持说离开是最符合沃尔夫利益的选择，因此也是不可避免的。也有人，譬如海明威，认为沃尔夫的表现就像一个巨婴，珀金斯反而还为他说好话，把这事说得"很漂亮"。欧内斯特很纳闷，这人为什么就不会写呢，继而讥笑道，当天才一定是非常难的事。

1月，海明威从西班牙内战归来。共和军的进攻在各地都没什么进展。事实上，一连几个月都没什么战事值得欧内斯特为北美报业联盟写报道。他正好利用这段平静间隙写他自己的东西。冬天快结束时，他完成了他的第一个剧本，戏剧场景就设置在他住的地方，马德里的佛罗里达宾馆。消息一传开，许多戏剧界人士就打电话给珀金斯。麦克斯写信告诉欧内斯特："我不能想象你写一个剧本不会成为轰动的成功之作。"虽然他还只知道戏的场景设置。

回到基韦斯特，海明威向珀金斯承认他"陷入了各种非基督精神的困境"。他关心西班牙的战争但离得太远；他渴望把他在西班牙获得的新鲜素材写进小说但又靠得太近。他还忙于跟波琳的家庭战争,因为他跟玛莎·盖尔霍恩的关系越来越深而波琳要抓住他不放。珀金斯给予他力所能及的帮助。珀金斯说,如果剧本的出版能够有助于戏剧的制作上演,斯克里伯纳出版社可以马上出版,尽管通常的惯例是剧本在戏剧演出时同时出版。(罗伯特·舍伍德[1]的《通向罗马之路》《在维也纳重聚》《石化森林》就是珀金斯出版的最成功的先例。)"但你的这个剧本,"麦克斯肯定地对海明威说,"即使没有排演也能畅销。"只要有一个理由就够了:公众渴望知道西班牙的真实情况。

海明威重返西班牙的念头占了上风。他告诉麦克斯,在战争阴云笼罩阿拉贡和马德里的时候,他却在基韦斯特闲逛,让他感觉自己像坨"臭狗屎"。他不顾波琳和麦克斯的意愿,在1938年3月中旬又回西班牙去了。他向编辑保证,他没有忘记计划当年秋天出版的那本短篇小说集,他会在巴黎转道去西班牙时,把书稿寄给麦克斯,在书付印前,他还可以加几个故事。

海明威的剧本出版定在秋天。他留了一份副本给珀金斯,虽然他还要修改——他说,其中的修改之一,可能是标题《第五纵队》(*The Fifth Column*)。"深为剧本感动,非常精彩,祝好运。"珀金斯发电报给海明威。"顺便说一句,"次日他写信给海明威,"我认为你很难换一个比这更好的题目。"珀金斯浑然不知海明威的家庭纠纷,给波琳写信道:"那个剧本使我理解了为什么欧内斯特一定要回西班牙。"说到这个剧本作为文学作品的价值,他说:"它和《有钱人和没钱人》一样,或者更进一步,表明欧内斯特向前进入了一个新的天地,更广阔的天地。"

在船上,海明威给珀金斯写了一封长信,对最近几个星期里的"折

---

[1] 罗伯特·舍伍德(Robert Sherwood,1896—1955),美国著名剧作家,作品多反映对社会和政治问题的关切,四次获得普利策奖,后成为富兰克林·罗斯福总统的讲稿起草人和顾问。

腾"道歉。他用一种郑重的语气感谢麦克斯即使在他脾气差、"整个儿变成混球"的时候仍然一如既往地对他好。麦克斯请他不必言谢。"你待我们很好，我们都这样想。我非常感谢你。"他回信说。但珀金斯情不自禁地感到一种抑郁。这封信让他整个周末都闷闷不乐，因为给他的感觉好像是海明威认为他再也不会从西班牙回来了。"但是我不太相信预感，"麦克斯写信给菲茨杰拉德，努力显得乐观一点，"我的预感很少准的。欧内斯特看来很好，我以为他的精神很好，但现在我猜他不是这样。我还要告诉你，他信中特别提到了你。"菲茨杰拉德颇为感动，因为海明威还记得"预先的遗言"里提到他。这个人"拜伦式的热情"总是令他着迷。

司各特·菲茨杰拉德已经在 1938 年初来过纽约。当时麦克斯和他以及一位迷人的金发女郎共进午餐，她三十岁左右，司各特介绍说是他"女朋友"，从好莱坞来。珀金斯得知她不是演员，很高兴。这个"女朋友"叫希拉·格雷厄姆（Sheilah Graham），是英国人，为北美报业联盟写一个关于好莱坞的专栏。珀金斯听到的信息就这么多，但他看出她显然对司各特带来了好的影响。他在加利福尼亚晒黑的皮肤颇为惹眼，他也戒酒了，气色健康，行动敏捷。菲茨杰拉德还还清了大部分债务——包括他欠麦克斯的全部钱——他还签了下一年的一个条件更好的电影合约，这样他就有望摆脱全部债务了。

司各特一回到好莱坞，就给麦克斯寄了一张支票，这是他对斯克里伯纳社欠款的第一笔还款。"我说过他会还钱的，可没人信，"他在信里对伊丽沙白·莱蒙说，"——虽然有时候我也不信。"菲茨杰拉德还随支票寄来一封信，是他在日落大道的阿拉花园宾馆房间里写的。他供认那天和麦克斯分手后，他在纽约大喝了一次。他发誓那次放纵乱喝只持续了三天，之后就滴酒未沾了。不过，既然是在忏悔，他说他还应该招供另一次，那是去年 9 月份，也是类似的三天。

除了这两次没管好自己，他已经一年没有沾酒精了。"真难受啊，我们这些改过自新的酒鬼做任何事之前，还得先解释一番自己在这个问题上的立场。"他在信里写道。司各特说他正在为琼·克劳馥（Joan Crawford）主演的一部电影《不忠》(Infidelity)写剧本。珀金斯源源不断的纽约来信是菲茨杰拉德还存在于文学界的唯一证明——即使只是微弱的存在。

令司各特更觉孤立的是，那年春天，斯克里伯纳出版社主管发行、营销的副社长惠特尼·达罗通知他，曾经激发二十年代年轻人共鸣的《人间天堂》，在出版十八年后正式"绝版"。菲茨杰拉德感到失望但并不惊讶。"重温一遍［小说］，"他告诉麦克斯，"我觉得它是虚假透顶的《道连·格雷的画像》以来最有趣的小说之一。而且，我随便就可以翻到一页，都写得真实生动。"他知道，对于新一代人，也就是他同龄人的孩子们来说，这本书所关切的问题，离他们已经很遥远，曾经惊世骇俗的出轨行为，现在被视为平常乏味。"要吸引他们［新一代］，我得加点颜色，放两个堕胎的情节进去，"司各特说，"如果我重写这本书，我可能就这么办。"除了它的缺陷，他还想知道"绝版"究竟是什么意思。他问，这是否表示他现在可以自行安排其他出版社再版这本书？如果他这样做了，那个"惠特尼·达罗还是达罗·惠特尼，不管他是什么名字"，是不是又会突然觉得这本书有价值了呢？

一本书被宣布为"绝版"，就意味着出版社因为该书没有需求，决定不再加印，让现有库存卖光；作者有权自行联系新的出版社。但是，珀金斯说，他另有打算，让这本书继续在斯克里伯纳出版社出版。"我不应该现在透露给你因为它很有可能实现不了，"他写信告诉作者，"我有一个秘密的愿望，等哪天——有一本新的小说大卖以后——出一本合集。"它会收入《人间天堂》《了不起的盖茨比》[1]和《夜色温柔》三个完整的小说,并加一篇作者的长篇自序。"那三本书,"珀金斯写道,"不仅具有它们本身的永久价值,还代表了三个不同的时期——没有别人能把这几个时期写得这么好。"珀金斯不想糟蹋良机,过早地出版这本三合一的合集。他解释道:

> 现在有一个机会,它有点适合《天堂》和《盖茨比》,因为往事披上了一种浪漫的光彩。但《夜色温柔》的时机还没有到来,甚至《天堂》之后的时机也还不成熟,我认为。但除非我们认为永远不会再有好时机——我相信,除了战争,更好的时机总会出现的——所以我们应该等待。

珀金斯希望菲茨杰拉德接着写那部关于黑暗时代的小说《黑暗伯爵腓力》。但司各特没空写。他说神奇的电影业"先让你忙得像嗖嗖飞的子弹,然后在你别的什么都干不了的时候又让你在心灰意冷、引而不发的情绪中等待,而它还在统筹下一步"。好莱坞是"一个奇怪的混合体,既有少数优秀的、过度疲劳的电影人,也有一大群最底层的骗子、雇佣文人,你可以想象他们有多郁闷,多可怜"。司各特说,后果就是"两个人里就有一个撒谎,谁都不信任别人,无数时间就因为缺乏人际信任而被浪费了"。菲茨杰拉德认为,这是他生涯中一段特殊时期,但他环顾左右,意识到他并不是唯一一条跳出文学之河里的鱼。"看看你跟你的小子们都怎么了,麦克斯,"他在1938年4月23日写给珀金斯的信里说,"欧内斯特去了西班牙,我去了好莱坞,汤姆·沃尔夫回他的乡下追求艺术去了。"

---

[1] "出版它是多么快乐的事!它是我出版生涯中最完美的书,"麦克斯在这同一封信里还谈到《了不起的盖茨比》,"你再也无法从其他书中获得那样的满足。"——原注

对于麦克斯自己来说，这是一个休养生息、重整旗鼓的好机会。在新迦南度过一个平静的夏天之后，珀金斯一家搬回那里定居了。麦克斯希望让路易丝一直在乡间生活，但她又发现自己精力过剩，她的精力原本是在城市生活中消耗的。她对舞台表演的热情虽然消退了，但焦躁不安的感觉仍然困扰着她。她要寻找一种属于她自己的室外生活，很快，她就找到了。

1938年初，几个本地的罗马天主教教区嬷嬷来到珀金斯家，要跟他们家信仰天主教的厨师说话。路易丝跟修女们聊了几分钟，就慷慨地开了一张支票捐献给她们的教会。修女们接着跟她谈话。到她们离开的时候，路易丝对天主教已经深有好感。她又做了深入的了解，几个星期之后，她就开始跟教区神父恳切地谈话了。"除了人，还有什么是你最在意的？"他问她。她毫不犹豫地回答："戏剧才华。"神父告诉她："带着它，把它放在耶稣基督的圣坛上。"五十岁的路易丝，就这样带着天真少女般的活力和新皈依者的热情，从舞台幕后走进新的神圣剧场。正如伊丽莎白·莱蒙所注意到的："路易丝一直都钟情紫色。[1]"不管她的动机究竟是不是出于宗教，她的热情确实是很强烈的。亲朋好友们都认为路易丝的改宗有着舞台之外的含义。一些人说它是她"对家庭的叛逆"。有个女儿则提出这是"母亲终生奋斗创新"的又一个舞台。

麦克斯并不为路易丝虔诚的投入所打动。有一次，她又要开始说教，让全家都皈依，他指出："只要你一说到教会，你的腔调就假假的。"当她第无数次地问："麦克斯，为什么你就不试一次呢？"——就好像要他试一种治头疼的新药——麦克斯答道："你试过佛教吗？"她越是用力地试图拯救他的灵魂，他越是顽固地抵抗。这是他们长年累月

---

[1] 紫色是天主教神职人员的教袍颜色。

家庭战争的新形式——沉默的克制对抗不加节制的热情。路易丝无论去哪里都劝人改宗,这经常令麦克斯尴尬。她在家里到处洒圣水,麦克斯的枕头一星期要被她弄湿几次。他叹着气问女儿们为什么不能对她们的母亲"采取点措施"。一天晚上,当她实在说不出麦克斯皈依天主教的理由了,便告诉他,如果他再不忏悔自己的罪行,参加团契,他会在地狱被火焚烧。"感谢上帝,我可不打算上天堂——"他反唇相讥,"跟你们这些天主教徒在一起。"到了6月,她发展到把自己封闭起来整个星期与世隔绝的地步。麦克斯继续鄙夷地观察妻子对天主教的兴趣,但他告诉约翰·霍尔·惠洛克,他倒并不想彻底打消她的兴趣。他厌烦了她对新教的攻击,但也看到教会把她的时间都占满了。

由于和珀金斯密切工作的关系,他的许多女作者都觉得她们比路易丝更了解他。有些人推断他不和谐的婚姻是他郁郁寡欢的原因,却不知道他对路易丝深深的爱和尊重,于是贸然施以安慰和建议,尤其是在路易丝沉迷宗教的那段时期。玛乔丽·罗林斯那年写信给麦克斯,说他妻子"很善良,有点可怜。我理解她。你比她有智慧得多——你一定要宽容。天主教的事情慢慢会过去的"。麦克斯一开始可能也这么想过。他曾经写信告诉伊丽莎白·莱蒙:"路易丝遇事总是热情万丈,然后热情又很快消退,这是最好的一面;但这跟我的风格相差太大了,所以我总是受惊吓。"但在妻子加入教会几个星期之后,麦克斯又写信给伊丽莎白说:"路易丝现在完全是罗马天主教徒了;家里到处是罗马天主教作家的书,时不时会有一个嬷嬷闯进来,我甚至常常想说不定楼梯后面还有一个神父。"

路易丝完全沉迷在宗教事务中时,麦克斯与伊丽莎白·莱蒙更频繁地通信了。"只要我手里握着笔,就忍不住给你写信。"他在2月告诉她。但过了几个月,他说:"我有一千件事情想跟你说,但现在太忙了。我总觉得自己在拼命工作了,但总是有更多的事情要做,其他像我一样的人却似乎没这么多事,我真不明白。我干得比别人快,这方面我一直都很擅长。我真不明白发生什么了。"

真有一件事情发生,那就是出现了一位有才华但又需要花时间对付的新作者,在英国出生的珍妮·里贝克(Janet Reback)。她从童年时代起就写了许多书稿但都没有发表。1937年接近四十岁的时候,她把一本小说投给麦克米伦出版社,被拒了,她很沮丧。但麦克米伦的一个助理编辑强烈建议她投给斯克里伯纳出版社的麦克斯·珀金斯,他会好好读这本叫做《死亡王朝》(*Dynasty of Death*)的小说。

珀金斯读了开头几页就被吸引住了。查尔斯·斯克里伯纳有一次跟他吃午饭的时候,他还在读。斯克里伯纳记得麦克斯当时就肯定地说:"这是一个将会出名的女作家的处女作。"珀金斯写信告诉南希·赫尔,里贝克夫人的小说是"一部工整、优秀的传统小说,人物众多",涉及三代人——"一本还没修改好就已经显露出优点的书"。

珀金斯想在签下这本书之前先见一下作者,因为他有许多修改意见。里贝克从罗切斯特附近的家兴冲冲地赶到纽约,但这次见面她非常尴尬。在生人面前,她很想表达清楚自己的意思,但口吃的老毛病偏偏跟她作对,她的全部精力都花在克服口吃上了。她担心结果是"我显得智力低下,近乎低能"。言语不多的编辑由于耳背,有许多话没听清楚,但还是对她留下了很好的印象。

珀金斯的批评主要是叙述累赘的问题。他建议删掉一些场景中她把情节透露太多的地方——"因为我觉得可以省去不说,是多余的"——还有她描写了太多不是非描写不可的东西——"让他们自己去领会他冷酷、乏味、顽固的性格,比你告诉他们要好"。对于任何她像路标一样发议论,指挥人物动作、感情的地方(比如"然后,梅做了她这辈子最勇敢的事情"),麦克斯都建议删,"因为读者会知道她要干什么,没有作者的介入,他们也能深切地感受到"。麦克斯的曾祖父过去常说:"人应该总是带着一点饥饿感离开餐桌。"与此相类似,珀金斯也经常告诉作者:"你给读者的永远比他要的少一点。"

里贝克夫人也偏好情节夸张的故事。她的许多情节发展运气的成分太多,雕琢得很干净。这是珀金斯许多作者普遍的缺点,他们经常辩称这样的巧合真的是现实的写照。里贝克夫人同意把小说里的事件改得不那么造作,淡化情节冲突,虽然她坚持说:"我真爱雷鸣中有各种预兆的死亡故事啊!"

珍妮·里贝克决定用笔名发表这部小说。"在目前的局势下,外国名字在美国显得颇为可疑,"她写信给珀金斯说,"而里贝克就挺像个外国姓。"她提出可以把她祖父母的姓组合成一个名字:泰勒·考德威尔(Taylor Caldwell)。珀金斯觉得这个想法很好,但对于她说的因为"一部主要写商业事情的小说用一个男性作者的名字发表会更有可能畅销",倒不是太认同。

泰勒·考德威尔开始"修改、斟酌"编辑建议改动的地方。她写信告诉珀金斯:"不管怎么说,这本书教给我的比大学里的一门小说写作课程都要多。"珀金斯警告她:"编辑都是极其容易犯错误的。不要太信任他们。"

经过大幅的修改,《死亡王朝》于1938年秋天出版,得到了许多评论家的盛赞,因为书写得好看,他们都一口气读完了。但也有一些评论家乃至斯克里伯纳出版社内迂腐的编辑攻击泰勒·考德威尔只是个通俗作家,珀金斯非常愤怒。他已经激发起人们阅读她这本书的热情,无论别人怎么评价她的写作,她都是一个优秀的故事高手。这本书成为畅销书,也让查尔斯·斯克里伯纳又认识到珀金斯的判断非常准确。泰勒·考德威尔值得珀金斯为她的书多付出的那么多时间,而如果托马斯·沃尔夫还在斯克里伯纳出版社,珀金斯就很可能没有这些时间顾得上她了。

*　*　*

麦克斯和汤姆·沃尔夫已经分道扬镳了，而沃尔夫仍像往常强迫症似的咀嚼他的每一段经历，他和珀金斯交往的那些年。在给贝琳达·杰里弗（Belinda Jelliffe）的信中，他说他与他那位前编辑的工作关系是"那么彻底、悲哀地结束了，再也不会恢复；现在，既然我历经磨难终于赢得了前所未有的力量和内心的安宁，那些自认是我朋友、又试图让我恢复那种关系的人——我知道你也是其中一位——在这个问题上当然是想错了"。贝琳达·杰里弗的自传体小说《为了亲爱的生命》（*For Dear Life*）就是经沃尔夫的推荐，由珀金斯在 1936 年出版的。纽约圈内盛传珀金斯暗中希望汤姆失败，那样就可体现出他自己的重要性，珀金斯对此嗤之以鼻。沃尔夫相信珀金斯只是对他的手稿施了些魔法，但那些魔法日子都过去了。作家要把他与麦克斯韦尔·埃瓦茨·珀金斯神圣化，那没有比把珀金斯写进小说让他不朽更适当的办法了。于是沃尔夫开始创作一个新的人物形象，一位编辑。给他起名叫福克斯霍尔·莫顿·爱德华兹，简称"狐狸"。[1]

狐狸会在沃尔夫要为哈珀出版社写的新书中出现，因为沃尔夫在考虑那本书以概括他自己的写作生涯为结尾。这个概括的最后就是一封题为"别了，狐狸"的公开信。沃尔夫写信告诉伊丽莎白·诺维尔，这最后的部分"将是对全书，对以往一切事情深情的总结，也是对现状的最后陈词……如果我能按照我所想的那样写好……《别了，狐狸》，它本身就能成为独立成篇的好文章"。

1938 年 5 月，沃尔夫告诉他的编辑爱德华·阿斯维尔，他已经达到 1933 年 12 月写《时间与河流》时清晰的状态"——当时麦克斯·珀

---

[1] 福克斯威尔（Foxhall）简称 Fox，即"狐狸"意。

金斯第一次看到了《时间与河流》的全稿。"当然,他看到的还只是一个巨大的骨架,"沃尔夫写信对阿斯维尔说,"但无论如何他已经可以比较清晰地看待整本书了。"沃尔夫警告阿斯维尔,这本新书的篇幅可能比《时间与河流》还要长。估计还需要花一年的时间不间断地工作,他才能写完定稿。

到了那个月的月底,他声称由于写作、官司的折腾、个人的变故和公众的呼声,他累极了。他需要换换环境,但也知道"那条踏出来的老路"不能再走了。沃尔夫打算再去西部,去领略美国最高的树木、最大的山脉和最新鲜的空气。他叮嘱阿斯维尔在他外出期间,先熟悉一下书稿。汤姆承诺:"我不会去很久的,不管怎么样,6月初就会见到你了。"

出发前的那个星期,沃尔夫才惊恐地开始整理书稿的工作。整理得越多,他越没信心把书稿交给阿斯维尔读。"我知道我站在哪里,"沃尔夫写信告诉他的经纪人,"可这就像是向某人展示他从未见过的某种巨大的史前动物的骨架——他可能会很困惑。"汤姆犹豫了几天,还是在出发之前把书稿寄给了哈珀出版社。

珀金斯偶尔和伊丽莎白·诺维尔共进午餐,但此时的午餐已不复往日的愉悦。珀金斯的言说带着淡淡的惆怅。比如6月的一个下午,沃尔夫还在外游历,麦克斯怅然问起汤姆,问起他在做的事情。十三年后,诺维尔小姐还记得那天珀金斯显得"非常苍老,疲惫,失意和悲伤"。她写信给沃尔夫,把这顿午餐的过程和他们交谈的一切都告诉了他。封上信封,她才意识到,她这样描述这场谈话多少有点背后打人小报告的意思,虽然并非恶意。"看到珀金斯谈到汤姆和这个世界,显得那么苍老、悲伤,我很难过。"她回忆道。她还是寄出了这封信。

到6月的第三个星期,汤姆已经穿越中西部,踏上了前往西雅图的旅途。经过长时间的思想斗争,他决定延长这次旅程。他被西部迷住了,但精神仍然倦怠消沉。诺维尔小姐谈珀金斯的来信让他一阵伤感,他很快又陷入了沉思,这次是为了关于他离开斯克里伯纳出版社的那些流言。汤姆胡乱发挥想象力,开始从另一个角度看待珀金斯。他写信给经纪人说:

> 有六年时间他是我的朋友——我以为他是我这辈子最好的朋友——但随后在两年多一点之前,他开始跟我过不去——从那时候起我写的任何东西都是糟糕的,他没有对它们、对我说过一句好话,好像他就巴望着我失败……究竟是什么原因会让人干出这样的事情?

还有流言说斯克里伯纳出版社的发行员们在全国各地贬低他是叛徒,这些话传到他耳朵里,更令他相信他们"是受人指使去到处"说他坏话的,并认定是"戴着友谊的面具干相同之事"的珀金斯暗示他们这么做的:

> 几乎像是无意识地被某种一厢情愿的欲望所驱使,他要让我受难,以满足他的骄傲和永远自以为是的顽固信念——这是他性格中的可悲缺陷——使得他不肯承认自己错怪别人,自己也会犯错。那真是他的大缺点,而且我相信也是导致他诸多失败的根源——他日益强烈的保守观点,他的挫败感,还有他近年突出表现在他自己生活和家庭生活中的个人悲剧。

到沃尔夫抵达俄勒冈州波特兰市时,他断定麦克斯·珀金斯是要与他和他的作品作对了。"我想彻底断绝联系。也许哪天如果他愿意,我再恢复，"他在给诺维尔小姐的信里写道，"——但在此期间，我们都别玩火。"他明确指示："关于我或我在干什么事情，一个字都别告诉他：相信我，只有这样才能避免麻烦。"这不再是性格不合的问题。"如果是我错了，它会见诸我的作品，如果是他错了，它会见诸他的生活。"

6月的下半个月，沃尔夫游历了从西雅图到墨西哥边境的整个太平洋海岸，然后又深入内陆一千英里，再向西北方向一直到加拿大边境。与此同时，爱德华·阿斯维尔浏览了沃尔夫留给他的书稿。"新书视野构思俱佳，有些部分为你迄今最佳创作。"1938年7月1日，他发电报给在西雅图的汤姆。"我仍在研读，但相信你完稿时，它会成为你迄今最伟大之作。祝你身体健康，灵感满载而归。"

这位作家想在西雅图多待几个星期，好整理旅行笔记并请打字员打出来。他向阿斯维尔形容这次西部之行是"一种绚丽的万花筒，我希望能记录下整个半球的生命和美洲"。阿斯维尔回信说："自惠特曼以来，没有人能像你这样触摸到有血有肉的美国，并把这种感受表达出来。"

1938年7月12日，西雅图的E. C.鲁吉医生给阿斯维尔发了一通电报："托马斯·沃尔夫病重，住进疗养院，请电告费用如何解决。"阿斯维尔马上回复沃尔夫的银行账户存款足够支付所有相应费用，请医生们给予最好的治疗。鲁吉很快又发电报："托马斯·沃尔夫在温哥华[1]发病。因连日游览劳累、高血压发展成肺炎，发烧，心跳加快，呼吸急促，剧烈咳嗽，周一晚体温105华氏度，周三晨100华氏度，似已脱险，明显好转，肾脏并发症亦明显好转。"

诺维尔小姐决定必须向珀金斯透露一点生病的信息，但具体情况又含含糊糊的，反而使得他更为焦急。7月25日，麦克斯写信给弗

---

[1] 此处的温哥华指美国华盛顿州的温哥华市。

雷德·沃尔夫,请他至少写张明信片说明汤姆的情况。"我没有办法打听到任何可靠的消息,"他解释道,"但我知道他一定生过一场大病,也许现在还病着。"珀金斯想给汤姆本人写信,但诺维尔小姐暗示哪怕珀金斯的一封信都可能影响汤姆的康复。

弗雷德·沃尔夫赶到西雅图陪伴弟弟。他在那里给珀金斯写信说,汤姆得的是严重的支气管肺炎。到了8月,医生们表示沃尔夫的体力还在缓慢恢复,但他正在好转。等他精神足够好的时候,弗雷德才转告他珀金斯的关切。汤姆请弗雷德转达他的爱和祝福。"我猜最简单的事实就是老汤姆把自己给累病了,"麦克斯又给弗雷德写信补充道,"我要等到汤姆真的康复时再写信给他,不管别人说什么。"

珀金斯好几天都等不来消息,他还是写了信。他想也许沃尔夫会乐意知道关于纽约的"一些趣闻"。"我又成了坐火车在家和办公室之间通勤的人,好像我生来这样,就应该永远这样,"他在信里告诉汤姆,"我不太四处走动了。但只要我去那些老地方,譬如切里奥餐厅、查塔姆走廊和曼尼·沃尔夫餐厅,大家都会问起你。"麦克斯说,在新迦南,他发现自己又跟一大家子在一起了。外孙们来了——贝莎有一个女儿,莎比则有个面相凶巴巴的儿子——他们住在那几间空荡荡的卧室里。麦克斯说,出版业倒是一切都在好转,他认为这个势头还能保持一年。玛乔丽·罗林斯的《一岁的小鹿》仍然是斯克里伯纳出版社的大畅销书。社里的人都还像沃尔夫记忆中的样子没什么变化,除了约翰·霍尔·惠洛克嚷嚷着要干结婚"这件傻事"。沃尔夫在那里的所有朋友都"非常关切"他的病情。"但说实话,汤姆,"珀金斯在结语中说,"它也可能变成你最好的事,因为经过了一段良好的休养,你可以有一个全新的开始。"

寄出这封信前,珀金斯从诺维尔小姐那里得知,汤姆的病情有点反复,所以他转而把信寄给弗雷德,请他根据情况判断汤姆是否应该看这封信。麦克斯写道:"如果你觉得他无论如何都不应该看这封信,就把它扔了吧。"

珀金斯的信打动了沃尔夫。他强打起精神,要来纸笔。他用颤抖的手写道:

亲爱的麦克斯:

我现在偷偷地违反医嘱——但"我已经有种预感"——而且我是有些话要对你说。

——我经过一次远行,来到一个陌生的国度,见到了那个黑暗的人,距离很近;我想我并不怎么怕他,但死神仍缠着我——我的求生欲望曾经极其强烈,现在仍然如此,我一千遍地想起你,想要再见到你,我感到难以排遣的痛苦和遗憾,因为我还有工作没做完,还有工作必须要做——而现在,我知道我只是一粒尘土,一扇巨大的窗户仿佛已经向生命敞开了。我以前不懂这些——如果我能安然度过,我希望上帝保佑我做一个更好的人;通过一种我无法解释的奇怪方式,我知道我会做一个更深刻、更睿智的人——只要我能站起来走出这里,我会离开几个月再回来,只要我能站起来,我就会回来。

——无论会发生什么——我有过这种"预感",想过要给你写信告诉你,无论将来发生什么,无论过去发生过什么,我永远都会想你,怀念你,正如我永远都会记得三年前的7月4日,你我在船上相见,然后我们登上高楼楼顶,感受下面这座城市和生活的所有奇特、荣耀和力量。

你永远的

汤姆

Aug 12,
1938

Dear Mart:

I'm sticking this against rules — but "sir" got a hunch" — and I wanted to write these words to you.

I've made a long voyage, I've seen the dark river — very close, and I don't find I was too scared, but as much of your immortal soul as I permitted knew desperately...

"收到你的来信我无比高兴,"8月19日,麦克斯给在西雅图的汤姆回信,"但别再写了。这一封足够了,我将永远珍惜。我也记得那是一个神奇的夜晚,记得俯瞰这座城市的样子。我一直想再回那里看看,但也许不去更好,因为事情到了第二次总是不一样的。"

这之后的一星期,弗雷德告诉珀金斯,也许汤姆不该给他写那封信。汤姆一耗精力就发起了烧,病情复发了。汤姆的情况似乎比支气管肺炎更严重,但他看样子还在恢复。"让我们一起祈祷他好起来。"弗雷德在给麦克斯的信里说。

* * *

海明威在阵亡将士纪念日那天从西班牙回到美国,在鹳鸟俱乐部见到了珀金斯。珀金斯发现他"除了疲倦、焦虑,其他都还好"。当晚海明威就坐飞机去基韦斯特了。整个夏天,麦克斯都在琢磨怎么出欧内斯特的剧本《第五纵队》和他的短篇小说集。在为沃尔夫每况愈下的病情而焦虑不安中,他决定把它们合为一本书出版,书名就叫《第五纵队和最初的四十九个故事》。珀金斯编排了这本书的篇目顺序,并核查了一下,发现司各特·菲茨杰拉德的名字已经从《乞力马扎罗的雪》中删掉,但他发现海明威现在只是将其称为"司各特"。他深知菲茨杰拉德是个多么敏感的人,于是催促欧内斯特改用一个完全不同的名字。

8月30日,海明威重返纽约,和珀金斯在巴克利饭店一起吃早饭。他同意把小说中的"司各特"改成"朱利安",并问麦克斯对他写一部关于西班牙战争的长篇小说和若干短篇小说有什么看法。他想再去西班牙看一眼,然后去巴黎写作,在那里他可以在安稳写作的同时关注战局。

珀金斯意识到,支持西班牙共和派的美国左翼知识分子使得海明威在美国时无法安心写作。他们现在视他为自己人，不断纠缠他请他抛头露面。所以珀金斯也觉得欧内斯特出国的想法很好。

麦克斯一直通过哈罗德·欧伯获得司各特夏天活动的消息。他听到菲茨杰拉德写新小说的计划，还有他把埃里希·玛利亚·雷马克[1]的《三个同志》(Three Comrades)改编成电影剧本获得赞誉。"我早知道你在那里会很成功，但我就担心你会太成功，"麦克斯给他写信说，"我现在还这样担心，因为如果你把兴趣都放在这上面，就难以专心写作了。"

麦克斯告诉司各特，他刚收到伊丽莎白·莱蒙的来信。她要搬到维尔伯恩地界边上的一幢屋子去了，那里曾经是供这个庄园的佣人使用的小礼拜堂。她将在这幢简朴的教会房子里度过余生。"她似乎很高兴，"麦克斯告诉司各特，还意味深长地补充道，"但她独自住在那里显然是错的啊。"

夏末，麦克斯问司各特和伊丽莎白能否抽时间给"孤独的沃尔夫"写信。汤姆已经一连七个星期发高烧了，医生们都很忧虑。到9月的第一个星期周末，他们怀疑他患了某种脑部疾病，西雅图的医疗条件已经难以治疗这么严重的病情。在医院的催促下，沃尔夫的家人安排沃尔夫坐火车穿过北美大陆，转到巴尔的摩的约翰·霍普金斯大学医院治疗，那里的沃尔特·丹迪医生是著名的神经外科专家，也许能救汤姆的命。

沃尔夫的东行于9月6日启程。他坐着轮椅被推上了"奥林匹亚"号列车。一位医生交给来自阿什维尔的随行年轻女护士一管吗啡，万一出现对付不了的疼痛或惊厥，它还能"压一压"。

9月10日，沃尔夫已经躺在约翰·霍普金斯大学附属医院休息，

---

[1] 埃里希·玛利亚·雷马克（Erich Maria Remarque, 1898—1970），德国作家，因描写第一次世界大战的小说《西线无战事》一举成名，蜚声文坛。

他有时候会神志清醒，知道自己出了什么事。那天下午丹迪教授就给他做了手术。当他用环锯打开沃尔夫的头盖骨时，颅内液体在压力作用下迸发出来溅到了手术室的另一头。汤姆剧烈的头痛感消失了，有一度他以为自己痊愈了。丹迪医生的诊断是脑结核。唯一的希望是里面只有一个肿块，而不是许多个，那样的话还能通过第二次手术切除。

弗雷德·沃尔夫于星期天凌晨四点抵达巴尔的摩，并给珀金斯发了一个电报："计划明晨给汤姆手术，如果你今晚能来在场或许有用。"珀金斯收到电报，马上就独自赶往巴尔的摩。艾琳·伯恩斯坦也要去。但麦克斯知道她的在场会激怒憎恨她的汤姆母亲，因而劝服她不要去。自星期六起就在医院的阿斯维尔回纽约去让哈珀出版社为最坏的结果准备后事。沃尔夫用了那么多镇静剂，珀金斯都不忍心看他。他甚至不让沃尔夫知道他来了，而只是像家人一样，挤在狭小的等候室里安静地坐着，焦虑地等待手术的结果。汤姆的姐姐梅布尔、弗雷德和他们的母亲情绪都很激动。麦克斯走上去对梅布尔说："唉，我们找个地方喝点东西吧。"

"我们找不到的，"她告诉他，"巴尔的摩一杯酒都没有。今天是大选日……在巴尔的摩，选举日所有店都不开门。"他们一杯一杯地啜着咖啡，继续等待。过了好几个小时，丹迪医生和从西雅图一路照顾汤姆的护士出来了。医生解释说他原来寄望于只发现一个肿块，但当他打开沃尔夫的头颅，却发现了"无数个"。

珀金斯温柔的蓝眼睛从一个人转到另一个人。沃尔夫的母亲坚忍地接受了这一消息，其他人都崩溃了。麦克斯这辈子从未听到过这样的悲恸。他手扶着梅布尔的肩膀，尽量安慰她。丹迪医生说，汤姆可能还有一个月的时间。在此期间，他的神志可能会恢复清醒。大家能为他做的，也就是让他在最后的日子里，尽量为他排除死亡的痛苦和恐惧。

珀金斯觉得没有必要逗留下去了，就回家了。"那是悲痛的一天，"麦克斯写信对自己的母亲说，"……跟《天使，望故乡》里的那个场景一模一样。他们都是好人，可是在精力和感情上都超乎常人。那位老母亲很了不起，像个新英格兰人。"

手术的三天以后——1938年9月15日，离他的三十八岁生日还差十五天——托马斯·沃尔夫去世。珀金斯发给弗雷德的电报，说出了他当时所有能表达的话："深感难过。我和汤姆的友谊是我此生美好的回忆。请转达我对梅布尔和你们母亲的爱。我非常敬佩你们一家人，人们能够明白汤姆的优秀品质是怎么来的。"

麦克斯的耳边一直震荡着《李尔王》中的一句台词，像是一种安慰。"他将要痛恨那想要使他在这无情的人世多受一刻酷刑的人。"[1] 珀金斯相信沃尔夫就是"一个几乎始终、而且将会永远遭受酷刑的人"，因为他作为作家，肩负的是大力神式的使命，即使他能力惊人也难以承受。

他一直在用文学素材 [珀金斯后来为《卡罗来纳杂志》写道]——一个尚未向其人民展现的伟大国家——奋力写作，而那是欧洲的艺术家不必做的事情。它不同于英国艺术家所做的事，他们一代一代地向英国人民展示英国，每个人都从前辈那里继承真实的东西，慢慢地积累，历经几个世纪。汤姆最了解其他国家的文学，知道它们不是美国文学。他知道美国的光和色是不同的；知道它的味道、声音，它的人民，我们这片大陆所有的结构和规模都是前所未有的。他所奋斗的正是这些，而在很大意义上，正是这种奋斗支配了他所做的一切。他的书会流传多久，没人说得准，但他所照耀

---

[1] 译文引自《莎士比亚全集》第五卷，朱生豪译，人民文学出版社1994年版，第551页。

指引的小路已经永远开辟了。美国艺术家们将沿着它前进，并拓宽它，去表述那些美国人只有在潜意识中知道的事物，向美国人展现美国和美国人。那是汤姆动荡激烈的一生的中心所在。

珀金斯认为，假如让沃尔夫再活二十年，再写那么多篇幅的书，他或许可以获得与他的才华相当的成就。但正如"他这个高个子不得不屈就日常的门、汽车和家具，他也只能使自己的表达适应常规的空间与时间的要求，但这些要求无论是对他的个性，还是对他的写作对象而言，都太局限了"。珀金斯只向伊丽莎白·莱蒙吐露了他对汤姆之死的真实情感。对她，他也只是流露了这么一点："当今的世态，很难想象汤姆如果还活在世上会不受折磨。他想做的远不止他实际所做的，但他会一直受苦。"

路易丝和麦克斯坐在汤姆写过很多篇幅的那班深夜特快列车K19珀尔曼车厢里，南下去阿什维尔参加葬礼。抵达酒店后，他们包了一辆出租车，沿着环抱小镇的群山山脊行驶。麦克斯一看到群山，就意识到它们对汤姆的成长有着多么重要的影响。多年后珀金斯写道："一个如沃尔夫那般想象力的男孩被禁锢在那里，可能会认为山外的世界一定都很精彩——与他身处的这个无论怎样满足不了他的地方是不同的。"他在书中、在梦里看到的那个广阔的世界，都在环绕的群山那一边。下车后，麦克斯和路易丝走到镇上的广场，向加油站前的一个男人问路。这人说他在汤姆年轻的时候就认识他了，路易丝就问汤姆那时候是什么样的。这人答道："就像那本书说的一个样。"

那是珀金斯悲痛至极的一天。"在那样的场合也许应该情绪激动，"很久以后，麦克斯说，"但这完全不是我们北方人和圣公会的风格。"麦克斯觉得他必须去沃尔夫家，看一眼汤姆躺在棺材里的遗容。沃尔夫脸上搽了粉，戴了假发，把脑科手术留下的伤口盖住了。麦克斯感谢上帝让遗体并不像沃尔夫生前的样子。弗雷德恩请他对汤姆说点什么,但珀金斯全无说话的心情。他只是站着,固执地一言不发。

同一天上午,路易丝去天主教堂请教会为汤姆做安魂弥撒。神父不太愿意。"啊,"他说,"那家人都爱惹事。"珀金斯知道,他们那是控制不了情绪,因为"他们都精力充沛,还有各种性格因素。他们在当地的名声一定不太好"。麦克斯告诉约翰·特里:"汤姆肯定对这一事实很敏感,比任何人都敏感的多。这影响了他的一生。"

但镇上的大多数人都悼念这位著名的小镇之子。人们涌入第一长老会教堂唱赞美诗,聆听颂词,颂词中有《时间与河流》中的一个片段。灵柩车经过通往河畔墓园的道路时,男人们在路边站成一排,脱帽致意。落葬时,珀金斯不忍多看,虽然他是荣誉抬棺人。他避开人群,独自在树丛中站着。他讨厌这一切仪式。正如他在沃尔夫生前所扮演的角色那样,此时珀金斯也站在幕后。

第二天早上,一场巨大的飓风自南向北席卷大西洋海岸,仿佛是跟着麦克斯·珀金斯的火车回纽约。然后它进入新英格兰地区肆虐。从阿斯卡特尼山顶的树林到温莎的河岸,一切都遭飓风蹂躏。天堂毁了。

第四部

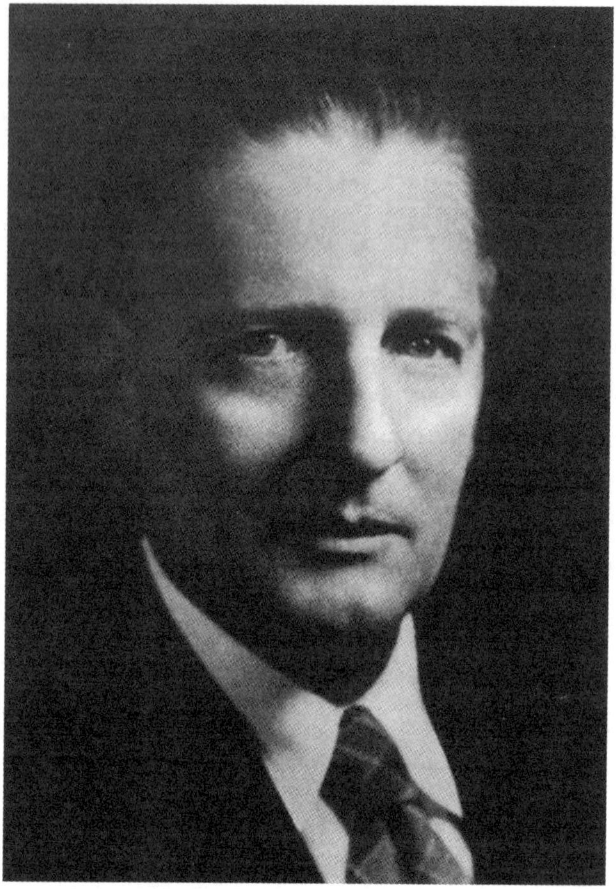

19

万物有时

华尔街的动荡不出十年,隆隆的战争席卷了世界。麦克斯的亲朋好友都注意到,他的心思都在战争之上。他不相信内维尔·张伯伦所吹嘘的慕尼黑协定"为我们的时代带来和平"。1938年12月他写信对海明威说:"我总是情不自禁地想这些事情。"

他的这种关注可能是老北方人对待感情的典型态度,即把一种对个人不幸的忧虑转化成对某种遥远的或非个人的事物的关切。托马斯·沃尔夫的死,无疑使麦克斯对暴力和毁灭变得敏感。

还有一个反映出他情绪低落的迹象是他再度采取了他本能的悲伤治疗法:他五十四岁了,年纪大了,精力也不济了,仍然全力扑在工作上。"他参加完沃尔夫的葬礼回到办公室,开始更拼命地工作。"威科大小姐回忆道。还有第二个迹象。他对莱蒙小姐说过:"每当我烦恼的时候,《战争与和平》总能给我帮助。"而在这个时期,约翰·霍尔·惠洛克多次发现,麦克斯在读他放在办公室里的那部《战争与和平》。

沃尔夫在1937年春天拟就的遗嘱中,指定珀金斯为遗嘱执行人。

珀金斯不愿承担这一责任，但正如他在给自己母亲的信中所说："似乎也找不到什么体面的理由回避这一责任。"沃尔夫落葬后不出几天，他已经看出这份责任将会带来无穷无尽的麻烦和非议。"沃尔夫家的人都是些怪人，他们具有非常优秀的品质，但都疑心很重，什么东西都要牢牢抓在手上不肯放手，即使放手可能证明对他们自己有利。"珀金斯告诉母亲。这堆杂乱的事情使得珀金斯忙得几乎没有时间感伤。

沃尔夫的去世带来了大量纪念文章。北卡罗来纳大学的《卡罗来纳杂志》请珀金斯亲自写一篇关于沃尔夫的文章，但珀金斯回信表示歉意。他似乎不可能有时间，也没有情绪写这篇文章。但杂志编辑仍坚持请他写。他深知这所大学对汤姆意义重大，就电报回复：10月10日之前我将竭尽全力寄去数千字的文章。珀金斯写了三千字，其核心内容在于以下这一段：

> 对他来说，世界上头等重要的事情就是他的写作，之所以如此，因为事实就是如此。这既不是出自庸俗意义上的野心，也不是通常意义上的利己主义。他受到天赋的驱使，生活中任何阻碍他施展天赋的事件，在汤姆看来都是对他的侮辱。他内心知道，人生来就有麻烦——每个人都很焦虑，时时受挫——但是他决心要从事的工作要被各种琐事所干扰，真令他恼火。而与工作本身作斗争，也是令人恼火的。

几个月中，诗歌、悼文、慰问信以及询问托马斯·沃尔夫情况的信件，如潮水般涌入珀金斯的办公室。麦克斯一一回信。对于了解他和沃尔夫分歧的人，他都寄一份汤姆最后写给他的那封信，以证明作家在最后的日子里对他仍然是真诚的。在给珀金斯写信的人中，谁也不会比F.司各特·菲茨杰拉德最理解珀金斯了。他说他知道汤姆的死"深深触动了你,你同汤姆的文学生涯如此紧密地联系在一起。你对他的感情是那么深"。菲茨杰拉德简直难以想象,"那样一个充满活力的大个子"最后陷于沉寂:"他死以后一片静默。"菲茨杰拉德也对珀金斯担任文学遗产执行人感到吃惊,因为这颇有讽刺意味。他觉得珀金斯现在比沃尔夫还活着的时候更能够掌控他的文学命运,这也够奇怪的。

沃尔夫的遗产包括他最后一部长篇小说的草稿,这本书是签约给哈珀出版社的,他们把它存在保险箱里。身为遗产执行人,珀金斯的职责就是把稿子整理整齐使之出版,并安排沃尔夫留下的其他遗作出版。他来到阿斯维尔交接给他的木板箱前,有条不紊地整理放在里面的草稿,就仿佛沃尔夫仍是他的作者一样。他尽可能把每一页草稿都逐条列记,把那些可以抽出来让伊丽莎白·诺维尔单独作为短篇小说卖给杂志的稿子夹在一起。

当务之急是如何处理沃尔夫在西部旅行途中写的日记。初读之下,珀金斯觉得很难从这一万字的日记中找到一个连贯的思路,因为大多数句子都是断句,只是匆忙间记下来的。沃尔夫草草记下来是为一部有力度的长篇小说积累素材。但等沃尔夫拿到打字稿又读了一遍之后,他建议按照日记的原样出版。他也委婉地提醒阿斯维尔和诺维尔小姐,沃尔夫过去那些书的编辑过程中,所有修改都是经过作者认可才做的。但现在沃尔夫已经无法再看,这些素材就只能按照汤姆写的原样出版,只能做一些人们根据合理推断认为沃尔夫本人也可能做的更正。沃尔夫这部记录他在西部那些广袤的国家公园中旅行的、杂乱的日记,就这样在当年的夏天发表在《弗吉尼亚季刊》上——它充满了不完整的句子和乱用的标点符号——题为"西部之旅"。

至于那部小说,麦克斯搜集整理好大部分书稿之后,就把这75万字的稿子交给了阿斯维尔。"研究他庞大的书稿就好像是在挖掘古特洛伊城的遗址，"这位哈珀出版社编辑在提到沃尔夫尚未发表的宝藏时写道，"你会挖到在各个阶段被埋藏、遗忘的完整文明的佐证。有些是近在他去世前四个月写的，有些还得追溯到《天使，望故乡》，实际上是从那本书中删掉的部分；还有些是在这两个时期之间的年份写的。"阿斯维尔明白了珀金斯了解多年的一个事实，即沃尔夫不是在按通常的意义写"书"：

> 汤姆实际上只写了一本书，它长达四千多页，包含了他的所有作品。那些署着他名字、拥有独立书名的书，都只是这部巨著编号的分卷而已。应该这样理解：它们被分开出版，只是为了方便起见。

珀金斯常说，沃尔夫心里是很清楚这个整体性作品概念的。这些带有标签分开出版的部分现在能否让某个人合在一起，是可以讨论的问题。在珀金斯审稿时所做注释的指引下，阿斯维尔发现，"这部书稿的奇妙之处——真正不可思议之处——就在于一旦把那些多余的内容删掉，把那些没完成的断章、与书无关的大量材料拿掉，剩下的部分便各就其位，像拼图玩具一样浑然一体了"。

这年年末，珀金斯以遗嘱执行人的身份预告，大部头长篇小说《蛛网与磐石》(*The Web and the Rock*)将于1939年夏初由哈珀出版社出版。他还说剩余的内容可能还足够编成一本短篇小说集，可以在晚些时候出版。

珀金斯发现，在所有材料中，没有比汤姆用很大篇幅写福克斯霍尔·莫顿·爱德华兹的那些内容更有趣的了。在将近一千页的篇幅里——他的笔迹非常潦草奔放，一张纸上经常只写二十五个单词——托马斯·沃尔夫丑化了他的编辑。沃尔夫始终相信塑造一个人物的方法，就是观察他从早上起床开始，他的日常习惯都记录下来，不管这种习惯多么微不足道。在这种描述的过程中，有些怪癖就被略微夸大了。他所描绘的珀金斯肖像就是绝佳的典型，当然沃尔夫不可能看见他躺在床上或者刚起床时的样子。毫无疑问，作者觉得他对笔下人物的熟悉程度足以让他光从看见的场景就可以推测其他了：

> 沉睡的狐狸是一幅会呼吸的、天真无邪的画像。他向右侧卧，双腿微微弯曲，双手在耳朵底下叠在一起，帽子就靠着他搁在枕头上。这样看去，狐狸的睡姿还挺动人的——他毕竟已经四十五岁了，可睡姿完全像个小男孩。不难想象，这顶靠着他放在枕头上的帽子也许是他前一晚带上床的儿童玩具——还真是这样！

接着，沃尔夫想象狐狸坐起身，抓起帽子一把扣在脑袋上，转身下了床，朝淋浴室走去。

> 现在他脱得一丝不挂，除了帽子，他戴着帽子走到冲淋龙头下——这才想起来，想不通自己怎么了，不得不违心地承认此举实在不智——他怒气冲冲地打了个响指，带着一种低沉、厌恶的默认口吻说："好吧！这没什么！"于是便举手摘帽，但帽子卡得太紧，他只好用双手又扭又扯，不情不愿地把这团皱巴巴的东西挂在门上的、近在咫尺的挂钩上，又带着一种踌躇的神色打量了一会儿，仿佛还不舍得拿下它——随后，他仍然带着那种困惑的表情，走到嘶嘶喷水的水龙头下，水热得足以煮鸡蛋。

然后，沃尔夫写狐狸穿衣服：

这些衣服非常合身。狐狸穿什么都合身。他从不知道自己穿的是什么……他的衣服就好像是长在他身上一样：无论穿什么衣服，立刻就能显现出他这个人的优雅、高贵和自然而然的从容。

沃尔夫跟着狐狸，详细写他工作日的情况：

噢，狡猾的狐狸，你的狡猾是多么单纯，你的单纯又多么狡猾；你下指令的时候是那么拐弯抹角，拐弯抹角起来又那么直接！你正直而不会欺诈，沉着而不惹人嫉妒，公正而不盲目行动，你为人公平，眼光犀利，内心强大而不抱怨恨，诚实而不会干卑鄙勾当，高尚而不会浅薄地怀疑，单纯而不会耍手腕——但是他从来没有在一次讨价还价的交易中吃过亏！

就连他的耳聋也详加描述：

耳聋，见鬼！像狐狸一样耳聋，他就是！他的耳聋是一种托词——是种诡计——是花招！他想听你的时候就能听见！要是他想听你说话，哪怕你在四十码以外说悄悄话，他都能听见！我跟你说，他就是一只狐狸！

就这样，沃尔夫用他丰富的想象力，展示了那个吸引他一辈子的人。我们不知道珀金斯最初是怎么看待这些描写的，只知道他带着几分懊恼对莱蒙小姐说，他不知道自己像沃尔夫所写的狐狸那样，到处"对别人轻蔑地嗤之以鼻"。我们知道的事实是，他没有要求阿斯维尔删改任何关于福克斯霍尔·爱德华兹的内容；他恪守了自己不干涉作者作品的编辑方针，经受住了最高的考验。

在哈珀出版社整理沃尔夫这本书的七个半月时间里，珀金斯清点了沃尔夫的遗产。他答复了一些好奇的学者提出的所有问题，向别人推荐一些文章，以使沃尔夫的名字仍然经常出现。他为医疗费用争论不休，也竭力推进一些出版工作而又不冒犯任何人。忙碌了几个星期，当他终于腾出时间给伊丽莎白·莱蒙写信时，他向她（只向她一个人）说了心里话，说他在情感上枯竭了。他时常想到她住在米德尔堡的那个教会房子里的田园生活，在1938年12月写给她的一封信里，他说："我希望染上点肺结核，不得不去萨拉纳克[1]休养六个月，然后再康复。"即使那里的生活很闷，我也愿意，因为我厌烦透了，一个下午都好像很漫长。你找到了正确的生活方式。"

也是在12月，威拉德·亨廷顿·莱特，也就是S. S. 范达因，来到斯克里伯纳出版社五楼，要珀金斯担任他的遗产执行人。这件事情光是想想就好像在往麦克斯的伤口上撒盐，尤其是因为莱特比珀金斯还年轻好几岁。但麦克斯还是同意了。他知道莱特的身体不好，对这个世界心灰意冷。莱特和珀金斯最近刚一起"喝过茶"，当时莱特盯着一杯拿破仑白兰地，用一种听天由命的无奈语气说："我真高兴喝了这么多白兰地。我爱喝白兰地。只可惜我以前没有多喝点。"

三个月后，莱特发作了一次轻微心脏病。就在他开始康复的时候，又一次发作要了他的命。威拉德·亨廷顿·莱特去世之时，留下了一部完整的小说书稿《冬日谋杀案》(The Winter Murder Case)，从头到尾工工整整。在珀金斯看来，这完美地体现了莱特的性格。

整个冬天，到1939年春天，珀金斯继续埋头工作。这段时间耗费他最多时间的一本书，是查德·鲍尔斯·史密斯（Chard Powers Smith）写的一部反映奴隶制与工业主义的内战小说《时代的炮》

---

[1] 萨拉纳克湖区（Saranac Lake），纽约州东北部村庄和四季游览胜地。

(*Artillery of Time*)。就像对其他许多作者一样，麦克斯给史密斯寄过一本《战争与和平》，而史密斯从中受到启发，要努力抓住战争中整个国家的精神。他奋斗了几个月。"这本书可能很好，"珀金斯告诉伊丽莎白·莱蒙，"但只有长时间的刻苦写作才能做到。我给许多作家，也给我自己惹了麻烦，因为我让他们读《战争与和平》。"史密斯不是一位重要的作者，珀金斯也很快意识到他的书可能永远都不会成为杰作。但他仍然像对待他那些更为知名的作者一样，勤恳地为史密斯工作，忍受同样的麻烦。

这部书稿洋洋洒洒写了五十万字。但珀金斯觉得它废话连篇，几乎没什么故事情节。他研究了几个星期，把它按照情节和次情节来划分，看看哪些场景还可能展开。史密斯后来回忆说："我记得很清楚，除了明显的错误，他从没建议改动一个字，相反，他只是用红色铅笔在段落的首尾（有时这些段落占几页篇幅）打上一些试探性的小直角，然后用一种不太自信的语气建议说，如果不太麻烦的话，我也许可以考虑删掉这些段落。"珀金斯还给他写信详谈修改的理由。比如，他提醒作者，他的首要责任是讲故事，读者

> 不会忍受被一再打断，而且他也无法完全吸收你从第32页中间到整个一章结束所提供的材料和描写。必须把小镇描写得笼统些……一定要记住，如果你一开始就给读者以正确的印象，他的知识会随着故事的展开而逐步增长。而你想要讲的东西太多。

珀金斯解释说，史密斯津津乐道地描述一次火车旅行，无论它本身是多么有趣，却为何无助于叙事：

> 这段描写似乎完全为了表明当时乘火车旅行是什么样的，在许多

方面没有推进书中的真实故事。

诸如此类的例子……史密斯是个异常坦然的利己主义者,他觉得珀金斯的提议非常宝贵,因此,除了几个微小的地方,他全盘接受。他不仅吸收了编辑的建议,还自行对书稿做了许多改进。接下来,麦克斯便要面对无休无止的编辑工作了。最后,珀金斯向伊丽莎白·莱蒙发牢骚说,史密斯的书"几乎让我自杀"。不过他又说,读校样的时候,他意识到"这本书很了不起,我为自己曾经对它丧失信心并怀疑作者的水平而感到羞愧。虽然他从不知道我的这种心理,他确实写得很好"。这一事例充分体现出这位职业编辑与众不同的两种品质:他能透过一本书的缺点,看到它的不凡之处,哪怕缺点多么令人失望;任凭遇到多少挫折,他也会不屈不挠地坚持工作,挖掘这本书的潜力。

***

欧内斯特·海明威曾经在1938年末从巴黎向珀金斯写信,悼念托马斯·沃尔夫。这几乎是零星寄来的悼念信中的最后一封。海明威说他之前没有写,是因为他觉得谈论"死伤者"从来都于事无补。他同意沃尔夫的遗书写得不错——麦克斯寄过一份给他看——不过又说每个人在知道自己即将告别人世的时候,都会对最好的朋友们写情真意切的信。海明威想象珀金斯因而会积累许多这样的信,其中包括他自己希望今后五十年会写给他的信。

海明威的《第五纵队和最初的四十九个故事》于1938年末出版。珀金斯把有分量的书评都寄给了海明威。像珀金斯那样对这个剧本印象深刻的评论家并不多。埃德蒙·威尔逊对它尤其不以为然。海明威向珀金斯解释说,那些像威尔逊这样的所谓革命者,实际上都是懦夫,他们没有参加保卫西班牙共和国的事业,因而便觉得自然要贬低那些在前线出生入死的人。海明威说，对此他也无所谓，虽然他痛恨那些"拙劣的指摘"。那些家伙仍然能够拉帮结派骂死一本书，但他告诉珀金斯，就算新的一代评论家替换他们上场，他仍然存在并且"过得很滋润"。欧内斯特说，当他飞快翻阅他这本六百页的书稿时，他就知道他干的就是能够"流传下去的事业"，哪怕他明天就死。

海明威过去几年一直投身于支持西班牙共和派的事业，但他已经在用他以前的客观眼光看待这场革命了。他告诉珀金斯，在这场以共和派的失败告终的战争中，双方都上演了"背叛与堕落的狂欢"。幻灭感与他因这本书受到冷遇而引起的低落情绪交织在一起，使他更难以工作。"写作是艰苦的事。"他在给珀金斯的信里说，不过他还说，没有什么事情使他感觉更快乐。海明威说，在不幸降临之前，他要向珀金斯保证，他就像汤姆·沃尔夫一样尊敬他——"即使我不能表达得那么充分"。海明威告诉麦克斯，他将最后去一趟西班牙，然后回国写一本小说。

1938年是珀金斯最悲伤的一年，到了年底，朋友们可以看出悲哀给他带来的伤痕。他的头发除了额头的V形发尖之外，现在全部变灰白了，他的眼神中、话语中，都流露出沮丧。关于圣诞节和新年，他在给菲茨杰拉德的信中说："不管是谁把这些日子称为假日，他一定是个讽刺大师。"1939年1月，珀金斯去了佛蒙特，看到了去年秋天飓风对温莎造成的破坏。他在意的一切东西几乎都被摧毁了。麦克斯走在"天堂"树林的断枝、被连根拔起的大树之间。在树林边缘有几棵树经受住了暴风雨的考验，依然挺立，麦克斯告诉女儿莎比，那些坚强的树可以构成一首诗极好的核心意象，但他始终没有写。

海明威从西班牙回国后，又在纽约逗留，见了珀金斯，才去基韦斯特。他告诉麦克斯他要写三个长故事。其中轮廓最清晰的故事，讲述一个捕鱼为生的老渔夫独自驾着小船,与一条箭鱼耗了四天四夜才降服它,结果因为他无力把它拉上船,眼睁睁看着箭鱼被鲨鱼们吃掉。海明威说,如果他能把它和另外两个打算要写的战争故事写出来,那么他这一年的家庭生活费用就有着落了,他就能继续写新的长篇小说。

与此同时,海明威等待着那些承诺要制作戏剧《第五纵队》的人的消息。他估计他们躲躲闪闪是因为这个剧本读起来有点像隔天的新闻标题。经过几个月的商谈而没有实质进展,他后悔自己没有把《第五纵队》写成一部长篇小说,特别因为现在他对战争有很多内容可以写(这个戏剧最终还是上演了,连演了十周)。在基韦斯特,他不断地做关于战争的噩梦,梦见他在西班牙最近一次撤退中被俘虏。珀金斯给他开的药方是上床睡觉前喝一瓶烈性黑啤。"许多次它使我睡着了,"他在信里写道,"而且睡得很沉。"

海明威离开基韦斯特去了古巴——是独自去的,他的第二次婚姻也破裂了——住进了一幢房子,它确实是一个写作的好地方。房子里没有电话,也没有人打扰他。他每天早上八点半开始写作,一直写到下午两点。他本想动笔写他向珀金斯描述的那三个故事,现在又搁在一边。到春天玛莎·盖尔霍恩来到他身边时,他新的长篇小说已经写了一万五千字,这部小说的背景是内战时的西班牙。他犹豫着是否要跟麦克斯讨论这本书——他认为讨论一本书会带来坏运。他跟麦克斯说的是,为了有空写长篇小说,他推掉了好莱坞的邀约和巡回演讲的邀请,也因此他不得不向斯克里伯纳出版社支一些钱过日子。他说,如果麦克斯需要抵押物,他可以给;但他请麦克斯放心,斯克里伯纳出版社不需要抵押物,因为这本书进展很顺利。他每天都一字一句地从头读,每天都断定他是在流畅熟练地写作。

珀金斯告诉海明威,他的另一个作者、曾在林肯旅战斗的阿尔瓦·贝西[1]正在写一本关于他在西班牙经历的回忆文集。海明威对这种竞争并不担心。他认为贝西是那种"意识形态小伙子",而他本人,正如他后来所承认的那样,既不是"天主教作家,也不是政党作家……甚至不是美国作家。就是作家"。他规定自己每天写作不超过一千字。他说,正如打仗要做的是胜利,写小说要做的就是写完它。他觉得过去两年中他损失了许多,他要用这部小说赢回来。

在古巴,海明威偶然得到一本《夜色温柔》,又读了第三遍。他告诉麦克斯,他对这本书的大部分写得如此"出色"感到惊奇。他认为如果菲茨杰拉德写得更用心一些,让它"浑然一体",那它应该是本很好的书。说实话,海明威说,它读起来比菲茨杰拉德以往的任何作品都好。"真的写完了吗?"欧内斯特想知道,"还是他可能重写一遍?"他请珀金斯下次给司各特写信时转达他的敬意,并承认说他曾经对菲茨杰拉德有一种愚蠢、不成熟的优越感,就像一个倔强肯吃苦的小男孩讥笑另一个天才但柔弱的男孩。

1938年末,菲茨杰拉德短暂地离开好莱坞,去看他女儿。司各蒂一头金发,身材娇小,是瓦萨尔学院一年级的学生,比麦克斯的四女儿简低一届。司各特想去管教管教她。他担心司各蒂把太多心思放在了约会、舞会上,就像泽尔达以前那样。菲茨杰拉德在途中去见了麦克斯并向他求教,麦克斯给他的忠告在他看来是一种最简单、最合理的哲理:"无论如何都绝不要……允许在你和孩子之间滋生敌意。"

从瓦萨尔学院回去途中,司各特又见了麦克斯。上次见面时,珀金斯很高兴地看到菲茨杰拉德显得比前些年更年轻,气色更好,对自己和写作也更有信心。但这次,司各特有心事。《人间天堂》已经正

---

[1] 阿尔瓦·贝西(Alvah Bessie,1904—1985),美国小说家、记者、编剧。早年曾加入尤金·奥尼尔的普罗文斯顿剧社,1928年移居法国开始写作生涯,1938年作为国际纵队志愿者参加西班牙内战,归来后据此经历写成《战斗中的人》(*Men in Battle*)。

式绝版了，司各特担心他的文学影响也在衰退。回到加州，他给麦克斯写信道：

> 对于许多人来说我还是个人物，我还不时能在《时代》《纽约客》之类刊物上看到我的名字，这令我想知道，就连法雷尔、斯坦贝克这样的家伙都能被印到双层巴士车身上纪念，这么随随便便让我的名字消失是否应该。

珀金斯找惠特尼·达罗谈《人间天堂》加印的事，但达罗计算一番后说斯克里伯纳出版社不能为了满足珀金斯的愿望而不考虑经济上的损失。于是，正如整整二十年前珀金斯处置菲茨杰拉德这本书的手稿那样，他去找其他出版社谈。他力劝专出再版书的美国水星出版社把它收入他们的一套廉价丛书，但他们马上辩称这本书过时了。

米高梅公司也撤销了一桩与菲茨杰拉德的交易。他们花了十八个月把他写的剧本分包给其他签约的编剧修改，现在决定不用。菲茨杰拉德因此没有了一份周薪，但他视这份解雇通知书为一种变相的赐福。他知道继续这种"工厂工人一般的计件工作"无异于自毁。他向麦克斯解释电影公司的态度："我们让你来这儿是因为你的特别之处，不过你在这儿的时候要尽量把它掩盖起来。"

> 你知道吗 [他给珀金斯写道]，我在参与改编《飘》的时候，被严禁使用除玛格丽特·米切尔原著以外的任何词汇。也就是说，当你必须创造新表达方式的时候，你只能在书里爬梳，好像它是《圣经》似的，还要核对她的用词是否符合剧本里的场景需要！

一年后，他向珀金斯承认："我当不了雇佣文人——和任何工作一样，那也是需要熟练技艺的。"

菲茨杰拉德渴望把好几个想法写出来。想到要推倒重来而不是"小修小补",他就感到兴奋。他永久地埋葬了《黑暗伯爵腓力》,构思了一个现代背景的小说——"是必须在此时、在你思如泉涌的时候才能写的那种书,正如《夜色温柔》要按照最初的构思写,所有事情发生在里维埃拉。"

就在珀金斯以为菲茨杰拉德在洛杉矶开始一种自我约束的新生活时,他却带着泽尔达不辞而别度假去了。他从阿什维尔的高地医院接她出来,一起到古巴纵酒狂欢。过去几年里,泽尔达的病情逐渐好转,她已经可以跟母亲、女儿或丈夫外出短途旅行了;但只要她和司各特在一起,她好像总是会错乱。但这次,崩溃的是司各特。放纵的结果是他被送进纽约的达可塔斯医院。司各特卧床期间,麦克斯和泽尔达谈了几个小时,他觉得她看上去大有好转。"不知道她病情的人不会想到她有病,"他写信对海明威说,"不过看她的样子应该也是经历了许多磨难。"

珀金斯确实相信司各特在构思一部新的长篇小说,也有写出来的意愿。菲茨杰拉德对此极其保密,只有在纽约拜访麦克斯时,才透了一点口风。菲茨杰拉德回到洛杉矶不久,查尔斯·斯克里伯纳就给他写来一封友善的短笺,建言司各特既然在好莱坞工作过,那么理所当然会在其中找到大量新书的素材。司各特惊恐地给珀金斯回信说:"这种错误信息可能已经被文人专栏散布出去了。假如我给人以这种印象,那也完全是虚假的;我说过这部小说是关于过去两年发生在我身上的某些事情的。"他告诉珀金斯,不可否认,这本书是植根于好莱坞的,但他坚称,它绝对"不是关于好莱坞的(退一步说,即便它是关于好莱坞的,那也是我最不愿意给读者造成的印象)"。这一次,菲茨杰拉德先大致写出整本小说的草稿,如果以后需要去挣钱,就可以先搁下一个月，然后就在"事实和感情中断的地方"继续写下去。

几周以后，菲茨杰拉德因轻度肺结核复发又病倒在床。他那始终在最后关头扮演借款人角色的经纪人哈罗德·欧伯，决定不再保他过关了。菲茨杰拉德很恼火。多年来他向欧伯借过许多钱，但他从来不赖账。单是在过去的十八个月里，菲茨杰拉德已经向欧伯还清了全部的借款 13000 美元，并且让欧伯赚到了 8000 美元佣金。

司各特向斯克里伯纳出版社借了 600 美元应急，还请珀金斯介绍两三个纽约最好的经纪人，以备他想离开欧伯的时候联系。珀金斯推荐了卡尔·布兰特（Carl Brandt），说他"极其精明，为人随和，也许有点圆滑"，但珀金斯还是提醒司各特，哈罗德·欧伯是这个世界上对菲茨杰拉德最忠诚的朋友之一。"我衷心希望你和他和睦相处。"他写道。菲茨杰拉德告诉麦克斯，他怀疑司各蒂与欧伯太太的一次口角是造成这件事情的原因——欧伯太太批评司各蒂来看他们只是为了把他们在纽约的房子当做她的临时落脚点（可能性更大的是欧伯和菲茨杰拉德最终结清借款后，就不想再借钱给他了）。珀金斯最后一次写到这个问题时是这样说的："如果根本原因是妻子，那情有可原……妻子有时候对丈夫有一种奇怪的影响，因此丈夫不应该承受责任。"

珀金斯可能想到了自己的婚姻。他的同事们注意到，只要话题谈到宗教，他的幽默感就消失了，人可能变得相当尖刻。路易丝的改宗和麦克斯对此的反应几乎摧毁了他们曾经共同拥有的幸福。他们现在宁愿避开对方也不愿意说话，因为宗教支配了路易丝的言谈和生活。她每天都上教堂，星期天大部分时间都在那儿。麦克斯傍晚回到家也越来越常见到她在客厅里招待济济一堂的神父与修女。麦克斯简直难以忍受。如果事先获知晚间会有这种情况，他通常就待在纽约过夜。不仅是麦克斯，女儿们和朋友们都厌烦路易丝喋喋不休地劝他们皈依天主教。人们如果问起，麦克斯就冷冷地告诉人们，因为改宗，她现在更加幸福了。但他在路易丝上教堂的头一年年末对玛乔丽·金南·罗林斯说，他盼望着她不再是新教徒的那一天，他说，成熟的天主教徒"不会这么卖力的"。

1939年初，麦克斯的第三个女儿佩吉决定嫁给罗伯特·金，这个英俊的医生来自俄亥俄州阿莱恩斯。麦克斯很欣赏他，但发现他脾气太好，恐怕会完全听佩吉的。3月的最后一个星期六，珀金斯一家在新迦南的宅子里举行了小型的婚礼，数十位客人喝光了十二箱香槟酒。

* * *

三十年代即将结束，珀金斯开始催促查尔斯·斯克里伯纳招募更多年轻人。他发现进入出版业的新人受到的文学教育比他当年刚入行时更多。他也意识到自己对书稿的判断力不像过去那么准确了。过去他能够光凭书稿戏剧性的最后一页，或者一个过目难忘的短语就能够预测作者的光辉前程。有时候，他跟某位作家聊天中发现他谈吐不俗，就会承诺出版他的书。他觉得，那些结交各色人等、充满戏剧性事件的人过的生活很有意思，因而总是偏爱这类人写的回忆录或自传式小说。但是，最终他意识到，也正是这类人，往往缺乏写作的毅力或才能。有一位成就卓著的艺术家想写自己的人生经历，珀金斯支付了他一笔不算多也不算少的预付金。这位艺术家用这笔钱雇了一连串漂亮秘书。马尔科姆·考利在四十年代初在《纽约客》上撰文讲述道，"无论他准备口授哪一段人生经历，他发现他唯一开口说的话便是'琼斯小姐，有人告诉过你，你很漂亮吗？'这本书还没开始写，但珀金斯认为书的内容还都在艺术家的脑子里，如果不出意外，总有一天，他会写出来。"

和任何出版社一样，斯克里伯纳出版社如下赌注一般预付几千美元买过一些始终没有诞生的书,对每一本书的责任压在麦克斯的心头。要是有一本书稿交稿,却是质量糟糕无法出版的,他的感觉就更差了。"情况就是如此,"他向伊丽莎白·莱蒙解释道,"我这一生,因为粗心和愚蠢,老是使自己陷入困境,要么挣扎出来,要么灭亡。于是,基于作家的某些特别之处和我对此的反馈,我会接受这些书。接着书稿或其第一部分就来了。我不能交给别人。他们会说它太烂了,或者说它不值得花费心血。我只能自己做,我在绝望中一遍一遍地改。有时候我都羞于示人。"现在,每当他发现自己又面临这样的问题,只要想想他当时修改查德·史密斯《时代的炮》时的情景,便恢复了勇气。《时代的炮》结果成了畅销书,被誉为"北方版《飘》"。

对于麦克斯来说,听多了作者们的哀叹,与伊丽莎白的通信就成了他最重要的感情宣泄渠道。"真希望我能对着你说话,但我永远做不到。"1939年6月的一个晚上,又因为路易丝在招待教友而无法回家,他给伊丽莎白写信道。独自坐在哈佛俱乐部,他想起与伊丽莎白在一起的那些时光。"我真高兴和你在一起,"他写道,"高兴得一句话也说不出——不过,这也没有什么关系。我是说真的,没什么关系。我想你在那幢带有花园什么的房子里生活不错。我想你始终是和善、永不言败的,这可真不容易。按理说,所有事情你都应该很容易对付的。"自1922年两人刚开始书信往来,他们的通信始终就是纯洁的、私密的,如同他们之间的爱。路易丝知道他们写信,但既不知道他们通信那么频繁,也不知道他们在信里说些什么;伊丽莎白把信寄到麦克斯的办公室。三十年后当珀金斯的一个女儿了解了他们的关系,她微笑着说:"我真高兴爸爸那时有个人可以倾诉。"

1939年春天令珀金斯很不安的一个主要原因是托马斯·沃尔夫的《蛛网与磐石》出版的日子近了。"现在我一如既往为汤姆感到焦虑——事实上,更焦虑。"他在给伊丽莎白·莱蒙的信里说。麦克斯首先担忧的是艾琳·伯恩斯坦。沃尔夫的葬礼后,她在多个场合与珀金斯友好相处。但这本伯恩斯坦几年来拼命压制的书,就要把她和汤姆的恋情细节全都公之于众了。"我很担心那个女人可能自杀,"麦克斯向莱蒙小姐坦言道,"我喜欢她,尊重她,但我什么都不能对她说。"

在沃尔夫的这部遗作前三百页里,他回溯到自己人生故事的开头,虽然他写的不是阿尔塔蒙特镇的尤金·甘特,而是利比亚山的"修道士"乔治·韦伯。珀金斯看出汤姆又充满了他们一起修改《时间与河流》时的那种蓬勃的活力。不过他遗憾的是沃尔夫被迫避免抒情和自传式写作。珀金斯理解沃尔夫的理由。其中之一是:

> 他知道他的家人深受折磨,另外一些人同样如此,因为他都把他们作为人物形象写进了书里,虽然凭借虚构想象对人物原型作了些改动。他的家人从未抱怨但他们确实受了伤害,因为他们知道在汤姆心里,他们都是"了不起的人,有了不起的个性",但他并没有意识到这件事情对个人的影响。他一直在考虑这件事情,最终觉得必须用一种完全改头换面的办法把亲朋好友和其他相关人等都写进小说里。

但是,沃尔夫只有一个故事可讲。那些人名都改了,但是当沃尔夫第二次在船上与艾丝特·杰克邂逅时,读者再一次透过尤金·甘特的眼睛,看到了艾琳·伯恩斯坦:

> 那天晚上之后,蒙克再也见不到那个女人的真实形象了,见不到她在许多人心目中的形象,见不到他初次见到她时她的样子。他永远也见不到她那副中年主妇的样子,见不到她那热情欢快的小脸蛋,见不到她每天健康旺盛的精力,见不到她精明能干,具有

天才的行动力，能够在男人的世界里占据一席之地。

她成了世界上最美的女人——不是象征性的或者理想主义意义上的那种美——而是他全神凝视、真实而疯狂的想象的化身。

在接下来的六百页里，他们恋爱中的每一种情绪、每一件事情，都被毫不掩饰、赤裸裸地记录下来。珀金斯甚至告诫他的一些作者绝不要读《蛛网与磐石》，尽管他认为前半部分里有几个沃尔夫写得最好的故事。麦克斯告诉玛乔丽·罗林斯：

的确，这本书的后半部分——恋情部分——无论现在还是过去，都不该这么写。也许应该在十五年后写——还有汤姆的困境。他曾努力让自己不落后于时代，当他写太近的事情，就掌握不了分寸了。这真是一种困境，我不知道为什么这样。

到《蛛网与磐石》出版的时候，也就是1939年6月，珀金斯终于明白阿斯考特为什么花了这么长时间编这本书。汤姆留下的手稿太庞大，乃至于有必要人为地把它拆成两本书。而且它是各种素材组成的，而这些素材原本是要用于五六本不同的书的。比如他早先为小说《保罗·斯潘格勒的幻觉》写的情节在《蛛网与磐石》的第一部分中又出现了。汤姆曾起名为《夜间人》(People of the Night)的小说中曾包含对福克斯霍尔·爱德华兹的人物描写，现在这部小说将被作为《蛛网与磐石》的续集，从《蛛网与磐石》结束的地方往下写。它的最后一行将是下一部的书名：你不能再回家。

珀金斯眼看人们将可能知道他就是书中的福克斯，感到很不安。他向朋友们承认他为此而忧虑。倒不是因为沃尔夫描写时抹黑他。"我只是厌恶成为被人写的对象，"麦克斯在给司各特·菲茨杰拉德的信里说,"沃尔夫挖空心思地写斯克里伯纳出版社,唯独写得与这本书比较相称的部分,还是写得挺长的一部分,居然是写我的,这似乎颇为奇怪。"

哈珀出版社于1940年出版《你不能再回家》,称它为沃尔夫"最后一部也是最成熟的作品"。珀金斯之前就不连贯地看过书稿,现在对这本书依然不热心,部分原因是它和《蛛网与磐石》一样,都是匆忙拼凑之作,更大的原因是它会使人认定,他就是主人公乔治·韦伯的编辑"狐狸"。珀金斯写信对伊丽莎白·莱蒙说:"我绝不是狐狸。你认为我是吗?我不是非要你回答不可,除非你只回答说'是',那样的话我想你不会再跟我讲话了。但我肯定不是。我绝不是马基雅维利。"两个星期之后,麦克斯看到了印刷成书中的这些章节,又通读了一遍。他又写信告诉伊丽莎白:"我把福克斯那事想错了。我没读整本书就逃避了,从我读的那部分,我凭着猜测得出了错误的印象。"他认定沃尔夫对他的描写是善意的,就马上写信跟菲茨杰拉德说:"读着书里的某些段落,我甚至想,如果我真的像那个人,那我倒要颇为自豪呢。"他还适时地告诉威科夫小姐:"这证明我毕竟不那么坏。"

麦克斯的女儿佩吉还记得他父亲读《你不能再回家》时因为福克斯的行为举止而笑得东倒西歪。但麦克斯写信对经纪人亨利·沃尔肯宁说:"照我看,我们的女作者们如果读了这本书,发现在他的笔下我到处说女人坏话,准会离开我们。"

由于这本书的书稿是在沃尔夫在西北部病倒之前几个月写的,他的这个两卷本长篇小说的最后那些段落就显得特别具有讽刺意味,其中有一封乔治·韦伯写给福克斯霍尔·爱德华兹的长达36页的公开信。

亲爱的福克斯,我的老朋友,我们已经走到了曾经共同走过的那条路的尽头。我的故事已经讲完了——现在向你道别。

但在我离开之前,只想再告诉你一件事:

在夜晚,燃着残年的烛芯,有人对我说,有人在夜晚对我说,我要死了,我不知道具体地点。他说:

"离开你熟悉的大地,寻求更伟大的知识;离开你拥有的生活,寻找更伟大的生命;离开你深爱的朋友,寻找更伟大的关爱;寻找比家更亲切、比大地更广袤的家园吧——

——那里撑起大地的支柱,那里拥有世界的良知……风乍起,河水汹涌。"[1]

1939年9月1日,德国军队开进波兰,战争在欧洲爆发。海明威正在蒙大拿州宁静的艾尔巴蒂牧场(L-Bar-T Ranch),写作那部关于西班牙的小说。得知消息后,欧内斯特写信告诉珀金斯,他对这场战争负有各种义务,但只有完成书稿,才能履行这些义务。他不急着赶去欧洲,因为他认为"从现在起,我们所有人都有参战的机会"。每当嗅到战争的气味,他就有一种宿命论,他在信里告诉麦克斯,他根本不指望能捱过这场战争。

珀金斯希望,英国起码能在战争期间接受温斯顿·丘吉尔担任领导人。"他也许是个法西斯,"麦克斯在1939年7月给欧内斯特写的信里说,"但在战时会是优秀的领导者。"几个月后,珀金斯听到一件令人感兴趣的传闻,说丘吉尔正在撰写一部英语民族的历史书。珀金斯乍听之下大吃一惊,因为正是他,在近十年前建议丘吉尔写这样一本书。在过去的十年间,斯克里伯纳出版社出版了被珀金斯视为"皇皇巨著"的第一次世界大战史和"真正杰出的"马尔伯勒公爵传记,"如

---

[1] 译文引自刘积源、祁天秀译《你不能再回家》,敦煌文艺出版社2008年12月版。

果不是因为他是这个家族的后裔而立场有所偏向的话,这本书会写得更好一些"。

丘吉尔曾在1931年访问美国,举行演讲谈"新的暴政"苏维埃俄国以及英美加强合作的必要性。当时珀金斯、查尔斯·斯克里伯纳与他有过一次长谈。麦克斯从未遇见过这样能让他在见面的第一眼就更加喜欢的人。

> 他更像是美国人而不是英国人[他写信告诉科普兰教授说]。他站起身,嘴里叼着雪茄烟,在办公室里一边踱步一边说话。当时我建议他写一部大英帝国史。然后他站起身,快步走来走去,好像就是在那时,他想到一个计划——写一部包括我们在内的英语民族史。他之前肯定考虑过这个计划,但他想的似乎只是那部帝国史,很快,他就扩充、改变了计划。

丘吉尔在纽约考虑珀金斯建议的同时,也提出要一位秘书为他工作一天。麦克斯派自己的秘书去协助他。艾尔玛·威科夫面对丘吉尔这样一个庞然大物,自然感到畏惧,但她像珀金斯的大部分作者一样知道:"当你有事情做的时候,珀金斯先生会让你相信,你是世界上唯一能做这件事的人。"在她去华尔道夫酒店报到的前一天,珀金斯提醒她,丘吉尔每天早晨都是待在床上口授他的大多数信函,而且他不穿睡衣。他还开玩笑道:"他随时都可能冷不丁从被窝里跳出来。"但艾尔玛·威科夫是很勇敢的,丘吉尔也是个绅士。

珀金斯发现丘吉尔属于"几乎不考虑钱的问题但需要量又很大"的那种人。因此他不是先与出版社谈判合同条件,按常规方式出版,而是先提出一本书的写作计划,把它以很高的预付金卖给一家英国出版社。他的那本英语民族历史书就是这样干的,先是卖给伦敦的卡瑟尔出版社，得到颇为可观的两万英镑预付金。英国出版社再让几家美国出版社竞标争夺美国版权。斯克里伯纳出版社当时预算紧张，对于这个家族企业来说，要花三四万美元买一本根本还没写的书，那是不容考虑的事。多德-米德出版社得到了它。珀金斯依然非常钦佩丘吉尔，甚至在办公室里一直放着他的一幅照片。

丘吉尔的这本书还要拖延很多年，海明威的书却没有拖延。欧内斯特从蒙大拿州搬到了爱达荷州一个新的度假村庄"太阳谷"（Sun Valley）。他的那部旨在揭示西班牙战争真相的小说，很快就写到了九万多字。他告诉麦克斯，如果他当真要完成一部"大得不得了的书，里面包罗各种人物"，他觉得最好赶在他去参战之前，在他可能阵亡之前写完。海明威还说，如果珀金斯能赶在狩猎季结束之前来访，他一定载他在遍布鳟鱼的溪流中荡舟，把他介绍给爱达荷那些正在办离婚手续的"美艳女人"。玛莎·盖尔霍恩正在芬兰为《柯里尔》（Collier's）杂志报道战事。此时已经与波琳分居的海明威，就把他在"太阳谷"旅馆的单身汉套房命名为"海明斯坦淫赌窝"。

在汤姆·沃尔夫的财产完成州税务官审计之前，珀金斯不能离开纽约。处理完这些事后，他发现自己又得忙于准备春季书目了，他希望能把海明威的新小说包括进来。他给欧内斯特写信说："要是能让我知道书里的哪怕几个元素可以写一段内容提要，还有书名，你要什么我都给你。"1940年1月，已经回到古巴的海明威给珀金斯寄了书稿的前八页和中间部分的三十页。在这些节选中，主人公、理想主义的美国大学教授罗伯特·乔丹已经奔赴西班牙为共和军作战。他的任务是去炸毁一座具有战略意义的桥。珀金斯几乎当即就发电报给作者："印象极深。开头几页好，第八章妙极。很快寄合同。"

小说接近完成时，海明威突然坚持不了他平时严格的写作习惯。

到了周末，他就呼朋引伴，沉溺于酒精。每个星期天都以一场宿醉开始，然后他就给麦克斯写一封绵软无力的短信。他希望麦克斯能允许他偶尔的工作不连贯，并赞同他在这种情况下，与其"在宿醉中"写几页小说，还不如写私人信件。在玛莎·盖尔霍恩于1月中旬从赫尔辛基回来之前，海明威的状态确实不对劲。他依旧在周末放纵，但她对这部小说的阅读热情似乎也使得他最后篇章的写作顺利一些。又过了好几个周末——"这些日子过得不快就见鬼了"——海明威终于写到了结尾。但他一时被他这部篇幅最长的小说结尾给卡住了。珀金斯说他估计欧内斯特是知道结局应该怎样，只是不知道怎样表述出来。麦克斯给他写信说："总之，结尾向来是非常难写的。"

同时，经珀金斯一再要求，海明威还在苦思书名。作者想起一个气魄大的题目，也不担心"大过头"。"它会包含很多意思。"他说。海明威经常在英国文学作品选集里搜寻标题。他一头扎进手头的《牛津英国散文选》(*Oxford Book of English Prose*)，看到以"没有人是一座孤岛"开头的约翰·多恩《祷告·第十七首》结尾时，他断定自己找到了合适的书名。他赶在珀金斯硬性规定的截止日即4月22日，寄给他前512页的书稿，书名暂定为《丧钟为谁而鸣》(*For Whom the Bell Tolls*)。海明威觉得它具有作为书名必须有的"魔力"，而且这本书本身也会使书名被广泛引用。如果珀金斯不这样想，作者还有三十来个题目可供选择。但欧内斯特说，这是第一个敲响他心里之钟的题目——除非人们把"鸣"误以为长途电话收费，把"钟"当成贝尔电话公司[1]。珀金斯回电报："所有人倾倒。认为绝对辉煌、新颖……标题美，祝贺。"

珀金斯这么激动，很大程度上是因为海明威已经超过十年没有写

---

[1] "钟"(bell)和贝尔电话公司的创始人贝尔是同一个词。

一部大长篇，更因为海明威对战争精彩的描述。对于珀金斯来说，阅读《丧钟为谁而鸣》就像是一种观察真实战况的体验。他写信告诉作者："这些事情在我的头脑中浮现，好像我亲见所见。真令人惊奇。"珀金斯告诉伊丽莎白·莱蒙，他相信"海明威写出了最好的作品。绝对如此"。

1940年7月1日，海明威发电报说，"桥被炸毁"，意思是他终于知道怎么给《丧钟为谁而鸣》收尾了。他手提着这本书的结尾来到纽约，最后润色一遍，把每一部分定稿交给珀金斯，珀金斯再相应发给印刷厂。珀金斯告诉玛乔丽·金楠·罗林斯，他全神贯注地读了书稿，尽管欧内斯特全程站在他身后，越过他的肩膀读。海明威不是在斯克里伯纳大厦，就是在巴克莱酒店喝酒狂欢。到了8月，备受在城中的海明威折磨的几个星期总算结束了。

珀金斯与再次去哈瓦那的海明威很快就开始分头处理排版出来的校样。编辑校注的主要是文体风格的问题，但也有几个重要问题——例如有好几页，麦克斯和查尔斯·斯克里伯纳都认为应该写得缓和一些。斯克里伯纳看到老妇人皮拉一席预言般的讲话"死亡的气息即将飘来"非常恐怖；欧内斯特则坚称这既非无必要的淫秽描写，也不是什么出版禁忌。还有一个场景描写罗伯特·乔丹在一场战斗前夜手淫。海明威提醒珀金斯，正是这类细微的描写才使这个男人更为可信，而不只是被当做英雄。最后，海明威删掉了手淫描写。珀金斯向他保证那席关于"死亡"的讲话"原封不动"，而另一段文字则作了改正。

接着，海明威又想用一个后记结束全书。他写了两个新的章节，概述塞戈维亚进攻的失败，讨论炸桥和乔丹的消失，并交代其他所有人物。他说这两章都挺好读，但给人感觉好像是他们在演完战斗的戏后回到化妆室。"我应该加这个后记吗？有必要吗？"他写信问珀金斯。

他吃不准,这或许是华而不实的,反而会削弱小说原来结尾所表现的真实情绪。珀金斯认为,最初的结尾非常有感染力。他不同意增加后记,那些新写的内容因而放弃了。

在新书出版的季节,斯克里伯纳出版社把他们的书店变成海明威的神殿,第五大道上的书店橱窗里展示的全部是这本小说。"全城人都在议论,说这真是一本了不起的书,"珀金斯写信告诉作者,"说它的出版是一件大事。连出版界和文学界以外的人都听说它了。"

正当海明威的事业达到他与珀金斯合作以来的巅峰,珀金斯的另一个作者与他的关系却彻底完了。就在这个季节,在舍伍德·安德森写作他著名的《小城畸人》(*Winesburg, Ohio*)二十年后,他告知珀金斯,他不满意斯克里伯纳出版社冷落他的作品。"麦克斯,我总是感到很奇怪,你们对我在写什么、想写什么都缺乏兴趣。"他写道。

安德森与斯克里伯纳出版社的合作开始于1933年,那一年,贺拉斯·利弗莱特去世,他的出版社也宣告破产。珀金斯当时就给安德森写信,建议由斯克里伯纳出版他的书。他们在纽约见面。麦克斯建议安德森写一部自传式小说,或者按照安德森《讲故事人的故事》(*A Story Teller's Story*)的风格,写一本连贯的个人叙述性作品。作家回到弗吉尼亚州的特鲁特代尔(Troutdale)群山中的农场后,就写信告诉珀金斯,决定成为他的作者——"这不是因为你们会为哪本具体的书付我多少预付金,会为我花多少营销费,而是因为我对斯克里伯纳出版社在出版业中的地位所长期抱有的敬意,我也许可以说,我潜意识中就喜欢你,珀金斯先生。"安德森为他的回忆录暂定名《盖房子》(*I Build My House*),开始写作。在这封信里,安德森还展望了他想怎样与新编辑合作:

> 我想我应该时常很放松地去找你,像朋友聊天一般谈谈计划。我对作者与出版人之间的正常关系还是有一定认识的,这种关系最好的状态,可能就像一种智识的婚姻……

但是,安德森后来的信却表明,他更喜欢一个寡言的搭档。在以后的年月里,他只是把珀金斯当做征询初步意见的人。有一封信里,他透露自己还很迷信,相信还没写完的小说是不能与人谈的。

安德森迟迟不写他的回忆录,仿佛这样一本回忆性的作品将是他的天鹅之歌。他还有好几本书的写作计划,都在断断续续地写。例如 1934 年,他寄给编辑一批互不相关的文章,想要编成书出版。珀金斯把其中一些整合起来,以《困惑的美国》(*Puzzled America*)为名出版了。然后安德森又开始写一本小说《基特·布兰顿》(*Kit Branton*)。斯克里伯纳出版社于 1936 年出版此书,对安德森的原稿一字未改。接着,作者三心二意地开始另一个计划,他认为"这是一部没有意图的小说,不打算改变任何人,不创造新世界,只是讲述一个颇为腼腆的小个子男人和他半喜半悲的冒险故事"。他告诉珀金斯:"大部分时间我一边写一边坐着咯咯笑。"他尝试了几个角度,又改变方向重写,回到了珀金斯最初的建议。此后他还有过好几次错误开始又推倒重来。

安德森与斯克里伯纳出版社合作的那几年,是他最焦虑不安的几年。和司各特·非茨杰拉德一样,他在早年奠定不凡的声誉之后就没有再创辉煌。他一会儿写这个,一会儿写那个,在七年时间里磨磨蹭蹭地写那部自传式作品。到 1940 年夏天,年满六十四岁的安德森陷入了人生不得意的痛苦中。他责怪他的出版社,尤其是麦克斯·珀金斯:

> 你知道,麦克斯,我时不时来看你,因为我喜欢你这个人,这你

肯定是知道的，但我跟你在一起的时候，你竟然很少问我在干什么。在那些时候，你的确对你的一些别的作者显示了巨大的兴趣。你如果对我的作品不感兴趣，我也不能责怪你。不过当然，在此期间，其他出版社对我表示了兴趣。

安德森说，每当有人问他对现在的出版社是否满意，他就回答："我应该满意，但觉得他们对我不太感兴趣。"他觉得"也许我应该去一家让我感觉他们真正需要我的出版社"。

珀金斯希望安德森不要走这一步。他写了职业生涯中极为谦卑的一封信，为他的行为辩解说，他觉得安德森不需要像一个新起步的作家那样被人关照。"这只是因为我觉得您的确了解自己在干什么，也有您自己的办事方式，"这位否认自己是狐狸的人说道，"如果我再盯着问您、催促您，甚至试图指导您，那对我来说近乎无礼。很久以来，我一直尊您为大师，是许多成名作家的父辈，我情不自禁地向您提到他们，主要也是想从您这儿获得启迪。"

珀金斯的信深深触动了安德森。同时，他告诉珀金斯："我不能仅仅依靠被别人视为曾经的文学大师而活。"在安德森的观念中，书不是被美国人主动买的，而是由出版社卖给他们的。因此出版人得"支持"他的书。"每当我去斯克里伯纳，我就有一种感觉，"他写信告诉麦克斯，"我也许可以得到这种垂青。我有一种怀疑心理，也许我过去没有得到是因为斯克里伯纳先生认为我太老了，不值得在我身上花钱。"

几个月后，安德森、斯克里伯纳和珀金斯在出版社办公室开会。销售记录显示由他们出版的三本安德森的书总共销量不超过六千五百册。作者很不满地指责出版人卖出的数量微不足道。珀金斯理解安德森的失望之情，"即使不一定是钱的问题，一位作家写书是为了它们被人阅读，让尽可能多的人阅读，这也理应如此"。但他的确相信，即便是世界上最天花乱坠的宣传也无法让更多人接受这些书。

安德森气不过，去了哈考特 - 布莱斯出版社。只过了几个月，他就在1941年6月死于腹膜炎（哈考特出版社后来出版了他与珀金斯讨论了许多年的回忆录）。几乎与此同时，麦克斯为弗吉尼亚·伍尔夫的自杀而深感痛惜。他从未见过她，但很敬仰她。珀金斯想，随着她的去世，一个文学时代消逝了一大半。"的确，作家正在像苍蝇般死去。"海明威冷酷地评论道。

* * *

1939年10月，司各特·菲茨杰拉德给了珀金斯充分的理由相信他和他的事业还有勃勃生机。他发电报给麦克斯："如有可能请与《柯里尔》的肯尼思·利陶尔（Kenneth Littauer）午餐，商议连载小说。他已有梗概。绝对不让欧伯参与目前谈判。我6月已戒酒。如有必要，就告诉利陶尔我愚蠢地拒绝了文学公会对《夜色温柔》的报价。如有可能请来信。小说情节须绝对保密，一点暗示也会被人剽窃。"

这部小说的主人公是一个电影大亨，名叫门罗·施塔尔。他的原型是米高梅电影公司的高管欧文·塔尔贝格[1]，多年来他一直吸引着菲茨杰拉德。司各特请麦克斯放心，在"勾勒出每一个场景、情节之后……我想我能够把这本书看作一本传记，因为我了解这个人的性格。"珀金斯仅凭这个梗概，就要说服利陶尔。"没有任何[其他]人能够处理像这样的主题。"利陶尔自然对菲茨杰拉德的可靠性不放心，

---

[1] 欧文·塔尔贝格（Irving Thalberg，1899—1937），美国电影早期的重要制片人，因其非凡的能力被称为"神童"。塔尔贝格总能挑选正确的剧本，发现合适的演员，组织最好的团队，职业生涯制作了数百部成功的影片，如《大饭店》《叛舰喋血记》《大地》等，并打造了大量银幕新星。

他说《柯里尔》杂志感兴趣,但在决定报价之前,必须看到一些书稿。

在感情和经济上近乎奔溃之后,菲茨杰拉德交了两次好运。他找到了与好莱坞专栏作家希拉·格雷厄姆一起生活的幸福感。格雷厄姆小姐后来写道,他的确考虑与她结婚,如果泽尔达"康复到足以与她母亲度过余生,或者一直这样疯下去,与真实世界断绝所有联系"。与此同时,菲茨杰拉德还把一组关于好莱坞写手帕特·霍比(Pat Hobby)的短篇小说卖给了《先生》杂志,但每篇稿费只有250元,还不及以前《晚邮报》稿酬的十分之一。"穷的时候,"他说,"你卖东西只想着快点变现,给四分之一的价钱也肯卖。"这笔钱帮助他生活下去。不过,菲茨杰拉德自然还得像过去那样向麦克斯借钱。

到11月20日,他打算把新小说的前一万字给珀金斯看。"很大程度上取决于本周。"他写信告诉麦克斯。材料很"劲爆",所以《柯里尔》杂志要不要连载也无所谓。"当然,如果他愿意支持我,那就是救了我一命,"菲茨杰拉德写到肯尼思·利陶尔,"但我能否再次成为畅销作家,我自己心里根本没数。这样的一本书还得像任何书一样经受考验"。

《柯里尔》的编辑们考虑了一个星期,拒绝了这本书。珀金斯当即收到菲茨杰拉德的一封急电,请他马上把书稿给《晚邮报》。司各特在电报里还说:"我猜杂志好编辑所剩无几。"珀金斯读了这些材料,电告司各特:"漂亮的开头,动人、新颖,先电汇你250元,到1月再汇1000元。"第二天他写信说:

> 你在书里奇妙地揭示了这个横贯大陆的行业内部的所有事情,这些事情对于像我这样的人,对大多数人来说,都是非常刺激、新鲜的,激发起人们对施塔尔的兴趣和好奇心……它绝对令人倾倒,否则我就再也不评判书了。

珀金斯电报里答应借给菲茨杰拉德的1000美元，来自他教母遗产中当年年底要分给他的部分。它就是"人们常说的'横财'吧，"麦克斯写信对司各特说，"你尽管拿去用，如果它有助于你写这本书。我相信你能真正理解好莱坞的核心精神，抓住它美好的和所有不美好的东西。"他叫菲茨杰拉德"鼓起勇气，努力向前，因为你有权这么做"。

"你提出再借给我1000元，真是我所知道最仁慈之举，"司各特写信给他的编辑说，"当哈罗德[欧伯]觉得借钱给我并不那么光彩因而退缩的时候，我对钱财真是感到麻木了，突然间不知道钱是什么，从哪里来。以前似乎总能在哪里找到一点，现在却一无所有。"他解释说。

《晚邮报》也跟着退了司各特的小说。珀金斯马上告诉司各特，如果他实在走投无路，圣诞节后他随时可以取钱。12月26日，菲茨杰拉德给珀金斯写信借钱。

珀金斯的下一封信写于三四十年代之交，他把它装扮成一张贺年卡。麦克斯向来对自己的绘画才能颇为自得（尤其是他画的几幅拿破仑侧面像，依然保持着能够辨识的自画像神韵），他在信上画了一幅素描，一个男人站着，手中端着一杯饮料，笑着说："问题在这里。"考虑之后，他给饮料写上"可口可乐"。妄想的冲动驱使菲茨杰拉德回了封生硬的信。"透过你来信的字面，在那幅手端可口可乐的男人漫画里，我感受到一种烦躁，"他说，然后急切地为自己辩护，"12月上旬那段时间发生了这些事情：我和希拉·格雷厄姆吵架了，然后碰到一个新奥尔良人找茬……那个《柯里尔》的人说我给他们的小说很糟……就是这样……我心情沉重地在家附近的地方住了五天，然后和希拉·格雷厄姆重归于好。"他已经一连四周滴酒未沾，他断定哪怕一小杯都会让他病得可能致命。

珀金斯没有料到菲茨杰拉德会这样回信。"我不是世故之人。我是个简单的人，"麦克斯回信道，"那幅画没有什么影射。我画的时候想的是你喜欢绘画艺术——而且那个男人指的不是你，而是我，是为了表示我良好的决心。不要猜测我写的、画的背后有什么别的意思。我只是想向你展示我的'另一种'才能。"麦克斯忍不住向其他几个朋友讲述这件事。"看看负罪感会对一个男人产生怎样的影响！"他写信告诉特鲁瑟斯·伯特。菲茨杰拉德来信为自己的过度反应道歉，承认他经常曲解事情，并举例说有一次他责怪麦克斯把格兰特的回忆录寄给他，让他看到另一个失败者的人生。

菲茨杰拉德的文字生涯落魄到要靠生拼硬凑赶写短篇小说、接一些电影剧本的地步。他就这样一次写一天，撑过几个星期，除了写完这本书、供司各蒂念完瓦萨尔学院，就没有更长远的打算了。他写信告诉麦克斯："最大的优惠，就是能够全神贯注地工作，忘记家庭内外的烦恼。"

菲茨杰拉德在好莱坞那几年赚了许多钱，出入于富豪名流间，但他觉得自己是个被抛弃的人，是被文学界遗弃的过气作家。他告诉麦克斯，他可以想象，再过大约一年，当司各蒂"告诉她的朋友们我是一个作家可我的书在市场却找不到"，那会是多么怪诞。无论是什么原因，他知道都不是珀金斯的错。"在这五年里，你（和另一个人，杰拉德·墨菲）一直是我的朋友，陪我度过每一个低潮期，"司各特给麦克斯写信道，"我曾经相信友谊，相信我能（如果不是永远能够）给人带来快乐，这比任何事情都有意思。可现在，就连这都好像是杂耍演员低劣的天堂梦，像一场你永远打响板的大型黑脸滑稽歌舞戏。"司各特问他的朋友：

那种两角五分钱的版本能让广大读者看到《盖茨比》吗，要不然这本书就是真不受欢迎了。它得到过机会吗？如果把它收进那套丛书新出一个普及版，请一个激赏它的人而不是我自己作序（也许我可以选一个人），它会受到学生、教师、英文散文爱好者，乃至任何人的欢迎吗？但是，要让它湮灭——在我付出了这么多之后，不公正地彻底湮灭！即使是今天出版的美国小说，也几乎不可能没有一点我的痕迹——我毕竟是有一点创新的。

菲茨杰拉德在加利福尼亚待了三年，幻想破灭了；那是一个把梦想印在电影胶片上的世界。他在写给麦克斯·珀金斯、墨菲夫妇和埃德蒙·威尔逊（他们已重归于好）的信中，贯穿着这样的希望和信念：尽管虚度那么多年，尽管时日无多，他依然能够创作。那年秋天，他给女儿司各蒂写信道：

不管怎么样，我又活过来了——过了那个10月就好转了——虽然还背负着压力、责任和羞辱，需要奋斗。我不喝酒了。虽然我没什么了不起的，但有时候想，我天赋中非个人的客观品质，以及为了保持其基本价值而不惜粉身碎骨做出的牺牲，倒具有几分史诗般的雄壮庄严。但几个小时以后，这种感觉也幻灭了。

司各特一如既往地给泽尔达写信，那时她又病发住进了北卡罗来纳的医院。在那年夏天的一封信里，他刚写了几行字就写不下去了，他悲哀地写道：

二十年前，《人间天堂》成为畅销书，我们住在西港。十年前，巴黎举行最后一次盛大的美国节，但我们离开欢快的游行队伍，你去了瑞士。五年前，我第一次得重病，去了阿什维尔。我们人生的底牌亮得太早了。

菲茨杰拉德从未像现在这样对本来一直着迷的东部生活感到如此遥远。他依靠珀金斯告诉他所有朋友的最新消息，海明威的，伊丽莎白·莱蒙的。"我渐渐发现，那个可爱的、无怨无恨的、被牺牲的处女，就是她家族虚荣心的牺牲者。"司各特本身已经断了跟她的任何联系，但他忘不了维尔伯恩庄园周围那些以贵族自恃的庸人。"在他们之中，伊丽莎白就像积雪一样洁白。这真使人伤心得难以忍受。"他说。多年来，司各特给麦克斯写信，落款时总要写上"你一贯的朋友"或"永远是你的朋友"，这次，他写的却是"向你们大家，向你们几代人致以爱意"。

珀金斯也记挂着莱蒙小姐。他和路易丝刚见过她，因为她短暂地来了一趟纽约；她给他们看了她养的一些纯种狗。珀金斯夫妇给她的印象是彼此更加疏远了。"路易丝总是扮演那个被误会的妻子。"伊丽莎白回忆说。有一次她们两人单独相处时，路易丝忍不住问："伊丽莎白，如果我和麦克斯离婚，你会嫁给他吗？"他们从未认真地考虑过离婚。这么说只是她发泄不满的一种方式。至于莱蒙小姐，她在米德尔堡的朋友们认定她从未遇到一个她觉得能比得上珀金斯的男人。她终身未婚。

伊丽莎白回南方前告诉麦克斯，占星师埃文格琳·亚当斯预测美国将毁于 1941 年末或 1942 年初。"如果你没告诉我就好了，"他写信告诉伊丽莎白，"我忘不了这件事。"当时，珀金斯就连对莱蒙小姐的友谊也保持一种宿命论的看法。"伊丽莎白，我想我再也见不到你了，"1940 年 5 月，他给她写信道，"但我们每次见面时的所有细节，我始终记得。我这一生好像没有别的事情可与之比拟。我一直想着你，永远想你。"

他们还是再见面了。1943 年，伊丽莎白来到纽约，在丽兹酒吧见到了麦克斯。他们坐在一张小桌子旁，麦克斯第一次说起他们之间的关系。"哦，伊丽莎白，"他一边说，一边伸手去握她的手，但几乎没有碰，"这是没有希望的。"

她看着他的眼睛。"我知道。"她答道。他们在这个话题上的最后一次也是仅有的一次讨论，就这样结束了。他们仍然保持通信。

1940 年 10 月，珀金斯去温莎镇探望母亲伊丽莎白。几天后，伊丽莎白·珀金斯，埃瓦茨参议员最小的女儿，以八十二岁高龄去世。

珀金斯注意到，纽约一带的人终于"关心起战争，迫切地希望我们最好准备，同时采取一切'战争以外'的手段支援英国"。向来好战的海明威则恰恰相反，在他所谓"山顶的安乐窝"里自得其乐。他那宽敞的瞭望山庄俯瞰着哈瓦那港。玛莎·盖尔霍恩和他住在一起，麦克斯本来应该保密，但他还是告诉了司各特·菲茨杰拉德。"你知道的，我猜波琳和他要离婚了，他应该会娶玛莎·盖尔霍恩，"麦克斯给司各特写信说，"这件事情几乎人人都知道，你想必也有耳闻，不过还是应该严格保密。"菲茨杰拉德说："想到欧内斯特要娶一个真正迷人的女人就觉得古怪，我想这种搭配与他所塑造的皮格马利翁式人物可不一样。"11 月末，海明威和玛莎在度蜜月途中经过纽约。他们刚结成"法律意义上"的夫妻，玛莎·盖尔霍恩就赶赴"缅甸之路"，为《柯里尔》杂志报道正在向中国蔓延的战争。欧内斯特计划一个月后与她在远东会合。

那时，《丧钟为谁而鸣》出版了。珀金斯给几乎每一个认识的人都送了书；而国内似乎人人都要买一本自己看。珀金斯心满意足地关注着那几十位颜面无光的评论家。"他们早应该预料[海明威]会度过一个混乱期，"麦克斯写信对伊丽莎白说，"当他走不出困境前进时，他能做的，就是挺过这个时期继续向前。"书的销量飞涨，"每月之书"

俱乐部也预计至少会卖出二十五万册。

欧内斯特"怀着爱意与敬意",送给司各特·菲茨杰拉德一本签名本。菲茨杰拉德认为这本书似乎并不像珀金斯和所有人说的那么好。他私下里告诉希拉·格雷厄姆,它"没有达到[海明威的]水准。他这是为电影写的"。但菲茨杰拉德给海明威的反馈不带一丝负面意见。"这是一部出色的小说,"他说,"比任何人都写得好。谢谢你想到我并题赠给我书。"他从书中挑出最喜欢的几个场景,认为有些段落"准确,强烈",堪比陀思妥耶夫斯基的作品。菲茨杰拉德也祝贺海明威这本书在商业上获得的巨大成功。"我羡慕死你了,这么说绝对没有讽刺的意思。"他写道。(几年前,司各特在笔记本中代表"文学"的L条目中草草写道:"我是以失败的权威说话——欧内斯特则是以成功的权威说话。我们可能再也不会坐在一张桌子旁了。")

菲茨杰拉德已经力不从心了,但他还是决心全力以赴写那部关于好莱坞的小说。1940年12月13日,他写信告诉麦克斯,小说进展很快。"我不会停下来休息,除非初稿写完,那得是1月15日以后某个时间的事了,"他说,"但是,在它接近完成之前,我们就当它不存在吧。我们不希望'书还没写已经成为传奇',惠洛克当初就是这样说《夜色温柔》的。"菲茨杰拉德还在附言中问:"你们会要多少钱肯卖《人间天堂》的胶片?我想那样它能有机会获得新生。"

从理论上说,作者有权把《人间天堂》的印刷胶片转到另一家出版社印刷,如果他愿意支付大约1000美元的成本费。麦克斯答道:"我不想看到这本书离开我们。"他们合作的历史正是从它开始的。麦克斯·珀金斯和司各特·菲茨杰拉德兜了个圈回到原地:他的第一本书绝版了,而下一本书即将诞生。两个人的希望都寄托在这部菲茨杰拉德所说的下个月中旬之前完成初稿的小说上。离圣诞节还剩八天时间,珀金斯写道:"好,我希望'1月15日以后'的那个时间快点到来。"

"于是她亮明自己女神的身份。"认识伊丽莎白·莱蒙后不久,麦克斯就给她写信,信中引用维吉尔的一句诗这样说她。她是巴尔的摩和弗吉尼亚狩猎地区的美女,是麦克斯理想中的女性(她还担任弗吉尼亚卜谷垒球队主教练)。他们保持了二十五年的精神恋。

20

凋零

将近年底，司各特·菲茨杰拉德搬进希拉·格雷厄姆的公寓住。12月20日，他在那里开始写小说第六章，这是他的主人公门罗·斯塔尔发展中的关键时刻，其中有一幕场景，斯塔尔喝得大醉，这是人物原型欧文·塔尔贝格具有菲茨杰拉德自己生活特征的早期迹象。当天晚上，他还能告诉格雷厄姆小姐："我能安排好。宝贝，这将是一本好书。也许能够让我们赚到足够多的钱离开好莱坞。"第二天，就在她的公寓里，司各特·菲茨杰拉德心脏病突发去世。

那是一个星期六，珀金斯在家里。他从哈罗德·欧伯那里得知这一消息，格雷厄姆小姐通知了欧伯。没有记录证明他给泽尔达发了电报，但他应该是发了。他几天后收到她的来信，读上去就像是一封回信。其中她写道：

> 我要对你致以最深的爱意，[司各特]总是带着热忱与愉快，期待与"麦克斯联系"……司各特对我和司各蒂都是勇敢可靠的，他对朋友这么好，我相信他必定会得到回报，也将被人铭记。

泽尔达问,他写了五万字的未完成小说是否能够出版。"司各特非常在乎这部作品,"她说,"也会乐于透过它,与他的读者再见面——这对司各蒂也大有好处。"

珀金斯在圣诞节后那天回信。此时还来不及了解司各特在斯克里伯纳出版社确切的账务情况,谈这部小说的出版前景也为时尚早。这些事情需要尽快解决。"为了司各特,也为了你和司各蒂,我们会尽可能采取一些措施。"麦克斯向她保证。

泽尔达没有到北方来参加葬礼。她的医生认为葬礼对她来说可能是难以承受的刺激。

珀金斯把葬礼之事尽可能通知了司各特的所有朋友,但只有寥寥几个人能及时赶到巴尔的摩。路易丝、麦克斯和墨菲夫妇以及约翰·比格斯坐火车从威明顿来到巴尔的摩。约翰·比格斯是司各特在普林斯顿大学念书时的朋友,也曾经是珀金斯的小说作者,此时是费城第三巡回法庭联邦法官。这是珀金斯非常悲伤的一天,特别难过,因为,正如他对约翰·皮尔·毕肖普所说,菲茨杰拉德的葬礼是少数可怕的"殡仪馆葬礼"之一。别无选择,因为天主教会不允许司各特这个去世时不信教的人在洛克维尔的天主教墓园落葬,与他父亲家族的先人葬在一起。在洛克维尔联合墓园,菲茨杰拉德当年在巴尔的摩郊外的和平别墅居住时期的朋友贝雅德·特恩布尔太太注意到麦克斯。"他对谁都不说话,"她后来说,"有好几次,他也不管正在进行什么仪式,只是摇头,慢慢抬头望天。"

回到纽约,麦克斯坐下来完成一项被他推迟的任务:给海明威写信,告诉他菲茨杰拉德去世的事。"我原想给你电报通知司各特的事,但这似乎一点用都没有。"他对欧内斯特写道,欧内斯特还在古巴,想必不会听到这个消息。"不管怎样,他没有遭受痛苦,这点很重要。是心脏病突发,立即去世的——尽管人们才醒悟过来,他在不久前是有过一次轻微发作的。"

麦克斯告诉欧内斯特，菲茨杰拉德近年来借了不少钱，都记在他的人寿保险账上，但即便如此，他的人寿保险还有四万元——珀金斯想，这笔钱也足够供司各蒂念完大学，并还清她父亲的欠债了。但是，遗嘱令人困惑。在他最初的遗嘱里，菲茨杰拉德指定哈罗德·欧伯为他的遗产执行人。但在最近两人不合之后，司各特把他的名字划掉，用铅笔写上了珀金斯的名字。这种改动的合法性仍然存疑，一时间，麦克斯又陷入了纠纷。"恐怕这件事情断送了我最后一次去古巴待一阵子的机会，"他在信里对海明威说，"因为需要几个星期的时间才能厘清遗嘱中的争议。"后来，珀金斯和哈罗德·欧伯都干脆宣布不担任遗嘱执行人，而主张由比格斯法官担任。但结果是，在之后的多年里，事关菲茨杰拉德文学遗产的每一次安排，都要请珀金斯拍板决定。

接着，珀金斯集中时间读少数几封悼念信。致哀者如此之少，更凸显司各特去世的凄凉。菲茨杰拉德在好莱坞的秘书弗朗西丝·克罗尔（Frances Kroll）写信给珀金斯说："那部小说从构思到写作，我都和他在一起。如果你在读完稿时有问题，可以找我。"特恩布尔夫人的儿子、普林斯顿大学三年级学生安德鲁也写来一封信。他说："菲茨杰拉德1932年到1933年住在这里十八个月的时候，我经常听他提到你，当时我十一岁。"他告诉珀金斯，菲茨杰拉德刚去世，他就把自己对作家的记忆写下来，以免忘记。他希望珀金斯能帮助他发表，因为菲茨杰拉德的名字"在很大程度上已被等同于放荡颓废的一代人；而我从自己的经历体会到，在这人间天堂，孩子再也没有希望找到一个比他更和善的伙伴，更真挚的朋友了"。珀金斯回信说，他带着赞赏之情读了这些回忆录，可惜他无法帮助发表。（特恩布尔后来成为菲茨杰拉德最重要的传记作者之一。）

1月初，麦克斯又给泽尔达写信。"在公众的心目中，他已经被归入他自己命名的一个时代，"他说，"但他写的许多东西并不应该属于哪个时代，而属于所有时代。"但是，慎重地推进出版一部能够为司各特带来声誉、又能体现他并不只是爵士时代代言人的作品，也是很重要的。他在给莱蒙小姐的信里说，令人头疼的是"这本书本来可以为他正名——因为第一部分已经预示它极有潜力——但它还远远没有完成"。

遗嘱的合法性尚在认证，菲茨杰拉德的女儿司各蒂尚无收入，于是珀金斯和比格斯法官、杰拉德·墨菲、哈罗德·欧伯商议，先借钱给她，让她念完瓦萨尔学院，同时每月给她生活费。

"千言万语说不尽我对您送来鲜花的谢意，"她给麦克斯写信说，"感谢您来巴尔的摩，尤其感谢您仁慈地借钱给我上大学……如果这个世界到1944年尚未毁灭，我就能还这笔贷款。我希望到那时我也能写出一部小说请您指正。"麦克斯给司各蒂提了一些文学创作上的建议，也就是他给每一个前来求教的大学生的忠告。他强调通识教育的重要性，但劝她不要上任何写作方面的课程。"每个人必须找到自己的写作方式，"他告诉司各蒂，"而找到它的源泉则主要靠文学。"

司各蒂学习非常认真，但她在谈论要从瓦萨尔学院退学去工作。麦克斯知道，让她成为家族中第一个拿到大学文凭的人，对于司各特来说是多么重要的事。司各蒂念完大学三年级时，珀金斯给她写了一封信，用当年他督促司各特写完一本小说的那种微妙口吻说："你实际上在大学里还有一年时间，这一年会过得很快，到那时你还很年轻，还拿到了学位。"

泽尔达的财务情况也很糟糕，她写信问珀金斯有没有办法给她寄些钱，让她支付膳食费——当时她和她母亲住在阿拉巴马州的蒙哥马利。她想知道"如果你还在考虑出版那本书，现在是不是出版的好时候"。她写道：

司各特可能告诉过你，这本书写的是欧文·塔尔贝格的故事。那些几乎左右公众情绪的人曾经深深吸引着司各特。他要把不屈不挠的恒心、积极进取的必要、灵活明智地运用神秘力量这些使他们有别于他人的能力都生动地表现出来。

珀金斯仍然无法答复她具体的出版计划。

这年1月，为了避嫌没有参加菲茨杰拉德葬礼的希拉·格雷厄姆来纽约拜访珀金斯。即便在当时那种情况下，能见到她，麦克斯仍很高兴。"我看她对他非常好，她本身也是一个很好的女人。"事后，珀金斯写信告诉海明威。她把司各特那部小说的情况详细告诉他。麦克斯已经在考虑也许可以从这部未完成的书稿中，抽一些部分出来以某种方式单独发表。

菲茨杰拉德去世三个星期后，希拉·格雷厄姆给珀金斯寄来这部未完成的小说原稿的打字稿和司各特的许多笔记，书名暂定为《末代大亨的情缘》(The Love of the Last Tycoon)。她向麦克斯特意说明其中一份备忘材料表明了菲茨杰拉德重新赢得读者的意图。司各特说，这本书是针对不同的两代人的，具体地说是两种读者——"也就是司各蒂为代表的十七岁年轻人，和以四十五岁的埃德蒙·威尔逊为代表的中年人"。她还附了一封菲茨杰拉德写给欧文·塔尔贝格的妻子、女演员瑙玛·希勒(Norma Shearer)但未寄出的信。塔尔贝格在1936年三十七岁逝世前，一直担任米高梅电影公司总经理。

亲爱的瑙玛：

你告诉我因为视力问题你很少读书，但我想你会对这本书感兴趣——虽然这个故事纯属想象，但你或许会发现，它力图保存欧文的几分特征。

我自己对他的印象只记录下来一点，但它对我的影响却很强烈，是我塑造斯塔尔这个人物主要性格的灵感来源——尽管我也把另外一些人的事情安在他身上，以及不可避免地放进了我自己的许多事。我创造了一个悲剧故事，而欧文的人生，除了他与病魔的抗争，当然并不是悲剧，因为没人写过一个关于好莱坞的悲剧（《一个明星的诞生》是一个感伤的故事，往往也被视为优美的故事，但不是悲剧）——这里确实有注定毁灭的英雄事迹。

格雷厄姆小姐还找到菲茨杰拉德写的一段自白，自嘲中也很感人，她也寄给了珀金斯。

我想写一些令人惊恐、无法模仿的场景。我不可不想像欧内斯特这样的同时代作家那样简单易懂，格特鲁德·斯泰因说他注定要进博物馆。

我领先足够多，如果能保持健康，就能略有不朽之成就。

1月底，麦克斯给格雷厄姆小姐写信，交代进度情况。他说很遗憾至今仍未明确决定是否要出版这部小说。"我知道的是，"他写道，"它本来有望成为他最成熟、最丰富、在深层意义上也是他最出色的小说。我认为斯塔尔是他写得最好的人物，虽然不完整……眼睁睁地看到这本书可能成功却没有写完，这真令人心碎。"

珀金斯的话令希拉·格雷厄姆落泪。"请你为它做点什么吧，"她恳求编辑，"想到他对它的热情，为它付出的心血，他却中途死去，我简直要发疯。"她赞同麦克斯所说的，除了司各特自己，没有人能圆满地写完这本书，但如果按照它的原样不动，只删掉最不成熟的、即使菲茨杰拉德本人都极可能修改或删去的部分，那么剩下的将是一部重要作品，可以"像一部未完成的交响曲一般"出版。

正如林·拉德纳去世的时候珀金斯为他所做的一样，珀金斯征求了吉尔伯特·塞尔德斯的意见。麦克斯认为他"既有评论家的品位，又很务实"。塞尔德斯读了书稿，第二周，珀金斯就向司各特的遗产执行人约翰·比格斯报告说，他和塞尔德斯意见一致：

> 这本未完成的书极其有趣。没写完真不幸。它向前迈了一大步。我不是说它实际的写作比以前更好了，或者甚比《了不起的盖茨比》更好。但它同样具有司各特过去赋予一句句子、一个段落、一个短语的那种魔力。它具有一种内在的智慧，没有人能像他那样深刻地刺破表面，揭示电影世界的另一面。它本应该是一部非凡的作品。已经写了五万六千字。如果单独出版，即使有人读它也仅仅是出于好奇和文学兴趣，因为没有人会读一本没有写完的书。但为了司各特，它又应该以某种方式出版。我的想法是把《了不起的盖茨比》、精选五六个短篇小说和这个未完成小说合在一起出版。

珀金斯相信，埃德蒙·威尔逊的意见是司各特最尊重的，因此，他和塞尔德斯都同意埃德蒙·威尔逊是撰写这本合集序言的最佳人选。经过一番争论、商议——主要是为《崩溃》中有几篇威尔逊想收入的故事——珀金斯终于说服他接受全部条件。麦克斯甚至说服他来编辑那部未完成书稿，并根据菲茨杰拉德的思路写一个小说剩余部分的梗概。这本书将包括《了不起的盖茨比》和司各特最经典的短篇小说——《五一节》《一颗像丽兹饭店那么大的钻石》《阔少爷》《赦免》和《疯狂星期天》——还有那部未完成的作品。

威尔逊首先请希拉·格雷厄姆把记忆中司各特关于此书说过的话

都写出来。然后他花了几个月时间研究菲茨杰拉德的笔记。在菲茨杰拉德去世半年之内,威尔逊已经把这本选集编好了。他这么做不仅仅是为了证明他对菲茨杰拉德的忠诚。他与菲茨杰拉德的第一次合作是1915年在普林斯顿大学三角俱乐部排演《邪恶的眼睛》(The Evil Eye)。在序言里,威尔逊写道:

> 《末代大亨》是……菲茨杰拉德最成熟的作品。它与他的其他作品不同之处就在于这是他第一次严肃地涉及一种职业或行业。菲茨杰拉德以前的书总是专注于初登社交场的少女和大学男生,专注于二十年代大肆挥霍者放浪形骸的生活……在浏览作者为创作这部小说所做的大量草稿和笔记的过程中,你会进一步确信,菲茨杰拉德将获得人们的认可,成为这个时期美国文学的一流作家。无论是从戏剧性的角度,还是从散文的角度看,《了不起的盖茨比》最后几页无疑是我们这个时代的小说中最好的文字。T. S. 艾略特谈到此书时说菲茨杰拉德已经跨出了亨利·詹姆斯以来美国小说重要的第一步。无疑,《末代大亨》即便是他壮志未酬,也能在里程碑式的书林中占有一席之地。

威尔逊还在写序言的时候,麦克斯忙着推动人们对菲茨杰拉德发生新的兴趣。他听到谣言说,普林斯顿有些重要人物开始看低菲茨杰拉德;他想粉碎那个谣言,就写信给普林斯顿,建议他们出一本纪念司各特的书。他失败了。"普林斯顿大学图书馆之友"[1]连续十五年没有出过一本菲茨杰拉德的作品。

---

[1] "普林斯顿大学图书馆之友",普林斯顿大学的一个校友组织,成立于1930年,最初是由一些富有的普大校友集资捐款为母校图书馆购买有价值的书籍。该组织发展越来越大,逐渐在大学的发展过程中发挥越来越重要的作用。

麦克斯还想出一本菲茨杰拉德的传记；他意识到人们可能会认为这为时尚早，但菲茨杰拉德逐渐被人淡忘，真令他担心，也促使他鼓起勇气。他敦促曾在《新共和》杂志工作的马修·约瑟夫森（Mathew Josephson）写这个故事，讲述"一个时期的一位非凡人物……那个特殊时期是整个背景，而司各特则令人瞩目地站在前景"。约瑟夫森拿起了笔但很快就放弃了。他后来解释说："我知道泽尔达的故事，也打算把它作为司各特人生悲剧的核心原原本本写出来……但我得知她在另一家医疗机构关了两三年，刚刚放出来，据称已经完全'治愈'。于是我中止了；在目前的情况下我不能公开讲述她的故事，尽管我相信她还会被送回去。我决定等待。"就在他等待的时候，一位普林斯顿毕业生、明尼苏达州的卡尔顿学院教授阿瑟·迈兹纳（Arthur Mizener）也在研究菲茨杰拉德的生平，逐渐认识了他的家人。他写的传记《天堂那边》（*The Far Side of Paradise*）出版于1951年，是诸多菲茨杰拉德传记中第一部出版的。

整个春天，珀金斯都扑在菲茨杰拉德的事情上，欧内斯特·海明威因而觉得被麦克斯冷落了。他去香港报道中日战争了。他抱怨说，自从他到远东后，"中国飞剪号"飞机[1]都四次飞抵香港了，却没有带来斯克里伯纳出版社的任何信息。"究竟是怎么了？"他问珀金斯。珀金斯在接下来的一个月里给他写了五封信，主要是谈《丧钟为谁而鸣》的情况。销量正在迅速逼近五十万册。珀金斯担心欧洲的战事，在信里对海明威说，希望他"有范·怀克·布鲁克斯那样的脾气，像佛陀那样观察世界，表面上超然世外——实则深为关切。他能够专心做自己的工作，不为外界所烦扰"。

尽管珀金斯与布鲁克斯友谊深厚，他私下里一直认为美国当代文

---

2 从1935年至"二战"期间，美国至远东的太平洋航线主要由泛美航空公司执行，该公司将旗下的大部分飞机都以"飞剪"（clipper）命名。

学最敏锐的评论家是埃德蒙·威尔逊。对于珀金斯来说，下这个结论可能有点难受，因为在《末代大亨》出版之后，他就不再是威尔逊的出版人了。珀金斯与威尔逊之间的关系，由于威尔逊最近出版的文集《创伤与神弓》（The Wound and the Bow）而不可弥补地破裂了。在书中一篇文章中，威尔逊抨击了海明威。威尔逊批评说，海明威写作质量下降了，却日益热衷追逐个人名利。现在他的作品被胡思乱想所支配。威尔逊审视海明威对待女性的态度，尤其是对《丧钟为谁而鸣》中的那个"像变形虫一般的西班牙小姑娘玛丽亚"的态度。他写道："同一个女人发生在睡袋里的恋情完全缺乏男女之间你来我往的那种真正的恋爱关系，而像是少年淫梦那种完美无缺的极乐。"

珀金斯为海明威辩解。他认为威尔逊评论欧内斯特的文章"令人着迷"，但错得离谱。纽约圈里都在传珀金斯认为威尔逊使用下三滥的手段，所以拒绝发表他任何贬损海明威的文字。卡罗琳·戈登·泰特记得曾听见威尔逊和珀金斯就这本书的那一章有过长时间的讨论。

当时，珀金斯遇到了另一位文学评论家麦克斯韦尔·盖斯马（Maxwell Geismar），他是萨拉·劳伦斯学院一位三十二岁的教授，正在做美国现代文学的研究。他计划分析两次世界大战之间六位作家的作品，写成一本书《危机中的作家》（Writers in Crisis）。经两人共同的朋友建议，盖斯马把他已经写好的论林·拉德纳、托马斯·沃尔夫和约翰·斯坦贝克的章节寄给珀金斯看。珀金斯高兴地看到至少还有一位学者赏识拉德纳的才华，他还认为盖斯马评沃尔夫的文章应该是"迄今评他的文章里最好的一篇"。珀金斯知道这位年轻的评论家以前为海明威的《春潮》写过好评。但他现在比较谨慎，在看到盖斯马评海明威的文章之前不愿意接受这本书稿。珀金斯建议盖斯马在书里写写威廉·福克纳。盖斯马同意了。

珀金斯与威尔逊的争论愈发激烈。一次辩论时，他跟威尔逊提起盖斯马的书。威尔逊便去拜访盖斯马,两人成了朋友。他们都注意到珀金斯将他们置于相同的境地:对是否接受他们的书稿,他迟迟不表态。威尔逊向盖斯马抱怨大多数出版社的问题,说编辑们并不是忙得一塌糊涂的人,可犹豫不决的时间长得令人受不了。

接着,高潮来了。卡罗琳·戈登·泰特回忆说,有一次在珀金斯与威尔逊见面的时候,她听见威尔逊大吼:"所有干出版的都是狗娘养的。"这之后不久他就把书稿拿到霍顿·米夫林出版社去了,而由于斯克里伯纳出版社仍然在拖延盖斯马的书,他还能进一步惩罚珀金斯,把那本书也介绍给了霍顿·米夫林。

当盖斯马给威尔逊看他评论海明威的文章时,他欣喜地发现它受到了肯定。多年以后,盖斯马说:"我几乎彻夜未眠。威尔逊异乎寻常地放低姿态,带着他轻微的口吃说,'我认为你评海明威的文章……比我写得好。'"盖斯马相信这是真的,因为威尔逊"没有理解海明威内心深层的创伤,也就是极大影响到他的对社会历史全然的无知"。这本书出版后,海明威和妻子玛莎·盖尔霍恩专程去位于纽约州布朗克斯维尔的萨拉·劳伦斯学院拜访盖斯马夫妇。"他们沿着布朗克斯河边的一条步行道走来,"盖斯马回忆说,"说话的样子好像是在非洲深处旅行,张口闭口'亲爱的'、'宝贝儿'。"在一家意大利餐厅吃晚饭时,极少对评论家好声好气的海明威说:"你知道我最喜欢你那篇文章的地方是……你引用的那些句子。我从没想到它们写得那么好。"

对于那两本书都流失去了霍顿·米夫林出版社,珀金斯感到很郁闷,威尔逊说出版人的那番话也在他心里盘桓多年。卡罗琳·戈登·泰特说,之后她见到麦克斯,他没有一次不提起这件事,语气中惆怅多于怨恨。珀金斯继续向别人推荐盖斯马,说他是活跃的文学评论家中最优秀的一位。他说,威尔逊的评论总是带着个人倾向,而盖斯马的评论"既客观超然,又因为发现才华而充满热情"。

"美国人才和文学的发展，是他主要的兴趣所在，"珀金斯最亲近的同事约翰·霍尔·惠洛克谈到这位编辑时写道，"对于本国以外才华横溢的新作家，他就不那么敏感了。"在四十年代，惠洛克还注意到他欣赏趣味的其他方面："有许多自相矛盾的偏见和莫名其妙的怪癖，意志'像石头一样顽固'——这就是麦克斯……与科学和抽象的思想相比，他更感兴趣的是话题有争议性或者以运用某种理论、观念为基础的书。令他激动的，是真实罕见的东西，是具有诗意的灵光一闪，它能照亮一个人物，盘活一个情景，揭示才华在作品中所发挥的作用。"惠洛克说，珀金斯对小说的偏爱，发展成几乎是唯一的兴趣；当他迷上一部非虚构作品，那它通常也有怪异之处。惠洛克还说，近来，在物色新的作者、指点他们运用素材时，"麦克斯经常走向极端，自相矛盾。正是新英格兰人的顽固作派"。

现在，珀金斯频繁地签作者，然后竭力向他们兜售他多年来珍惜的心得。但很少奏效。譬如，迪克森·韦克特（Dixon Wecter）正在为斯克里伯纳出版社写一本书《美国英雄》（The Hero in America），麦克斯建议他另外写一本书，还命名为《制造麻烦的人》（The Trouble Maker）。

> 这将是一部叙述历史的书，表明在危机时期，理智如何几乎总是悲剧性地被情感所压倒——善良的、正直的、有远见、有智慧的人，不敌感情奔放、猛烈、意志强悍的人。

珀金斯本人看出了这个预设前提的漏洞；他承认"没有那些感情冲动的人，也许就没有进步。他们确实刺激了事情向前发展，即使是通过破坏的手段"。

1942年，珀金斯在读一本书的校样，这本书得以出版完全是因为他固执己见。这就是奥尔登·布鲁克斯（Alden Brooks）的《威尔·莎士比亚与戴尔之手》(*Will Shakespeare and the Dyer's Hand*)。有一阵子他对这本书非常狂热。每一次编辑部会议他都要说这本书但都遭到编委会一致反对。斯克里伯纳的一位内部人士回忆说："于是，作为一个极度有耐心的人，他会在下一次会议上再提议，再被否决。"这本书令珀金斯着迷的地方是它宣称爱德华·戴尔爵士，一位编辑，才造就了莎士比亚的成功。这本书确实令珀金斯相信，"莎士比亚这个人并非是我们今天所认为的莎士比亚作品的作者"。最后，编委会为了不扫珀金斯的兴，还是做了让步。麦克斯给许多评论家寄了书，寄望获得支持。但基本上所有人都对此书不以为然，认为它纯属胡扯。但珀金斯依然对它抱持信心和敬意。他告诉海明威，它使他意识到，"我对文学无知得可怕，身为出版业者是不应该的"。

珀金斯在编辑詹姆斯·特鲁斯洛·亚当斯（James Truslow Adams）的纪实作品时遇到的阻力就比较小，书也更为成功。亚当斯是畅销书《新英格兰的诞生》《美国史诗》和《民主进行曲》的作者，普利策奖得主。1941年8月，亚当斯把最新作品《美国人》(*The American*)的序言和各章大纲寄给珀金斯。与这些材料一起来的，还有一个要求。亚当斯基本上不认识什么能够代表这个国家国民基本特征的人物，而麦克斯韦尔·埃瓦茨·珀金斯认识不少，因此他恳请珀金斯把自己的看法写下来，以助他完成这幅美国人性格的"壁画"。麦克斯照办了，于是亚当斯写作《美国人》时，就吸收了麦克斯的所有观点，甚至经常直接引用他的原话。

更令人关注的一个例子，是美国女性的地位和影响。麦克斯说，就他所知，这个问题从未在任何书中被充分阐述过。"我小时候在佛蒙特州，"他在信里告诉亚当斯，"常看见中老年男人上教堂时，不是同妻子走在一起，也不是站在她们前面，而是在她们身后距离十五、二十英尺远跟着。"他记得曾经跟他母亲议论过这个现象,她大笑一声说:"那应该是新英格兰的传统。"但珀金斯认为不仅仅如此。他觉得,新英格兰女性在去教堂的路上领头,象征了她们所发挥的道德主导作用。亚当斯就以此阐述说,虽然美国男性时常试图把女性当偶像崇拜,女性却能很敏锐地立刻放低姿态,以便继续自己的工作。实际上,珀金斯始终尊重实干型女性;他希望她们不仅要独立,还要敢于闯世界。没有比玛莎·盖尔霍恩更符合珀金斯这种理念的女作家了。斯克里伯纳出版社刚开始出她的书。她不但是一个彻头彻尾的冒险者,也非常清醒地规划自己的事业和写作。她属于少数几位珀金斯最成熟的作者——也就是几乎不需要他帮助的作者。

其他作者有的需要他的大力帮助。在《死亡王朝》大获成功之后,泰勒·考德威尔把她压在抽屉里的好几本长篇书稿都寄给珀金斯看。他全部退稿了。考德威尔小姐并不气馁,她坐下来写了一部《死亡王朝》的续集《群鹰聚集》(*The Eagles Gather*)。她带着稿子从罗切斯特南下来到纽约,当面请珀金斯如实评价一下这本书稿和她大体的写作才能。

珀金斯认为续集不如《死亡王朝》。但斯克里伯纳出版社还是出版了《群鹰聚集》,泰勒·考德威尔把它题献给珀金斯。这部作品至少没有让他对她的前途丧失信心。他写信告诉她:"你的卓越才能,主要表现在善于讲述规模宏大的故事。这是非常罕见的天赋。"珀金斯说,问题只在于寻找一个大得足以适合她的主题。他劝她尝试写历史小说。在1939年10月17日写的一封信里,他说:"我现在真希望你开始考虑写那种书的可能性。"她对这个想法是心动的。她首先想到一个题目《率土王滨》(*The Earth is the Lord's*)。过了几天,她正在考虑探索哪个古代时期,"成吉思汗"的名字突然闪过脑海。"为什么是成吉思汗,"她写信告诉珀金斯,"我也不知道。我知道的所有知识，就是他略施妙计，就屠杀了一个个民族，征服了亚洲和一部分欧洲，大约生活在十二世纪末，他是蒙古人，一个蒙古部落头人和一个白种女人之子，仪表堂堂，绝对不是忽必烈汗。但是，不知从哪里冒出来一些片段，不断在我脑海中浮现。"

珀金斯一般主张让人物来主导小说的情节发展，但他指导考德威尔小姐在动笔之前，先把整本书的情节想清楚。他把他能找到的所有关于成吉思汗的历史材料和描述中亚的书都寄给她。他建议她不要安排成吉思汗为主人公，而选择一个他身边的人，写一个具有强烈个人色彩的故事，整部小说就以此为基点：

> 有时候，一本关于历史那么久远、关于重大历史事件的书，会变得过于笼统，对于具体的一个人或一群人，描写太少。那是你必须提防的危险，特别因为你的想象力会使你倾向于大而化之地看待事情。

珀金斯推荐她读沃尔特·司各特和大仲马的作品，熟悉写作历史小说的路数。

《率土王滨》出版于1941年。评论界并不把她所写的历史当回事，这本书并没有大获成功，但在之后的四十年里，她不断把真实人物生平（包括圣保罗、西塞罗、伯里克利等）写成畅销的传记小说，这本书为她开创了这种写作模式。只是凭直觉认为泰勒·考德威尔应该写历史小说，珀金斯使他的这位作者成为出版史上生命力最持久、最赚钱的作家之一，而她的事业，在珀金斯本人去世之后，还持续了三十年。

玛乔丽·金楠·罗林斯是珀金斯在三十年代扶持起来的另一位畅销作者。当《一岁的小鹿》连续两年盘桓在畅销书排行榜中，销量达到五十万册并且为她赢得普利策奖时，麦克斯已经在考虑她的下一本书。如今他更清楚,她的天赋就在于描绘她熟悉的地方各种人的生活。如果偏离了这个基础,她的写作就丧失了魅力和可信度。珀金斯建议她考虑写一本关于佛罗里达乡间灌木地带的真实故事集。

"你建议我写那本非虚构作品可真是神了。"她回信说。她说,事实上,她已经在考虑为她的家园十字小溪写一本这样的书,然后再写下一本小说。但她还不太有把握。1940年夏末,罗林斯夫人把她已经写好的几个片段寄给麦克斯审阅。她想知道他对这本书的看法。9月20日,珀金斯回信说,他设想的是这本书围绕事件来组织,地点本身就是书的主角:

> 我想这本书应该是叙事体,中间夹以描写和内省——打个比方,它应该是一根绳子,上面有许多结,一段段情节就是这些结,但每个情节又由事件将它们相互连接起来。等等。

麦克斯知道,泛泛而谈对罗林斯夫人是不够的。当年她动笔写《一岁的小鹿》时就是这样,她一定要有具体的指导。所以,他就把信写得很长,多达1800个字,塞满具体的建议。比如他说,开篇的那一章只要短短几页就好了,还建议她把一篇叫《路》的短文章也放进去。"沿着那条路走,"他指出,"能让你用最自然而然的方式,在一开始就让人对这片社区有个概念。"《十字小溪》就是这样开始的:

> 十字小溪,由陆路是一条乡间道路的拐弯处,由水路是洛克鲁萨湖流入奥兰治湖的水道。我们位于岛河这个小村子以西四英里,松节油蒸馏厂以东九英里,但在南北两面,我们压根儿就不计算距离,因为两大湖和广袤的湿地在我们和地平线之间形成了一望无垠的空间。住着我们五个白人家庭:我们,"老上司"布莱斯,

格里森一家，马凯一家和伯尔尼·巴斯一家；还有两个有色人种家庭，亨利·伍德沃德和米肯斯一家。格罗夫岛的人认为我们有点摆谱，非常古怪。

珀金斯提出另外几种让情节连贯的办法——例如按四季循环的顺序来写。他告诉他，哪些人物他认为应该重复出现，哪些冒险应该扩展开写。罗林斯夫人就遵照麦克斯回信中的意见写，在将近两年时间里写了四遍草稿，《十字小溪》终于成为她深受好评的又一本畅销书。

南希·赫尔是另一位需要费心指导的作者。对她来说，问题不是文笔，而是意志。她的第三部长篇小说《挥霍的女人》（*Prodigal Woman*）因为她婚姻破裂精神崩溃而中断了写作。

对于陷入困境的作者，珀金斯始终是同情的。大约就在这个时候，他给一位作者写信，措辞与以前他建议托马斯·沃尔夫和司各特·菲茨杰拉德为了创作暂停一下几乎一模一样：

> 这么说吧，你不会失去时间的，因为休息会使你更年轻。一个作家应该隔一阵子就在安静的环境中，静下心来把头脑中的事情理一下，考虑周全。那才是今天作家的麻烦之一，也就是没有机会，或者没耐心做这件事。作为作家，高尔斯华绥从未高估自己，但他确实是著名作家。他总是说，对作家最有成效的事情是静思默想。

麦克斯也给南希·赫尔开了这帖有效的处方。她去西南部待了几个月，到1941年末才回来恢复写作。但她又陷入僵局。珀金斯沉着应对，因为这种情况他已经见惯，不会慌乱：

你不会使我为你的小说担忧的。我对我看过的那部分稿子质量印象很深,我知道你的内心丰富、敏感,记性也好。实际上,你如果没有周期性地绝望、焦虑和不满意,我反而会更担心你。的确,有许多作家不这样,但我想,最好的作家都会这样,而且我看不出他们不然还会怎样。写你这种作品,真是很艰苦的工作。

我个人相信,只要你能坚持奋斗,它一定会有一个好结果。奋斗也是过程的一部分。没有迹象显示简·奥斯丁碰到过什么麻烦,但我确信夏洛特·勃朗蒂一定碰到过,几乎所有真正的好作家都碰到过,当然奥斯丁除外,她是极稀罕的。

南希·赫尔克服了障碍,一鼓作气写完了《挥霍的女人》。

玛西娅·达文波特的写作也中断了——1940年,温德尔·威尔基[1]竞选总统时,她和丈夫加入了他巡回演讲需要的演讲撰稿人和政策顾问团队。她知道珀金斯对罗斯福的态度,因而把小说搁在一边,她也就不那么感到羞愧了。但是,在威尔基竞选惨败的几个星期内,她重新回到那个匹兹堡实业家的家族故事。之后她写小说初稿的几个月里,珀金斯与她保持着密切的联系,时不时地寄给她短信,请她喝茶。他的意见一以贯之:"统统先写在纸上,我们再看怎么办。"1941年她终于交稿了,这部小说长达八十万字,支离破碎的。她说,她直到一头扎进书里,才明白自己可能绕不出来。现在她准备不惜全部放弃。

珀金斯觉得这个小说《判决谷》(*The Valley of Decision*)是他这辈子所见最混乱的书稿。他夜复一夜地把稿子带回家,苦苦思考。

---

[1] 温德尔·威尔基(Wendell Willkie, 1892—1944),美国政治家,1941年作为共和党领袖与罗斯福竞选总统,后落败。

有一次，路易丝认出麦克斯那么多晚上和周末带回来的是同一批黄色稿纸，但她又不知道这是谁写的，说："你干吗为它花这么多时间？"珀金斯答道："因为我是个该死的傻瓜。"后来，他告诉玛乔丽·罗林斯，他相信"值得花这么多时间，只是因为我不能让玛西娅栽这么大的跟头。那样的挫折会毁了她的前途。她完全被困在书中的灌木丛出不来，无法驾驭这本书了"。经过几个星期慢慢地审稿，他给她写信说：

> 我的确认为让《判决谷》最终成形，其困难之处是一个见树不见林的老问题。有这么多树。我们必须设法突出这本书的结构或格局，这样即使树很多，读者也能看清树林。也就是说，如果我们办得到，就尽量减少树的数量——但我到现在仍觉得这并不容易。

读了几遍以后，麦克斯把他的建议汇总写成一系列信，其中一封长达三十页。他处理材料的方法，就像一个系谱学家描绘一个家谱那样井井有条。他从头开始，找出最重要的故事线索，也就是那些他觉得应该贯穿整部小说的线索，凡是削弱这些线索的都删掉。他没有理会达文波特夫人的结构划分，把小说分成三个主要部分，并告诉她每一部分的主要意图。然后他一章一章地分析，并加以详细的评注。最后，他为作者厘清了书中人物，通过简短概括他们的特征来强化其形象——而这一切，就为了 本他根本没把握是否值得出版的小说。

后来，玛西娅·达文波特告诉马尔科姆·考利："麦克斯做的每一件事都围绕着这本书的整体效果……他相信你笔下的人物；对他来说他们都是完全真实的……他可以接受一盘散沙，给你一个脚手架，然后你在上面盖房子……他的盘子又大又长，上面盛满痛苦和混乱。"和麦克斯的许多作者一样，她恢复写作之后就发现他的评论简直有神效;他有一套办法,就像你把卵石抛进池塘,他把评论轻轻抛出来,其意味如涟漪一般扩散变大,直到触动作者觉悟。

达文波特夫人把珀金斯的信放在打字机的一边,手稿放在另一边,根据他的计划修改小说。修改工作干了五个月。珀金斯以为其结果只是敷衍了事。但她令他吃惊。她几乎重写了整本书,用很快的节奏和高超的技巧重新组织了结构,令其紧凑,而且她几乎砍了一半的篇幅。"她是一个有个性、有决心的女人。"珀金斯告诉玛乔丽·罗林斯。至于马西娅·达文波特,无论她到哪里都大唱麦克斯的赞歌,充分肯定他的帮助,称这是"斯文加里之于特里尔比"[1]。麦克斯做好准备在1942年出版这部小说,他几乎毫不怀疑它将迅速畅销。

* * *

日本轰炸珍珠港加剧了麦克斯对战争的执迷,凡是他能找到的跟战争有关的东西,他都读了。和往常一样,伊丽莎白·莱蒙是他的慰藉。"谈论战争没用。"12月23日,几乎一年时间没有通信之后,他给她写信说。"你一直都能做到基本待在家里,"他感叹道,"我想这大概是人能做到的最明智、最幸福的事了。"麦克斯自己也日益喜欢待在家里,待在办公室,减少与社会的接触。现在,就连温莎都令他难过。"我不喜欢去那里,"他承认道,"你很难理解,随着几代人记忆的积累,人们怎么能在一个地方待几百年。我想,历史对他们太沉重。你想回去,但是做不到。你不能再回家了。"

在1941年最后几个月中,珀金斯与海明威的通信又明显减少了。麦克斯考虑过出一本海明威篇幅较短的作品选集,但他在9月份告诉

---

[1] 英国作家乔治·杜·莫里耶(George Du Maurier, 1834—1896)的畅销小说《特里尔比》中,有一位名叫斯文加里的阴险音乐家,在他催眠般的影响和摆布下,最后竟然把巴黎一位画家的模特特里尔比变成著名的歌手。

海明威，他还没想清楚应该怎么选，别着急催他。珀金斯说他收到诗人、小说家罗伯特·佩恩·沃伦[1]的来信。沃伦正在编一本供大学使用的小说选，想收入海明威的《杀人者》，并配以一篇研究文章。珀金斯预计那篇文章会把小说分析得"过于复杂、理论性太强"，但他对欧内斯特说，"使一个作家成为永恒的经典作家，莫过于让他的作品走进课堂"。海明威也认同让作品进入课本的重要性，"不管它对可怜的学生来说有多难懂"。

至于司各特·菲茨杰拉德对后人的影响，麦克斯寄望于《末代大亨》加以巩固。该书于1941年11月出版，而麦克斯的期望多少还是实现了。许多评论者说这部小说充分证明菲茨杰拉德不仅仅是爵士时代的记录者。《纽约时报》对这本书评价很好，斯蒂芬·文森特·贝内（Stephen Vincent Benét）在发表于《星期六评论》的文章中宣称："先生们，现在你们可以脱帽致敬了，我认为也许你们最好这么做。这不是一个传说，这是一种声誉——长远来看，它也可能是我们这个时代最有保证的声誉之一。"

泽尔达对少数老朋友表示过她不喜欢司各特笔下的女主人公。那是一个英国女人，名叫凯瑟琳·摩尔。但她说总体而言她还是喜欢这部小说的。"我希望这本书畅销，"她写信对麦克斯说，"——至少能够足以让我报答你的一番苦心。"尽管获得那么多赞扬和祝福，《末代大亨》在第一年只卖出3268册。

有一阵子，海明威不确定是否应该把他对《末代大亨》的看法告诉珀金斯。最后他还是说了，而且说得很不留情。他说他是发现书中有写得非常好的地方，但大部分内容"死气沉沉"，让他不敢相信竟

---

[1] 罗伯特·佩恩·沃伦（Robert Penn Warren, 1905—1989），美国诗人、小说家和文学评论家，新批评主义的创始人之一。与克林斯·布鲁克斯（Cleanth Brooks）合编的《理解诗歌》《理解小说》，为美国大学文学院的经典教材。

然出自菲茨杰拉德之手。他把小说比作一片已经发霉的熏肉，上面的霉斑可以刮掉，但肉吃起来还是发霉的味道。海明威仍对埃德蒙·威尔逊在《创伤与神弓》里对他自己作品的批评耿耿于怀，虽然他也承认威尔逊的解释、分类、扩充、整理"干得靠谱"，但一方面又说司各特若是按照威尔逊编造的"庞大而荒唐可笑的提纲"来写，就永远也写不完这本书。

海明威知道珀金斯会对小说中"写乘飞机的那些东西"印象很深。但是，他说，那是因为麦克斯旅行得太少。菲茨杰拉德不久之前刚坐过飞机，所以也对那种体验印象很深，于是能在描写空中旅行时注入一些"古老的魔法"。但是，当司各特写到男人和女人之间的关系时，他的技术就大有问题了。海明威说，菲茨杰拉德完全没明白他笔下的人物和性格表现得非常奇怪。他知道珀金斯最近给玛莎·盖尔霍恩写过信，说好莱坞没有使司各特受伤。欧内斯特猜想也许的确没有，但那是因为他在去那里很久以前就受伤了。他说，司各特的脉搏在战后的法国时已经衰弱下去了，他的其余部分"在那之后就逐步迈向死亡"。对于海明威来说，读《末代大亨》就像看着一个棒球老投手出场时手臂无力，只能凭着聪明对付几局，然后被打出局。

多年后，海明威在《流动的盛宴》里用他第一次阅读《末代大亨》时想到的形象总结菲茨杰拉德的创作生涯：

> 他的才能像一只粉蝶翅膀上的粉末构成的图案那样地自然。有一个时期，他对此并不比粉蝶所知更多，他也不知道这图案是什么时候给擦掉或损坏的。后来他才意识到翅膀受了损伤，并了解它们的构造，于是学会了思索，他再也不会飞了，因为对飞翔的爱好已经消失，他只能回忆往昔毫不费力地飞翔的日子。

珀金斯努力克制着告诉海明威，他觉得他的批评"有意思"，然后便请海明威注意看菲茨杰拉德得到的那些有智慧的、通常是正面的评论。"我为我们出了这本书而高兴，"他坦言道，"人们没有对《夜色温柔》给予它应得的赞誉。"

欧内斯特和玛莎之前一直待在爱达荷州的"太阳谷"。1942年初，他们回到古巴的山庄，麦克斯写信说希望他们两人都能够"好歹安心工作"。但是，海明威又因为皇冠出版社的一个人请他为一本战争佳作选作序而打断了自己的短篇小说工作。那本书将取名《战争中的人》，选入从温泉关战役到卡波雷托战役的相关作品。对海明威来说，这份约稿值得一写。但他告诉麦克斯，他认为这本书选的作品一塌糊涂，所以他坚持要选另外一些作品。

最后，他的序言拉长了，他也成了这本书的选编者。他为自己没有按照计划在7月初准备好短篇小说的书稿，令珀金斯失望而深感歉意，但他一再强调说，那本"该死的战争选集"把他给拖住了。

珀金斯被《战争中的人》迷住了。当他看到皇冠出版社对待这本书敷衍了事，他身为编辑感到心痛。他忍不住要提出他的意见，而且一有机会就提。他为海明威回想起他最喜欢的一些描写战争的段落——有斯蒂芬·克莱恩（Stephen Crane）的、安布罗斯·比尔斯（Ambrose Bierce）的、温斯顿·丘吉尔的和托马斯·尼尔森·佩吉（Thomas Nelson Page）的。他强烈建议他至少收入托马斯·博伊德的《穿越麦田》（Through the Wheat）中的一段节选，还把托尔斯泰最激动人心的段落拿给他看。最后，麦克斯很恼火，因为海明威只顾着这本选集，根本顾不上写自己的短篇小说。但结果，尤其是海明威为这本书写的那篇充满爱国之情的序言，使得他感觉好受些。9月，他写信给欧内斯特："读着这篇序言，我为之振奋。我忘不了它。他使我的精神大为振作。"

珀金斯的确需要振作精神。那年4月，他的外甥，也就是他妹妹范妮的儿子罗伯特·希尔·考克斯，在突尼斯的战役中阵亡。后来麦克斯偶然看到这个年轻人写的一个短篇小说，发现他很有天赋；他为自己再也没有机会告诉他这一点而感到难过。这孩子的死令麦克斯大为悲恸，并一直影响着他的情绪。接着，1942年8月，威尔·詹姆斯去世。他不仅是斯克里伯纳出版社多产的作者，也是麦克斯的一位密友，这个牛仔曾经送给他一顶宽边高呢帽。詹姆斯享年五十岁——比他的编辑年轻八岁。又一位深爱的作者走了。

21

灰黑色的肖像

"爸爸,你酒还没喝够吗?"1942年的一天,麦克斯最小的女儿南希问他。

"丘吉尔喝得太多,"麦克斯答道,"所有伟人都喝酒喝得太多了。"

毫无疑问,这位伟人是喝多了。他越来越频繁地在将近中午时溜出办公室,"去买份报纸"——还有一杯酒——然后红着脸回来,人倒是比较镇定。在切里奥餐厅他固定坐的圆桌上,饭前的马提尼酒变成了双份,喝得越多,就吃得越少。他经常独自吃饭,把一份报纸从头读到尾,仔细看每一个有关战事的版面。"一天又一天,他总是那样,"店主切里奥回忆道,"他喜欢安静。他从来都一声不吭,除非你对他说话。他说话轻声细气的,你不想漏掉一个字。"

朋友同事都说,麦克斯的行为举止从来都看不出哪怕一点点酗酒的迹象。他的能力似乎也没有什么损害。但他的外貌暴露了他的年龄和心理压力。现在,他的帽子又破又旧,他把帽子拉得更低,而在这帽檐之下,是一张苍白的脸。眼睛中的蓝色经常消失,变成了灰色。眼睛下的眼圈又深又黑。他的脸上经常挂着像一个什么都听不见但想显得友好、专注的聋子的那种善意笑容。

抽了一辈子的烟,他的干咳也越来越严重。有时候他的手抖得很明显。

1942年7月,麦克斯写信给伊丽莎白·莱蒙:"我们在过一个孤单的夏天,只有路易丝和我。"麦克斯和妻子之间的分歧变得更加明显。他们的对话越来越短,争吵倒是越来越激烈。为了打破麦克斯那种北方佬的镇定,路易丝什么话都说得出,而麦克斯为了让路易丝闭嘴,同样什么话都说得出。这时候他的行为就是一个不幸福的已婚男人的典型。他常常晚回家。首先在他的老地方丽兹酒吧歇歇脚,喝点酒。然后他经常会去已经结婚的一个女儿家——住在纽约的莎比家,或是住在新迦南的贝莎家——看看她们一家。有些晚上,他索性就不回家,躺在扶手椅上睡着了;第二天醒来,又穿着没有换掉的皱巴巴的衬衫衣服去上班。

他更加投入地工作。他甚至抱怨斯克里伯纳大厦在星期六锁门。"两天的周末……"他在给一位朋友的信里说,"太长了。"在家里,阅读成了他唯一的爱好。如果路易丝提议出去,他就说:"我还要工作。"然后整晚读书稿。如果她邀请朋友来家里,麦克斯就想方设法找借口避开,抱怨他被稿子"缠住了"。有些晚上他甚至不下楼来跟客人打招呼。

在办公室,他变得脾气暴躁起来,就连某个同事提前几分钟下班这样的小事,他都要说两句刻薄话。他的幽默变成了讽刺挖苦。当他勤恳的秘书威科夫小姐申请休年假时,他的反驳简直是一种残忍的侮辱:"你为什么需要休假?"有一次,他的一位作者写信说,威科夫小姐理应为她的勤恳、高效的工作而获得奖章。麦克斯把当事人威科夫小姐叫进来,让她记录他的口头回复:"没有哪个秘书比她更受优待和溺爱了。虽然她的确工作很努力……但毕竟,她一周才工作五天。"

有时候，珀金斯坐在桌前一动不动，不知看着哪里出神。他有时会打瞌睡，威科夫小姐就轻轻地把门关上，以免外人闯入。一天下午，珀金斯正睡着，有个比较冒失的作者来了。威科夫小姐说珀金斯先生正忙。这个作家听办公室里没有声音，决定亲眼看一看。他拖过一把椅子放在门口，站上去，透过气窗往里张望。威科夫小姐怒斥他："难道你不知道他睡得很少吗？"

即使办公室门开着的时候，珀金斯也不是很容易接近的人。他那习惯性的沉默现在又加上了冷冰冰的凝视，令他的许多作者都感到畏惧。"那种沉默有时候很吓人，"约翰·霍尔·惠洛克说，"当哪位滔滔不绝的人把麦克斯逼得受不了时，他有时会打破沉默，说一句气人话：'哦，那有什么？'这通常会激化事态。他绝不总是那样和蔼可亲的。"不过，珀金斯的暴躁也成了他的一种魅力。

* * *

1942年夏末，海明威写信给珀金斯，说他要召唤一个"干龟岛往日的好伙计"。欧内斯特上一次诱惑麦克斯来跟他一起度假，还是十年前的事情了，但这次他没有成功。斯克里伯纳出版社当时有点缺人手——有些男的在服兵役，有些因为出版社业绩不佳而被解雇，剩下的有些在休假。麦克斯觉得他必须待在纽约。"说实话，欧内斯特，"他写道，"我不能来。"

珀金斯现在极少出办公室见人。但在过去几个月中，他与亚历山大·伍尔考特[1]重续友谊。年轻时他们都在《纽约时报》当记者，麦克斯投身出版的时候，伍尔考特逐渐成为著名的戏剧评论家和时代弄潮儿。两人都眷恋着佛蒙特。自二十年代以来，伍尔考特就在佛蒙特

---

[1] 亚历山大·伍尔考特（Alexander Woollcott, 1887—1943），美国批评家，《纽约客》杂志评论人，"阿岗昆圆桌会"的成员。

博莫西恩湖中小岛的避暑别墅交际、会友。近些年，他索性全年住在那里。1943年1月，伍尔考特告诉麦克斯他要放弃这个乡间住宅了。"我很遗憾你不得不离开佛蒙特，那是天下最好的地方，"珀金斯于1月18日给他写信，"我自己已经放弃回那里的念头了，因为已经有太多人去世了。我的老家鬼太多。"珀金斯告诉伍尔考特，他多么希望时光倒转，他们这拨年轻记者能在时报大厦的十七楼重聚。收到珀金斯的信一星期后，亚历山大·伍尔考特去世。

多年来，珀金斯一直提到要退休去佛蒙特，在那儿编自己的乡村报纸，只刊登他认为合适的新闻，通过他的写作，这份报纸也许能够声名远扬，影响数百万人，也许——只有他最亲密的朋友知道的一个白日梦——因此使他成为有全国影响力的实力派……甚至成为总统。"当然，麦克斯从未真的想当总统。"约翰·霍尔·惠洛克说；他只是暗暗准备着，只要有人愿意听，他就可以对某些问题阐明自己的立场，也始终关心着他的国家。归隐佛蒙特的念头化为泡影。（"我一直想在那里度过余生，"他曾写信告诉伍尔考特，"但是做不到。"）但是，他并没有减少对国家的关切。

由于新政越来越背离他的杰弗逊主义原则，麦克斯大为恼火。按照他的理解，美国民主最纯洁的原则正在被"白宫里的那个人"破坏。1943年2月，珀金斯写信给一位名叫雷蒙德·汤姆逊先生的人：

> 我认为这些极端的新政主义者大部分人意图都是好的，但如果照他们的路子走下去，将不可避免地导致所有的资本、所有的权力集中在一个政府手上，而那个政府必将成为独裁政府，无论他们愿不愿意。然后这个政府将通过一种官僚体制统治这个国家，如同俄国所发生的那样，这个官僚体制将成为一种寡头政治，形成特权阶层。

珀金斯相信，人类唯一的希望在于"权力的分散。如果权力归于任何一个单一的集团，我们除了可想而知的物质方面以外，在其他每个方面全完了。或许人人都能得到充足的食物之类的东西，但他们没有自由。但另一方面，也可能资本主义再也无效了，我们只能接受共产主义"。

珀金斯的政治观也反映在斯克里伯纳即将出版的《第五封印》(*The Fifth Seal*) 中。这是马克·阿尔达诺夫 (Mark Aldanov) 坚定反苏的小说。在一个总结性段落里，这个俄国流亡作家通过他的一个人物之口说：

> "是的，我当然恨希特勒更甚于恨布尔什维克。但如果要捍卫自由与人的尊严，就要诚实地捍卫：反对一切暴君和腐败者。"

那正是珀金斯所想的。美国共产党用了一切手段恐吓斯克里伯纳出版社，阻止《第五封印》的出版。这本书成为1943年初轰动一时的事件焦点。它成为一部大畅销书。

出版社不像牙膏公司那样年复一年生产同样的产品。每一本书都是一个全新的产品，具有个别的特性，需要个别的处理。一家牙膏公司为其产品打开市场之后，只需维护好那个市场就可以。而一家出版社必须为每 本书打开一个新的市场——每年可能有几百个（出版生活的这一严酷事实部分解释了为什么畅销书这么少——在一个拥有两亿多人口的国家，区区五千册对于一个作家的第一部小说来说就是非常好的销售成绩——也解释了为什么出版业不是一个利润可观的行业）。而且，牙膏生产商可以比较准确地预测销量，而出版商基本做不到，因为每一本书——著名作家的书除外——销售问题都不一样。销量有的低得出奇——或者，有时候出版社又收获意外的惊喜。签约多年、无声无息写出来的书，可能会突然成功。1943年，斯克里伯纳出版社就碰到了这样的情况。《第五封印》只是他们的七本年度畅销书之一。在该年的前九个月，这七本书的全部销量达到两百万册。

七本书中只有一本不是小说：《地下巴黎》（*Paris Underground*），一本讲述欧洲战争中作者个人经历的书，作者是埃塔·希伯（Etta Shiber）。其余六本都是长篇小说。这一事实促使珀金斯把这一股成功的浪潮归因于"公众被［战争］割断了以前的消遣方式"。其中一部小说是《丧钟为谁而鸣》，在出版的第三年仍能卖出十五万册。还有埃德蒙·吉利根（Edmund Gilligan）的《憔悴的女人》（*The Gaunt Woman*）。而另外三本的成功令珀金斯格外欣喜。

玛西娅·达文波特的《判决谷》于1942年秋天出版，在十二个月内卖掉了三十万册，最后达到六十万册。她为如此的销量和媒体一片叫好感到受宠若惊。一天晚上，她与查尔斯·斯克里伯纳和麦克斯吃饭时，谈论的话题转到托马斯·沃尔夫和他的问题，麦克斯说汤姆可能只有离开斯克里伯纳，作品才能有进步，而他就是这样做的。"哦，不！"达文波特夫人说，"他和我一样需要你。没有你我什么书都没法写。"

"如果那是真的，"珀金斯答道，"你就配不上那部深入你内心的作品。"

珀金斯相信玛西娅·达文波特只有在写作中更多袒露自己，她才能充分发现自己的才华。他想帮助她克服自己写自传式小说的抵制心理，因为他感到她在素材中竭力避免更深入地展现完整的自我和激情。他不断督促她这样写，一年之后，她屈从了。1945年，她开始写一部以她自己在曼哈顿生活为主题的小说：《东边，西边》（*East Side, West Side*）。

玛西娅·达文波特曾经让查尔斯·斯克里伯纳打了个激灵，因为她吐露了心底的愿望：她想写一本销量也许只有一千两百册、但会被人称为艺术品的书。在珀金斯的庇护下，她觉得这个目标是可以实现的。当她和珀金斯交谈时，珀金斯从来不强调经济收益。据她所知，有一次，珀金斯听到有人抱怨某家出版社总是强调利润，他置评道："你的意思是说，那些人不爱书。"

南希·赫尔在写个人的问题上不像玛西娅·达文波特这么困难。她的小说《挥霍的女人》在斯克里伯纳出版社的畅销书大年与《判决谷》一起出版，这本书正是她个人经历的结晶。它特别畅销。除此之外，珀金斯还赞赏它如此巧妙地揭示了女性人物的性格。"从一开始，"他在回复南希的一封感谢信时写道，"我就相信你，也这样说了，虽然我不相信销量本身能说明什么，但是许多我必须与之对话的人，譬如书店的人，却认为这是唯一可以衡量作品的、无可辩驳的证据。不要因为快乐感谢我。是我应该感谢你。"

珀金斯不喜欢打生意交道，但他长期以来是以一个精明的谈判者著称的。他在餐馆总是多给小费，对于任何借钱的朋友或陌生人也十分慷慨，但是做交易却具有新英格兰人的固执。在与经纪人或作者谈判预付金和版税时，麦克斯就坐在自己的办公桌前，一言不发，面无表情，心不在焉地画着拿破仑肖像，而对方还在提要求呢。任凭对方说什么，珀金斯的耳朵好像全聋了一般，再顽强的谈判者都会渐渐屈服。老查尔斯·斯克里伯纳的外孙乔治·希大林说："只要麦克斯的条件达到了，或是涂鸦画完了，不管孰先孰后，他便成交。"

斯克里伯纳出版社这一创纪录的丰收之年中，第七本畅销书是克里斯汀·威斯顿（Christine Weston）的《靛蓝》（Indigo）。她是1939年春天经一位共同的朋友沃尔多·皮尔斯介绍认识麦克斯的。"别人告诉我，珀金斯喜欢让有抱负的作家带着巨量的书稿来给他看，"威斯顿小姐回忆说，"我的书稿就是巨量。我当时很幼稚，又胆怯，根本不敢想那个大人物会瞄一眼我的书稿，虽然沃尔多·皮尔斯请我放心，说一旦麦克斯答应读某个稿子，就从不食言。"珀金斯喜欢她的第一部小说，还接着出版了第二部。两本书加起来总共卖了五千册。她的第三部小说背景是印度，她在印度出生，长大，直到二十岁才离开。《靛蓝》出版于1943年，短短几个月就卖出二十三万册。

作家并不需要像海明威、达文波特、赫尔、罗林斯、威斯顿或泰勒·考德威尔那么成功才能获得珀金斯的支持。事实上，珀金斯对于那些非常渴望当作家但又写不出好书的人报以极大的同情。事实证明，这些人里，有很多是被他的风度所吸引、忍不住一次又一次来斯克里伯纳出版社见他的女人。有个女人连续几个月每到星期四就来，每次戴的帽子都不同。珀金斯不知道怎么对付她的这种殷勤，就带她去喝"茶"。同事们问他为何要在一个没希望的作者身上花这么多时间，他说："如果不这么做，我担心她会自杀。"珀金斯会带她去查塔姆宾馆的酒吧，她常常喝得醉醺醺。一天下午，她醉得要躺倒了。麦克斯知道他不能把她单独留在酒吧里，于是扶她到楼上开了一个房间，让她睡一觉醒酒。她一进房间，就脱了裙子和鞋，一头栽在床上，昏睡过去了。麦克斯把钥匙放在她旁边就走了。等到他轻轻地把门关紧，习惯性地锁上门，这才发现他的大衣被门缝夹住了。最后，还是一个客房女服务员来给开了门。她探头往里张望，然后鄙夷地瞪了麦克斯一眼——这一刻他一辈子都忘不了。

出版界传言珀金斯一如既往不喜欢女人。比如克里斯汀·威斯顿就听人说珀金斯跟同性在一起的时候要放松得多。她的看法是：

> 他跟一种人在一起比跟另一种人在一起更放松。我猜想他跟块头大、嗓门响、比较自我的那种人在一起比较自在，比如海明威、沃尔多·皮尔斯，而跟那种腼腆、紧张的人在一起，他也得小心

翼翼，因为他们很可能令他感到难为情……我个人觉得他很迷人，但在感情上很疏远。

麦克斯仍然抱怨女人："除了出书，女作家还期待你为她们做许多事情。"四十年代初，珀金斯给科普兰教授写信说。大牌作家坚持要求他在每次出版他们的新书时办一场茶会。还有一个女作者给麦克斯打电话，哭着说："我的猫约翰·济慈要死了。"珀金斯只能说些同情的话。她说："你得派一个兽医来。"他说他不认识什么兽医，请她自己就近找一个。"但我没有钱呀，"她抽泣道，"你愿意付钱吗？"为了让她继续写作，他答应了。

为了说服诗人迈克尔·斯特兰奇（Michael Strange）——约翰·巴里摩尔的前妻——写完她的回忆录，麦克斯不得不单独和她吃了好几顿晚饭，让她听他的建议。但她准备的晚餐非常丰盛，她既迷人又健谈，因此几个晚上之后也没有多少进展。他们两人经常深入讨论政治和经济话题，因为她是激进派，相信无阶级社会。一天晚上喝咖啡的时候，女佣正在洗盘子，迈克尔·斯特兰奇又说到这个话题；突然，这位作家停下来，猛地回头说："该死，凯特，别把盘子刷得那么响。"

尽管麦克斯与异性打交道有这么多困难，但他发现自己的女作者比以前更多了——小说家道恩·鲍威尔（Down Powell）、伊迪丝·波普（Edith Pope）、安·柴德斯特（Ann Chidester）、凯瑟琳·波默罗伊·斯图尔特（Catherine Pomeroy Stewart），这些当代著名女作家都是他的作者。他还盯着阿娜伊斯·宁[1]出版她的日记。大多数与珀金斯合作过的女作家说起他来都充满敬慕之意。

有一位如今还在写作的女士，从三十年代开始就对麦克斯单相思。

---

[1] 阿娜伊斯·宁（Anaïs Nin，1903—1977），作家，舞蹈家，著名作家亨利·米勒的情人，一生出版了十一部日记，被誉现代西方女性文学的开创者。

她没有展示出多少才华，欲望却很强烈。她无休无止地给珀金斯写信，其中充满花里胡哨的文学辞藻和含情脉脉的暗示，他的回应干脆而礼貌。他当面和她只说过两次话，总共不超过十五分钟。"那不重要，"四十年后，她宣称，"因为我们是眉目传情。我在他有些疲惫的时期来到他的生活，而他对我的前途很感兴趣……他天才的光芒在我的头脑中闪耀。"年复一年，她继续写着诗歌、散文；没有一本出版，除了自费出版。她还在写，因为麦克斯"信任"她的才华。的确，麦克斯的信任得到的不仅仅是报答。"从我遇见麦克斯的那天起，我们就相爱了，"她坦言，"我再也没有和我丈夫同床。我不能对麦克斯不忠。"

* * *

1943年2月，珀金斯出席了司各蒂·菲茨杰拉德的婚礼。他和哈罗德·欧伯支付了婚礼的费用。欧伯将新娘交给了海军上尉塞缪尔·拉纳罕（Samuel Lanahan）。当司各蒂沿着纽约圣依纳爵·劳耀拉教堂的走廊走去时，珀金斯想她的样子和泽尔达大约二十五年前真像——"不像泽尔达那么漂亮，"麦克斯写信告诉海明威，"但比她耐看。"

新娘的母亲不能来参加婚礼，因为她出于爱国热忱正在蒙哥马利做机械工学徒（她很快被解雇了）。她写信感谢麦克斯来信告诉她婚礼美好的细节。她说，他的描述勾起了她自己"尘封多年、业已淡漠的青春记忆，那时，我们在你的友好支持下结了婚"。几个月后，她又写信给麦克斯。"我在对过去演奏许多愚蠢的序曲，"她恍惚地写道，"一心盼望着上帝最后审判日的到来。"

麦克斯进入六十岁以后，花了几天时间重读他与司各特·菲茨杰拉德的通信，沉醉其中，黯然神伤。埃德蒙·威尔逊想要一些信件编一本菲茨杰拉德文选，核心文章是《崩溃》。斯克里伯纳出版社不准备出版此书，因为麦克斯坚持认为，司各特若活着，肯定不会同意把那些糟糕的内容出成书的。不过，珀金斯倒同意其他出版社出版此书，因为偶尔也有人希望把 F. 司各特·菲茨杰拉德的作品收进他们选编的小说选集，他都同意。他要尽自己所能保持菲茨杰拉德的名声长盛不衰。

珀金斯还在重读另一个作者，那就是托马斯·沃尔夫。随着1943 年的圣诞节即将到来，他写信给沃尔夫的姐姐梅布尔："到这个时节，我就非常想念汤姆，怀念我们尚可期待他随时可能来办公室找我们的那些往日时光。"在家里，麦克斯到深夜还要反复阅读《时间与河流》中那些他最喜欢的段落。

托马斯·沃尔夫去世已经五年了，但是他的文学声誉却在稳步上升。珀金斯注意到，一般来说，即便是著名作家，去世后他的影响就会衰退下去。但是沃尔夫的情况却相反，处理他的文学遗产仍然占据了珀金斯许多时间。

当时住在纽约州基思科山的艾琳·伯恩斯坦听说沃尔夫在新奥尔良的朋友威廉·B. 威斯顿要收购沃尔夫的全部档案。她很慌乱，因为她的信件将包含其中。"这事本来是没有必要的，"1943 年年中，她写信给珀金斯说，"我觉得应该被告知这件事，我这样想是没有错的。这是我所了解的你做得欠妥（或者说我认为不妥）的唯一一件事。"

她的书信内容——也就是写在信纸上的文字——是属于她的，别人未经她的许可不能发表。但是，作为文件，这些原本为沃尔夫所有的书信在他死后，即成为他遗产的一部分。珀金斯向伯恩斯坦夫人解释道："为了遗产的财务利益，我有责任出售任何可以出售的东西。"比起筹款，珀金斯更感兴趣的是让作家和学者能够利用沃尔夫的档案。他认为这对任何一个重要作家的声誉和影响都是十分必要的。珀金斯说，这是人们为托马斯·沃尔夫起码可以做到的一点，他的作品将永远有人阅读,因为"总有新一代的大学二年级学生会发现他的作品并为之欣喜"。

多年来,威廉·B.威斯顿一直在收集沃尔夫的作品。他计划在哈佛大学建立一个纪念馆——收藏他能找到的所有沃尔夫的材料,他希望其中也包括沃尔夫和伯恩斯坦夫人之间炽烈的情书。这些情书可以看出他们最甜蜜和最不堪的情绪。比如,沃尔夫的信里有一个最令人难忘的称呼:"我的大乳房、灰头发的犹太荡妇,我爱闻你那玫红色腋窝里的臭气。"1943年6月,艾琳写信给珀金斯:

出卖我写给汤姆的信,我想我会渐渐习惯这想法的,但现在还不习惯,尽管那样做是合法的。这是令我震惊的事,不过跟如今世人的悲哀相比也算不了什么。所以这是我最后一次跟你谈这件事,到此为止。虽然我总是痛苦地感到,我们的关系,我和汤姆之间的关系,在他生前一直没有了断。也许永远不会了断。这关系维持了那么长时间,经历了多少荡气回肠的时刻,即使到了最后,他内心深处一定知道彼此意味着什么。

珀金斯顺势请伯恩斯坦夫人交出汤姆写给她的信,一并放进那批收藏。她同意了,但不愿白白交给威斯顿,因为她怀疑他要从沃尔夫档案中获利。经过数年的谈判,威斯顿买下了这些信件。伯恩斯坦夫人要求把属于她的每一分钱都捐给犹太慈善团体联合会(Federation of Jewish Philanthropies)。对于这一条款,她在给麦克斯的信中说:"这是报复汤姆跟我说了那么多侮辱犹太人的坏话。"

那年夏天,珀金斯看了电影版《丧钟为谁而鸣》。当他最初听到主角将由加里·库珀出演时,他感到很高兴。珀金斯非常喜欢加里·库珀,把他主演的《约克中士》看了两遍。但是,看了这部新电影后,麦克斯意识到他最喜欢的这位演员以及电影本身的局限性。他写信给埃文·希普曼说：

> 当然，加里·库珀一直就是那样——他演得很好，但是，不像罗伯特，一点也不像他。这在一定程度上因为故事的全部主观部分，或者说几乎全部，都没有了。也许这是必要的。

珀金斯唯一感兴趣的另一部影片是《轻装旅的冲锋》（Charge of the Light Brigade）。他只想看看冲锋那部分，不想看全片。麦克斯让他的三女儿佩吉陪他去电影院。他把她安排在一个地方，既能看到银幕，又能看到站在门厅里的他。他们等待高潮的到来，直等了一个半小时。当佩吉看到埃罗尔·弗林要带头冲锋时，她打了个手势，珀金斯穿过门厅，站在过道里，观看轻装旅的溃败。然后麦克斯和女儿就离开了。

* * *

上一年里，欧内斯特·海明威在古巴度过了那里一年中气候比较好的季节，"做他手头正在做的任何事情"，麦克斯在信里告诉埃文·希普曼。海老爹正忙着驾船巡逻，搜索德国潜艇。他说这活儿很重要，而且打仗的时候他没心思写书。珀金斯本想暂且相信他的话，但知道他还有其他原因。玛莎·盖尔霍恩·海明威刚给珀金斯寄来一部小说，斯克里伯纳正要出版。她和海明威结婚三年，却一直在旅行，为《柯里尔》杂志写重要文章。"我们从海上回到家时，"海明威的小儿子格里高利回忆当时的情景说，"玛蒂[1]认为爸爸会继续写作的。但是他有

---

[1] 玛蒂，玛莎的昵称。

别的计划。'现在你是我们家的作家啦,玛蒂。'他宣布说——而且这完全是他的真心话!……玛蒂起初颇为受用,接着感到惊讶,最后便气愤了。要在事业上帮她一把,那是好的,但是美国数一数二的小说家要在四十四岁[原文如此],也就是《丧钟为谁而鸣》完成两年后就封笔退休,这是不可想象的——即使像玛蒂这样的妇女解放运动先锋也无法想象。"她不明白驱使欧内斯特六年前奔赴西班牙的那股精神头现在怎么了。已经有传言说她和欧内斯特疏远了。正当海明威在湾流游荡的时候,她却跑去英国继续做战地报道。在欧内斯特心目中,玛莎背弃了他。海明威给珀金斯写信说,他"真他妈孤独","极度渴望写书"。

但是,海明威感到自己失去了爱,变得暴躁起来,很快就因为作品加印版税的问题而爆发了一场小小的冲突,他因而认为,查尔斯·斯克里伯纳是在找他的茬。海明威说,如果斯克里伯纳认为海老爹态度"不够恭敬",或者麻烦多过价值,他倒无所谓。在他头脑发热的时刻,他同出版社的关系似乎与他过去十年中大多数其他关系一样,要走相同的路。格里高利·海明威是这样说他父亲的:"他与所有帮过他的早年朋友断了联系;他和舍伍德·安德森决裂了,和格特鲁德·斯泰因决裂了,和司各特·菲茨杰拉德决裂了……现在,他自己的那个老爹神话都膨胀得他无法驾驭。"不过,格里高利又回忆说,海明威即使在最膨胀的时候,"也从来没有离开过珀金斯"。其原因在于麦克斯比较顾全体面。

海明威说,他继续留在斯克里伯纳出版社要有一个条件。他要求珀金斯永远不要和他作对——"因为你既是我该死的出版人,又是我最可靠的朋友。"他恳请珀金斯相信,他之所以不能创作,并非因为他已"才思枯竭,成了酒鬼或是麻烦不断的作家"。事实上,他有时很想写作,"没有时间写作真比坐牢还难受"。他希望珀金斯相信,他在一年之中简直连几个小时写一个字的时间都没有。他请他放心，在这期间，他在大量收集素材，只要准备好，就能根据他的经历和见闻写出作品。他对麦克斯说，像通常一样，他要"冷静一下"才能动笔。珀金斯从未对欧内斯特表示过怀疑，但他对一位同事说："恐怕欧内斯特现在只相信他自己的传奇……他可能再也不会真正地写作了。"

到1944年5月，海明威才意识到他在湾流的猎潜活动毫无意义。他决定追上玛莎，去看看欧洲的战事。他去纽约拜访珀金斯，珀金斯发现他气色很好，一个劲儿地炫耀他一口灰色的大胡子，那是为了防御海上的风吹日晒而蓄的。6月，他作为《柯里尔》特派记者，在英吉利海峡两岸进行报道，报道诺曼底登陆的情况。随后他来到第四师，一连几周紧紧跟着他们每一次军事行动。海明威向麦克斯保证，在这"最后一次探矿旅途中，他已经发现非常优质的矿藏"，如果他活着回来，他会给斯克里伯纳写出一本非常有价值的书。他说，这本书中会"有大海，有空气，有陆地"。海明威还告诉珀金斯，最近这次活动还"治愈"了他的老婆病。他说这很滑稽，"先是一场战争让一个女人走进你该死的心坎，然后又一场战争结束了对她的感情"。

* * *

玛西娅·达文波特曾经问托斯卡尼尼他怎么受得了一整天令人筋疲力尽的排练。大师回答说，他从作曲家的音乐中汲取了力量。麦克斯·珀金斯从他的作者们那里获得了新的力量，但哈罗德·斯特恩斯、詹姆斯·博伊德和约翰·皮尔·毕肖普最近相继去世。他原本与他们交往很密切。麦克斯更孤僻了。退居自己的天地成了他的爱好。四十年代初，他收到越来越多的邀请，请他公开谈谈他的编辑心得，他通常都以简单的一句解释回绝："编辑要力争当无名氏。"现在，他渴望独处。

1943年秋天，伊丽莎白·莱蒙有一个亲戚想为《城里城外》杂志（Town & Country）写一篇关于麦克斯·珀金斯的文章。珀金斯的本能反应是拒绝跟他说话，但随后，他想到让这个波因兹·泰勒在那本小杂志上写篇文章也许可以保护他不受更大的曝光。那年9月，麦克斯向伊丽莎白解释道：

> 我厌恶被人写。如果这是假话，我是不敢对你说的，因为你太了解我了。我当真渴望罗斯福所谈论的那种无名。况且，我认为编辑应该是无名的。他不应该是个重要人物，或者被人这样看待，因为作者才是他生命中的重要人物。但泰勒先生倒是指出了我自己想过的一个道理：如果《城里城外》刊登了一篇，《纽约客》就不会再登人物特写了。几个月来，这篇人物特写就像一把达摩克利斯之剑一样，一直悬在我脖子上。不过我想现在它落空了。

《纽约客》的编辑们最早在三十年代就约托马斯·沃尔夫写一篇珀金斯的人物特写。沃尔夫派他的经纪人伊丽莎白·诺维尔去打听珀金斯会不会同意他写这样的文章。"珀金斯看上去好像假装很蔑视这种文章，但他没有一口回绝，"诺维尔小姐回忆道，"汤姆和我都想知道在他腼腆的背后，他是不是对这个主意窃喜呢。"为了把这个问题搞清楚，终于有一天，她走进他的办公室，说："该死的，珀金斯先生，你到底想不想要《纽约客》发你的人物特写？回答想还是不想。"珀金斯用责备的眼光怒视她，说："诺维尔小姐，你也是新英格兰人吧？"

"是的。"诺维尔小姐说。

"那好，"珀金斯说，"你应该知道答案是什么，而不是来问我。"

沃尔夫搁下了这个计划，不过几年后，评论家马尔科姆·考利又接了过去，而且得到了《纽约客》的支持。考利相信，在当代文学领域，没有人像麦克斯韦尔·珀金斯那样，既非常重要又籍籍无名。编辑这个行当对书业之外的人来说是神秘的，而考利认为，珀金斯就像一个"戴灰帽的名人"站在阴影中，人们本来就只能看见的一点点也看不清了。考利在向珀金斯寻求采访机会之前，先收集材料。"我发现，珀金斯在当今的文学界最像一个伟人，"考利向他的《纽约客》编辑威廉·肖恩解释道，"传奇故事就像一棵加斯科涅的橡树周围的松露一样聚集在他四周。[1]" 1943年末，经过几个月的调查——与珀金斯的朋友、作者和同事通信，采访他们，挖出大量的细节——考利准备好去碰"狐狸"本人了。

考利既是一位文坛要人，也是富有魅力的人，他很快便冲破了珀金斯低调的异常心理。珀金斯花了一些时间贬低自己的成就（"我不明白他们为什么称赞我们发现好书，我们只不过是看书稿嘛"），并嚷嚷说被人写是多么不堪的事。然后他平静下来，默许对方进行一次正式采访。事实上，他同意分几次采访。

有一次，他告诉考利，他的榜样是约翰·阿伦·罗林斯少将（John Aaron Rawlings）。据《美国传记大辞典》记载，罗林斯"几乎是格兰特将军最不可缺的参谋"。他的工作是让格兰特头脑冷静；编辑他的重要文件，把它们整理成定稿；以迂回的策略和坚持不懈的态度提出批评意见；经常使将军恢复自信。

考利和珀金斯在一起的时候谈论当代作家。不久前，珀金斯对罗伯特·佩恩·沃伦发生了兴趣。当然，更早的时候，威廉·福克纳引起了他的注意。珀金斯最喜爱福克纳的早期作品，以后每读到他的作品无不佩服之至。"我对他唯一担心的是，"他对考利说，"他陷入一种地位，这种地位远远不像理所应该的那样高。一旦作家出现这种情

---

[1] 松露是一种珍贵的菌类，依附于橡树根部的泥土生长。加斯科涅（Gascon）为法国西南部一地区，该地种植的橡树周围每年能收获大量松露。

况，那就极难改变公众舆论了。人人都会骄傲地出版他的书，而我只恐怕我们不能比他目前的出版人更使他满意。"

考利是极为推崇福克纳的阐释者之一，他知道作家已经沦落到无人问津的地步。考利在给他的这位密西西比朋友寄去有关他当前文学地位的"纽约市场报告"时，写道："在出版界，你的名字就是淤泥。他们都认定你的书卖不动。这很可惜，对吗？他们这样说，脸上还带着一种高兴的表情。"福克纳写了十七部小说，由六家出版社出版，当时都已绝版。现在，考利建议他再找一家出版社。他想到了斯克里伯纳出版社，因为他佩服麦克斯·珀金斯，以为珀金斯是看重福克纳创作的。于是，过了不久，他向麦克斯谈起福克纳，结果发现珀金斯不那么热心。珀金斯早已把福克纳视为大师，但他考虑的是作者将来的创作，而不是其声誉，他断然告诉考利："福克纳完了。"

珀金斯对考利说的诸多评论隐约透露出他对四十年代的作品缺乏信心，对将来的作品更不抱希望。"也许，我们这个时代的文学，"他对考利说，"问题就出在无赖没有以前那么多了。"

考利完成了采访，回去了。在他写这篇特写时，珀金斯忙于业务。最近列入计划的不是一个无赖，而是一个讨人喜爱的调皮作者阿瑟·特兰恩。特兰恩完成自传以后，珀金斯曾建议他写一个标准的塔特故事。塔特先生是他著名的小说主人公，近二十五年来，他那些虚构的冒险故事一直为数百万读者所喜爱。珀金斯建议的结果是《扬基律师：埃弗兰姆·塔特自传》(*Yankee Lawyer: The Autobiography of Ephraim Tutt*)，特兰恩还为之写一篇序言。为了增加"真实感"，书中还配了塔特年轻时的照片和《星期六晚邮报》上的一幅画像，画像上是读者所熟悉的他两根大拇指抓着马甲的姿势——奇怪得很，这幅画像与麦克斯·珀金斯很相似。《扬基律师》于1943年一经出版，那些原来崇拜塔特法律才能但又吃不准他真假的人，反都以为他是真实存在的。因而每次送来的邮件中，都有寄到出版社、急于向塔特先生求助的信。有个孤老太要向他求欢。还有一个女人打电话到斯克里伯纳出版社，却被误转到麦克斯·珀金斯的专用电话线上。她占着电话线很久，仍然不愿相信麦克斯一再澄清埃弗兰姆·塔特并不真的存在："可是，一定有一位塔特先生的啊。"她坚持说道，最后总算信了珀金斯的话，不禁呜咽起来。

接着，这场文学闹剧的肇事者就要自食其果了。1944年3月，纽约州高等法院的一位执法官传讯阿瑟·特兰恩。起诉人叫刘易斯·R.利内特，费城人，他自称是"一名爱读书的律师，因为受了《扬基律师》护封、扉页、插图和书中内容的误导，花了三元五角却换来一本忽悠人的小说"。利内特要求每本出售的书要赔偿一元钱，不仅为他自己，也为该书的五万名买主。他还连带起诉查尔斯·斯克里伯纳家族出版社和作者的编辑同谋麦克斯韦尔·E.珀金斯的"欺诈行为"。

这事被媒体曝光的时候，似乎太不可思议，乃至于有人指责珀金斯为了书的轰动效应而编造了整个故事。但是，法院的强制令和利内特要求的五万元退款，都是法院记录在案的。被告们延聘了他们所能想到的最好的律师约翰·W.戴维斯。他曾经是民主党总统候选人、前美国驻英大使，也是塔特小说多年的追随者。歪曲事实是可能遭到起诉的，问题在于商品法则是否也适用于书籍。辩护的基本着眼点是文学史中的一个传统，即以政治、文学讽刺目的的伪扎传记或戏说历史。《鲁滨孙漂流记》和《格列佛游记》就是两个明显的例子，它们都是以真人真事的名义出版的。而就在官司悬而未决的时候，阿瑟·特兰恩没有等到塔特先生被解除指控就去世了。

1943年末考利先生来拜访时，珀金斯还在忙另一件不同寻常的事。这件事牵涉到堪萨斯州章克申城一个三十五岁的男人。约瑟夫·斯坦利·彭内尔（Joseph Stanley Pennell，他常说他的姓与"狗

21 灰黑色的肖像　　541

窝"押韵[1])刚完成第一部小说《罗姆·汉克斯及其家族兴衰史》(*The History of Rome Hanks and Kindred Matters*),就应征入伍了。他的一个女性朋友答应帮他卖书稿,并于1943年初把它寄给了斯克里伯纳出版社。珀金斯最初是偶然听到两个同事在谈论这本书才知道它的。其中一人说:"又是一本该死的天才之作。"有些编辑排斥才华横溢但不合常规的书稿,有些编辑则会受其诱惑,诸如珀金斯。珀金斯把书稿带回家看。作者的语法、标点都不规范,总体而言,这本书稿的问题似乎无法解决,但麦克斯发现了它的价值。他告诉一个朋友:"这样的天才,一个编辑一生顶多遇到五六个。一旦遇到,他就要鼎力相助。"

如果这个说法让人想起麦克斯以前对托马斯·沃尔夫的态度,那是不足为奇的。彭内尔受过沃尔夫的启发,他的书和沃尔夫的作品有不少相似之处。首先,小说带有明显的自传性质,符合沃尔夫的格言:"我们每个人都是自己一生许许多多分秒累积起来的总和。"彭内尔似乎把自己几乎所有的分分秒秒都放进了书里。小说中的堪萨斯州福克城,即现实中彭内尔的家乡章克申城,相当于沃尔夫的阿尔塔蒙特。他的行文常常如无韵诗一般,而且章节常常以富有抒情哲理的斜体字段落开头,其中有些活脱脱就像沃尔夫写的奔放文字。的确,彭内尔的叙述者李·哈林顿要胜过尤金·甘特一筹,他能为心上人写十四行诗。她是位美丽的金发女郎,名叫克里斯塔,他向她讲述自己祖先的故事,希望给她留下好印象,那些十四行诗就穿插在叙述中。后来,彭内尔想把这部小说列为他所谓"美国编年史"三部曲的第一部。

珀金斯发现《罗姆·汉克斯》写得太复杂,几条叙事线交替,两个世纪的事情跳来跳去,把当代的爱情故事和追述内战往事混在一起。

---

[1] 彭内尔和"狗窝"原文分别是 Pennell 和 kennel。

这本棘手的书稿他看了好几天，然后写信给彭内尔，坦言他"还没有搞清这本书的大概——不知道把现在与过去混在一起究竟是何用意，等等"。但他又说，"我正读得津津有味。我要告诉你，这里有个同事给我看了皮科特冲锋那一节，我敢肯定我从没见过比这更精彩的战争描写，包括托尔斯泰在内"。

珀金斯既激动，又暗暗着急。毫无疑问，他觉得《罗姆·汉克斯》为他提供了发现又一个汤姆·沃尔夫的可能性。但他小心翼翼地避免使彭内尔有太高的期望。他还没有读完全书，已经看出种种问题。1943年3月29日，他又给彭内尔写信说：

> 我们都说过，我们得设法出版这本书，但还存在一些非常严重的障碍，实际上只有大刀阔斧地删改才能逾越这些障碍。不知道你同不同意这么做。我确实认为你应该出版，但书中有许多内容，放在任何出版社都肯定不能出版的。

珀金斯第一个反对意见是，与历史的章节相比，写当代的部分就显得琐碎。他说，读者读现代故事就会察觉：

> 它没能与其他部分融合，写得也不够好——事实上，当读者读到这些部分时，会不耐烦地跳过去读早期美国、那场战争和战后的故事。

这个现代故事的第二个问题是全书大部分"淫秽"材料都在这里面。珀金斯觉得，这个爱情故事的许多内容是不能按照原稿出版的。还有克里斯塔，主人公写的那些爱情诗里的对象。她圣路易斯的家乡背景和金发长腿的外貌，与玛莎·盖尔霍恩很像，珀金斯担心会被告诽谤；

21 灰黑色的肖像

他说，那些相似是"无可怀疑的，除非是一系列惊人的巧合"。珀金斯告诉彭内尔，无论是谁在书里这样描述她，都不可能不被她起诉。而且由于盖尔霍恩小姐也是斯克里伯纳出版社的作者，不管法律怎么规定，他们无论如何都不能损害她的名誉。"我的确认为，如果你拿掉大部分当代的东西，只写内战和战后年代——那个过去的美国，你可能已经写出了一部杰作，甚至可以想象比现在的稿子更好。"

当时在加利福尼亚的彭内尔回信说，他考虑了珀金斯所力主的"大幅删改"，还是觉得难以接受。"首先，"他解释道，"人对自己的文字或许有一种不可理喻的爱。其次，我还有一个更大的写作计划，《罗姆·汉克斯》只是其中的一部分。"但彭内尔还是想再掂量掂量珀金斯的提议。他说："先生，生活是极为奇妙的——我居然坐在这里，在加州的几门炮旁边，给身在纽约的你写这封信，我曾经钦佩你资历丰富的名声，后来钦佩你是一位北卡罗来纳作者所描绘中的肖像——这位作者在寻找一片树叶和一扇门的时候去世。[1]"

整件事情让珀金斯大伤脑筋。他想要这本书，但又觉得他必须改造它。他试验性地先把书稿中的当代部分全部删掉，然后把剩下的内容拿给斯克里伯纳出版社另一位编辑看。之后，再给他看删掉的部分。麦克斯告诉彭内尔，此人"比我（我不很相信自己的判断力）更肯定地认为，这本书没有当代的部分会更好"。但珀金斯还没有提出签约，他说："你千万别因为受我误导而推翻自己的想法。"

彭内尔最终同意了珀金斯的方案。有大半年时间，他们通过书信进行合作。双方都做了妥协。彭内尔按照珀金斯划定的界限处理，但他又插进去几个现代的片段。克里斯塔不再看似以玛莎·盖尔霍恩为原型了。

---

[1] 这里指的作者是托马斯·沃尔夫。《天使，望故乡》开篇第一句："……一块石头、一片树叶、一扇找不到的门；话说一块石头、一片树叶、一扇门。"

"如果玛莎选错了天才，那是多大的玩笑啊！"玛乔丽·罗林斯得知这部小说后，写信给麦克斯说。珀金斯逢人便说这本书，他已经好多年没有如此为一个人激动了。晚上，他向朋友们朗读书里的节选，在办公室，他把样书送给每一个拜访者。当《罗姆·汉克斯及其家族兴衰史》在1944年夏天出版的时候，他的热情看来得到了理所当然的回报。小说初版一夜之间就销售一空，轰动全国。"谁也不会笨得要去争辩这些日子这本书特别畅销，因为它并不是这样。"汉密尔顿·巴索在1944年7月15日的书评开头这样写道：

> 但是有迹象表明，那些等着盖棺定论的人，至少现在可能得把锤子先撂下来……[《罗姆·汉克斯》]这本书，如果我没搞错的话，将是《天使，望故乡》以来最轰动的处女作小说。
>
> 有件事我敢打赌必定会发生，彭内尔先生，过去的报纸记者、如今的军人，将被那些专门欢呼的人欢呼为又一个托马斯·沃尔夫。这有点道理，因为彭内尔先生和沃尔夫一样，凡是文人知道的罪孽，他基本都犯过，还跟沃尔夫一样的是，自己还发明几种新罪孽。

出版不到半年，《罗姆·汉克斯》就卖出将近十万册。

正当《罗姆·汉克斯》令作者声誉鹊起之时，《纽约客》发表了马尔科姆·考利写的那篇人物特写，给予了麦克斯长时期回避的荣誉。文章标题叫《矢志不渝的朋友》（"Unshaken Friend"），取自沃尔夫《时间与河流》中的献词。文章在1944年4月分两期连续刊登。人物特写长得要拆成两部分刊发，这在《纽约客》是很罕见的，但威廉·肖恩已经信服珀金斯完全就像考利描写的那样重要。对于自己的"臭名远扬"，麦克斯一开始惊恐地甚至去询问律师有什么办法可以封锁那两篇文章，但他终究没有采取进一步措施。他只是力求与那篇特写撇清关系。不少人问起时，他就告诉他们："我要像那个人倒好了。"他说，人物特写中的那个人，"比我本人好多了"。珀金斯的朋友们说，就为考利在文中说他穿着"破旧不起眼的衣服"，他抱怨了几个星期。考利写信对威廉·肖恩说："我真想告诉他，如果《纽约客》说他穿着破旧不起眼的衣服，那他就是穿着破旧不起眼的衣服。"

珀金斯后来得出了结论，他在文章中的形象还是很好的。令他高兴的是考利在文中时不时跳开写他本身，而对出版业展开有益的讨论。但文章也给珀金斯带来了麻烦。一时间，似乎美国每一个想当作家的人都读了考利的文章，知道有这样一位对作者忠诚、投入的编辑，善于发现怀才不遇的天才，于是纷纷要与他合作。书稿如潮水一般涌到斯克里伯纳出版社，威科夫小姐不得不尽可能挡住陌生人打来的电话，把来访者打发走。考利在文中曾引用麦克斯的话说："判断一个作者，见他本人与读他的书稿同样有效。"因此，许多没出过书的作者纷纷来求见。

那年春天，麦克斯的朋友和邻居亨德里克·威廉·房龙去世。同一个星期，在斯克里伯纳出过《上刺刀》(Fix bayonets)和《杰布·斯图亚特》(Jeb Stuart)的作家、插画家约翰·威廉·汤玛森（John William Thomason）在圣地亚哥海军医院去世，年仅五十一岁。那年夏天，珀金斯又遭受沉重打击，他的一位更亲密的朋友、剧作家爱德华·谢尔顿病得越来越重。谢尔顿因患关节炎已卧床十五年。麦克斯早在哈佛念书时就与他相识。现在，疾病又致使他聋哑和失明，整个人都僵硬了。他在无声无息的黑暗中度日，过得单调而可怕。

接着，珀金斯自己的健康也开始恶化，各方面的情况都容不得他再忽视了。有一天，他的一只脚踝和双手肿得吓人。医生告诉他，这很可能是过度疲劳所致。珀金斯说他并不感到疲劳，尽管他意识到自己阅读不像过去那么专注了。他听从劝告,休息一段时间。有两个星期他基本上都在睡觉。

珀金斯有个曾祖母过去常说:"生病是罪恶。"他的一贯表现似乎说明他相信她的话。但现在,路易丝迫使他做了一次彻底的全身体检。令他自己大感意外的是,检查的结果很不错。没有什么值得担心的问题——就是疲劳。但是使医生们担心的是,珀金斯似乎有三分之一的营养来自酒精,他吃的远远不够。

近年来,麦克斯对食物越来越挑剔。就连他最爱的珍珠鸡胸脯和丽兹酒店招牌菜鹿肉,他都不感兴趣了。路易丝想出各种诱人的菜谱让厨师做,可他从来不吃。(有一次,两个小女儿简和南希拟定了一个食物清单,要珀金斯答应如果摆在面前,他就得吃,她们还让他签了保证书。但这大概是他唯一一次故意毁约。)医生让珀金斯多摄入维生素,限定他一天最多喝两杯鸡尾酒;可麦克斯到了周末就要喝三杯。鸡尾酒使他不那么清醒地意识到自己的孤独和时光的飞逝。"现在什么事情都过得太快,"他告诉玛乔丽·罗林斯,"而酒神爷能让事情慢下来。我以前老是想,要是我活到很老的时候,我就吸大麻,浑然没有时间概念,你就有永恒之感。"

出乎所有人意料,麦克斯休假回来后说,经过这次积劳成疾,他决定真正休一次假。10月他会多请几天假,去俄亥俄州阿莱恩斯市看女儿佩吉。她丈夫买了四匹驯马,需要多让人骑。"那倒是我乐意干的事,"他在给罗林斯夫人的信里说,"这是我多年来对休假产生兴趣的第一个念头。"但是,到了10月,他又得了另一种病——湿疹,从一只脚踝蔓延到全身许多地方,使得他没法外出。医生们再次告诉他身体透支了。"我完全没问题,"他辩白道,虽然他在给玛乔丽·罗林斯的信里承认,"我的情况越来越糟,越来越糟。"他想起阿瑟·特兰恩曾经对他说过:"绝不要改变你的习惯。"现在他认定,就是因为

麦克斯有一个出名的怪癖：无论是在室内还是室外，他几乎永远都戴着帽子。这是《纽约客》为马尔科姆·考利撰写的珀金斯特写《矢志不渝的朋友》所配的漫画速写。

听了某个医生的话改变了生活方式,他才得了这个病。于是,他取消了休假计划,继续工作,保持原来的饮食习惯,恢复了一天喝四五杯马提尼酒的量。

1944年春天,斯克里伯纳出版社出版了泰勒·考德威尔的小说《最后时刻》(*The Final Hour*),书里描绘了一间办公室,那正是麦克斯在里面走向人生尽头的办公室。书中有一个人物是编辑,名叫科内尔·T. 霍金斯,是新英格兰清教徒的后裔,一头灰白的头发,一双冷漠的蓝眼睛,几乎从不脱头上的旧帽子。考德威尔小姐原封不动地按照麦克斯本人办公室的样子描写他的办公室:

> 这里没有华而不实的装饰,没有厚厚的地毯和精美的家具迎合俗人。许多书稿堆放在那张裂痕累累的办公桌上,烟灰缸里的烟嘴多得塞不下,书信和笔放得乱七八糟。地板脏兮兮的,而且褪了颜色。一张张椅子拖着嘎吱作响的腿,靠在发霉的墙壁上。然而,就是在这杂乱、肮脏、毫不讲究的环境中,却诞生了一些世界上最优美、最伟大的文学作品。在这个人身上,在这个潦草马虎、阳光直晒的房间里,有一种伟大而纯粹的气质。人们出于本能就会知道,一个战战兢兢的十足新人,也可以像拥有十本、二十本"畅销大书"的金牌畅销作家一样,受到同样的礼遇和关照。

珀金斯对作者如此描述那位编辑的环境感到好笑,不过他担心那些邋遢的细节会把作者吓跑。他委托威科夫小姐负责来一次大整修。即便如此,整饬后的办公室也很难说雅观,只是整洁一些,但这仍然使麦克斯感到不自在。他告诉马尔科姆·考利:"幸好我一开始就没铺地毯。"

21 灰黑色的肖像

* * *

到四十年代中期,"二战"主题主导了美国人的阅读。例如,1944年的全国十大非虚构畅销书里,有七本是战争主题,从鲍勃·霍普有趣的前线纪事到厄尼·派尔的战地报道。它们的销量多达几十万册,但是,战争也对出版业产生了不利影响,譬如纸张短缺,使得出版社很难保证足够的库存。为了确保有纸张印刷畅销书——也就是能够赚钱付租金的书——珀金斯只能砍掉一些商业性不那么强的书。他发现,自己又要对作者们说二十五年前为了《浪漫的自我主义者》而对司各特·菲茨杰拉德所说的那些话,说斯克里伯纳出版社不能进行任何新的冒险。那很伤人。珀金斯对出版业的现状感到沮丧。文化的价值观在变化,纯文学作品好像不受欢迎了。一个物质主义和自私自利的新世界似乎正在腐蚀严肃的出版人。1945年初,珀金斯给海明威写信说:"但愿这一切都结束,恢复宁静的生活。

> 但我知道,再也不会有了。过去看似宁静的生活也是幻象。我曾经以为另一场战争之后,事情会向那种方向发展,比如,我想你会在某个地方过着宁静的生活,钓鱼,打猎,写作——但那成了不可能发生的事,我想也许永远都不可能了。

海明威从欧洲回来时,在纽约逗留去看麦克斯,然后去了古巴的瞭望山庄。很快,他就开始给麦克斯写信,说他现在要写一部佳作是多么困难,一次比一次艰难,他解释道。换做过去,麦克斯会好声好气地劝说欧内斯特回到打字机前。现在,他不开导了,随他了。"我想你应该放松点……"他写信说,"出海去那个老湾流,那儿似乎总是一切都好——不一定是对你自己,从大范围来看也是如此。"

但即使麦克斯的精力在衰退,希望在破灭,他的声誉仍如日中天。

每一个想写作的人都知道他,出不了书的作者仍然视他为奇迹创造者。有些遭到退稿的作者就仔细爬梳《你不能再回家》,寻找"福克斯霍尔·爱德华兹"有哪些特征导致麦克斯韦尔·珀金斯不接受他们的作品。遭退稿的人经常来缠着他讨说法,而珀金斯也经常整天忙着回答他们。

特别是一位怀有写作抱负的女士,她写的小说被退稿,她便写了许多信责骂珀金斯,一次比一次骂得凶。她认为她遭拒是因为她的政治观点,她在书中表现出来的极端自由主义,与麦克斯的保守主义观念有冲突。她抱怨麦克斯剥夺了她向世人表达她思想的权利。她指责他独断专行,被偏见蒙蔽了眼睛,变成了一个不负责任的出版人。有两年时间,她不断攻击珀金斯。

麦克斯认为这位女士在英语运用方面还存在某些严重的缺陷,但她的书稿还有可取之处。他不断地给她回信,先是出于礼貌,继而是为了公平,最后是基于同情。他在许多信里阐明了美国出版业的一条非正式信条,也表达了他的编辑标准:

> 理想的出版是成为一个让所有人各抒己见的论坛,无论他们的目的是训练教育、娱乐消遣还是制造恐怖……但是,出版总是有一些质量与关联度的规则,只有通过某种选择来决定,而这就是代表人类整体的出版人试图要做的事,即使犯过许多错误。或者换种说法,艺术家、圣人以及人类其他更敏感的代表,可谓站在时代的前沿——他们是通向未来的先锋和向导。而具有上述能力的出版人,必须对他们所作报告的重要性和有效性做出某种评估。对此,除了上帝赐予他的判断力,他什么都无法依靠。

这位女士指责珀金斯因为担心公众的报复而不敢出版她的书。但珀金斯知道，他自己不是审查员。他指出，斯克里伯纳出版社出版过本·赫克特（Ben Hecht）抨击反犹主义的著作《受虐者指南》（*A Guide for the Bedevilled*），也出版过韦伯夫妇（Beatrice and Sydney Webb）写的《苏联共产主义：一个新的文明》（*Soviet Communism: A New Civilization*）。

争辩到一定时候，珀金斯受够了这个女人没完没了的辱骂，说："我们通信都是白费口舌，到此为止吧。"勃然大怒的女作者责问珀金斯自以为是谁。麦克斯就索性按照字面意思来回答。"我是，"他在1944年5月19日写的信里说，"或者说，如果我完全实现自己的抱负，我至少应该是美国的约翰·史密斯[1]。"接着，他又比较详细地阐述了他对自己的看法：

> 他不是一个懂得许多知识的人，他也不认为自己懂得许多。最初他还有些抱负，但在前进的道路上逐渐积累了责任，越积越多。责任始于家族的传承，在他结婚成家后增加，再随着他的同事、他所代表的那些人而增加更多。他很快发现，无论是他能做的还是做得不太好的事，都是为了完成这些责任。他知道他是失败者，注定是失败者，因为他和有些人一样，并没有得到上帝的信任，不知道上帝的意图。他确实担起了责任去做，但求在相当程度上能做好。那就是他要认真对待之事，因为根据他对世人的观察，他不可能对自己充满信心，不可能把自己的命运看得太重。只要不是因为他的疏忽大意（那将意味背叛别人）而使他陷入困境，他也能接受死亡之吻。

---

[1] 约翰·史密斯（John Smith，1580—1631），早期英国殖民者、探险家，在弗吉尼亚建立了北美第一个永久英国殖民地詹姆斯镇。

美国的约翰·史密斯始终都清醒地知道，他可能，或者说，很有可能是错的。那就是宽容。他完全尽了自己最大努力，希望他永远不让任何人失望，不背叛他所信奉的任何原则。

对珀金斯来说，那条始于"天堂"树林的理想之路，在他实现远大目标之前，便已暗淡了。他知道这一点，但是他继续前进，即使个人的失落与职业压力越来越大，他仍保持着令人信服的沉稳形象。珀金斯没有湾流可以让他荡漾，有的只是与日俱增的焦虑压力。作者的困境也压在他的心头，越发可怕，时常令他毛骨悚然：有一位女作者来向珀金斯求教女儿精神崩溃的问题；另一位把她个人童年创伤的片段寄给他看——那是真实的哥特式故事，讲述她被迫挖出妹妹的尸体，给她穿上玩偶的衣服。还有远方亲戚向他借钱或求职，姻亲的婚姻问题，一些妇女俱乐部发动运动反对文学中的污言秽语，种族和政治团体抗议对某些特定人群的人物塑造模式，年轻人不断地请教怎样才能出书，家族中有更多人在战争中伤亡，有的作者写书说地球是圆的，而我们生活在地球里面，还有的作者写了一部五卷本长篇小说，题目叫《上帝》。在这所有经历中，他始终头脑清醒而周围的人则惊慌失措。

又一次，唯有伊丽莎白·莱蒙知道他的真实情况。1945年5月，她给珀金斯寄去汤姆·沃尔夫写给她的好几封信，因为斯克里伯纳出版社正在选编一本沃尔夫书信集，她觉得麦克斯可能用得上。麦克斯回信说："我自己本想常给你写信，只是我不像汤姆，当我心情绝望时没法写信。我被这里工作之外的太多事情牵扯了精力，我真该推掉那些事情。"珀金斯说，他这种容易陷入纠缠的倾向起源于他在临近成年时，也就是他差点让汤姆·麦克莱利淹死的那一天所立下的誓言："绝不逃避责任。"

"我并不是正式地这样做的，"麦克斯告诉伊丽莎白，"但当我有些下意识地立下这个誓言时,我就明白了。它渐渐就变得像格兰特将军心中的执念,驱使他绝不后退,所以他能最终攻克里士满。"

22

投帽子

伊利诺伊州罗宾逊市的詹姆斯·琼斯（James Jones）于1939年入伍加入陆军航空兵部队，后来调到步兵部队，军衔升到中士，又被两次降为二等兵。他驻扎在夏威夷的西卡姆机场时，接触到托马斯·沃尔夫的作品。琼斯发现他的家庭与小说中的甘特一家有很多相似之处。"[沃尔夫的]家庭生活似乎与我自己的家庭生活很像，他对自我的感觉跟我也很相似，"琼斯后来回忆道，"于是我意识到我这一生已经是一个作家，只是我自己不知道，也还没有写出作品而已。一旦我下定决心，这就好像是不可避免了，这是我出生以后的命运所决定的。"在获得一枚铜星勋章和一枚紫心勋章之后，他于1944年光荣退伍，开始了他的写作生涯。

到1945年2月，当时住在纽约的琼斯完成了一部沃尔夫式风格强烈的小说《他们将继承这笑声》（They Shall Inherit the Laughter）初稿。下一步不言而喻：他要去斯克里伯纳出版社，亲手把它交给传奇编辑麦克斯韦尔·E. 珀金斯。他径直踏进斯克里伯纳出版社，来到五楼，手里提着用绳子捆着的伊顿·邦德牌箱子，里面装着他的书稿。有位上了年纪的接待员叫住他。她说珀金斯先生眼下不在办公室，如果把书稿交给她，他们会妥善阅读的。琼斯说如果麦克斯韦尔·珀金斯不在，那他还是带着书稿离开为好。这位女士离开了片刻，回来说珀金斯先生刚从一扇后门回到办公室。她带琼斯去见他。直到很久以后，琼斯才意识到那里根本没有后门。

这位矮个儿、结实的二十四岁小伙子走进珀金斯的办公室，期待见到沃尔夫笔下福克斯霍尔·爱德华兹的那副面孔。他马上认识到沃尔夫的描写夸张了。琼斯发现，珀金斯的表情要含蓄得多——笑容除外。"那微笑，"多年后他说，"就像狐狸一样狡黠。"

珀金斯马上把话题转到这个小伙子的军队经历。他们很快就投入地讨论起战争，而小说的事还没等琼斯开口介绍，就被搁到了一边。他们就军事问题不停地谈着，谈到编辑们都下班了，他们还没结束。最后，珀金斯站起身，把帽子拉低盖住耳朵，带这位作者去丽兹酒吧喝茶。

当天晚上，珀金斯没有读书稿。第二天，他把书稿交给斯克里伯纳社内的另外两个编辑读，他们都觉得它结构散漫。就在珀金斯准备代表斯克里伯纳出版社退稿的时候，出于对这位作者良好的印象，他自己把稿子浏览了一遍。他发现有许多地方是他所喜爱的。"作者认真地试图写出一部大作品，他具有作家的气质和激情。"珀金斯给作者的经纪人麦克斯韦尔·阿利（Maxwell Aley）写信说。琼斯见过麦克斯之后，就找到了阿利做经纪人。"但是，我们觉得《他们将继承这笑声》作为一部小说还不够好，我们还不能就它的出版跟你谈什么条件。"

琼斯并不气馁，他投入了 1945 年的大部分时间修改这部小说，并在翌年 1 月把新的稿子提交给珀金斯。"我有许多计划想付诸行动，但它们都取决于这本书，"他在这第二次投稿时向珀金斯解释，听上去很像1919年时的菲茨杰拉德，"无论你们接受与否，无论你是否认为它还需要许多改进（我个人认为不需要，但我的判断也可能有偏差），当然，从钱的角度，还有预付金多不多、付款快不快的问题。我现在身无分文了。"在等待麦克斯回复期间，他搭车周游去了。

珀金斯对琼斯修改过的书稿和他信里所谈的想法都很感兴趣。在诸多其他事情中，琼斯提到想写另外一本书，关于珍珠港事件之前和平时期的驻军。他希望在第二部小说中刻画的人物有点像麦克斯韦尔·安德森（Maxwell Anderson）和劳伦斯·斯托林斯（Laurence Stallings）创作的一战主题戏剧《荣誉值几个钱？》(*What Price Glory?*) 中应受谴责的人物弗拉格或者夸特。正如琼斯所解释的："军人在部队里的时间都用来痛恨军官了。在我的部队，虽然管理严格，但像夸特和弗拉格这种人居然又升为军官了。这种等级差别令我愤怒，这也是我想要在书中与之斗争的。"

1946年2月，也就是斯克里布纳出版社收到《他们将继承这笑声》修改稿一个月后，琼斯回到伊利诺伊州的家乡。珀金斯发来的一封电报正放在他的朋友家里等着他，提出要用500美元买下他新小说的优先权，等他交出前五万字书稿的时候再付一笔预付金。"希望合作，"珀金斯在电报里说，"对第二部小说更有信心，对《笑声》有新的修改建议。"琼斯收到他的提案，情绪复杂。"我的虚荣心受了重挫，我为一本书付出了那么多，不想把它扔掉，"他说，"不过我了解F.司各特·菲茨杰拉德和托马斯·沃尔夫的情况，知道麦克斯·珀金斯怎样抓住机会创造了他们第一本书的奇迹。"经过一两天的深思熟虑，他回电报："我把自己交给你了，等你来信……随时可汇500美元。"

珀金斯对琼斯的决定感到高兴。这部新的小说讲的是一个"自行其是"的年轻二等兵普列维特认识军士长米尔顿·安东尼·沃登的故事。珀金斯相信琼斯是刻意要塑造一个"永恒的人物形象"，他说："从你说的话中我们都觉得，你看到了某种真正重要的东西，你对那种人本质的阐释是正确的，这种人还从来没有像你笔下这样被刻画得这么让人理解。"

琼斯不愿放弃第一部书稿，但最后他写信告诉珀金斯：

以我过去对你工作的认识，我也知道你处理此类事情具有我所没有的丰富经验，我信任你的判断。我愿意照你说的办……

我想，你对它大概比我了解的多得多，所以我愿意把它搁下去写普列维特。我说过，我要把自己交给你，确切地说，不是交给斯克里伯纳出版社，而是交给你个人，因为我更相信你的能力，你比我在写作界所见过、听说过的任何人都看得远，看得清楚。

珀金斯像琼斯一样渴望让这本书早日与大众见面。他预计会出现一波新的战后文学运动，他想赶在大批新作家出现、文坛充斥二流作品之前，出版琼斯的小说：

我不知道小说的形式会有多大变化[珀金斯给琼斯写信说]，但精神面貌和表达方式会改变很多。那些真正具有作家才华的年轻人会几乎无意识地普遍拥有某种方向感，一旦真的有了这种方向感，他们就会明确地表达出来。

琼斯和他的编辑在办公室之外见过六次面。"珀金斯有很强的自制力，"他回忆说，"看他走路沉稳的步型，你绝不会想到他可能喝醉了。"麦克斯似乎急于用他几十年的经验积累的课程，指导琼斯写作。珀金斯的第一条忠告来自他二十年代的三大作者中硕果仅存者海明威:"永远在你写得很顺的时候停笔。等你继续写的时候,就会有一种激励感,觉得上次写得不赖。别等到你陷入困境才思枯竭的时候再停笔。"琼斯在写作新小说的最初几个月里,发觉这条建议非常宝贵。

编辑的另一条经验之谈也令他印象深刻:

> 我记得在哪儿看到一种我认为很正确的说法[珀金斯写信告诉他],大意是任何人都能发现自己是不是作家。如果他是作家,那么当他在某一天试图写作,他会在这过程中发现,他可以确切地记得光线是怎么暗下来的,温度有什么感觉,诸如此类的所有细节的特性。大多数人做不到。如果能做到,他们也许永远不能在金钱方面获得成功,但这种能力是写作的基础,我相信这一点。

1946 年 7 月,琼斯的小说写到了足以给编辑看的长度,他把稿子寄给珀金斯。珀金斯回信谈了他的看法:

> 我不知道这本书能否畅销,估计还要费很大的劲删节、调整,不过我觉得它极有意思,站得住脚。军队是一个重要领域,我认为谁也没有像你这样将它的实情表现出来。不过我认为你的稿子需要大加删减的原因之一,就是你解释得太多。你对读者阐述太多……等你明白要修改之时,一定要用动作和说话(动作的一种形式)来讲述所有内容,或者大部分内容。

有好几年时间,琼斯一直记得当他读到"等你明白要修改之时"这些字眼所感到的痛苦。他说:"它们就像扎在我屁股上的倒钩一般刺痛我。"但珀金斯的写作课终究是起到作用的。"最后,"琼斯回忆说,"我就开窍了:我头一次有了段落的概念。我知道怎样运用自己掌握的能力,在什么地方结束一个段落,以起到调节读者情绪起伏的效果。"与此同时,在海外服役时失去父母的琼斯变得越来越依赖珀金斯。"我连想都不敢想我能替代汤姆·沃尔夫——人只能有一个长子,"琼斯说,"但我从麦克斯·珀金斯身上真的看到父亲的形象。"

1946年末,琼斯为他的小说想出一个名字:《从这里到永恒》(*From Here to Eternity*)。他告诉珀金斯,这个书名来自耶鲁大学威芬普夫男声合唱团(Whiffenpoofs)的《威芬普夫之歌》:"绅士歌手外出狂欢,该死的从这里到永恒……"珀金斯很喜欢这个书名,不过他的女儿们可能告诉过琼斯,她们曾经从父亲口中听到过这个短语,那是吉卜林《兵营歌谣》中《绅士士兵》一诗的叠句。

到1946年底,珀金斯已经收到《从这里到永恒》的二百多页书稿。还是在那个冬天,珀金斯的身体状况又开始恶化。他的咳嗽发展到一发作连气都透不过来的地步。他的手抖得厉害,以至于他常常要为他参差不齐、偶尔难以辨认的笔迹向别人道歉。他的酒也喝得比以往任何时候都多。

同年,珀金斯又接纳了一个战场回来的青年万斯·布杰利[1]。在太平洋战场时,布杰利写了一个剧本并寄给他母亲,一位成功的小说家。她把手稿交给她的经纪人迪尔米德·罗素,又经他之手转给珀金斯。读完剧本,珀金斯很认真地问罗素"这个小伙子"想不想写小说;然后他又给这问题加了码,提出预付现金。经纪人立即发电报给布杰利,转告他斯克里伯纳出版社报价750美元预付金要签他一本小说。"在那一刻,"布杰利回忆说,"我就不再是剧作家,而成了小说家。"

布杰利一回到美国本土,就写出了《我生命的终结》(*The End of My Life*)初稿,这部小说讲的是一个年轻人在"二战"期间精神

---

[1] 万斯·布杰利(Vance Bourjaily,1922—2010),美国小说家、剧作家、记者和评论家。"二战"期间曾在军队服役,这一经历成为他后期许多作品的中心主题。

和道德观崩溃，作者故意留了一个"吊人胃口的未完结局"。他很快作了修改，寄给珀金斯。1946年12月，收到书稿几天后，麦克斯就要见作者。

对于每一个想写书的美国年轻人来说，麦克斯·珀金斯此时已是一位传奇人物，而他与布杰利的见面，也印证了他的传奇之处。他们在办公室相见。布杰利发现坐在桌子后的编辑戴着帽子。珀金斯生硬地招呼他，然后，只字不提书稿的事，就说："走，我们吃饭去。"他们去了切里奥餐厅，在那儿，布杰利也像詹姆斯·琼斯那样看到了珀金斯行为举止的另一面。这位极其谦虚的编辑现在似乎很清楚自己的地位，在近两个小时的时间里，也没受提示，他就谈起了与菲茨杰拉德、海明威和沃尔夫合作的往事，不假思索地复述他多年来给他们的种种建议。布杰利敬畏地坐着听。

咖啡上来，珀金斯立刻把话题转向作者："现在谈谈你的书吧——你得先写最后一章。你得告诉我们结局怎么样。还有女孩辛迪——她是非常重要的人物，你不能等那么久再让她出场。你得写第一章。"不到三十秒钟，布杰利的书稿就分析完了，指出了两个主要的缺陷并提出解决方案。布杰利亲眼见识了麦克斯·珀金斯具有一种"十拿九稳的结构感"，也发现对于珀金斯来说，发现年轻作家、编辑他们的作品也不再是令他激动的挑战，实际上成了一种例行公事。布杰利接受了珀金斯的两条指示，为这顿午餐谢过他后，就回家写新书的开头和结尾去了。该书于翌年出版，顺利地开启了他那持久的文字生涯。

战争爆发以来，除了上下班在火车上浮光掠影所见，麦克斯还没怎么看过康涅狄格乡野的风光。1946年1月，他心血来潮开车出去兜风，尽管他没有驾照。"那天夜色太暗，看不见什么，"珀金斯后来写信告诉海明威，"过一会儿，我想我要回家再干点活，所以加速开车，可能开得太快了，我想。总之——我开到一个舒缓的拐弯处，片刻就看到前面有一辆卡车的轮廓。我想车没有开尾灯。我本想超车绕过去，但又怕有人从车上下来。它就停在马路正当中，我拼命刹车，但一定还是重重地撞上了卡车，因为它撞坏了我的车，整个车头坏了。我立刻下车，觉得自己完好无损，只是惊讶地发现鼻子在流血。"两位卡车司机把珀金斯拖回了家，他第二天还感觉良好。但又过了一天，他的身体就僵硬得连电话筒都几乎拿不住了。连呼吸都很痛苦，咳嗽更是一种折磨。医生用胶带把他骨裂的肋骨包扎好，但那基本不奏效，他也一概讨厌医生的治疗方法。他自己拿硬纸板做成紧身衣，用一根腰带绕着胸部捆住。他就这样穿了几个星期。珀金斯的一个女儿坚持要他别再喝酒过量，别再开车。麦克斯不再开车了。他的伤痛了两个月，但对他来说，忍痛也是治疗。他以同样的道理对待严寒的天气，碰到那种天气，他出门吃饭时就不穿大衣。"麦克斯，你不冷吗？"有一天，一位同事关切地问。"冷？"他大叫道，"我快冻僵了！"

1946年的那个夏天，路易丝被误诊患了胆结石，做了手术。医生发现实际上是十二指肠溃疡。她的身体虚弱了几个月。麦克斯为她担忧，而查尔斯·斯克里伯纳开始担忧他。吃午饭时，上午开会时，他的视线总是落在珀金斯颤抖的双手上。"他极其需要休息，但就是不肯休假，"斯克里伯纳给海明威写信说心里话，"除了工作，他好像什么都不想干。要是你能诱惑他歇一阵子就好了，不过看在上帝的分上，别告诉他是我出的主意。"

海明威此时和他的第四个妻子玛丽（结婚前名叫玛丽·维尔什）在"太阳谷"。他们在战时相遇，当时她是《时代》和《生活》杂志的记者。他与玛莎·盖尔霍恩离婚不到三个月就和玛丽结婚了。在海明威接下来写给珀金斯的信里，他把乡间的生活大加赞美了一番，邀请麦克斯来"太阳谷"。然而，此后不久，欧内斯特又把麦克斯的状况告诉了他俩一个共同的朋友，于是珀金斯听说海明威认为他病了，他坚决否认。为了证明这一点，整个夏天他就坚持工作，在工作中度过了9月的六十二岁生日，也在工作中进入了新的一年。

当欧内斯特·海明威动笔写新书《伊甸园》(*The Garden of Eden*)的时候，距离他上一本小说的出版已经过去六年了。研究海明威的专家卡洛斯·贝克(Carlos Baker)这样评价这部未完成的作品：

> 一部把过去和现在混在一起的实验之作，但败笔之多令人吃惊。小说部分来源于他与哈德莉、波琳两段婚姻的记忆，也影射到他现在与玛丽生活的一些场景。他为开头几章选择了位于罗讷河河口的港口小村勒格罗迪鲁瓦作为故事的背景地。这正是海明威和波琳1927年5月度蜜月的地方。和那时的欧内斯特一样，主人公大卫·伯恩刚结婚三个月，他的小说就成了畅销书。他的妻子凯瑟琳热切地分享他的饥渴和快乐。而他也忙着满足于她裸体躺在隐蔽的沙滩上晒黑皮肤的狂热欲望。晚上，他们乐此不疲地做着性别倒错的游戏，她叫佩特，他叫凯瑟琳。

珀金斯只知道欧内斯特在"拼命"写书，但也就知道这么多了。确实，欧内斯特与他的通讯几乎完全中止了。麦克斯理解他。"除了不得不写的信，你能再写信，那可真了不起，"他写信说，"我无法想象，你辛苦写作 天之后还能动笔写信。"珀金斯自己写信也少了——他已经有一年多没有给伊丽莎白·莱蒙写信了——因为他忙着看那些令人失望的来稿。他说，写信"需要思考，而人们忙得连思考的时间都没有了"。

那年珀金斯思考的，是更多朋友的去世。经过几年的痛苦折磨，爱德华·谢尔顿终于死了。爱尔兰评论家、作家欧内斯特·博伊德，也就是玛德琳·博伊德的丈夫，也去世了。与他关系更密切的是他的一个侄女的惨死。她是在第五大道上被一辆公共汽车轧死的；麦克斯的女儿们都说他们再也不能待在温莎了，因为那里都是她们与这个堂姐妹在一起的记忆。珀金斯也基于相似的理由，很久没去温莎了。"我不明白英格兰人为何能一代一代地永远生活在同一个地方，"麦克斯在给一个朋友的信中说，"那种地方一定积累了许多不幸。"

* * *

1946年，查尔斯·斯克里伯纳家族出版社出版了一本非正式的本社社史《许多书的诞生》，以纪念出版社从事"严肃认真的出版事业"一百周年。这本书的作者是罗杰·伯林盖姆，他的父亲在珀金斯三十六年前来到出版社时，就已经是社内的高级编辑。伯林盖姆描述道，虽然过去六年中，在加工资的主要影响下，斯克里伯纳出版社的制作成本翻了一倍，但他们仍努力保持出版标准。在其他地方，精致、优雅的出版业已经屈从于现代的、冷冰冰的、讲究数字统计的运营方式。而斯克里伯纳出版社仍在拼命坚持它的传统。它仍是一家不折不扣的家族企业。身为社长，查尔斯·斯克里伯纳在北面的老办公室里办公，头顶上是他父亲和祖父的肖像。伯林盖姆注意到，他欢迎访客、作者和下属的时候，具有"一种温柔的幽默感，这种气质可能是经过三代人的历练和青年的传承而养成的"。麦克斯韦尔·珀金斯如十多年来一样，统管所有编辑事务，继续"在工作时随笔勾勒拿破仑的肖像，一年比一年更像麦克斯韦尔·珀金斯"。一代新人正在走上岗位。斯克里伯纳的儿子，第四代查尔斯，已经在营销部工作，老查尔斯的另一个外孙乔治·麦凯·希夫林从海军退役，也回到了出版社。还有好几个新人加盟，其中包括毕业于鲍登学院的年轻人巴勒斯·米切尔（Burroughs Mitchell），他日后也成了一位著名编辑。

斯克里伯纳出版社有些年轻人担心麦克斯对作品的判断力正在

丧失。多年后，第四代查尔斯·斯克里伯纳回忆说："麦克斯错失了不少显而易见的好东西——一些杰作——因而也错过了优秀的新作者。"与此同时，他却寄希望于某些老作者成功可能性很小的平庸之作，唯恐他们失望而不忍心退稿。另外，斯克里伯纳出版社的新人们还觉得珀金斯根本不愿倾听他们的意见。在编辑部会议上，他几乎不允许别人畅所欲言。他亲自介绍所有即将出版的新书，那样子往往就像查尔斯·斯克里伯纳所形容的"极端状态中的匹克威克"。斯克里伯纳觉得珀金斯往书目中放了太多二流的小说，却没有敏感地意识到全国的读者对非虚构作品新的渴望。

另一方面，珀金斯的同时代人约翰·霍尔·惠洛克说："面对各方面的考虑——艺术、财务以及其他方面的考虑，珀金斯坚持认为，从长远来看，最好还是出版眼前最好的作品。其中有抚慰人心的作品，即娱乐大众的作品；也有作者出于自己的现实观写出来想教育别人的作品。"惠洛克说，麦克斯在整个职业生涯中，始终认为，"究竟哪种作品正确，迄今尚无定论。他两者都考虑，并坚持认为，他只服务于才华"。范·怀克·布鲁克斯写道："如果麦克斯去世多年后仍被人记住——他比他的大多数作者更深入人心——那主要是因为他富有同情心的理解，因为他坚持标准。"珀金斯相信不朽之作都兼顾文学和大众。他说："伟大的书籍都是雅俗共赏的。"

1947年，麦克斯韦尔·珀金斯就碰到这样一本书。是一个名叫奥伯里·伯恩斯（Aubrey Burns）的人带给他的，此人在旧金山的基督教与犹太教全国大会工作。"大约在[1946年]12月中旬，一个带着英国口音的低调男子出现在旧金山的基督教与犹太教全国大会办公室。"伯恩斯回忆道。那是艾伦·佩顿（Alan Paton），他从工作地南非教育部请假，到世界各地对监狱和少年感化院作一番调查。伯恩斯被这个陌生人的智慧和怜悯之心迷住了，邀请佩顿只要在北加利福尼亚,就住到他家,跟他和他太太玛丽戈尔德(Marigold Burns)在一起。佩顿同意了,但提出一个条件。"我的手提箱里有一部小说的手稿,"他说,"只有你们俩答应都读完它,并且告诉我哪里刺激到你,我才到你们家来。"

几个晚上过去,当他们三人坐在收拾干净的餐桌前,佩顿伸手从小提箱里拿出一部书稿,题为《哭泣的大地》(Cry, the Beloved Country)。它有几百页,用密密麻麻的草体字写的。"我发现它很难读,"伯恩斯回忆道,"既因为笔迹难认,也因为人名古怪,但主要是因为含着泪水很难读小字——逐字逐句读下去,心情跌宕起伏,眼泪像山泉一样涌出来。"伯恩斯马上意识到,眼前是一部天才之作。小说讲述了一个南非祖鲁人乡村牧师来到城市,发现他的妹妹被迫做了妓女,他的儿子被控谋杀受审。审判过后,全书已经过了三分之二,剩下的情节主要用来揭露南非的种族隔离。

伯恩斯夫妇相信,任何出版社都会迫不及待地出版这部书稿。但佩顿还要修改下半部,却实在没时间。他既定的行程要求他必须乘坐一艘从加拿大哈利法克斯开来的货轮回开普敦。他的钱快用完了,他相信没有一个编辑会愿意看一部还没有打字的手稿。

玛丽戈尔德·伯恩斯建议佩顿把手稿交给她来打字,这样她和她丈夫也许能帮他先投稿。伯恩斯说他会写一封推荐信,附上前五章内容,说明作者还不能将全书拿出来投稿,他会同时把这几章作为样稿寄给五家出版社,谁想看全稿就请回信。佩顿同意就这么办,回去了。伯恩斯把打出来的样稿寄给了五位出版人,其中包括斯克里伯纳出版社的麦克斯·珀金斯。对珀金斯,伯恩斯特地写了一封信。伯恩斯想着福克斯霍尔·爱德华兹的形象,也努力想让珀金斯对佩顿有一些具体的印象,他说:"艾伦[是]腼腆的人,不爱自闯出路。"不出几天,有两家出版社回复要求看全稿。斯克里伯纳出版社是其中一家,珀金斯在信里说,他渴望见到作者。对于伯恩斯所说佩顿腼腆,珀金斯说:"我是极其腼腆的,相信我们俩能相处得非常融洽。"

1947年2月7日下午四点半,佩顿来到纽约斯克里伯纳大厦,发现珀金斯所说的相处融洽,真是错得离谱。对佩顿来说,那个下午真是一场奇遇。佩顿不确定珀金斯到底有没有被这本书所打动。珀金斯说这本书是"圣经式的",但佩顿不知道这是赞扬呢,还是仅仅陈述事实。麦克斯拿起书稿,带着作者来到五楼的另一个人那里,说:"查尔斯,我们必须出这本书。"直到后来佩顿才意识到,珀金斯没有介绍的这位同事就是查尔斯·斯克里伯纳本人。珀金斯问佩顿喝不喝酒,这位作者不禁犹豫起来,心想"圣经式"的作者是否应该喝酒。他们去了一个酒吧,喝了好几杯,但酒不起什么作用。佩顿反而愈发困惑了。后来他向奥伯里·伯恩斯报告说:

> 他举杯祝酒,却没说祝什么。他把托马斯·沃尔夫的事都告诉了我。他说,当然你可能赚不到多少钱。我们不能保证读者一定会买……我提出第二杯由我请,但他又付了钱。他说你可以下次请,但又没说具体什么时候。我想转移到务实的话题,便说:"这一杯祝我们合作顺利。"但除了喝酒,他没有别的回答。

喝最后一杯的时候,麦克斯说,南非一定是一个悲伤的国度。佩顿问此话怎讲,但由于他不知道麦克斯耳背,他对珀金斯没有回答感到非常古怪。"只是因为他非常腼腆呢,还是因为遇见了什么怪事,我就不知道了。"佩顿报告说。这次"奇怪的会面"因为珀金斯要去赶回新迦南的火车而骤然结束。留下佩顿茫然失措,就请奥伯里·伯恩斯写信问珀金斯怎么看待这本书。

编辑和作者在接下来的星期一上午又见面了。那次会面中,珀金斯告诉佩顿:"你不用因为走的时候没签合同而担心。我看斯克里伯纳出版社不会拒绝你的稿子。"珀金斯现在似乎不那么神秘了,不过佩顿启程回国时,心里还是很不踏实。

在漫长的航行中,佩顿一遍又一遍地读托马斯·沃尔夫的小说。回到约翰内斯堡不久,他就收到麦克斯对《哭泣的大地》的评论。珀金斯的书面评论坦率得令人吃惊。1947年4月,佩顿写信给伯恩斯,告诉他珀金斯曾经说过,评论家会贬低这个故事,因为这本书的最后三分之一对种族隔离的揭露,跟在法庭审判这个整部小说的戏剧冲突高潮之后,变成了令人扫兴的结尾。佩顿告诉伯恩斯,他认为珀金斯是对的,所以准备修改。但是,佩顿将要合作的这个珀金斯,已经和当年那个耐心与托马斯·沃尔夫打磨稿子的珀金斯大不相同了。

5月,珀金斯终于把《哭泣的大地》合同寄给佩顿。这时,麦克斯已经意识到,到最后——

> 真正的主角是美丽而悲怆的南非大地,要说人,则是那位祖鲁人牧师,他很了不起。有人也许会说,书的最后三分之一有点像高潮突降,但我认为不应该用常规眼光看待它。它令人非常真切地意识到这个国家和它的种族问题,不是以问题呈现,而是以一种设身处地的局面来展现的。这是一本悲伤的书,不过那是必然的。《伊利亚特》如此,《圣经》也如此。但正如《传道书》中所说,"地永远长存。"

珀金斯急匆匆地把书稿付梓印刷,然后写信给佩顿,抱歉地说:"这里因条件所限,凡事进展都很慢。我们的工作做得不足,这是事实——节假日太多,工作时间太短。"当佩顿承认他以前没有认识到如何安排高潮的重要性,所以愿意删掉后半部分的好几个场景,珀金

麦克斯·珀金斯最后拍摄的照片之一。

斯告诉他:"如今出一本书总要很长时间,所以我不喜欢任何会导致进度放慢的事情。"小说按原稿出版了。珀金斯不像过去那样追求完美了。现在,编辑工作有时太费劲,太伤神。

佩顿回到故土继续他的神职工作。他写信给麦克斯说:"你会乐意知道,你仍然留在我的心里,我有一种预感,在地球这座坏透了的、音讯隔绝的监狱里,我们还会再见。"

《哭泣的大地》极为畅销,也获得评论家的交口称赞。

* * *

"别企图把优秀的学生变成你自己的复制品,"吉尔伯特·海特(Gilbert Highet)在他的《教学的艺术》(*The Art of Teaching*)一书中说,"如果你能使他带着你启发他的参照系和只能从你这里获得的技巧走进社会,那么你才能使他成为你真正的学生,永远的学生,你也就拥有了让他铭记一生的权利。"海特在书中举了珀金斯为例,称他是一位极为"让人敬佩的老师",许多大作家要不是珀金斯向他们"阐释如何合理运用他们火山爆发一般的力量",他们的才华就浪费了。

本来,珀金斯主要是通过写信来教导作者的,但在1946年春,他终于接受在曼哈顿工作的青年编辑肯尼思·D. 麦考米克邀请,到麦考米克在纽约大学主持的一门出版进修课程的课堂上讲课。麦考米克多年后说道,当他邀请珀金斯担任客座讲师时,"我保证给他一班很有前途的年轻人,这使他很兴奋"。

新近出任W. W. 诺顿出版社社长的斯托勒·伦特(Storer Lunt)和该社副社长兼财务总监霍华德·威尔逊(Howard Wilson)都去听了珀金斯的讲座。伦特说,整个班级都听得如痴如醉,到那晚讲座结束时,伦特觉得他们都和他一样,相信珀金斯"是他这个时代完美编辑的化身"。

"他的讲话像詹姆斯·乔伊斯写作一样如清泉无声地流淌，"伦特回忆说，"我时不时地想到查尔斯·兰姆。麦克斯·珀金斯是永恒的。"

麦考米克也这么认为。"晚上讲座结束的时候，"他说，"珀金斯影响了所有人。他静静地俘虏了听众的心，没说一句炫耀自己文学名望的话。"就在街那头的百老汇，《旋转木马》《俄克拉荷马》《生于昨天》和《玻璃动物园》都在上演。讲座之后，霍华德·威尔逊和斯托勒·伦特走过各家戏院的外遮檐，两人相视一眼，说起珀金斯："那是本季度最好的节目。"当麦克斯去赶火车、学生们解散以后，麦考米克独自坐在空房间里，想起布思·塔金顿[1]临终前说过，他已经很难再对他所读的书谈什么写作上的看法，"我什么诀窍都知道。"塔金顿说；多少年来，他自己就是在施展这些诀窍中过来的。"同样，"麦考米克说，"我觉得麦克斯也了解他这一行的所有诀窍，他已经厌倦这些了。"

* * *

珀金斯对新作者佩顿催得紧，对玛西娅·达文波特这样的长期作者，也还能打起昔日的干劲。在1947年开头的几个月里，正在写作《东边，西边》的玛西娅·达文波特已经和麦克斯见了好几次面，主要是向他寻求精神上的支持。她告诉他，这本书"自传性实在太强，我因此过于刻意地在写作中回避这一事实，总是像一匹辇马似的回避。所以我在心里始终过不了这道坎，非常艰难地建立对它的信心。"但出于自律和对珀金斯的承诺，她坚持写这本书。4月11日凌晨四点十五分，她写完了初稿，当天下午就带着稿子去见珀金斯。她发现他看上去非常疲惫虚弱，双手明显的颤抖令她揪心。她想起十五年前她

---

1 布思·塔金顿（Booth Tarkington，1869—1946），美国小说家、剧作家，以小说《伟大的安巴逊》和《爱丽丝·亚当斯》最为知名。他是仅有的三个不止一次获得普利策小说奖的小说家之一。

是如何绕着这个街区徘徊两个小时才去交《莫扎特》书稿的情景。"这一次,"她告诉麦克斯,"我绝望得连徘徊的勇气都没有了。我只能双手捂头坐在这里,不知道能去哪里当个厨娘。"

达文波特夫人想去布拉格,在那里修改书稿。出发前,她去了一趟斯克里伯纳大厦拿打字稿和麦克斯的修改意见。麦克斯写了一篇三千字的评论,充满了鼓励和忠告。"我认为你写了一部值得注意的作品,但它还是初稿,像任何作品一样,还需要修改,"他写道,"整个修改工作差不多只是突出重点的问题,因为结构是对的。你已经熬过了最艰巨的时期,现在千万不能半途而废。"

《东边,西边》讲的是女作家杰西·伯恩在人生最关键的一周里,她周围和内心发生了种种巨变。珀金斯在这封长信里精妙的编辑见解,不仅仅适用于达文波特夫人的这部小说,也适用于一般意义上的小说:

笼统的叙述是没有用的——让人做具体的事情,让动作说话……

你让人们说话的时候,就有了场景。你必须插进解释性的段落,但要尽量写得短。对话也是动作……

你往往解释得太多。解释是必需的,但你的倾向是不相信自己的叙述和对话……

你只需要全面加强现有的材料——我想,你在修改中自然会这么做。这主要是一个压缩的问题,的确不全是加强的问题……

你只有到结尾的时候才能了解一本书,所以其余部分必须修改得和结尾相一致。

"你使这部作品差不多像样子了，"玛西娅·达文波特在布拉格给珀金斯写信说，"我想，如果是孤身奋斗，我会放弃的。"6月的第一个星期，她去捷克斯洛伐克还不到一个月，珀金斯就收到十章修改过的书稿。"前121页改后极好。"他发电报说。

"这本书真怪，"她给麦克斯写信说，"我始终没法谈它，甚至说不清它到底是不是书，我就像一个傻瓜遇到一场大冰雹，只知往前跑，幸好有你把关。"她没有再要求麦克斯做什么，只是请他关注"每月之书"俱乐部的反馈。她说，如果出于某种原因他们想把她的小说放进他们延期出版的书目，从而可能导致它在接近欧内斯特·海明威出新书前出版，她会断然拒绝。她说："这本书已经使我够悲惨的了，更别提要被海姆像压路机一样压扁了。"

其实，达文波特夫人不必担心。虽然海明威已经写了将近一千页，他还远未到出版的时候。珀金斯对那本书还知之甚少。

海明威已经有六七年没有出版任何重要作品了，麦克斯对欧内斯特的未来感到悲观。令人吃惊的是，那年春天，有一天，他对路易丝坦言道："海明威完了。"

※ ※ ※

1947年春天，威廉·B. 威斯顿终于把最后一批他近十年来所搜集的托马斯·沃尔夫庞大的档案交给哈佛学院图书馆。显而易见，哈佛1907级校友麦克斯韦尔·E. 珀金斯是为这批档案写前言的理想人选。麦克斯答应为《哈佛图书馆简报》写篇文章。

珀金斯一面见缝插针地抽空写，一面继续与詹姆斯·琼斯的合作。琼斯现在住在伊利诺伊州，缓慢地写《从这里到永恒》。麦克斯对这本书不够了解，想象不出它整体会怎样，但在那年5月写的一封信里，他提了几点意见。琼斯永远记住了其中一条意见。麦克斯说，如果作者过于操心情节，他在必须灵活的时候也许会变得"有些死板"。"一个灵巧的人把自己的帽子投向办公室那边的挂钩，如果投得自然，也许帽子恰好落在挂钩上，"珀金斯写道，"可如果他是有意识地投，那么他永远也投不到。那是一个荒诞而极端的比喻，但有几分道理。"

这封充满热情、信任和忠告的信对琼斯意义重大。"它使我觉得自己就像他的一个孩子，"他说，"它办到了。"

"我当然想来纽约，"琼斯写信给珀金斯说，"至少待一阵子看看你。我觉得有许多东西要向你学习，对我大有益处。"珀金斯永远没有收到琼斯的这封信。

1947年6月12日，星期四，查尔斯·斯克里伯纳和珀金斯共进午餐。麦克斯似乎精疲力竭，一个月来他天天如此，不时地咳嗽、抽搐。但他仍然不肯休假。第二天，他和卡罗琳·戈登·泰特一起喝茶。他们讨论了她丈夫即将出版的诗集和他们夫妇共同选编的几部小说和散文集。那天傍晚，珀金斯回新迦南的家，手提箱里装满书稿和校样，准备周末在家看。到星期天晚上，他已经难受得吃不消了。他高烧发到39.4摄氏度，咳嗽也很厉害。他和路易丝都以为是胸膜炎发作。第二天早上，尽管路易丝再三反对，麦克斯还是起床要去上班。他放好洗澡水，但虚弱得几乎连睡衣扣子都解不开。到那天下午，路易丝怀疑他得了肺炎，叫来一辆救护车。当医护人员拿着担架来到楼上时，珀金斯在仔细叮嘱女儿贝莎去拿他床头的两本书稿——《哭泣的大地》和部分《从这里到永恒》——并亲手交给威科夫小姐，"不要给别人"。被抬出屋子时，他大声叫厨娘过来。多年来，她一直尽心尽力满足他挑剔的饮食习惯。她匆匆赶来，把他送到门口。他躺在担架上望着她，好像有所预感，笑着说："再见，埃莉诺。"

"再见，珀金斯先生。你看上去真迷人。"厨娘安慰他。

其实，他的脸苍白、憔悴，看上去奄奄一息。他被送到斯坦福德医院之后，医生很快发现他已是胸膜炎和肺炎晚期感染。每一次咳嗽都会令他痛苦地收缩胸部。麦克斯无助地挥打双臂，试图扯开笼罩着他的、令他窒息的氧气帐。"要是给我喝一杯该多好啊！"他不断地叫嚷，知道一杯酒会让他放松。可是医院禁止喝鸡尾酒。

路易丝彻夜守在丈夫身边。医生们预言珀金斯会好转，但对于生活本身的疲惫，盘尼西林证明是无能为力的。第二天凌晨的那几个小时，他不均匀的喘气似乎不那么费力了。路易丝意识到最后那一刻即将到来，便凑近床前，低声朗诵珀金斯最喜爱的莎士比亚诗句，《辛白林》中的挽歌：

不用再怕骄阳晒蒸，
　　不用再怕寒风凛冽；
世间工作你已完成，
　　领了工资回家安息。
才子娇娃同归泉壤，
正像扫烟囱人一样。[1]

珀金斯过去常说，他不在乎死，但惧怕死的过程。他恍恍惚惚地睡了醒，醒了睡。他就像托尔斯泰笔下那位垂危的安德烈公爵一样不安，公爵意识到有一种可怕的"东西"正要闯进他的屋子，便爬下床，用身子顶住门。

---

[1] 译文引自《莎士比亚全集》第六卷，朱生豪译，人民文学出版社1994年版，第222页。

它又从外面推了一下。他最后超乎常人的努力全是徒劳，两扇门悄然打开了。它进来了，是死亡……

6月17日，星期二凌晨五点，麦克斯摇摇晃晃地从床上坐起来，好像被某个悄悄溜进门、站在早晨第一缕阳光中、等待着的东西吓着了。屋里只有路易丝，但他高声喊两个女儿："佩吉！南希！"他手指着屋角，问："那是谁？"说罢，他倒在床上，死了。

* * *

虽然斯克里伯纳出版社人人都知道珀金斯在慢慢走向死亡，但他的死还是令所有人震惊。"再没有比他更好的朋友了。"查尔斯·斯克里伯纳在信里对海明威说。6月18日星期三，他召集所有编辑，把珀金斯长期承担的工作分下去。斯克里伯纳意识到，他最大的职责是"在随后几天里，尽我所能填补他在我们出版社留下的空缺"。约翰·霍尔·惠洛克将接手珀金斯的大部分工作。幸运的是，华莱士·梅尔和珀金斯最近选中的巴勒斯·米切尔都在那里继续工作。斯克里伯纳立刻把更多年轻人从下层调到五楼。编辑们给刚分配给他们的作者写信，尽量安抚他们。"所幸，"斯克里伯纳告诉海明威，"[他们之中]最优秀的作者都决定，现在继续写作、尽力写好是他们的责任，因为那将是麦克斯所期望的。"那一年失去了好几位朋友的海明威对查尔斯·斯克里伯纳说，看起来"天国之父也许是在摊出底牌"。五年之后，他把《老人与海》题献给珀金斯，以表对他的敬意。

伊丽莎白·莱蒙几年前已经放弃占星术，因为它让她预见到了亲朋好友的全部灾难。珀金斯去世后的第二天上午，她姐姐在《纽约时报》上看到他的讣闻，赶紧跑到那所教会房子。她站在妹妹的卧室门口，只说了声："哦，贝丝。"伊丽莎白坐起来，说："麦克斯死了。"

几天后,她给路易丝写了封信。"我知道有些人被视为力量的支柱,喜欢被人依靠,"她说,"但麦克斯是把力量输送给别人,使他们自立。"从那时候起,她把麦克斯写给她的每一封信按照时间顺序整理好,保存在卧室的一只鞋盒里。

1947年6月19日星期四中午十二点,麦克斯韦尔·埃瓦茨·珀金斯的葬礼在新迦南的圣马可教堂举行。这个小小的圣公会教堂挤不下二百五十名吊唁者,有些人只能待在教堂外。埃瓦茨和珀金斯两家人都来了,还有斯克里伯纳和同事们、新迦南的朋友们,以及其他许多人,其中包括斯塔克·扬、艾伦·泰特、卡罗琳·戈登·泰特夫妇和汉密尔顿·巴索。查德·鲍尔斯·史密斯说,他"从未参加过这样的葬礼,这么多见过世面的人情难自已地哭泣"。海明威因为家事缠身而无法赶来。泽尔达给路易丝写了封信,信中充满安慰性的宗教情怀。玛西娅·达文波特在布拉格写《东边,西边》的结尾,她把这本书题献给了珀金斯。泰勒·考德威尔得知麦克斯去世的消息,当即就倒下了,被送进了医院。麦克斯五十五年的老朋友范·怀克·布鲁克斯自己也病得很重,他写信告诉路易丝,医生不让他参加葬礼,不过,"我不会想其他事情——在很长时间里,我都不会想到其他事情"。按照珀金斯的遗愿,那天下午他被葬在附近的湖景墓园。之后,路易丝为他做了一场大弥撒。

詹姆斯·琼斯的信在葬礼之后将近一个星期才到达珀金斯的办公室。当初社内分派麦克斯的作者时,琼斯被遗漏了。直到几天以后惠洛克给他写信,他才知道珀金斯去世了。琼斯给惠洛克回信说:"长久以来我就觉得我应该来纽约,觉得他可能要死了,我应该去找他,这不是出于自私,而是为了写作,因为我能向他学到很多东西。但是,正如我说过的,人生不会把这样两件事情放在一起;他的那些时间是属于托马斯·沃尔夫的,不属于我。"一连多日,琼斯不断想着最初吸引他从事写作的那句话——"哎,失落的,被风凭吊的,魂兮归来!"[1]《从这里到永恒》要一直到1951年才出版。它所获得的巨大成功最后一次证明了麦克斯的才华。

珀金斯为哈佛大学图书馆写的托马斯·沃尔夫档案序言被埋在他桌上成堆的书稿下面,他生前还在润色。如同汤姆临终前写给珀金斯的信成了他的绝笔,麦克斯自己纪念托马斯·沃尔夫的文章也成为他最后编辑的文字。

* * *

麦克斯去世后的几个月中,路易丝神思恍惚。没有了他,她觉得无依无靠,孤独脆弱。她在楼上与麦克斯共同的卧室里开始失眠,于是让人在所有门上都加装了锁。她还重新装修了整幢房子,加盖了一套相连的房。在这段时间里,教会是她的精神寄托。她说起想进修道院。老朋友们收到她的信,说她祈祷她丈夫的灵魂会得到上帝的宽恕和仁爱。那年夏天,茉莉·科伦给范·怀克·布鲁克斯说:"她写信就像一个老修女……路易丝真的以为她像麦克斯一样了解上帝吗?"

五年后,经过了加勒比海巡游、朝圣、去欧洲旅行,路易丝依然心神不宁地住在新迦南。1952年6月,大女儿贝莎和她丈夫同意搬进老家的房子,路易丝则住进加盖的那套房子里。

如今六十多岁的路易丝也出现了酗酒的问题。"我觉得自己真虚伪,"她向伊丽莎白·莱蒙坦白,"每天早上去做弥撒,晚上又喝醉。"

1965年2月21日,星期日,消防队得到警报,赶到新迦南花园街56号珀金斯家的房子,看到路易丝·珀金斯房间里的烟囱冒出滚滚浓烟。香烟点着了她正坐着的座椅。她被火速送进诺沃克医院,诊

---

[1] 这是托马斯·沃尔夫《天使,望故乡》开篇的一句话。

断为三级烧伤和烟雾窒息。当天晚上她就死了。

随后的星期三中午十一点,人们在圣阿洛伊修斯教堂为她举行了安魂弥撒。天空飘着小雪,路易丝·桑德斯·珀金斯被葬在她丈夫旁边。墓碑很朴素,只刻着他们的名字和生卒日期,上端架着简单的十字。它们俯瞰着一个幽静的池塘,这个池塘比那个至今仍然映照着"天堂"树林的池塘更小。麦克斯以前没有时间真正地散步的时候,常常带女儿们来这里转转。

致 谢

"评价像麦克斯·珀金斯这样一位编辑的成就还为时尚早。"1950年，约翰·霍尔·惠洛克在《编辑致作者》(Editor to Author)的序言中写道。而当我在1971年开始为这本传记做研究工作时，我惊奇地发现，珀金斯一生的事业既没有人记录，也没有人给予评价，他人生的诸多方面，即使对于曾经与他很亲近的人来说，依然如阴影一般模糊。

为了尽可能避免使用二手材料，我几乎全部依靠第一手资料：成千上万封麦克斯寄出、收到的书信；他编辑过的书稿；采访那些了解他的人。在我搜集、解读麦克斯韦尔·珀金斯的相关信息，再将其转化到书中的过程中得到了数十位人士的帮助。对以下所列出的，以及因篇幅所限无法一一提到的人士，我谨致以最深的谢意和最真挚的愿望，希望这部作品可以报答他们为之付出的时间与精力。

我深深感谢路易丝和麦克斯·珀金斯的五个女儿——约翰·弗罗辛厄姆夫人、伊丽莎白·高斯林、罗伯特·金夫人、乔治·欧文夫人和雷德·约尔根森夫人。她们每个人都请我到家里采访，款待我，也给我丰富的信息。她们不提任何要求，也不限制我的写作。六年中她们不仅是我写作素材的提供者，更成了我持久的朋友。

还有三位麦克斯·珀金斯的亲人也慷慨地给了我时间和信息。他的妹妹阿契巴德·考克斯夫人、哥哥爱德华·N. 珀金斯和外甥女琼·特拉尔都告诉我精彩的见解和轶事。尤其是琼·特拉尔，在我最初研究时帮助我在看似无从着手的线索中走上正轨。

我同样感谢麦克斯·珀金斯两位密友约翰·霍尔·惠洛克和伊丽莎白·莱蒙。健谈的惠洛克先生非常投入，他绞尽脑汁回忆过去九十年中那些特殊时刻，而我长时间的采访也每每以他因此犯头疼而告终。迷人的莱蒙小姐同样慷慨。她那装满珀金斯来信的鞋盒——我的"阿斯彭文稿"——是多么珍贵，只有她为这个写作计划付出无数个小时与我愉悦的谈话才能相比。

马尔科姆·考利从三个方面帮助了我：他于1944年发表于《纽约客》的珀金斯特写《矢志不渝的朋友》是迄今讲述珀金斯生平最全面的文章。事实证明它是我早期写作困境中随时参考的指南。考利先生同样抽出大量时间当面或者写信回答了我几十个问题。最后，他还把他在写作《矢志不渝的朋友》时所做的丰富的笔记给我看。

规模最大的单批珀金斯档案，当然是目前收藏于普林斯顿大学图书馆的查尔斯·斯克里伯纳家族出版社档案。感谢小查尔斯·斯克里伯纳允许我自由翻阅那些蓝色盒子中的书信。而且，他还抽出几个小时与我分享他对珀金斯的记忆，并帮助我联系其他熟悉珀金斯的人，还在纽约的斯克里伯纳大厦五楼给我安排了一张写字台，便于我从他们的文件柜中寻找有用的信息。我也感谢巴勒斯·米切尔在我研究和写作初期帮助我。衷心感谢担任麦克斯韦尔·珀金斯秘书二十五年之久，后来又是他遗产执行人的艾尔玛·威科夫·明奇，感谢她向我讲述记忆中的珀金斯，并且给我许多特别的帮助。

在此，我还要感谢以下诸位接受我采访，回复我查询性的书信，授权我引用材料或向我提供书信和其他有关麦克斯韦尔·珀金斯的信息：勒巴隆·R.巴克二世，伊丽莎白·考克斯·毕格罗，小约翰·比格斯法官，约翰·博得利博士，万斯·布杰利，南希·赫尔·鲍尔斯，玛德琳·博伊德，卡萝尔·布兰特，马修·J.布鲁科尼教授，奥伯里·伯恩斯，凯瑟琳·纽林·伯特，纳撒尼尔·伯特，厄斯金·考德威尔，泰勒·考德威尔，梅尔维尔·坎恩、卡斯·坎菲尔德，玛格丽特·科恩，柯林妮·科尼什，埃德拉·库西克，玛西娅·达文波特，约瑟芬·艾弗茨·德玛勒斯特博士，伊丽莎白·埃瓦茨和普雷斯科特·埃瓦茨，凯瑟琳·埃瓦茨，理查德·C.埃瓦茨，安妮·盖斯马，玛莎·盖尔霍恩，保罗·吉特林，阿诺德·金里奇，希拉·格雷厄姆，克莉丝汀·威斯顿·格里斯沃尔德，劳拉·古斯里·赫恩，格里高利·海明威博士，玛丽·海明威，凯瑟琳·赫本，玛丽·艾尔科维拉，雷德·约尔根森，马修·约瑟夫森，弗兰西斯·克罗格，罗伯特·金博士，让·兰卡斯特，林·拉德纳二世，艾丽丝·罗斯福·朗沃思，斯托勒·伦特，阿契巴德·麦克雷什，肯尼思·D.麦考米克，华莱士·梅尔，哈德利·R.莫瑞尔，罗伯特·内森，乔治·欧文，艾伦·佩顿，艾米丽·珀金斯，玛乔丽·莫顿·普林斯，戴维·兰达尔，迪尔米德·罗素，罗伯特·莱恩，威廉·塞维奇，赫尔曼·舍应，乔治·希弗林，司各蒂·菲茨杰拉德·史密斯，伊丽莎白·斯特里顿，H.N.斯旺森，艾伦·泰特，卡罗琳·戈登·泰特，爱德华·托马斯，玛格丽特·特恩布尔，霍华德·怀特，埃德蒙·威尔逊和伊丽莎白·扬斯特罗姆。特别感谢麦克斯韦尔·盖斯马和詹姆斯·琼斯，他们似乎时常想以帮助我的方式来偿还他们所欠麦克斯·珀金斯的人情。

我的大部分图书馆研究是在普林斯顿大学燧石图书馆珍本书与手

稿室中完成的。感谢亚历山大·克拉克、万达·兰达尔和其他图书馆同仁在那数月中对我的帮助和善待。我在哈佛大学霍顿图书馆也获得了同样高效、周到的服务，特别感谢罗德尼·丹尼斯和马特·肖。宾夕法尼亚大学图书馆的内达·维斯特雷克和纽伯利图书馆的戴安娜·哈斯科尔也都给予我超出他们本职工作之外的帮助。

感谢哈佛大学登记处，尤其感谢菲莉丝·史蒂文斯，让我得以查阅麦克斯韦尔·珀金斯在哈佛大学求学时的成绩单、记录和其他相关信息。

我也要向我的多位好友在过去七年中对我一贯的友谊和宽宏大量表示感谢：艾伦·D. 布林克利、安·布林克利、康斯坦丝·康登、安·道格拉斯、乔治·福尔吉、麦金利 C. 麦卡杜、小保罗·F. 米奇和我的外祖父母罗丝·弗里德曼和乔治·F. 弗里德曼。

我最好的朋友拉尔夫·L. 斯坦利从未对他所说的"那本书"失去信心；是他一手拉着我渡过了几次难关。科琳·吉根也给了我启发。"那本书"既是我的，也是他们的。

麦克斯韦尔·珀金斯去世三十年以来，关于出版业对利益的追逐胜过对艺术的追求之类的话，已经说过许多。然而，在 E. P. 达顿出版社，我发现许多人依然一如既往地珍惜文学。我尤其要为安·拉法奇和德博拉·普里戈夫的编辑工作和友谊而向她们致谢。

本书的责任编辑小托马斯·B. 康登承担了可怕的双重责任：他要编辑一个大部头书稿，还难免会被人与他这个职业中的大师相比较。从 1973 年他见到我的那一刻起，他就把他的时间和超凡的才华倾注在这本书上，给我以毫无保留的支持和富有想象力的意见，那是真正的珀金斯精神。

最后，我要把最深的谢意献给本书题献页上的那几个人。没有我在普林斯顿大学的导师卡洛斯·贝克教授一以贯之的鼓励和指点，这本书不可能动笔——我的第一篇关于珀金斯的文章就是那时候的大学毕业论文。没有我父母芭芭拉和理查德·伯格的爱和支持,它也可能永远完成不了。

A. 司各特·伯格

1978年于洛杉矶